Archäologica

Die große Enzyklopädie
der untergegangenen Kulturen

Weltbild

Archäologica

Die große Enzyklopädie der untergegangenen Kulturen

INHALT

Texte
Maria Ausilia Albanese
Fabio Bourbon
Guido Massimo Corradi
Sara Demichelis
Furio Durando
Maria Longhena
Sarah Kochav
Guiseppina Merchionne
Desideria Viola
Francesco Tiradritti

Herausgeber
Valeria Manferto De Fabianis
Fabio Bourbon

Lektorat:
Susanne Kattenbeck

Übertragung aus dem Englischen:
Sabine Bartsch

Gestaltung
Patrizia Balocco, Anna Galliani
Andrea Mazzei, Paola Piacco
Clara Zanotti

1 Phidias gelang dieses Meisterwerk klassischer griechischer Kunst. Es ist ein Teil des ionischen Frieses, der die Cella des Parthenons schmückte. Abgebildet sind von links nach rechts Poseidon, Apoll und Artemis.

2–3 Erhaben thront Ramses II. vor dem Tempel von Luxor.

4–5 Das Kolosseum ist eines der monumentalsten Bauwerke des antiken Rom. Es entwickelte sich im Lauf der Zeit zum Symbol der Stadt.

6–7 Majestätisch erhebt sich der Zeustempel auf der Anhöhe von Cyrenaika in Libyen.

8 Am Stupa 1 in Sanchi findet man diese wunderschönen Flachreliefs, typische Beispiele für die tausendjährige buddhistische Kunst und die reiche indische Ornamentik.

9 Angkor war zwischen dem 9. und 15. Jahrhundert die Hauptstadt des Khmerreiches. Hier sieht man den Buddha Avalokiteshvara, der vom immer noch im Urwald liegenden Nordtor ins Unendliche starrt.

ARCHÄOLOGICA
Die große Enzyklopädie der untergegangenen Kulturen

Via Candido Sassone, 22/24 - 13100 Vercelli, Italien
www.whitestar.it

Genehmigte Lizenzausgabe für Verlagsgruppe Weltbild GmbH, Steinerne Furt, 86167 Augsburg, 2005
Umschlaggestaltung: Atelier Lehmacher, Friedberg (Bay.)
Umschlagmotiv: Christophe Boisivieux

ISBN 3-8289-0568-4

Gedruckt in Spanien

EINLEITUNG
Einleitung

Wenn man durch eine archäologische Ausgrabungsstätte geht, einen Fernsehbericht sieht oder in einer Zeitschrift Fotografien von Pompeji betrachtet, fragt man sich oft, was wohl aus der jeweiligen Kultur geworden ist? Wie haben die Menschen gelebt? Wie sah ihr Alltag aus? Welche Hobbys hatten sie? Welche Probleme hatten sie? Hatten sie eine Vorstellung, wie ihre Vorfahren gelebt haben? Stellten sie sich Fragen über die Vergangenheit?
Sicher haben sich die Menschen stets Gedanken über ihre Vorfahren und andere Kulturen gemacht. Wie die Geschichtsschreibung belegt, besuchten die Römer die Pyramiden von Giseh und fragten sich, wie die Pharaonen diese erbaut hatten. Ähnlich wie die Römer haben sich auch die Azteken, als sie durch die verlassene Stadt Teotihuacán kamen, gefragt, was wohl aus ihren Vorfahren geworden ist.
In jeder Hochkultur waren sich die Menschen dessen bewusst, dass sie nicht am Anfang oder Ende einer bestimmten Epoche standen, sondern dass sie nur ein kleiner Baustein im Lauf der Geschichte waren. Um sich selbst im Rahmen der Geschichte zu begreifen, mussten sie wissen, was vor ihnen gewesen ist, und umgekehrt wollten sie, dass ihre Nachfahren Zeugnisse über ihr Leben und ihre Kultur in Händen halten. Geschichtsforschung hatte daher schon immer das Ziel, die Ereignisse der Vergangenheit aufzuklären und deren Gründe und Ursachen zu begreifen. Jedes Zeugnis der Vergangenheit, jeder kleinste Teil ist hilfreich und von unschätzbarem Wert wie z.B. Inschriften oder Dokumente aus Pergament oder Papyrus, aber auch Monumente, Statuen, alltägliche Gegenstände und Waffen, die Aufschluss über die Geschichte geben. All diese Dinge sind historisch von Bedeutung, sind ein kleines Teil in einem gewaltigen Puzzle, das vor allem die Archäologie immer weiter zu vervollständigen sucht.
Das Wort „Archäologie“ kommt aus dem Griechischen und bedeutet „Wissenschaft von den sichtbaren Überresten alter Kulturen“. Dieser Forschungszweig untersucht die bei Ausgrabungen gefundenen Gegenstände und schließt von diesen Funden unter Verwendung historischer Quellen auf die Kultur von Städten, das Alltagsleben ihrer Bewohner, Probleme dieser Zeit und Kriege.
Die Funde der Archäologen erwecken versunkene Kulturen wieder zum Leben. Die Entdeckung des Buleuterions (Rathaus) von Pryene z.B. trug einst entscheidend dazu bei, festzustellen, wie Politik im antiken Griechenland betrieben wurde. Durch die Archäologie wurde der Dschungel um Tikal, der größten Stadt der vorkolumbianischen Mayakultur, gelichtet, und umfangreiche Grabungen förderten die Ruinenstätte Taxila zutage, die aus drei Städten besteht.
Archäologie ist mehr als nur eine Rekonstruktion von Steinhaufen, verstreuten Tonscherben und Fragmenten – sie ist die Wiederentdeckung der Bedeutung unseres menschlichen Wesens, die leidenschaftliche Erforschung verschiedener Lösungsmöglichkeiten für dasselbe Problem.

Archäologie ist mehr als nur ein bloßes Wirrwarr baulicher Überreste oder eine Abfolge ordentlich in Glasvitrinen aufgereihter und katalogisierter Gegenstände – Archäologie ist ein wunderbares Abenteuer. Mit ihrer Hilfe kann man sich auf seine Entdeckungsreise durch die Geschichte begeben, sie erweckt die Vergangenheit zu neuem Leben. Immer wieder machen Archäologen spektakuläre Funde, die Antworten auf Fragen zur Vergangenheit geben und die Sichtweise verändern, mit der man die Gegenwart betrachtet. Es ist mehr als reine Neugierde, sich vorzustellen wie die Römer aßen, wie sie gekleidet waren, wie sie ihre Häuser einrichteten, welche Art von Unterhaltung sie pflegten und wie sie ihre Abende verbrachten. Es ist auch mehr als eine leere Geste, zu erforschen, welche Beleuchtungs- und Heizmöglichkeiten es im Alten China gab.
Herauszufinden wie die Inkas ohne Metallwerkzeuge die gewaltigen Stein-

10 unten *Dieses brillante Frauenporträt ziert die Rückseite eines Spiegels, den man in der Villa des Mäander in Pompeji gefunden hat. Viele wichtige Erkenntnisse, die man über die Antike hat, stammen aus dieser Stadt.*

10 oben *Elegant und feierlich schreitet der „Prinz mit Federkrone“ auf diesem Fresko. Dieses Bild gehört zu den bekanntesten Darstellungen im Palast von Konossos.*

blöcke, die sie für ihre Gebäude verwendeten, bearbeiten konnten, ist keine leichte Aufgabe. Die Antworten auf diese Fragen geben auch Auskunft über die Gegenwart. Die Tatsache, dass römische Frauen Schirme und Handtaschen trugen und dass ägyptische Frauen Anti-Falten-Cremes verwendeten und ihr Haar färbten, zeigt, dass sich manche Wünsche und Sehnsüchte im Lauf der Zeit nicht änderten.
Nach Thukydides ist Archäologie „ktèma es aièi", „Besitz der Ewigkeit", da sie der Schlüssel zum Verständnis des Universums ist, mit dem man der Zukunft ins Auge blicken kann. Darüber hinaus bringt uns die Archäologie ethische, politische, und religiöse Motive näher, beurteilt und verurteilt diese Motive jedoch nicht, sondern gibt uns Zeugnisse vergangener Zeiten und Orte an die Hand.
Archäologische Funde haben belegt, dass die Menschen zu verschiedenen Zeiten und an unterschiedlichen Orten verschiedene Götter jedoch in ähnlicher Weise verehrten, Kriege für die gleichen Ideale führten und verschiedenste Bauwerke errichteten, mit denen sie die Beherrschung der Elemente demonstrieren wollten. Hochkulturen kamen und gingen wieder unter; die Menschen bauten überall auf der Erde Brücken, um Flüsse zu

__10–11__ Petra war Hauptstadt der Nabatäer und wichtiger Knotenpunkt im Karawanenverkehr von Saudi-Arabien nach Syrien. Das Foto zeigt das Felsengrab Ed-Der („Das Kloster"), an dem syrische neben griechisch-römischen Elementen zu erkennen sind.

__11__ Ramses II. zerstörte die Kolossalstatuen Amenophis' III., die im Tempel von Luxor vor dem Durchgang vom ersten Hof zur großen Kolonnade standen.

überqueren, und sie errichteten Häuser, um sich und ihre Nachkommen zu schützen. Die Archäologie versucht eine Antwort auf die Frage, „was ist aus diesen Kulturen geworden?“ zu finden. Sie geht sogar noch einen Schritt weiter, indem sie eine Antwort auf eine viel schwierigere Frage zu finden versucht: Wohin entwickeln wir uns?
Die Archäologie deckt auf, welche Fehler wie oft in der Geschichte gemacht wurden. Sie warnt uns und macht uns gleichzeitig Hoffnung dadurch, dass wir wissen, dass nach jeder Niederlage wieder ein Neuanfang kommt. Die Archäologie versucht uns klarzumachen, dass jenseits von Religion, Sprache oder Hautfarbe der Mensch immer noch der „nackte Affe“ ist, wie ihn der berühmte englische Ethnologe Desmond Morris beschrieben hat. Ein Affe, der sich im Verlauf von Millionen Jahren zwar herunter von den Bäumen entwickelt hat, der jedoch immer noch damit beschäftigt ist, seine Route auf diesem Planeten einzuzeichnen.
Häufig hört man den Satz: „Wie haben sich doch die Zeiten geändert!“ Ist dies jedoch wahr? Finden Sie selbst eine Antwort, indem Sie durch dieses Buch blättern. Betrachten Sie die Tempel und Festungen. Alle diese Gebäude wurden für den gleichen Zweck gebaut, in den Wäldern von Kambodscha ebenso wie auf der Hochebene von Peru. Selbst die Waschvorrichtungen im Palast von Masada am Toten Meer ähneln unseren heutigen. Die Etrusker bauten denselben Wein an, der auch heute noch unseren Gaumen erfreut, und die Mönche von Borubudur beteten in ähnlicher Weise wie das heut zu tage die Schüler des Dalai-Lama noch immer tun.
Ein Buch allein ist sicher nicht ausreichend, um alle bestaunenswerten Erkenntnisse der Archäologie und die unglaublichen Leistungen der alten Kulturen darzulegen. Dieses Buch versucht einen Überblick über die Ausgrabungen und den Stand der Forschung zu geben. Fesselnde Fotografien und Texte veranschaulichen die Entwicklung der bedeutendsten Kulturen der Erde. Dieses Buch vermittelt einen Eindruck, wie diese Orte ursprünglich ausgesehen haben, welche Lebensgewohnheiten ihre Einwohner hatten, z.B. wie der Alltag in Rom aussah, welche Zeremonien die Maya durchführten, welch gewaltige Leistungen nötig waren, um einen Tempel wie Abu Simbel zu bauen oder den Bayon in Angkor.
Schließlich sei noch erwähnt, dass die Auswahl der vorgestellten Orte äußerst schwierig war. Unser Hauptanliegen war es, verschiedene Hochkulturen vorzustellen, von denen noch relativ viel erhalten ist.

Fabio Bourbon

12–13 *Tänzer, Heilige, Prinzen und Kurtisanen veranschaulichen am Tempel von Borobudur, wie der Alltag zwischen dem 8. und 9. Jahrhundert auf Java aussah und werden so zu beredten Zeugen aus Stein.*

12 oben links *Eine der Kolossalstatuen auf dem Nemrut Dagh. Hier sind noch viele archäologische Rätsel zu lösen.*

12 oben rechts *Auch diese Jademaske, die in Xochicalco gefunden wurde, gibt Rätsel auf.*

12 unten *Die Bedeutung der Moai (Tuffsteinfiguren) auf der Osterinsel ist nicht genau bekannt.*

14–15 *Das Tempelfeld von Pagan ist die bedeutendste historische Stätte in Birma und wurde vermutlich im 2. Jahrhundert gegründet. Von den ca. 5000 Stupas und Tempeln sind etwa 1000 teilweise erhalten.*

16–17 *Zahllose Statuen zieren die Tempel von Khajuraho in Indien.*

18–19 *Palenque wurde im 19. Jahrhundert entdeckt. Es war eine der bedeutendsten Mayastädte. Aus architektonischer Sicht kommt Palenque eine Schlüsselrolle in der Geschichte dieser Kultur zu. Bisher sind noch nicht alle Monumente freigelegt.*

EUROPA
Einleitung

Der Ursprung der westlichen Zivilisation liegt mehrere tausend Jahre zurück, eine ungeschriebene Geschichte, die uns jedesmals bewusst wird, wenn wir Ausgrabungsstätten besuchen, Orte, die das ungeheuer reiche kulturelle Erbe der Alten Welt verbergen. Man könnte noch viele Bücher über zahllose Städte, Siedlungen, Heiligtümer und Gräberstädte schreiben, die in ganz Europa verstreut sind, ganz zu schweigen von den Schätzen der Museen. Jenseits von Mykene und Athen, von Rom und Pompeji gibt es noch viele interessante Ziele aus der Antike, die einen Besuch lohnen; beispielsweise die Ringwallanlage in Fyrkat (Dänemark), die griechischen Häuser in Ampurias (Spanien), die Reste des gallischen Masada, Alesia in Frankreich oder die römischen Funde in Italien in Aosta und Aquileia, in Carsulae und Herdoniae, die keltischen Salzbergwerke in Hallein und Hallstatt in Österreich oder der Diokletianspalast im kroatischen Split.
Es ist wissenschaftlich nicht gesichert, seit wann Europa bevölkert wurde. Anhand von Funden glauben Forscher jedoch sagen zu können, dass erste Menschen bereits vor 1,5 Millionen Jahren in Europa gelebt haben. Der erste Mensch, der nachgewiesen werden konnte, war der *Homo erectus*, der in Spanien, Frankreich, Deutschland und Italien vor ca. 1 000 000–300 000 Jahren während des Altpaläolithikums, einer klimatisch äußerst instabilen Periode, gelebt hat. Er wusste bereits, wie man einfache Steinwerkzeuge anfertigt. Seine Lebensgrundlage waren die Jagd und das Sammeln von Früchten.
Das Mittelpaläolithikum (200 000–40 000 v. Chr.) ist die Epoche des Neandertalers, des ersten Menschen unserer Art: *Homo sapiens*. Er fertigte technisch verbesserte und verschiedenartige Steinwerkzeuge an, die ihm das alltägliche Leben erleichterten. Aus dieser Zeit stammen auch die ersten Funde religiöser Zeremonien.
Die zeitweilige Stabilisierung der klimatischen Verhältnisse im Jungpaläolithikum (40 000–10 000 v. Chr.) trug dazu bei, dass sich der *Homo sapiens* in weiten Teilen des Kontinents ausbreitete und dass sich erste Kulturen entwickelten, die jedoch von Gebiet zu Gebiet sehr stark variierten.
Die Produktion von Steinwerkzeugen war mittlerweile perfektioniert und eine deutlich verbesserte Bewaffnung ermöglichte es, den Lebensunterhalt ohne große Probleme zu sichern.
Im Paläolithikum entstanden erste einfache Kunstwerke, bei denen die Natur zentrales Thema war. Nach dem Ende der letzten Eiszeit (10 000–8 000 v. Chr.) entwickelte sich ein viel angenehmeres Klima in Europa, durch das der Übergang von der Mittelsteinzeit (Mesolithikum) zur Jungsteinzeit (Neolithikum) bewirkt wurde. Viele Bodenschätze waren besser zugänglich, durch die wiederum die Geräte und dadurch die Jagdtechniken verfeinert werden konnten. Pfeil und Bogen wurden erfunden, eine Vielzahl kleiner Werkzeuge und Geräte, die man für die verschiedensten Zwecke verwenden konnte, wurden produziert. Von Portugal bis zur Wolga, von Skandinavien bis ins Trentin, entwickelten sich erste halbsesshafte Lebensformen.
Eine besonders wichtige Entwicklung des Neolithikums war jedoch die Zähmung der Wildtiere, die Kultivierung von Getreide und Hülsenfrüchten, der Beginn von Viehzucht und der Bau von Siedlungen. Diese Entwicklung vollzog sich, aus dem Nahen Osten kommend, in Europa im 6. Jahrtausend v. Chr.
Die ersten europäischen steinzeitlichen Dörfer von Schäfern und Bauern entstanden auf Kreta und in Thessalien (Griechenland) und datieren um 6800 v. Chr. Nur wenig später fand diese Entwicklung auch auf dem Balkan statt. Dort entstanden einfache, manchmal auch etwas komplexere Gebäude, in denen Hausgemeinschaften lebten, deren Ziel es war, einen Nahrungsmittelüberschuss zu erzielen.
Eine bahnbrechende Neuheit in der Geschichte der Menschheit! Die Verbreitung von geschliffenem Stein und Obsidian, einem sehr scharfen vulkanischen Glas, bezeugt das Aufkommen eines regen See- und Landhandels, die Einführung von Töpfereien die Notwendigkeit, Nahrungsmittel in den Dörfern zu lagern, die zu diesem Zeitpunkt Verteidigungsanlagen zu bauen begannen.

20–21 *Der Parthenon in Athen wurde zwischen 447 und 432 v. Chr. erbaut und gilt als eines der architektonischen Meisterwerke des klassischen Griechenlands.*

20 links *Die Fresken in Pompeji gehören zu den beeindruckendsten Relikten, die von römischen Künstlern erhalten sind.*

21 unten *Diese Sphinx entstand in der zweiten Hälfte des 6. Jahrhunderts v. Chr. und stand auf einer Votivsäule vor dem Tempel des Apoll in Delphi.*

21 oben *Die „Bocca della Verita" („Mund der Wahrheit") stammt aus dem 4. Jahrhundert v. Chr. und befindet sich heute in der Vorhalle von Santa Maria in Cosmedin in Rom.*

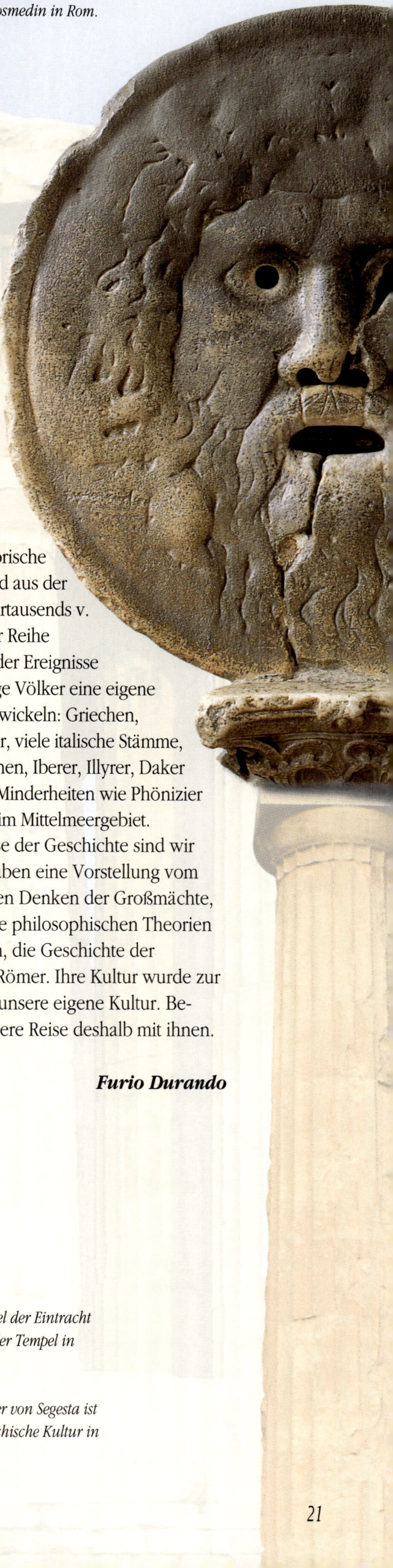

So entstanden im Lauf der Zeit in ganz Europa bedeutende Kulturen. In diesen Kulturen gab es soziale und wirtschaftliche Hierarchien, sowie hoch entwickelte religiöse und künstlerische Formen.
Zwischen dem 4. und 3. Jahrtausend v. Chr. entstand die Megalithkultur in der Bretagne, auf den Britischen Inseln, auf der Iberischen Halbinsel, in Süd-Skandinavien, Puglia und auf Sardinien. Charakteristisch für diese Kultur sind Großsteinbauten: Steinreihen, -säulen und -kreise, vor allem aber Megalithgräber.
Eine zweite revolutionäre Entwicklung überlagerte diese kulturelle Phase der Steinzeit: Mit der Entdeckung von Kupfer in den gleichen Gebieten, in denen Ackerbau und Viehwirtschaft betrieben worden war, wurde nun das Bronzezeitalter eingeleitet.
Nach einer langen experimentellen Phase gab es zu Beginn dieses Zeitalters tiefe wirtschaftliche und soziale Veränderungen in den Gemeinden. Die Kontrolle über Metallvorkommen, Herstellungstechniken und fertige Produkte schuf eine tiefe Kluft zwischen denen, die diese Metallwerkzeuge benutzten und jenen, die nach wie vor steinerne Werkzeuge und Geräte verwenden mussten.
Das Bronzezeitalter brach zuerst auf der Iberischen Halbinsel an. Von da an entwickelten sich in ungeheurer Geschwindigkeit neue Techniken, durch die Gegenstände mit Metalllegierungen bearbeitet werden konnten, die wesentlich widerstandsfähiger waren als Gegenstände aus reinem Kupfer. Gegen Ende des 3. Jahrtausends v. Chr. begannen sich ausgeprägte Siedlungs- und Gesellschaftsformen zu entwickeln. In der Architektur waren bereits Ansätze für die spätere meisterliche Lösung von Problemen erkennbar, die das nächste Jahrtausend bringen sollte. In diese Periode fiel die Errichtung von Stonehenge und Tarxien auf Malta, sowie die Errichtung der letzten großen Megalithanlagen und vieler anderer Kulturen, die in dieser Epoche aufeinander trafen.
Während des 2. Jahrtausends v. Chr. verbreitete sich die Kupfergewinnung auf dem ganzen europäischen Festland, und es fand die erste Phase der indoeuropäischen Völkerwanderung statt. In dieser Zeit entwickelten sich kulturelle Gruppen, die Vorläufer späterer kultureller Prototypen waren, beispielsweise die Urahnen der späteren Kelten und Mykener. Dies alles waren Entwicklungen, die durch den Kontakt verschiedener Kulturen entstanden. Auch das Mittelmeer wurde in dieser Periode als Handelsstraße entdeckt, was zur Folge hatte, dass sich erste Seemächte entwickelten. In der Ägäis waren die Kulturen den anderen in Europa weit voraus. Als Beispiele sind hier vor allem die kykladische, die minoische und die mykenische Kultur zu nennen. Basis hierfür war ein reger Handel, der großen Teilen der Bevölkerung weit mehr einbrachte als sie eigentlich zum Leben brauchten. Das Aufkommen einer ersten Schrift auf Kreta und in Mykene sowie die Ausweitung des Handels zwischen West und Ost waren ebenso bedeutend wie die Bergbau betreibenden Kulturen in Mittel- und Westeuropa.

Das heute historische Europa entstand aus der Krise des 1. Jahrtausends v. Chr. Nach einer Reihe schwerwiegender Ereignisse begannen einige Völker eine eigene Identität zu entwickeln: Griechen, Etrusker, Römer, viele italische Stämme, Gallier, Germanen, Iberer, Illyrer, Daker und ethnische Minderheiten wie Phönizier und Karthager im Mittelmeergebiet.
Mit dieser Phase der Geschichte sind wir vertraut, wir haben eine Vorstellung vom imperialistischen Denken der Großmächte, wir kennen ihre philosophischen Theorien und Ideologien, die Geschichte der Griechen und Römer. Ihre Kultur wurde zur Grundlage für unsere eigene Kultur. Beginnen wir unsere Reise deshalb mit ihnen.

Furio Durando

24–25 *Der Tempel der Eintracht überragt das Tal der Tempel in Agrigent.*

26–27 *Das Theater von Segesta ist Zeuge für die griechische Kultur in Italien.*

EUROPA

CHRONOLOGIE

Jungpaläolithikum und Mesolithikum
(um 40 000–3500 v. Chr.)

Wandmalereien von Lascaux
(um 16 000–15 000 v. Chr.)

Wandmalereien von Altamira
(um 12 000 v. Chr.)

Jungsteinzeit und erste Ausbreitung von Kupfer
(6800–3500 v. Chr.)

Erste Errichtung von Megalithen in Carnac
(um 3000 v. Chr.)

Frühgeschichte
(um 2800–2200 v. Chr.)

Entwicklung der minoischen Kultur
(um 2800–2000 v. Chr.)

Gründung der Megalithanlage von Stonehenge
(um 2800 v. Chr.)

Bau der ersten minoischen Paläste
(um 1900–1700 v. Chr.)

Zerstörung und Wiederaufbau der minoischen Paläste; Invasion der Achäer in Griechenland; Blütezeit Mykenes
(um 1700–1450 v. Chr.)

Zusammenbruch der minoischen Kultur
(um 1450 v. Chr.)

Mykene beherrscht den Handel im Mittelmeer
(um 1450–1250 v. Chr.)

Trojanischer Krieg
(um 1250–1220 v. Chr.)

Indoeuropäische Invasionen; Ende der mykenischen Zivilisation
(um 1220–1120 v. Chr.)

Gründung erster Stadtzentren in Griechenland
(um 1100–900 v. Chr.)

Gründung erster etruskischer Siedlungen in der heutigen Toskana und dem heutigen Latium
(um 800 v. Chr.)

Erste Olympiade
(776 v. Chr.)

Erste „Verfassungen“ in Athen und Sparta
(um 754–753 v. Chr.)

Gründung von Rom
(753 v. Chr.)

Kaiserzeit in Rom
(753-509 v. Chr.)

Gründung der ersten griechischen Kolonien in Süditalien
(um 740–708 v. Chr.)

Gründung weiterer griechischer Kolonien in Süditalien
(um 688–648 v. Chr.)

Erste etruskische Grabmalereien
(um 600 v. Chr.)

Brand des Apollontempels in Delphi
(548 v. Chr.)

Verbannung von Tarquinius Superbus und Gründung der Römischen Republik
(509 v. Chr.)

Kämpfe zwischen Patriziern und Plebejern in Rom
(um 509–343 v. Chr.)

Demokratische Verfassung in Athen
(508 v. Chr.)

Bau des Poseidontempels in Paestum
(um 450 v. Chr.)

Erster Aufstand gegen die Perser in Ionien
(499–494 v. Chr.)

Die Römer besiegen die Latiner am See Regillus
(496 v. Chr.)

In Rom werden Volkstribunen eingeführt
(494 v. Chr.)

Erster Perserkrieg
(490 v. Chr.)

Zweiter Perserkrieg; Schlacht an den Thermopylen zwischen Griechen und Persern
(480 v. Chr.)

Zweiter Aufstand der Ionier gegen die Perser
(479 v. Chr.)

Erster Attischer Seebund
(477 v. Chr.)

Seeschlacht von Kyme zwischen Griechen und Etruskern
(474 v. Chr.)

Krieg der Athener gegen Ägina und Korinth
(464–455 v. Chr.)

Niederschrift des Zwölftafelgesetzes in Rom (um 451/450 v. Chr.)

Friedensvertrag zwischen Griechen und Persern (um 449 v. Chr.)

Hegemonie des Perikles in Athen (um 449–429 v. Chr.)

Iktinos, Kallikrates und Phidias erbauen den Parthenon in seiner heutigen Form (447–432 v. Chr.)

Peloponnesischer Krieg (um 431–404 v. Chr.)

Bau des Niketempels auf der Akropolis in Athen (425–421 v. Chr.)

Kriege zwischen Karthagern und Griechen auf Sizilien (um 409–392 v. Chr.)

Herrschaft der Spartaner über Griechenland (um 404–379 v. Chr.)

Eroberung und Zerstörung von Veji durch die Römer; Beseitigung der etruskischen Bedrohung (396 v. Chr.)

Die Gallier plündern Rom (390 v. Chr.)

Licinisch-Sextische Gesetze: Einer der römischen Konsulen muss Plebejer sein (367 v. Chr.)

Makedonien wird unter Philipp II. zur ersten Macht in Griechenland (359–336 v. Chr.)

Kriege der Römer gegen die Samniten (343–290 v. Chr.)

Herrschaft Alexanders des Großen (336–323 v. Chr.)

Teilung des Reiches Alexanders des Großen und Bildung von hellenistischen Königreichen (322–281 v. Chr.)

Sieg der Römer über Pyrrhus (285 v. Chr.)

Absolute Monarchie der Makedonier in Griechenland (276-239 v. Chr.)
Erster Punischer Krieg zwischen Römern und Karthagern (264–241 v. Chr.)

Die Römer besetzen Gallia Cisalpina (222 v. Chr.)

Erster Makedonischer Krieg (215–205 v. Chr.)

Zweiter Punischer Krieg zwischen Römern und Karthagern (218–201 v. Chr.)

Zweiter Makedonischer Krieg: Makedonien verliert seinen Einfluss in Griechenland (200–197 v. Chr.)

Hispania wird römische Provinz (197 v. Chr.)

Bau der Basilica Aemilia auf dem Forum Romanum (179 v. Chr.)

Dritter Makedonischer Krieg, der das Ende der makedonischen Herrschaft besiegelt (172/171–168 v. Chr.)

Dritter Punischer Krieg: Zerstörung Karthagos durch Rom (149–146 v. Chr.)

Eroberung und Zerstörung von Korinth durch die Römer: Makedonien und Griechenland werden römische Provinzen (147–146 v. Chr.)

Ermordung von Tiberius Gracchus (133 v. Chr.)

Gaius Gracchus wird in Rom getötet (121 v. Chr.)

Rom erobert Gallia Transalpina (125–118 v. Chr.)

Rom führt Krieg gegen die Kimbern und Teutonen, die von Gaius Marius besiegt werden (113–101 v. Chr.)

Marsischer Krieg: Die Italiker kämpfen um das römische Bürgerrecht (91-88 und 82 v. Chr.)
Sulla wird Diktator von Rom (82 v. Chr.)

Tod Sullas in Pompeji (78 v. Chr.)

Pompeius und Crassus werden Konsulen (70 v. Chr.)

Verschwörung des Catilina (63 v. Chr.)

Erstes Triumvirat (60 v. Chr.)

Cäsar erobert Gallia Comata (58–51 v. Chr.)

Beginn des Bürgerkriegs in Rom (49 v. Chr.)

Schlacht bei Pharsalos; Tod des Pompeius (48 v. Chr.)

Cäsar schlägt die Anhänger des Pompeius bei Munda (45 v. Chr.)

Ermordung Cäsars (44 v. Chr.)

Zweites Triumvirat (43 v. Chr.)

Octavian besiegt Antonius in der Schlacht von Aktium (31 v. Chr.)

Octavian erhält den Titel „Augustus“ (27 v. Chr.)

Einweihung des Augustusforums (2 n. Chr.)

Tod des Augustus (14)

Herrschaft des Tiberius (14–37)

Kreuzigung Christi (33)

Herrschaft des Caligula (37–41)

Herrschaft des Claudius (41–54)

Die Römer besetzen Britannien (44)

Herrschaft des Nero (54–68)

Herrschaft des Vespasian (69–79)

Bau des Kolosseums von Rom (75–80)

Ausbruch des Vesuvs und Zerstörung Pompejis (79)

Herrschaft des Titus (79–81)

Herrschaft Domitians (81–96)

Herrschaft des Trajan (98–117)

Trajan erobert Dakien (101–106)

Einweihung des Trajansforums in Rom (112)

Herrschaft des Hadrian (117–138)

Errichtung des Pantheons auf dem Marsfeld in Rom (118/125–128)

Herrschaft des Antonius Pius (138–161)

Herrschaft des Marc Aurel (161–180)

Herrschaft des Commodus (180–192)

Herrschaft des Septimius Severus (193–211)

Herrschaft des Caracalla (211–217)

Bau der Caracallathermen in Rom (212–216)

Herrschaft des Macrinus (217–218)

Herrschaft des Elagabal (218–222)

Herrschaft des Alexander Severus (222–235)

Zeit der Anarchie und Unordnung (235–284)
Aurelius errichtet die Stadtmauer von Rom wieder (271)

Herrschaft Diokletians (284–305)

Diokletian begründet die erste Tetrarchie (293)

Die Tetrarchie scheitert (306)

Sieg Konstantins über Maxentius an der Milvischen Brücke (312)

Edikt von Mailand (313)

Alleinherrschaft Konstantins nach einem Sieg über Licinius (324)

Konstantinopel wird Hauptstadt des Römischen Reiches (330)

Konstantins Tod; Teilung des Reiches (337)

Constantius II. besiegt den Usurpator Magnentius und übernimmt die Alleinherrschaft (353)

Valens wird bei Adrianopel geschlagen (378)

Herrschaft Theodosius’ des Großen (379–395)

Alarich plündert Rom (410)

Die Hunnen brechen unter Attila in Gallien ein (451)

Fall des Weströmischen Reiches (476)

LASCAUX

Die Sixtinische Kapelle der Vorgeschichte

A Kabinett der Katzen
B Schiff
C Apsis
D Schacht
E Gang
F Axiales Divertikel
G Großer Saal
H Eingang

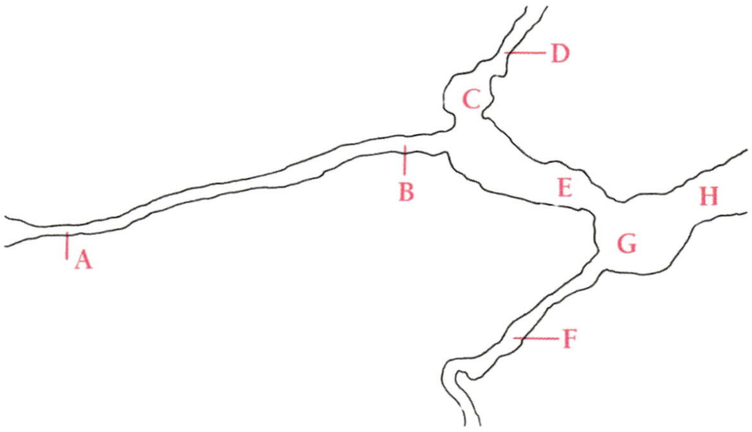

__28 links__ Die Tiere in Lascaux sind sehr kunstfertig und anatomisch genau dargestellt. Hier ist der Kopf einer Kuh abgebildet.

__28 Mitte oben__ In der Höhle sind unter anderem auch galoppierende Pferde dargestellt. Die Proportionen der Körper im Verhältnis zu den Beinen stimmen jedoch nicht.

__28 Mitte unten__ Die Menschen des Paläolithikums vollzogen magische Riten, um sich Mut zuzusprechen. Aus diesem Grund malten sie die Tiere, denen sie während der Jagd begegneten.

__28 oben rechts__ Die im „Saal der Stiere“ gemalten Rinder haben gewaltige Ausmaße. Einige sind bis zu 5 m lang.

Viele spektakuläre Funde der Vergangenheit sind durch Zufall ans Tageslicht gekommen. So auch die Malereien in der Höhle von Lascaux, einem bedeutenden vorgeschichtlichen Ort in Europa. Seine jüngste Geschichte liest sich wie ein Märchen: Am 8. September 1940 liefen vier Jungen aus Montignac, in der Nähe von Lascaux in Frankreich, durch den Wald. Plötzlich stießen sie auf ein tiefes Loch. Nach einer kurzen Erkundungstour beschlossen sie, das Loch an einem anderen Tag genauer zu untersuchen. Marcel Ravidat, der unternehmungslustigste von ihnen, konnte seine Neugier nicht bremsen und kam deshalb mit drei anderen Freunden vier Tage später erneut an die Stelle. Der 17-jährige Mechanikerlehrling ließ sich durch ein tiefes Loch in die Dunkelheit hinab, bis er in eine große, natürliche Höhle kam. Wenig später waren auch die anderen unten angelangt. Sie hatten jedoch nur eine Streichholzschachtel dabei und entdeckten das Geheimnis der Höhle nicht, da sie nur wenig später ans Tageslicht zurück mussten.

Am nächsten Tag suchten sie erneut die Höhle auf, dieses Mal mit einer Lampe ausgestattet. Jetzt erkannten die Jugendlichen die Haupthöhle, die ca. 30 m lang war. Am Ende der Halle sahen sie einen schmalen Gang, der so hoch war, dass sie sich nicht bücken mussten. Dort entdeckten sie, dass Zeichen in den verschiedensten Farben an die Wände gemalt waren. Außerdem erkannten sie, dass ungewöhnliche Tiere in den verschiedensten Größen an die Wände gezeichnet waren. Da die Freunde bereits von den kurz zuvor entdeckten, in der Öffentlichkeit viel beachteten Höhlenmalereien in der Dordogne gehört hatten, brauchten sie nicht lange, um die Bedeutung ihrer Entdeckung zu erfassen – sie hatten eine von Menschen bewohnte vorgeschichtliche Höhle entdeckt. Als das Öl in der Lampe zu Ende ging, kehr-

28–29 *Neben den Tierdarstellungen findet man häufig geometrische Figuren, deren Bedeutung bis heute nicht geklärt ist. Sie scheinen jedoch Symbolcharakter zu haben.*

29 *Für die außergewöhnlichen Malereien wurden schwarze Kreide und verschiedene Erdfarben verwendet, um die Schattierungen der Tierfelle beziehungsweise -häute möglichst realistisch darzustellen.*

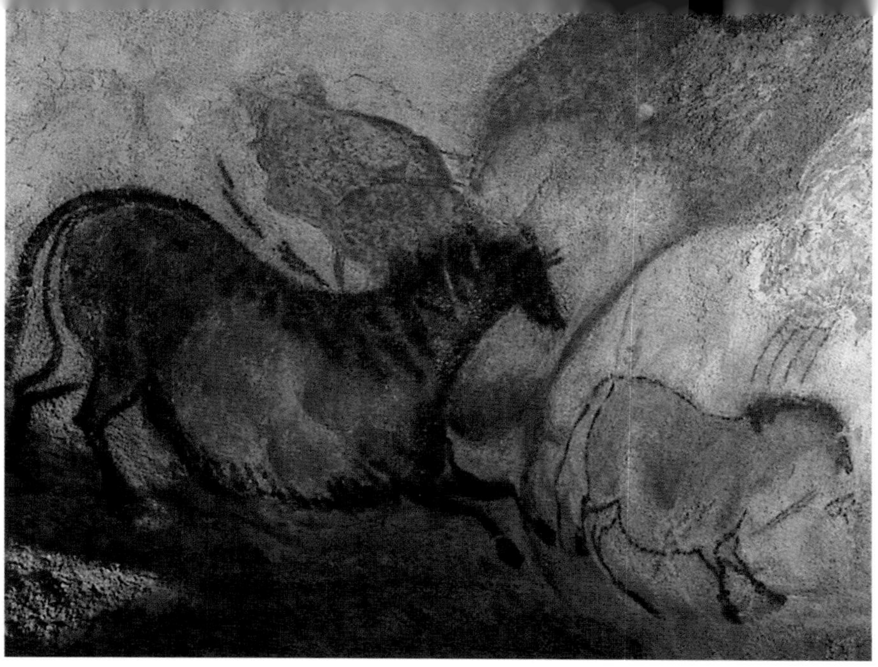

ten sie ans Tageslicht zurück. Am nächsten Tag machten sich die Freunde, jeder mit einer Lampe ausgestattet, wieder auf den Weg in die Höhle. Sie waren sich der Gefahren dieses Abenteuers wohl bewusst, waren jedoch entschlossen, sich dieses Erlebnis nicht nehmen zu lassen.

Ravidat wollte unbedingt das Innerste der Höhle erkunden; dabei stieß er im so genannten „Schacht“ auf eine der berühmtesten Kohlezeichnungen der Höhle: Auf dieser ist ein verwundeter Bison vor einem mit ausgebreiteten Armen fallenden Mann dargestellt; links von ihnen ist ein Nashorn zu sehen. In der paläolithischen Kunst sind solche Szenen, die eine Beziehung zwischen Figuren darstellen, sehr selten.

In den folgenden Tagen besuchten ganze Kinderhorden die Höhle. Schließlich konnte Ravidat auch seinen Lehrer, Léon Laval, überzeugen, seinen Fund anzuschauen, nachdem er durch Skizzen von den Höhlenmalereien dessen Interesse geweckt hatte. Laval begriff sofort deren Bedeutung und schickte eine Nachricht an Henri Breuil, einen der bedeutendsten Experten für Höhlenmalerei. Breuil besichtigte die Höhle und nannte sie „Sixtinische Kapelle der Vorgeschichte“. Vier Jahre später wurde ein Film über Lascaux gedreht. Nach dem Zweiten Weltkrieg begannen mehr und mehr Touristen Lascaux zu besuchen. In den 1950er Jahren stellte man fest, dass Feuchtigkeit, Staub und zu starke künstliche Beleuchtung zu Algen-, Pilz- und Sinterbildung geführt hatten und somit zu einer schweren Beeinträchtigung der Malereien. 1960 begannen sich grüne Algen mit verheerender Wirkung

30 oben *Auf einigen Malereien in Lascaux sind Bisons dargestellt. Während der Ausgrabungsarbeiten wurden im Boden der Höhle Feuersteine, Werkzeuge aus Knochen, Tierknochen und Pigmente gefunden, die zum Malen verwendet worden waren. Auch eine Anzahl wahrscheinlich mit Öl oder Tierfett gefüllter Lampen, mit denen die Höhle beleuchtet werden konnte, wurde entdeckt.*

an den Wänden auszubreiten. Es dauerte mehr als zehn Jahre, um diese wieder zu entfernen und die Farben zu restaurieren. Am 20. April 1963 wurde die Höhle für die Öffentlichkeit gesperrt und später versiegelt. Heute können Touristen eine Kopie des Hauptteils der Höhle besichtigen, die in geringer Entfernung der ursprünglichen nachgebaut und originalgetreu bemalt wurde.

Die Höhle von Lascaux ist aufgrund der Qualität ihrer Bemalung so bedeutend. Die Zeichnungen sind auch die ältesten aus der Zeit des Jungpaläolithikums, genauer noch des Magdalénien II (16 000–15 000 v. Chr.). Überraschend ist vor allem die Einheitlichkeit der Malereien, wahrscheinlich sind die meisten innerhalb eines kurzen Zeitraums von einer Gruppe gemalt worden. Im „Großen Saal“, der dem Eingang am nächsten liegt, ist die Wand mit Stieren, Bisons, Pferden und Hirschen bemalt. Die Zeichnungen sind mit schwarzer Kreide und roter Ockerfarbe angefertigt. Bemerkens-

30 Mitte *Auf einer der Wände am Ende des Schachts befindet sich eine schwarze Kreidezeichnung, auf der ein Mann mit ausgebreiteten Armen dargestellt ist, der von einem schwer verletzten Bison zu Fall gebracht wird. Wissenschaftlern gibt dieses Bild immer noch Rätsel auf, da der Mann als Strichmännchen mit Vogelkopf dargestellt ist, der Bison dagegen naturgetreu mit leicht gesenktem Nacken.*

30 unten *Auch Hirschdarstellungen finden sich an den Wänden. Dieser hier trägt ein prächtiges Geweih.*

30–31 und 32–33 *Die Wandmalereien von Lascaux sind zeitlich in das Magdalénien II einzuordnen, ein Begriff, der von dem französischen Ort La Madeleine abgeleitet wurde, an dem bedeutende Entwicklungen der frühgeschichtlichen Kunst stattfanden.*

wert ist vor allem auch die realistische Darstellungsweise.

Im „axialen Divertikel", einer seitlichen Ausbuchtung, sind Hirsche, Pferde und Kühe dargestellt. Im „Gang" und im „Schiff" sind Stiere, Kühe, Ibisse und Hirsche abgebildet, jedoch sehr viel weniger akkurat. Im „Kabinett der Katzen" findet man Katzen (Raubkatzen?), von denen der Raum seinen Namen erhalten hat, aber auch viele andere Tiere, darunter sogar einige Rhinozerosse. Das einzige Rentier in der Höhle ist in der „Apsis" zu sehen; auch eine Reihe unvollendeter Zeichnungen hat man dort gefunden.

An vielen Wänden sind neben den Tierdarstellungen auch Zeichen, Linien, Quadrate oder Rechtecke abgebildet, deren Bedeutung bis heute nicht geklärt werden konnte.

Die Deutung der Tierdarstellungen hingegen ist einfacher: Man nimmt an, dass die Menschen des Paläolithikums nach einer erfolgreichen Jagd rituelle Handlungen und Tänze vollzogen. Das würde bedeuten, dass die Höhle von Lascaux auch eine alte Kultstätte war.

DIE MENHIRE VON CARNAC

34 links *Dieser Dolmen wird „Mané Kerioned" genannt, in Erinnerung an die „Kerions", jene mächtigen Kobolde, die hier gelebt haben sollen.*

34 rechts *Überall in der Gegend von Carnac, das im Département Morbihan liegt, stößt man auf Menhire.*

35 *Die „Alignements" von Le Ménec bestehen im westlichen Teil aus elf parallel stehenden Reihen.*

Im Neolithikum, als die Menschen erste Werkzeuge aus Steinen anfertigten, wuchs die steinzeitliche Bevölkerung und siedelte sich an vielen Stellen an. Die bekanntesten Relikte aus dieser Zeit sind Gräber und Bauwerke, die aus gewaltigen Steinblöcken und -platten errichtet wurden und einfach verziert waren.
Typische Zeugnisse dieser Zeit sind die so genannten „Dolmen" und „Menhire". Das Wort Dolmen kommt aus dem Keltischen, bedeutet „Steintisch" und ist ein Großsteingrab, das aus vier Tragsteinen und einer Deckplatte besteht. Menhir bedeutet „Langstein". Menhire sind einzeln stehende, längliche Monolithe, die in der Nähe von Gräbern oder als Grabsteine, manchmal jedoch auch in Reihen oder Kreisen, aufgestellt wurden.
Die Bedeutung dieser reihen- und kreisförmig aufgestellten Steine ist bis heute noch nicht eindeutig geklärt. Sie könnten die Abgrenzung eines Kultbezirkes oder auch eines öffentlichen Platzes darstellen oder eine astronomische, mit religiösen Handlungen verbundene Bedeutung haben.
In Europa gibt es Hunderte dieser Anlagen: auf den Britischen Inseln, in Skandinavien, Frankreich, Spanien, Italien und auf Malta. Die berühmteste Megalithanlage befindet sich in Stonehenge, die größte Anlage liegt jedoch bei Carnac, an der Bucht von Quiberon in der südlichen Bretagne.
Die Megalithe von Carnac sind in drei sogenannte Alignements aufgereiht: Le Ménec, Kermario und Kerlescan. In Le Ménec sind 1099 Menhire in elf Reihen mit einer Gesamtlänge von 1065 m aufgestellt, in Kermario 1029 Menhire in zehn Reihen über eine Länge von 1120 m und in Kerlescan stehen 594 Menhire in 13 Reihen mit einer Gesamtlänge von 880 m.
Kleinere, etwas beschädigte Alignements kann man in Petit-Ménec, Kerzhero und Saint-Barbe sehen, auch einige verstreute Steine befinden sich in dem Gebiet. In Kernario steht ein Dolmen, während die Alignements in Kerlescan von einem Steinkreis aus 39, noch relativ gut erhaltenen Blöcken unterbrochen sind.
In der Nähe von Locmariaquer findet man die „Table des Marchands", die „Tafel der Händler", einen kolossalen Dolmen, in dem man Spuren von eingemeißelten Zeichen gefunden hat. Außerdem entdeckte man dort die Relikte des „Mané er Hoeck", des „Feenhügels", des gewaltigsten Menhirs, der ursprünglich eine Höhe von 20,5 m hatte.
Das Aufstellen der monumentalen Felsblöcke war eine Gemeinschaftsaufgabe unvorstellbaren Ausmaßes, die ungeheuren Willen und Durchhaltevermögen erforderte. Jeder Steinblock wog im Durchschnitt ein bis zwei Tonnen, manche waren jedoch viel schwerer.
Der Eindruck, den die Menhire heute vermitteln, stimmt mit dem der damaligen Zeit nicht mehr überein, sind doch die Anlagen nicht mehr vollständig, da die gewaltigen Blöcke teilweise als Baumaterial in den letzten Jahrhunderten verwendet wurden. Die Menhire von Petit-Ménec wurden z.B. zum Bau des Belle-Ile-Leuchtturms verwendet.
Einige Wissenschaftler nehmen an, dass ursprünglich 10 000 Menhire in dieser Region aufgestellt waren, die ein Gesamtgewicht zwischen 25 000 und 65 000 Tonnen hatten. In der Vergangenheit gab es viele Spekulationen darüber, wie diese Menhire transportiert wurden. Die wichtigsten Hilfsmittel für den Transport und das Aufstellen der Steinblöcke waren kräftige Seile und gutes Holz, das man als Rollen und Hebel verwenden konnte. Es dauerte vermutlich etliche Jahrzehnte, bis das heute sichtbare Ausmaß erreicht wurde.
Die Monolithe weisen keine Verzierungen oder rudimentäre Zeichen auf. Der Bau der Anlage wurde von Priestern oder erfahrenen Vorarbeitern überwacht, die für die Versorgung mit allen notwendigen Materialien während der gesamten Bauzeit verantwortlich waren. Heute sind zwar die Techniken, mithilfe derer die Steine aufgestellt wurden, bekannt, über die eigentliche kulturelle Bedeutung von Carnac gibt es aber noch immer Diskussionen.
Bis Mitte des 19. Jahrhunderts glaubte man, die Ruinen stammten von den Kelten oder Druiden und dienten kultischen Handlungen. Andere Erklärungen waren z.B., dass Außerirdische in Carnac gelandet seien oder dass die Menhirealleen eine Art Pentagramm seien.
Wissenschaftlich ist nur erwiesen, dass diese Megalithkultur etwa 4500 Jahre alt ist, und man geht heute davon aus, dass die Anlage religiösen Zwecken diente, da die ungeheuren Anstrengungen, die nötig waren, um ein solch monumentales Bauwerk zu errichten, von der Gesellschaft wahrscheinlich nur aus religiösen Gründen auf sich genommen wurden. Die Behauptung, dass die Anlage astronomische Bedeutung habe, konnte bisher nicht untermauert werden.

STONEHENGE

Die gigantischen Monolithe

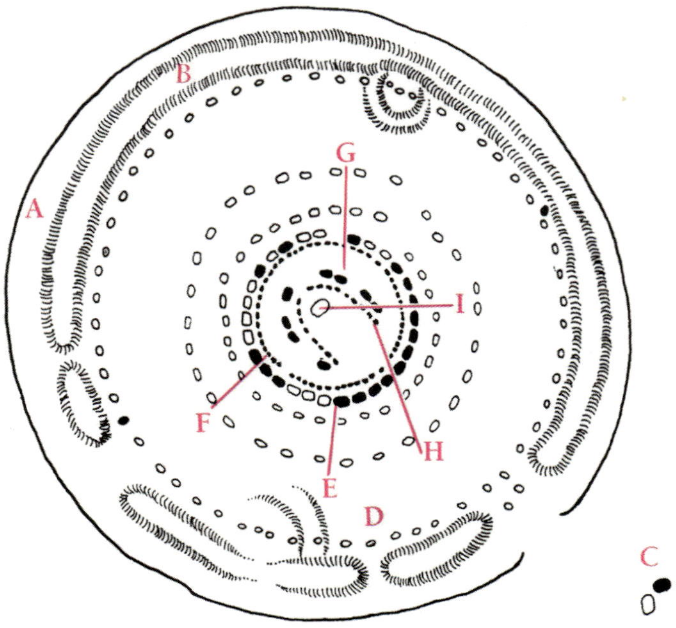

A Graben
B Ringwall
C Fersenstein
D Aubrey-Holes
E Steinkreis
F Blausteinkreis
G Trilithen
H Blausteine
I Altarstein

Die heute noch stehenden Steine sind schwarz markiert.

36 Eine unglaubliche Anstrengung muss nötig gewesen sein, um Stonehenge zu errichten. Die Steinblöcke wurden vermutlich mit einer Art Schlitten, der von Hunderten von Männern gezogen wurde, nach Stonehenge geschleift. Dort wurden die Blöcke mit Rollklötzen, Baumstämmen, Brechstangen und Holzkonstruktionen aufgerichtet.

Stonehenge ist ein Megalithmonument, das 12 km nördlich von Salisbury in der englischen Grafschaft Wiltshire liegt. Es wurde als Wall- und Grabenring angelegt und ist der berühmteste Megalithkomplex in ganz Europa. Immer noch übt das Monument, das einst vermutlich ein religiöses Zentrum war, eine große Faszination auf alle Besucher aus. Bis heute ist die Entstehung von Stonehenge nicht vollständig geklärt, was zu einer Vielzahl von Legenden sowie Mythen und teilweise fantastischen Erklärungen geführt hat.

Um 1136 wird Stonehenge erstmals in einer historischen Quelle erwähnt, in dem von Godfrey von Monmouth niedergeschriebenen Werk „The History of the Kings of Britain“. Der Bericht bleibt jedoch extrem vage und unwahrscheinlich, da er den Bau des Komplexes den Giganten zuschreibt, die diesen in Irland errichtet haben sollen; auch eine zeitliche Einordnung fehlt völlig.

Später glaubte man, dass der Zauberer Merlin, dank seiner magischen Kräfte, die Steine in die Ebene von Salisbury transportiert habe, die laut Godfrey eine heilende Wirkung haben sollten. Im Lauf der Jahrhunderte war die Heilwirkung der Megalithe von Stonehenge ein immer wiederkehrendes Thema. Sogar die Kirche musste sich mit dieser Problematik befassen: Papst Gregor I. bemerkte dazu in einem Brief aus dem Jahr 601, dass Stonehenge nicht zerstört, sondern mit Weihwasser besprenkelt werden sollte. Im Lauf der Zeit verfestigte sich die Theorie, dass es sich bei den gewaltigen Steinblöcken um die Reste einer Tempelanlage handeln müsse; niemand jedoch fand eine Antwort auf die Frage, wer diese erbaut hatte. Einige schrieben den Bau den Römern zu, andere wiederum hielten Invasoren aus Dänemark, wieder andere die Druiden für die Erbauer.

Der erste Wissenschaftler, der die Bedeutung dieses Monuments aufgrund astronomischer Beobachtungen im Jahr 1771 in Zusammenhang mit den Sternen setzte, war John Smith.

Mitte des 18. Jahrhunderts kam aufgrund einiger bedeutender archäologischer Entdeckungen in Griechenland große Begeisterung für die Theorie auf, dass der gewaltige Steinkreis von den Mykenern errichtet worden sei, die vermutlich die Technik besaßen, solch gewaltige Steinblöcke zu bewegen und in Position zu bringen. Während sich die Wissenschaftler die Köpfe darüber zerbrachen, welche Route die hellenistischen Eroberer wohl genommen hatten, begannen sich Poeten und Maler – unter ihnen Lord Byron und John Constable – für Stonehenge zu interessieren, nicht aus wissenschaftlichen Gründen, sondern weil die Ruinen auf dem dunkelgrünen Weideland von Wiltshire in höchstem Maße romantisch wirkten. Es vergingen noch einmal einige Jahrzehnte, bis man erkannte, dass der Bau des Megalithkomplexes das Werk der Ureinwohner war, die man bis dahin einfach unterschätzt hatte.

Nur mit modernen Techniken war es mögich, das Alter der Anlage genauer zu bestimmen: C-14-Untersuchungen von Knochen ergaben, dass die Anlage vier bis fünf Jahrhunderte vor den ersten Bauten von Mykene errichtet worden war. In der ersten Bauphase um 2800 v. Chr. wurden ein Graben mit 100 m Durchmesser und ein Ringwall angelegt. Den Eingang in den heiligen Bezirk markierten zwei Monolithe. Außerhalb des Ringwalls wurde ein dritter, der so genannte „Heelstein“ aufgestellt. Später wurden 56 Gruben, die „Aubrey-Holes“, auf der Innenseite des Walls verlaufend, in den Boden gegraben. Man weiß nicht sicher, was diese Gruben bedeuten sollen, vermutlich hatten sie jedoch einen rituell-religiösen Hintergrund, da man hier Reste von Kohlestaub von verbrannten Menschenknochen gefunden hat. In der zweiten Phase zu Beginn des 2. Jahrtausends v. Chr. wurde ein Doppelkreis aus Blausteinen errichtet. Die Vulkansteine

36–37 *Auf dieser Luftaufnahme ist die Anlage von Stonehenge gut zu erkennen. Im Sommer fallen die ersten Sonnenstrahlen auf den „Fersenstein", im Winter durch die zwei Trilithe am Ende des inneren „Hufeisens".*

37 *Leider verschwanden im Mittelalter viele Megalithe, da Stonehenge als eine Art Steinbruch für den Bau von Häusern verwendet wurde.*

wurden in einem 300 km entfernten Steinbruch in Wales gebrochen. In der dritten Bauphase, 16. beziehungsweise 15. Jahrhundert v. Chr., wurden gewaltige Umbauten vorgenommen, die Blausteine wurden entfernt und durch 30 große Monolithe aus dem lokalen Sandstein ersetzt. Die Sandsteinmonolithe wurden in Kreisform aufgestellt und quer darüber Sandsteinblöcke gelegt. Die Blausteine wurden für einen zweiten Kreis innerhalb des ersten verwendet. In der Mitte dieses Kreises errichtete man fünf gewaltige, ca. 7 m hohe Trilithe in Hufeisenform. Das Zentrum dieser Anlage war der „Altarstein", ein flacher Steinblock, der in der Mitte eines weiteren Hufeisens aus Blausteinen stand. Vielleicht sollte dies die „Kraft" dieses Bereichs noch einmal verstärken.

Computerberechnungen und die Ausrichtung der Monolithe haben ergeben, dass sie in Zusammenhang mit dem Lauf der Sonne und des Mondes stehen. Fred Hoyle entdeckte, dass die Anlage auch dazu erbaut worden war, um Sonnen- und Mondfinsternisse vorherzusagen, außergewöhnliche Ereignisse, die den weissagenden Priestern enormes Ansehen und große Macht verliehen.

KNOSSOS

Reich des Minos

38 oben *Dieses außergewöhnliche Rhyton, ein für kultische Handlungen verwendetes Trinkgefäß, hat die Form eines Stierkopfes und wurde um 1500 v. Chr. hergestellt.*

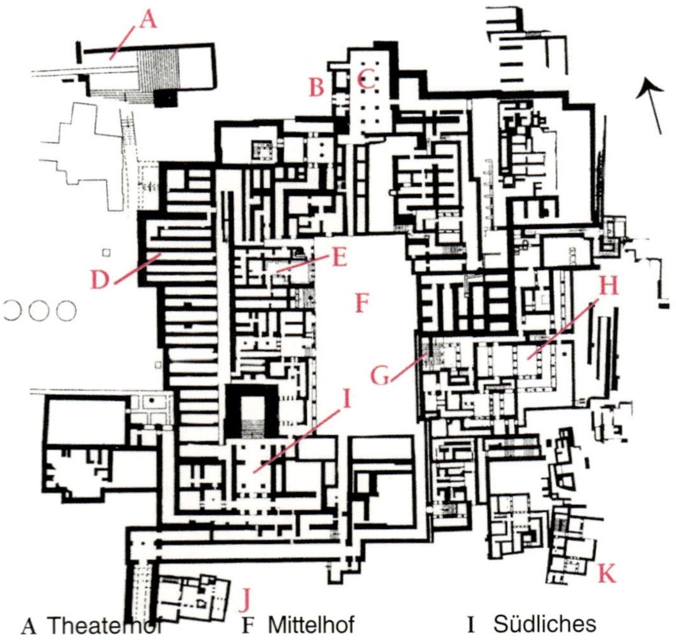

A Theaterhof
B Nordeingang
C Pfeilerhalle
D Magazine
E Thronsaal
F Mittelhof
G Großes Treppenhaus
H Gemächer des Königs
I Südliches Treppenhaus
J Haus des Hohepriesters
K Ostflügel

Knossos, einstiger Herrschersitz von König Minos auf Kreta, liegt 5 km südöstlich vom heutigen Heraklion. Im 2. Jahrtausend v. Chr. entstand die gigantische Palastanlage, bestehend aus dem gewaltigen minoischen Palast und der sich rings herum ausdehnenden minoischen Stadt, in die man über ein gut ausgebautes Straßennetz gelangte.
Wie viele Menschen haben wohl in Knossos gelebt? Achtzig- oder vielleicht sogar Hunderttausend? Wie viele haben sich permanent im Palast aufgehalten? Mindestens zehntausend wahrscheinlich. Überall herrschte geschäftiges Treiben, Männer und Frauen arbeiteten auf den Feldern und bewachten die Herden. Rauch stieg aus den Gießereien auf, in denen wertvolle Edelmetalle bearbeitet wurden.

38 Mitte *Hier sind rekonstruierte Wohnungen im Südtrakt von Knossos zu sehen. In der Bildmitte befindet sich ein Paar stilisierter Hörner, eines der bekanntesten Motive aus dem Palast von Knossos. Vermutlich waren diese Hörner ein Symbol für die Macht des Königs.*

38 unten *Diese großen Pithoi waren Vorratsgefäße, die zur Aufbewahrung von Lebensmitteln dienten. Sie befinden sich auch heute noch an ihrem ursprünglichen Standort.*

38–39 *Durch den Prozessionskorridor gelangt man von Westen in den Palast. Die Wände des Korridors waren bemalt. Heute kann man nur noch die Kopien der Wandmalereien bewundern.*

39 unten *Auf diesem Detail der Wandbemalung des Prozessionskorridors kommen der stark ausgeprägte Natursinn, die lebhaften Farben und die für die minoische Kunst typische Liebe zum Detail zum Ausdruck.*

Aus den Steinbrüchen war Hämmern zu hören und im Hafen, an der Mündung des Kairatos, konnte man das Hissen und Einholen von Segeln in den verschiedensten Formen und Größen beobachten.
Um Knossos rankt sich der griechische Mythos vom grausamen Herrscher Minos. Dieser soll von den Athenern einen jährlichen (bzw. alle neun Jahre) Tribut von sieben Jünglingen und sieben Jungfrauen eingefordert haben, die er anschließend seinem Sohn, dem Minotaurus, zum Fraß vorwarf.
Der Minotaurus war ein Ungeheuer mit Menschenkörper und Stierkopf, hervorgegangen aus einer Verbindung der Pasiphae, Gemahlin des Minos, und einem Stier. Das Ungeheuer lebte in einem von Daidalos erbauten Labyrinth und wurde von Theseus getötet, der die Athener somit von ihrem Tribut befreite.
Knossos ist die herausragendste Fundstätte auf Kreta. Der Engländer A. J. Evans legte die gesamte Palastanlage in fast 30-jähriger (1903–1931) mühevoller Arbeit frei, stellte Verbindungen zu anderen Palästen auf Kreta her und konnte so den Zeitraum datieren, in dem die Anlage erbaut worden war. Die Kultur, die er ans Licht brachte, wurde König Minos zu Ehren „minoische Kultur“ genannt

***40–41** Reste der prächtigen, sorgfältig restaurierten Portikus aus der jüngeren Palastzeit. Die Portikus liegt unterhalb des nördlichen Palasteinganges. Die Säulen sind typisch für die minoische Kultur; sie laufen nach unten zylindrisch zu, waren ursprünglich aus Holz, standen auf einem schmalen Sockel und hatten ein einfaches, etwas dickeres Ringkapitell.*

Im 3. Jahrtausend v. Chr. begann die Geschichte Kretas. Zu diesem Zeitpunkt kontrollierte Kreta den blühenden Handel über die Inseln der Kykladen, befuhr das Ägäische Meer und das östliche Mittelmeer mit seiner großen Handelsflotte und weitete seine Interessen nach Griechenland und auf die Peloponnes aus, wie es in einigen Sagen angedeutet wird.

Damit legte Kreta den Grundstein für seine spätere Vormachtstellung auf See, die konstant weiter wuchs und jahrhundertelang respektiert und bewundert wurde. Durch diese Seemacht entstanden florierende

41 oben: Eines der berühmtesten Freskofragmente aus der Stadthalle des jüngeren Palastes von Knossos. Es ist unter dem Titel „La Petite Parisienne" berühmt geworden, datiert um 1500-1450 v. Chr. und ist interessant, weil es Aufschluss über Kleidung und Haartracht der kretischen Frauen gibt.

41 unten: Diese Fayencestatuette wurde im Palastheiligtum von Knossos gefunden und geht auf das 15. Jahrhundert v. Chr. zurück. Sie verkörpert das Bild der „Schlangengöttin", die als das Symbol der Fruchtbarkeit galt, eventuell auch der Zauberei (Schlangen) und der Kräfte der Natur.

Handelsbeziehungen mit Ägypten und den Königreichen im Nahen Osten.
Um 2000 bis 1750 v. Chr. entstanden erste Paläste in Mallia, Phaistos und Knossos. Es waren bereits große Palastanlagen, in denen Hunderte, teilweise Tausende von Menschen lebten. Diese Anlagen umfassten Kultstätten, Verwaltungsgebäude, Dienstleistungsbetriebe wie Lagerhäuser und Geschäfte von Handwerkern und Geschäftsleuten. Sie sind Ausdruck des Macht- und Prestigebewusstseins ihrer Herrscher, die ähnliche Privilegien wie die ägyptischen Pharaonen hatten.

Wissenschaftler gehen davon aus, dass es König Minos' Verdienst war, dass Kreta sich zu einer Insel mit blühendem Handel entwickelte und die Vormachtstellung im Mittelmeer innehatte. Während der Entstehung des Palastes von Knossos müssen auf der Insel Kreta politisch vollkommen sichere und friedliche Zeiten geherrscht haben, denn im Gegensatz zu Mykene ist um die Anlage kein Verteidigungsring gezogen. Es gibt jedoch keine Funde, die Aufschluss über den Aufbau der Gesellschaft Kretas geben. Es müssen mehrere Zentren existiert haben, die mit Kreta direkten Handel betrieben, der vor allem in einem Austausch von Nahrungsmitteln gegen Produkte des Kunsthandwerks von Elfenbeinschnitzern, Metallarbeitern und Goldschmieden bestand, die in den Palastwerkstätten von Knossos arbeiteten.
Um 2000 v. Chr. kam, vermutlich durch die ägyptischen Hieroglyphen beeinflusst, eine Bilderschrift auf, die auf Siegelsteinen und Tonbarren zu finden ist. Daraus entwickelte sich im 18. bis 17. Jahrhundert v. Chr. die Strichschrift Linear A, die bis heute noch nicht entziffert ist. Es existieren rund 300 Dokumente, überwiegend der kretischen Palastverwaltung, in Linear A.

42 oben Detail des auf S. 42–43 dargestellten Greifen

42–43 Gut zu erkennen sind die Bänke, die im Thronsaal an den Wänden entlanglaufen. Im Zentrum des Raums steht der schlichte, aber erhabene Thron aus Alabaster. Die Kopien dieses Freskos aus der „jüngeren Palastzeit" lassen den Raum elegant wirken. Dargestellt sind Greifen zwischen hochstieligen Blüten. Auch die rote Hintergrundfarbe verleiht dem Raum Würde.

Um 1700 v. Chr. wurde der Palast von Knossos zerstört (vermutlich durch ein verheerendes Erdbeben) und in kürzester Zeit nochmals erweitert aufgebaut. In dieser Zeit entstanden auch Villen von Aristokraten oder reichen Händlern im Umkreis des Palastes. Auf dem Land wurden kleinere Paläste errichtet, der berühmteste in Hagia Triada in der Nähe von Phaistos. Diese Gebäude bezeugen die hoch entwickelte wirtschaftliche Struktur der Insel. Häuser und Gräber waren häufig mit kostbaren importierten Geschenken dekoriert, Geschenke königlicher Herrscher aus dem Osten und aus Ägypten.

Ein weit verzweigtes System gepflasterter Straßen verband die kleineren Städte mit dem Palast von Knossos und anderen religiösen und kulturellen Zentren. Die kolossale Anlage von Knossos umfasst mehr als tausend Räume, die sich zwei, drei oder vier Stockwerke hoch erheben. Erreichen konnte man die auf verschiedenen Ebenen angelegten Räumlichkeiten über Treppenaufgänge, Säulenkorridore und Auffahrten für Wagen.

Die einzelnen Flügel waren um offene Höfe errichtet; damit sorgte man für ausreichend Licht und Ventilation in den Innenräumen. Das Kernstück des Palastes war ein rechteckig angelegter Hof, um den herum die komplizierte Gesamtanlage konstruiert worden war.

42 unten Diese berühmten Fresken zieren die Wände der Gemächer der Königin, zu denen auch luxuriöse Bäder gehörten. Dargestellt sind Delphine und Fische, die sich im Meer tummeln. Die Umfassungen der Durchgänge sind umrahmt von farbigen Blumenmotiven.

43 oben rechts Die Hauptmotive der Fresken in diesem Raum sind zweigeteilte Schilde aus Büffelhaut, die an den Brauch in aristokratischen Häusern erinnern, Schilde und Banner an die Wände zu hängen.

43 unten rechts Die verschiedenen Ebenen im Palast von Knossos wurden mit breiten, monumentalen Steintreppen miteinander verbunden. Die Treppe auf diesem Bild führte früher vom Mittelhof in den nahe gelegenen Thronsaal.

Die Anordnung der drei Flügel erfolgte nach rein logisch-organisatorischen Gesichtspunkten. Im Westflügel befanden sich Lagerräume und Geschäfte und im ruhigeren Trakt dieses Flügels, auf Höhe des Hofes, der Thronsaal (der Alabasterthron und die an der Seite verlaufenden Steinbänke der Berater sind noch erhalten), ebenso wie die Räume der Diener, die mit den könglichen Räumen verbunden waren, in denen sich äußerst luxuriöse Bäder befanden.
Der Einfluss der minoischen Kultur erstreckte sich bis auf die südlichen Kykladen. Zu sehen ist er in Akrotiri auf Thera (heute Santorin), das eine blühende Stadt war, in der es mehrstöckige Häuser, wunderbare Fresken und andere Symbole des Wohlstands gab. Um 1628 v. Chr. zerstörte ein furchtbarer Vulkanausbruch die Stadt vollkommen und begrub sie unter einer meterhohen Schicht aus Lava und Asche. Die Einwohner konnten glücklicherweise rechtzeitig fliehen – man hat bei den Ausgrabungen keine Skelette gefunden.
Derartige Naturkatastrophen waren vermutlich mit verantwortlich für den Niedergang der kretischen Kultur. Die südliche Ägäis wurde von einer Reihe von Erdbeben und Flutwellen heimgesucht, Vulkanasche bedeckte das Land und der Himmel verdunkelte sich, was Klimaänderungen nach sich zog. Um 1450 v. Chr. war Kreta bereits so geschwächt, dass es den in die Ägäis expandierenden Mykenern nichts entgegensetzen konnte und damit die politische und kulturelle Unabhängigkeit, deren Zentrum der Palast von Knossos gewesen war, aufgeben musste.
Durch umfangreiche Restaurationsarbeiten konnte ein Teil der Gesamtanlage von Knossos rekonstruiert werden. Der Palast wurde in den Farben, von denen man annimmt, dass sie ursprünglich verwendet worden waren, bemalt. Die tragenden Elemente des Palastes, eine praktische und effektive Kombination aus Steinblöcken und Tonscherben, wurden mit den typisch minoischen, hölzernen Säulen unterstützt. Diese Säulen verjüngen sich nach unten hin, haben einen Steinsockel, einen hölzernen Schaft und ein flaches Kapitell.
Die Säulen sind ein wichtiges Bauelement der Palastanlage, denn sie sorgen für eine ausreichende Luftzufuhr und dafür, dass Licht durch die Zwischenräume in die Gebäude dringen kann, wodurch die Fresken an den der Öffentlichkeit zugänglichen Stellen erst richtig wirken. Es ist ein Erlebnis durch die lichtdurchfluteten, verwinkelten Gänge zu wandeln, die für offizielle, kulturelle und religiöse Handlungen verwendet wurden und die die verschiedenen Flügel und Ebenen miteinander verbinden.
Die vollkommen gepflasterte „königliche Straße“ führt vom Theaterhof in Richtung Thronsaal und zum monumentalen Westtor, an dem der „Prozessionskorridor“ beginnt.

Diesen Korridor zierten Fresken, z.B. das berühmte Fresko „Prinz mit Federkrone", ein Meisterstück minoischer Malerei.
Man kommt an einigen Räumen vorbei, deren ursprüngliche Verwendung nicht mehr genau zu bestimmen ist. Es gibt jedoch zwei einander gegenüberliegende Raumkomplexe, deren Nutzung eindeutig geklärt ist. Dies sind im Westflügel ein dreiteiliges Sanktuar und Pfeilerkrypten, die für kultische Zwecke genutzt wurden. Dem gegenüber liegen im Westflügel die königlichen Gemächer, in denen man wunderschöne Fresken gefunden hat (z.B. das „Delphinfresko") mit den Räumen für das Personal und den Bädern. Die Originale aller Fresken befinden sich im Archäologischen Museum in Heraklion und wurden vor Ort durch Kopien ersetzt.
Im Umkreis der Palastanlage stehen noch etliche Villen, die Evans und seine Nachfolger freigelegt haben. Viele sind typisch für die Villenbauweise in der mittleren und späten minoischen Periode. Gräberfunde auf den Kykladen, Zafer Papoura, Kephalo, Isopata und in der Nähe von Heraklion lassen darauf schließen, dass es eine Verbindung zwischen diesen Kulturen und Knossos gegeben hat.

44 Feierlich schreitet der „Prinz mit Federkrone" in einer Prozession; wahrscheinlich führt er an einem Strick ein geweihtes Opfer. Auf diesem Fresko kommt die Vorliebe der minoischen Künstler für geschwungene Linien zum Ausdruck.

44–45 Dies ist das berühmteste Fresko in Knossos. Es zeigt eine Taurocatapsia, eine Art unblutiger Stierkampf, der jungen kretischen Männern vorbehalten war. Die Proportionen sind verschoben, der Stier ist in Übergröße dargestellt, um den Mut der Männer hervorzuheben.

46–47 *Diese Prozession der Frauen ist einem Fresko aus der minoischen Epoche entnommen.*

45 unten *Diese gesellschaftlichen hoch gestellten Frauen im Palast von Knossos unterscheiden sich durch ihre detaillierte Darstellung, ausgefallene Kleidung und Anmut eindeutig von dem jungen Mann, der eine schwere Vase in der Hand hält und sehr einfach dargestellt ist.*

MYKENE

Sitz des Atreus und des Agamemnon

A Löwentor
B Gräberrund
C Kultzentrum
D Hellenistischer Athenatempel
E Megaron
F Nordtor
G Kleiner Palast
H Südtor

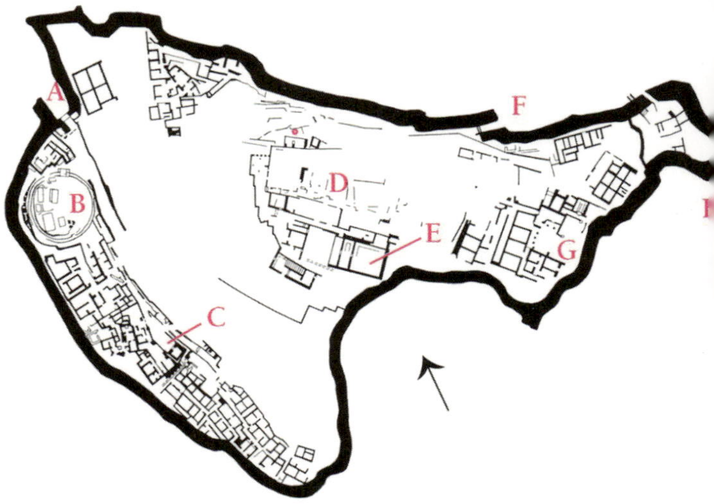

48 links *Eines der vollkommensten Beispiele der mykenischen Malerei ist dieses Fragment der so genannten „Hofdame" (13. Jahrhundert v. Chr.).*

48–49 *Diese Luftansicht zeigt, dass der Königspalast des Atreus, der um 1100 v. Chr. zerstört wurde, einst am höchsten Punkt Mykenes thronte.*

48 oben *Hier sind der äußere Gang und das Gräberrund A zu sehen, das Heinrich Schliemann 1876 freigelegt hat.*

Im August 1876 reiste Heinrich Schliemann, der bereits durch die Entdeckung Trojas und Mykenes berühmt geworden war, ein zweites Mal nach Mykene (nach 1868 und seinen Veröffentlichungen 1874). Als Quelle dienten ihm die „Beschreibungen Griechenlands" von Pausanias aus dem 2. Jahrhundert, die von höchster archäologischer und kultureller Bedeutung sind und für alle damaligen Besucher Mykenes einen außerordentlich hohen Informationswert hatten.
Die teilweise verdeckten, kolossalen Mauern, das herausragende Löwentor und die königlichen Gräber von Mykene wurden von 60, in drei Gruppen aufgeteilten Arbeitern freigelegt. Schritt für Schritt ließ Schliemann die Stadt und ihren sagenhaften Goldreichtum ausgraben und brachte damit Erkenntnisse über die mykenische Kultur und die Gesellschaft der Mykener ans Licht.
Griechische Volksstämme, die aus dem Norden eingewandert waren, siedelten sich im 2. Jahrtausend v. Chr. in Mykene an und entwickelten eine Hochkultur, die zwischen dem 16. und 12. Jahrhundert v. Chr. eine

49 unten *Beeindruckend ist dieses falsche Gewölbe aus gewaltigen Steinblöcken; es ist ein langer künstlicher Gang mit vielen schmalen Stufen, der in den Nordhang des Hügels von Mykene gegraben worden war, um auch im Belagerungszustand die Quelle der Persela erreichen zu können. Dieser Gang zählt zu den Meisterleistungen mykenischer Kultur des 14. und 13. Jahrhunderts v. Chr.*

Blütezeit erreichte. Ihre Sprache, identifiziert als ein Vorläufer der griechischen Sprache, ist uns durch Tontafeln überliefert, auf der eine Strichschrift – in Linear B – zu sehen ist.

Viele kleine Siedlungen entstanden in dieser Zeit, von der Peloponnes bis nach Phthiotis und Kreta, vor allem in der Argolis und in Lakonien. Auf geeigneten Hügeln oberhalb fruchtbarer Täler und Ebenen wurden Burgen, häufig in der Nähe von natürlichen Häfen angelegt.

Die Gesellschaftsform war streng organisiert; die adligen Familien sicherten sich ihre Macht durch großen Land- und Waffenbesitz. Wohlstand erreichte Mykene jedoch durch das gut ausgebaute Handels-, Hafen- und Straßensystem, auf dem die aus Osteuropa kommenden Rohstoffe transportiert wurden, um dann von Künstlern bearbeitet zu werden. So entstanden wertvolle Keramik- und Goldschmiedearbeiten, die durch das weit verzweigte Hafensystem und

__50 oben__ Der Gräberrund A (16. Jh. v. Chr.) ist Teil der jüngsten Stadtmauer.

__50 Mitte__ Eingang zur größten mykenischen Tholos, einem Grab in Form eines Rundbaus, das „Schatzhaus des Atreus" genannt wird. Ein langer, von Steinblöcken begrenzter Weg, Dromos, führt in das Grab.

__50 unten__ Der Dromos, der in das Grab des Ägist führt, wurde zum Großteil aus dem Fels des Hügels geschlagen.

__50 rechts__ Auf diesem Fresko sind die Einflüsse der minoischen Kultur auf die mykenische deutlich zu sehen. Man erreichte in Mykene jedoch nicht die Brillanz der kretischen Freskenmalerei, was dieses Bild ebenfalls verdeutlicht.

mithilfe von Handelsschiffen wieder exportiert werden konnten: Von der Iberischen Halbinsel zum Po, von Mittel- und Süditalien bis nach Syrien, Palästina und Zypern, vom Balkan nach Ägypten und zu den Hethitern. Damit erlangte Mykene seine eigentliche Bedeutung.

Aufgrund der gesellschaftlichen Struktur und der technischen Entwicklung unterscheidet sich die mykenische Kultur deutlich von der minoischen. Im 13. Jahrhundert v. Chr. brannte Mykene ab und wurde teilweise wieder aufgebaut. Ein weiteres Mal wurde die Stadt 468 v. Chr. zerstört, und zwar durch Argos.

Das dreieckige Areal der Akropolis von Mykene wurde mit einer kyklopischen Mauer eingefasst, indem große Steinquader, ohne Mörtel, in polygonaler Bauweise übereinander aufgeschichtet wurden. In der letzten Entwicklungsphase der Stadt wurde Gräberrund A in die Festungsanlagen integriert. Gräberrund A ist eine runde Plattform, die von einer hohen Mauer aus kleinen Steinen umgeben wurde. Innerhalb dieses Rings fanden Schliemann und der griechische Archäologe Stamatakis die nahezu vollständig erhaltenen sechs Schachtgräber, in denen sich ein Schatz in Form von goldenen, silbernen und bronzenen Grabbeigaben sowie viele Keramiken befanden. Schliemann glaubte, den Schatz des Agamemnon gefunden zu haben, den Aischylos in seiner „Orestie" unsterblich machte. Heute weiß man jedoch, dass diese Funde aus einer viel früheren Zeit stammen, aus der Blütezeit Mykenes im 16. Jahrhundert v. Chr.

Der Hauptweg in die Stadt führt durch das so genannte „Löwentor", ein Tor auf dem ein dreieckiges Löwenrelief abgebildet ist. Die einander gegenüber stehenden Löwinnen lassen Einflüsse der minoischen Kultur erkennen. Ein zweiter Eingang in die Burg ist das Nordtor. Beide Tore liegen am Ende eines langen Ganges, zwischen Haupt- und Außenmauer, sodass etwaige Angreifer eine Seite schutzlos dem Verteidiger zuwenden mussten.

In der Nordwestecke der Mauern gibt es einen schmalen Durchgang; dieser ist in der Technik des falschen Gewölbes erbaut wie die Spitzbogengalerie, die den Zugang zum Wasserreservoir auch im Belagerungs-

__51__ Luftaufnahme vom Haupteingang von Mykene: Über eine Rampe gelangt man durch das Löwentor in die Stadt. Rechts im Bild ist Gräberrund A zu sehen, in dem Heinrich Schliemann sechs Grabkammern mit reichen Grabbeigaben fand.

__52–53__ „Löwentor" wurde dieses Stadttor aufgrund des Reliefs über dem Querbalken des Haupteingangs genannt. Es stammt aus dem 13. Jahrhundert v. Chr. Zwei Löwinnen, Symbole für Macht und Tapferkeit, stehen einander gegenüber und haben ihre Vorderpfoten auf den Sockel einer minoischen Säule gelegt, die einen Altar oder ein Heiligtum repräsentiert.

__54 oben links__ Heinrich Schliemann ordnete diesen berühmten goldenen Pokal dem sagenumwobenen König Nestor von Pylos zu. Gefunden wurde das Trinkgefäß in Grab IV des Gräberrunds A. Der außergewöhnliche Wert des „Nestor-Bechers“ ist allerdings mehr im Material als in der Ausführung zu sehen – er ist schlicht gehalten, da die mykenischen Goldschmiede, Bildhauer und Töpfer zu diesem Zeitpunkt einen eigenen Stil entwickelten.

__54 unten links__ Dieser goldene Siegelring ist eine typisch mykenische Goldschmiedearbeit aus dem 15. Jahrhundert v. Chr. Darauf ist eine Prozession zu Ehren der Fruchtbarkeitsgöttin dargestellt.

__54 rechts__ Dieser wunderschöne Dolch hat eine geschwärzte Klinge aus Gold und Silber und einen goldenen Griff. Er ist ein typisches Beispiel für das mykenische Kunsthandwerk und wurde in Grab V in Gräberrund A gefunden (16. Jahrhundert v. Chr.).

zustand gewährleisten sollte. Bei dieser Technik liegen die Fugen horizontal und werden durch das Vorkragen der einzelnen Steinschichten gebildet. Das Löwentor ist ein gutes Beispiel für die Lösung eines Statikproblems: Das Löwenrelief verdeckt das ausgesparte „Entlastungsdreieck“.
Die Architekten ließen früher über dem Architraven bei großen Toren ein Dreieck offen, um das Gewicht der Mauern auf die beiden Seiten des Monolithen zu verlagern und auf diese Weise eine bessere Stabilität zu erzielen.
Der Palast erhob sich dominierend über die Wohnhäuser, die an den Hängen der Akropolis und außerhalb der Burgmauern erbaut worden waren. Er war über der ersten Zitadelle aus dem 17. bis 15. Jahrhundert v. Chr. errichtet worden und teilweise terassenförmig angelegt. Private Wohnungen und Diensträume umgaben das Megaron. Die Überreste zeigen ein typisches Herrenhaus der damaligen Zeit, das einen von zwei Säulen getragenen Eingangsbereich, eine Vorhalle und eine Haupthalle mit einem Herd in der Mitte und vier rechteckig darum angebrachte Säulen hatte. Der Boden war aus Stuck, die Wände verputzt und mit Fresken versehen.
In Mykene sind zwei Grabtypen sehr gut erhalten: Die Schachtgräber und die Kuppelgräber. Schachtgräber wurden bis ins 16. Jahrhundert v. Chr angelegt. Es handelt sich hierbei um Kammern unter der Erde, an deren Seiten Steinplatten aufrecht gestellt wurden. Diese Platten wurden mit Steinplatten abgedeckt, die auf Tragebalken lagen, den Zwischenraum füllte man mit Erde auf. Ab dem späten 16. Jahrhundert v. Chr. baute man in Mykene *toloi*, Kuppelgräber, riesige falsche Gewölbe unter der Erde, die wahrscheinlich nach kretischem Vorbild errichtet wurden. Das berühmteste Kuppelgrab, das „Schatzhaus des Atreus“ entstand um 1300 v. Chr., war jedoch bei seiner Entdeckung bereits geplündert, ebenso wie viele andere Gräber, die sich außerhalb der Stadtmauern befanden. Wie bei anderen Kuppelgräbern führt ein *dromos*, ein Gang (36 m lang und 6 m breit), zwischen mächtigen, aus großen aufgereihten Steinquadern errichteten Wänden auf ein 5,4 m hohes und 2,7 m breites Tor zu. Auch hier befindet sich über dem Architraven ein Entlastungsdreieck. Die Dekorationen sind leider nur noch bruchstückhaft vorhanden, vermitteln jedoch einen Eindruck, wie prächtig die ganze Anlage früher ausgesehen haben muss.
Durch den Eingang gelangt man in eine 13,2 m hohe Halle, die einen Durchmesser von 14,5 m hat. Da man nicht in der Lage war, ein echtes Gewölbe zu bauen, bildete man durch Vorkragen der ringförmig auf-

geschichteten Blöcke ein falsches Gewölbe. 33 Ringe waren nötig, um dieses gewaltige Gewölbe zu errichten.
Die Wände der Kuppelgräber waren mit bronzenen Ornamenten dekoriert. Rechts des Eingangs befand sich die Grabkammer, die in den Fels gehauen worden war. Etwas kleiner, aber ebenso interessant sind die in der Nähe gelegenen Gräber des Ägisth und der Klytämnestra, der untreuen Ehefrau des Agamemnon. Schliemann fand während seiner Ausgrabungen noch viele weitere Kunstschätze von höchstem archäologischen Wert, die Einblick in Kultur und Lebensweise der mykenischen Bevölkerung geben. Dazu gehören die in Gräberrund A gefundenen Totenmasken, Goldbecher und goldenes Geschirr, Schmuck und Kunstgegenstände, ein in Niello gearbeiteter Dolch, Kult- und Votivgaben, Teile von Wandmalereien und wunderschöne Keramiken, die die Mykener in den gesamten Mittelmeerraum exportierten.

55 *Heinrich Schliemann hielt diese Maske irrtümlich für die Totenmaske des Agamemnon. Unter diesem Namen ist sie auch heute noch bekannt, obwohl sie die stilisierte Maske eines mykenischen Prinzen ist, der in Grab V in Gräberrund A bestattet wurde.*

ATHEN

Perfektion bis ins Detail

56–57 *Die Akropolis in Athen war der herausragende Gebäudekomplex der perikleischen Epoche; heute ist sie Wahrzeichen dieser Stadt. Elegant ragt der Parthenon in den tiefblauen Himmel Attikas, ein Meisterwerk antiker Baukunst, entworfen und gebaut von Kallikrates, Iktinos und Phidias. Am Fuß des Südhanges sieht man das Odeion des Herodes Atticus sowie das Heiligtum des Dionysos und das Dionysostheater, in dem die Dramen und Komödien von Aischylos, Sophokles, Euripides und Aristophanes aufgeführt wurden. Im Hintergrund ist der Lykabettos zu erkennen, der Hügel von dem man den schönsten Blick auf Athen hat.*

A Akropolis
B Parthenon
C Dionysostheater
D Odeion des Herodes Atticus
E Propyläen
F Olympeion
G Pnyx
H Hephaistostempel
I Agora
J Stoa des Attalos
K Säulenhof mit Bibliothek des Hadrian
L Römische Agora

57 oben links *Dieser Bronzekopf einer Göttin entstand zwischen dem Ende des 5. Jahrhunderts v. Chr. und Mitte des 4. Jahrhunderts v. Chr. Es ist ein wunderschönes und zugleich typisches Kunstwerk aus dieser Zeit und heute im Archäologischen Nationalmuseum von Athen zu besichtigen*

Athen ist eine moderne, hektische Großstadt mit all ihren für die heutige Zeit typischen Problemen wie Luftverschmutzung und Verkehrslärm. Im Gegensatz dazu stehen die Museen und Ausgrabungsstätten, in denen man historisch bedeutende Funde der griechischen Geschichte und Kultur bewundern kann.

Die Akropolis erhebt sich auf nacktem Fels und wurde schon im Neolithikum bewohnt. Man weihte die Stadt der Athena, der Schutzgöttin der Polis (Stadt) seit dem 10. Jahrhundert v. Chr. Es gibt praktisch keine Reste des dorischen Athenetempels auf der Akropolis, des alten Tempels, der um 565 v. Chr. erbaut worden war und 100 Fuß lang war; nur einige bemalte Giebelstatuen sind noch erhalten. Der zweite Athenetempel wurde unter den Tyrannen Hippias und Hipparchos erbaut und hatte zwei Reihen aus dorischen Säulen. Er wurde 480 v. Chr. durch die Perser zerstört, lediglich ein paar marmorne Statuen sind noch erhalten.

Die antiken Ruinen, die heute besichtigt werden können, stammen überwiegend aus dem 5. Jahrhundert v. Chr., der Blütezeit der Stadt.

Nach dem Sieg über die Perser nahm Perikles zwischen 449 und 447 v. Chr. den Bau der Akropolis, eines der größten Bauvorhaben der Antike, das bereits unter Kimon geplant worden war, in Angriff. Er wollte die Akropolis jedoch um ein Vielfaches vergrößern und weit prächtiger gestalten als Kimon es geplant hatte. Unterstützt wurde er bei diesem Projekt von Philosophen, Mathematikern, Wissenschaftlern und Künstlern. Als Architekten setzte er Iktinos und Kallikrates ein, und die Oberaufsicht übertrug er Phidias. Der Parthenon wurde zwischen 447 und 432 v. Chr. errichtet und der Athene Parthenos (der Jungfrau Athene) geweiht.

Es entstand ein vollkommen ausgewogener dorischer Tempel mit 8 x 17 Säulen, der eine Höhe von 10,4 m, eine Breite von 30,9 m und eine Länge von 69,5 m auf-

57 oben rechts *Das Odeion des Herodes Atticus wurde unter Hadrian in den Südhang der Akropolis gebaut. Von hier aus kann man den Pnyx und Piräus sehen.*

57 Mitte rechts *Der Niketempel (425–421 v. Chr.) im Südwesten der Akropolis. Er ist im ionischen Stil mit einer Säulenvorhalle errichtet, ein Werk des Architekten Kallikrates.*

57 unten *Die imposanten Propyläen der Akropolis sind ein Werk des Mnesikles (437–432 v. Chr.). Sie bildeten eine architektonische Grenze zwischen der Stadt und dem Heiligtum.*

__58 oben__ Diese Platte, die zum ionischen Fries an der Cella des Parthenons gehörte, ist ein Meisterwerk des Phidias. Brillant sind die Ungeduld und die Bewegung der Pferde ausgedrückt, die auf den Beginn der Panathenäen warten. Gearbeitet wurde dieses Fries aus pentelischem Marmor, der von dem nahe gelegenen Berg Pentelikon kam.

__58–59__ Blick auf die Westseite des Parthenons. Von Osten ging man in die Cella und vom Opisthodomos (Raum hinter der Cella) in einen von vier ionischen Säulen getragenen Raum. In der Cella befand sich das Kultbild der Athene Parthenos. Am Ostgiebel war die Geburt der Athene aus dem Haupt des Zeus dargestellt, am Westgiebel der Streit zwischen Athene und Poseidon um Attika.

weist. Zahlreiche Maße stehen im Verhältnis 4:9, vom Sockel bis zur Cella, von der Fassade bis zum Giebeldreieck. Studien haben ergeben, dass allen Abmessungen die Basiseinheit „zehn attische Daktylen" (18,5 cm) zugrunde liegt. Alle Proportionen weisen diese Grundeinheit auf, einzelne Teile untereinander ebenso wie jedes Teil im Verhältnis zum Ganzen.
Im Inneren des Tempels, in der Cella, befand sich das kolossale Standbild der Athene Parthenos, ein Meisterwerk des

Phidias, das aus Elfenbein und Gold gefertigt war. Leider ist dieses Standbild nicht mehr erhalten, sein Aussehen ist jedoch bekannt aufgrund von Reliefs, Vasen und Münzen, auf denen es abgebildet wurde. Die Ausgewogenheit der Proportionen am Parthenon entsteht durch geschickte optische Täuschungen: So ist die Plattform des Parthenons leicht konvex zur Mitte hin gewölbt, die niedrigsten Punkte liegen an den Ecken. Weiter sind die Säulen leicht nach innen geneigt und verjüngen sich deutlich nach oben hin.
Der Parthenon ist außerordentlich reich mit Skulpturen ausgestattet, Meisterwerke von Phidias und seinen Gehilfen. In den Giebeldreiecken sind zwei, für die Stadt Athen besonders bedeutende Mythen veranschaulicht. Am Ostgiebel ist die Geburt der Göttin Athene aus dem Kopf des Zeus, am Westgiebel der Streit Athenes mit Poseidon um Attika dargestellt. Einige Skulpturen aus Marmor vom Pentelikon sind noch erhalten und verdeutlichen das hohe Niveau und die künstlerische Freiheit, mit der Phidias seine Kunstwerke schuf.
Auf den 92 Metopen der Außenseite des Parthenons ist der ewige Kampf zwischen Gut und Böse, Zivilisation und Barbarei, Recht und Unrecht in mythischen Darstellungen abgebildet: am Ostgiebel der Kampf der Giganten gegen die olympischen Götter, am Nordgiebel der Kampf um Troja, am Westgiebel die Schlacht von Marathon und am Südgiebel der Kampf der Lapithen gegen die Kentauren. Auf dem Fries an der Cellawand thematisierte Phidias in äußerster

59 oben *Fragment aus dem ionischen Fries am Parthenon: Poseidon, Apoll und Artemis bei den Panathenäen, dem großen Festzug zu Ehren der Athene. Auch dieses wunderbare Fries wurde von Phidias geschaffen.*

59 unten *Viele Inschriften wurden auf der Akropolis gefunden, die aus dem 6. Jahrhundert v. Chr. bis in die Zeit der römischen Herrschaft datieren. Diese beschreiben öffentliche und private Bautätigkeiten, administrative Angelegenheiten oder religiöse Akte.*

Perfektion die alle vier Jahre stattfindenden Panathenäen, das bedeutendste Fest der Athener. Ein Fest, das zunächst zu Ehren der Göttin Athene gefeiert, später aber zu einem politisch bedeutenden Fest wurde.
Zwischen 437 und 432 v. Chr. ließ der Architekt Mnesikles die Propyläen, einen monumentalen und zugleich eleganten und schlichten Aufgang zur Akropolis erbauen. Im Westen kam man durch eine Vorhalle mit sechs dorischen Säulen in die Haupthalle, die durch ionische Säulen in Schiffe unterteilt und an den Seiten von Wänden abgeschlossen wurde. Vier Stufen und eine Rampe für Fahrzeuge und Opfertiere führten an die höchste Stelle des Bauwerks.
Im Osten stand als Gegenstück eine weitere Vorhalle, der beste Standort, um auf die 7 m hohe Bronzestatue der Athene Promachos und den Parthenon zu blicken. Im Nordflügel der Propyläen ist noch eine Säulenhalle zu erkennen, die Pinakothek, in der schon damals Gemälde ausgestellt waren.
Ein kleiner marmorner ionischer Tempel, der im Südwesten der Akropolis errichtet worden war, war der Athena Nike ge-

60 oben *Schön ist auf diesem Bild die West- und Südseite des Erechtheions zu sehen, das am nördlichen Abbruch der Akropolis gegen Ende des 5. Jahrhunderts v. Chr. errichtet wurde und vor allem dem Poseidon, aber auch anderen Göttern geweiht war. Heute steht an der Stelle, an der die Göttin Athene einen Olivenbaum aus dem Boden sprießen ließ, wieder ein Olivenbaum.*

60 Mitte *Die sechs ionischen Säulen der Ostfassade des Erechtheions. Rechts im Bild ist die Nordhalle zu sehen, in die der Sage nach einst der Dreizack des Poseidon gefahren sein soll.*

60 unten *Auf der Südseite des Erechtheions liegt die Korenhalle, die von sechs herrlichen Karyatiden in ionischen Gewändern getragen wird. Die Korenhalle wurde über dem legendären Kekropsgrab errichtet.*

60–61 *Dieses Foto von der Westseite des Erechtheions zeigt die Architektur dieses ungewöhnlichen Gebäudes. Es hatte mindestens zwei Stockwerke und war verschiedenen Göttern geweiht (Poseidon, Athene, Kekrops). Die Einheitlichkeit dieses Gebäudekomplexes wird durch den ionischen Stil erzielt, der an den schlanken Säulen und auf den Friesfragmenten am besten zu erkennen ist.*

weiht. Der Bau ging auf einen Volksbeschluss aus dem Jahr 448 v. Chr. zurück und sollte an die Siege der Athener im 1. Peloponnesischen Krieg erinnern. Der äußerst elegante Entwurf geht wahrscheinlich auf Kallikrates zurück.

Das letzte Gebäude, das gegen Ende des 5. Jahrhunderts v. Chr. auf der Akropolis errichtet wurde, war das Erechtheion. Diese Kultstätte, die vermutlich von Kallikrates, Mnesikles oder Philokles entworfen worden war, war vielen Göttern geweiht. Durch die von sechs Säulen getragene Vorhalle betrat man die Cella der Athena Polias. Die Nordhalle mit dem Dreizackmal war dem Poseidon geweiht, während der Ölbaum auf der Westseite der Athene gewidmet war.

Im Südwesten befindet sich die Korenhalle, unter der das Kekropsgrab liegen soll. Diese Halle tragen elegant gekleidete junge Mädchen (Koren), sie sind ein wunderschönes Beispiel für die Gestaltung ionischer Ornamentik durch den Bildhauer Phidias.

Im Süden der Akropolis befindet sich das

61 unten *Auf diesem Bild sind die fein ausgearbeiteten ionischen Kapitelle auf der Ostseite des Erechtheions wunderbar zu sehen. Die Schnecken heben das Kapitell hervor, der Abakus (quadratische Abdeckplatte über dem Kapitell) ist mit einem Perlenmotiv verziert. Unter der Schnecke schmücken Pflanzenmotive die Säule. All diese Ornamente heben eher den schmückenden als den stützenden Charakter der Säulen hervor.*

berühmte Dionysostheater. Dionysos war der Schutzherr der Theateraufführungen bei den Großen Dionysien. Die Anlage wurde ursprünglich im 6. Jahrhundert v. Chr. überwiegend aus Holz erbaut und 330 v. Chr. vom Redner Lykurg in Stein ausgeführt. Am Südwesthang der Akropolis befindet sich das Odeion des Herodes Atticus, das im Jahr 160 erbaut worden war und heute noch als Theater verwendet wird. Auf der Agora stehen viele weitere bedeutende Bauwerke, z.B. die „Bunte Halle", ein Buleuterion (Rathaus), das Banketthaus und der Hephaistostempel. Dieser dorische Peripteros wurde um 450–440 v. Chr. erbaut und ist der besterhaltene Tempel Griechenlands. In der Nähe des Hephaistostempels fand man Werkstätten von Erzgießern, deren Schutzgott Hephaistos, der Gott des Feuers, war.
Das Töpferviertel (Kerameikos) liegt im Nordwesten der Akropolis und ist archäologisch außerordentlich bedeutend. Dort entdeckte man den Staatsfriedhof (in dem sich auch das Lakedämoniergrab befand) und im Anschluss an diesen das Dipylon, ein doppeltes Stadttor.
Weitere Relikte aus hellenistischer und römischer Zeit wurden im Südwesten der Akropolis gefunden (z.B. das Grabmahl des Philopappos).

62 oben und Mitte *Ansichten des dorischen Hephaistostempels, der dem Gott des Feuers und Athena geweiht war. Er wurde um 450-440 v. Chr. errichtet und liegt auf einem kleinen Hügel über dem Westrand der Agora. Er ist der besterhaltene dorische Tempel in Griechenland.*

62 unten links *Auf dem Musenhügel im Südwesten Athens befindet sich eines der interessantesten Relikte der römischen Herrschaft in Athen: das Grabmal des ostkleinasiatischen Fürsten Antiochos Philopappos. Es wurde 114–116 erbaut und gehört zu einem der schönsten Beispiele des klassischen Baustils zur Zeit Hadrians.*

62 unten rechts *In der Nähe der römischen Agora befindet sich der sehr gut erhaltene „Turm der Winde" (1. Jahrhundert v. Chr.), benannt nach den Reliefs der Windgötter. In diesem Turm befand sich eine große Wasseruhr.*

62–63 *Das Dionysostheater, bestehend aus Rängen, Bühne und Orchestra wurde im 6. Jahrhundert v. Chr. in den Südhang der Akropolis gebaut. Es bestand zunächst weitgehend aus Holz, wurde aber vom Redner Lykurg 330 v. Chr. in Stein ausgeführt. Dieses Theater war zwar nicht das größte in Griechenland, aber hier fanden die bedeutendsten Aufführungen statt.*

Im Norden der Akropolis befindet sich der „Römische Markt“ und davor der „Turm der Winde“, der von Andronikos aus Kyrrhos gestiftet worden war. Südöstlich der Akropolis liegt das Olympieion, ein korinthischer Zeustempel; ein wahrhaft monumentales Bauwerk, das unter Peisistratos begonnen, nach dem Sturz der Tyrannis aber nicht fertig gestellt wurde, und erst unter Kaiser Hadrian 131/132 vollendet wurde.

63 links *Dieser Stuhl befand sich an einer besonders auserwählten Stelle im Dionysostheater und war für die Priester des Dionysos während der Aufführungen und während der Großen Dionysien reserviert.*

63 rechts *Im Dionysostheater sind der antike Gott und sein Mythos nach wie vor durch die vielen, heute noch erhaltenen Kunstwerke präsent.*

PAESTUM

Ort der Götter und Helden

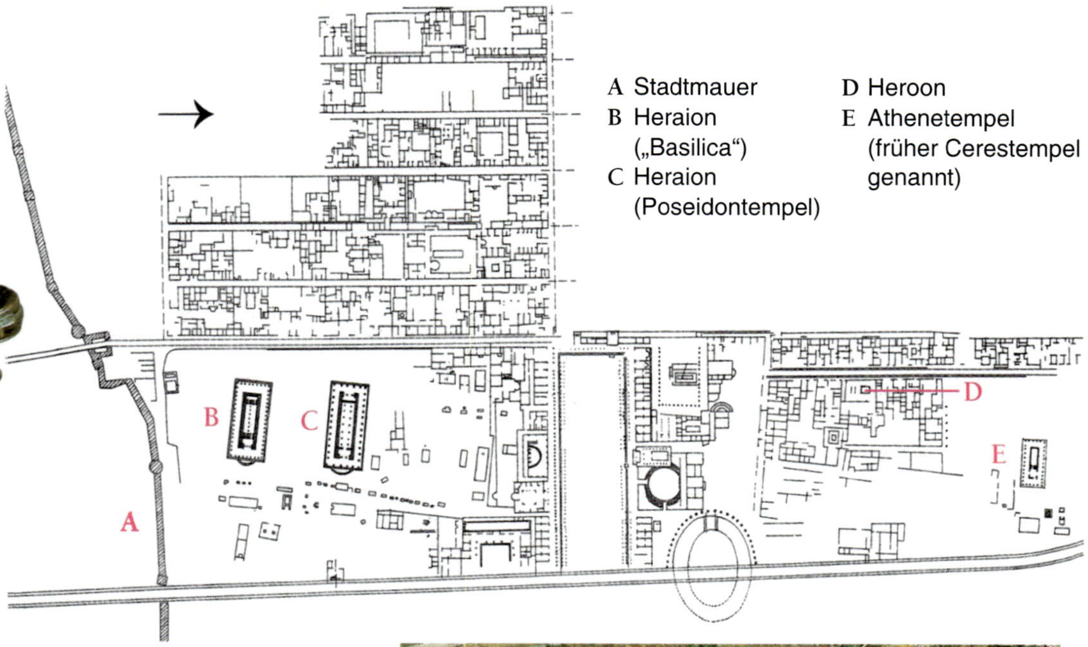

64–65 und 66–67 Der Poseidontempel, der jedoch der Hera geweiht war (was man anhand von Weihgeschenken vermutet), entstand um 450 v. Chr. und ist in dorischer Ordnung gehalten, wenngleich auch in Bezug auf die strenge Würde einige Zugeständnisse an die klassische Zeit gemacht wurden.

64 unten links Der Einfluss der griechischen Malerei ist an verschiedensten Figuren deutlich zu erkennen; einige sind sehr einfach, andere wiederum äußerst raffiniert gemalt, wie z.B. die, die in der Klassik als Grabplatten dienten.

64 unten rechts Diese Luftaufnahme verdeutlicht die wunderbare Übereinstimmung der beiden Heratempel in Paestum: die „Basilica“ (hier im Vordergrund), die um 540 v. Chr. erbaut wurde, und der „Poseidontempel“ der um 450 v. Chr. errichtet wurde. Beide sind gut erhalten.

Im 7. Jahrhundert v. Chr. wurde Poseidonia an der Südküste des Golfs von Salerno als Kolonie von Sybaris aus gegründet. 390 v. Chr. wurde es von den samnitischen Lukanern erobert und in Paistos umbenannt. 273 v. Chr. wurde die Stadt römische Kolonie und erhielt den heute geläufigen Namen Paestum.

Paestum ist aus archäologischer Sicht außerordentlich bedeutend, und dies nicht nur wegen der drei sehr gut erhaltenen Tempel. Aufsehen erregten auch die Gräber, die der Archäologe Mario Napoli bei Ausgrabungen am 3. Juni 1968 in den nördlichen Nekropolen entdeckte. Herausragend ist z.B. das „Grab des Tauchers“, ein Steinkistengrab, das an Wänden und Decken Fresken aufweist. „Von Anfang an war klar, dass diese Entdeckung etwas Außergewöhnliches war. Schon von außen sah es sehr gut erhalten aus. Wir stellten fest, dass die Fugen sehr präzise waren und dass darüber eine Stuckschicht lag, die für einen optimalen Halt sorgte (...) Das Grab war in die übliche Ost-West-Richtung ausgerichtet. Im Inneren gab es keine Erdspuren. Der Boden war aus dem natürlichen Kalkstein der Gegend. Vom Leichnam war nur sehr wenig erhalten und was noch übrig war, verschwand schnell, sobald es an die Luft kam. Man konnte jedoch erkennen, dass der Kopf

65 oben links Diese wunderschöne Bronzevase, die ein griechisches Meisterstück aus dem 6. Jahrhundert v. Chr. ist, wurde im so genannten „Heroon“ gefunden, einem für die griechische Antike typischen Kultbau, der zur Verehrung der sagenumwobenen Helden der Stadt errichtet worden war.

65 rechts Zwei weitere Aufnahmen des Poseidontempels vermitteln einen Eindruck von der architektonischen Ausgewogenheit dieses Bauwerks. Gut ist auch die Inneneinteilung des Tempels zu erkennen: Die Cella wird durch zwei doppelte Säulenreihen in drei Schiffe unterteilt.

__68 oben__ Die Basilica ist ein archaischer Peripteros mit 9 x 18 dorischen Säulen, die sich stark nach oben hin verjüngen.

__68–69__ Die Basilica, die griechische Siedler im antiken Poseidonia errichteten, war der Göttin Hera geweiht. Der Tempel wurde um 540 v. Chr. erbaut. Die dorischen Säulen sind bis heute noch vollständig intakt.

im Osten lag. Die Malereien befanden sich in einem exzellenten Zustand (...), schnell bemerkten wir, dass nicht nur die vier Seiten des Sarkophags bemalt waren, sondern auch die Wände. Wir hatten einen sensationellen Fund gemacht, etwas völlig Neues und Unerwartetes, Bemerkenswertes entdeckt ...". Mit diesen Worten beschrieb Mario Napoli seinen Fund. Es handelt sich um eine typische Bestattung in einem Steingrab. Analysen der Grabbeigaben, beispielsweise der Fund eines mit attischen Palmen bemalten Lekythos (einhenkeliges Ölgefäß), ergaben, dass das Grab aus der Zeit um 480 v. Chr. stammte.

In den Verputz der Wände hatte der Künstler zunächst eine Skizze für die Fresken gemeißelt, die ein aristokratisches Symposion darstellen.

Dieses Trinkgelage zeigt zehn halbnackte Männer, die neben niedrigen Tischen auf Klinen liegen. Auf den kürzeren Wänden geht ein Flötenspieler vor zwei Männern, und ein Diener gießt Wein aus einer Oinochoe (einer einhenkeligen Kanne) ein.

An der Nordseite sind zwei Männer in liebevoller Pose abgebildet. Ihr intensiver Ausdruck, ihre schmeichelnden Berührungen und ihr sanftes Säuseln sind mit Eleganz gemalt. Die Leier in der Hand der Figur links im Bild lässt darauf schließen, dass im Hintergrund Musik gespielt wird. In der Mitte sind noch einmal zwei Männer zu sehen: Der rechte schaut zu dem Liebespaar und scheint etwas zu sagen; in der Hand hält er eine Kylix (Trinkschale). Der linke hat ebenfalls eine Kylix, mit der er Wein auf eine andere schleudert, die ein Mann auf der nächsten Kline hält.

Die Decke des Grabes ist jedoch völlig anders und außergewöhnlich gestaltet: Sie zeigt einen nackten Jüngling, der von einer Art Sprungbrett ins Wasser springt. Um die philosophische Tiefe der Bilder richtig verstehen zu können, ist es wichtig die Figur des Tauchers richtig zu interpretieren. Man kann vermutlich die Hypothese verwerfen, dass der Taucher, der vom Sprungbrett in einer natürlichen Umgebung (die durch zwei stilisierte Bäume symbolisiert sein soll) ins Wasser springt, einen verstorbenen Sportler darstellen soll. Legt man die mystischen

69 oben links Die Töpfereien aus Paestum weisen eine große Bandbreite verschiedener Stil- und Farbrichtungen auf. Auf dieser Amphore ist die Geburt der Aphrodite dargestellt, die gerade dem Meer entsteigt (360–330 v. Chr.).

69 oben rechts Hier ist die Göttin Demeter, die Göttin der Ernte und Fruchtbarkeit, auf einem Thron sitzend mit einem Granatapfel in der linken Hand zu sehen. Die Statuette stammt aus dem 5. Jahrhundert v. Chr.

69 Mitte Diese Aufnahme der Basilica demonstriert noch einmal die Unausgewogenheit der Proportionen: die außergewöhnliche Länge, die plump wirkenden Säulen und der schmucklose dorische Fries. All diese Merkmale deuten darauf hin, dass der Tempel zu den ganz frühen griechischen Bauwerken zählt. Ein süditalienisches Charakteristikum ist jedoch die außergewöhnliche Säulenstellung, die auf die einheimischen, experimentierfreudigen Architekten verweist.

und religiösen Grundsätze der Philosophie des Pythagoras zugrunde, ist es viel wahrscheinlicher, dass der Sprung vom Diesseits ins Jenseits gemeint sein soll, der Sprung ins Unbekannte mit dem die Seele rein wird auf dem Weg zu ihrer Wiedergeburt.

In Paestum gibt es für den Besucher noch viele andere interessante Stellen zu besichtigen wie z.B. das Straßennetz, das von einer Stadtmauer eingefasst wurde. Es war von den Griechen angelegt und von Lukanern und Römern später befestigt worden. Man kann klar den griechischen Kolonialstil erkennen, der eine rechtwinklige Straßenanlage vorsah, aber auch die spätere römische Anlage mit der typischen Ost-West- und Nord-Süd-Straßenachse ist noch deutlich zu sehen.

69 unten und 70–71 Der elegante Athenetempel (früher nach Ceres benannt) entstand um 500 v. Chr. im Norden des heiligen Bezirks und ist noch gut erhalten. Die Gesamtanlage ist harmonisch und mildert dadurch die imposante dorische Bauweise. Eigenwillig ist jedoch die ionische Portikus: Die Maße haben die des idealen griechischen Tempels (100-Fuß-Tempel/Hekatompeda).

72 oben links *Dieses Fresko stammt aus dem „Grab des Tauchers". Es befindet sich an einer kurzen Seite des Grabes. Dargestellt ist ein Diener, der den Gästen des Gelages Wein reicht. Rechts von ihm befindet sich ein großer Krater, aus dem der Diener den Wein gießt.*

72 oben rechts *Diese bemalte Steinplatte wurde im „Grab des schwarzen Reiters" entdeckt. Sie ist eine brillante naturalistische Darstellung aus der klassischen Zeit Paestums und verdeutlicht, dass es hier eine bedeutende Malschule gegeben haben muss.*

72–73 *Dieses Fresko wurde an eine Längsseite im „Grab des Tauchers" gemalt. Der bärtige Mann hält sein Barbiton und ein Plektron in Händen. Neben ihm liegen zwei Männer, die sich unterhalten, auf einer Kline (Liege). Auf der nächsten Kline sieht man einen Flötenspieler und einen weiteren Mann, der so aussieht, als ob er versucht, sich an den Text des Liedes zu erinnern.*

72 unten *Auf der gegenüberliegenden Längsseite im „Grab des Tauchers" sind zwei Männer abgebildet, die* kottabos *spielen. Hierbei versucht ein Spieler mit einer Kylix Wein in die Kylix eines anderen Spielers zu schleudern. Die Darstellungen der Kylikes gleichen den Gefäßen, die in den Gräbern von Paestum gefunden wurden und von exzellenten griechischen Handwerkern hergestellt worden sind.*

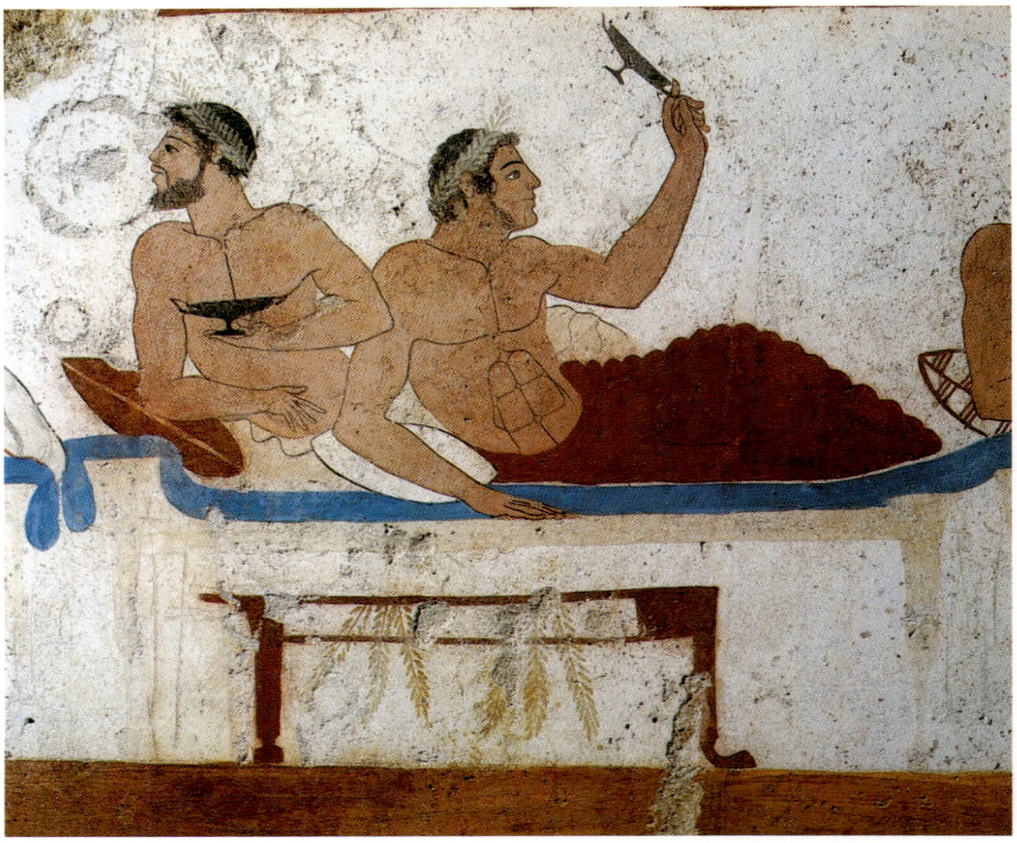

73 oben *Diese Darstellung befindet sich an der Decke im „Grab des Tauchers". Sie hat dem Grab seinen Namen gegeben. Über die Bedeutung des Sprungs dieses nackten Mannes kann man auch heute nur rätseln – vielleicht steht dieses Bild sinnbildlich für die Reise vom Diesseits ins Jenseits.*

Nahe beieinander liegen die in Ost-West-Richtung ausgerichteten Heratempel: die Basilica und der Poseidontempel. Beide gehörten zum heiligen Bezirk und sind noch sehr gut erhalten. Die Basilica ist das älteste erhaltene religiöse Gebäude in Paestum (um 540 v. Chr. entstanden). Sie ist aus dem Kalkstein der Umgebung gebaut. Der Grundriss hat die Maße von ungefähr 54 x 24 m und wird von einer Säulenhalle mit 9 x 18 Säulen umgeben. Die Front bilden neun dorische Säulen, etwas ungewöhnlich wegen der ungeraden Zahl.

Archaische Elemente sind die Aufteilung der Cella in zwei Schiffe, das Aufliegen der Tragebalken auf den Säulen und die Schwerfälligkeit des Gesamteindrucks. Überraschenderweise findet man jedoch auch ionisch-attische Einflüsse z.B. bei den Ornamenten, die dieser massiven Bauweise entgegenstehen.

Der Poseidontempel (auch Neptuntempel genannt) ist der größte und gleichzeitig am besten erhaltene Tempel in Paestum. Er wurde um 450 v. Chr. ebenfalls aus dem örtlichen Kalkstein erbaut und nahm im Lauf der Zeit durch die Witterung einen bräunlichen Ton an. Der Poseidontempel ist im dorischen Stil erbaut und hat 6 x 14 Säulen.

Das Bemerkenswerteste an diesem Tempel ist die Auflösung der Schwerfälligkeit durch die Biegung aller horizontalen Linien, die alle eine Konvexität von 2 cm aufweisen. Ohne diese optische Korrektur hätte man den Eindruck, als ob die Säulen auseinander laufen würden. Durch die elliptische Form der Ecksäulen erreicht man eine zusätzliche Leichtigkeit. Zur Ausgewogenheit der Gesamtanlage trägt auch die umlaufende Schmuckdekoration bei.

Wenn man die antike heilige Straße entlang geht, kommt man am römischen Forum und an anderen öffentlichen Gebäuden aus römischer Zeit vorbei, bis man den prächtigen Athenetempel erblickt. Er war der Athene geweiht und um ca. 500 v. Chr. in den klassischen Proportionen, 6 x 13 Säulen beziehungsweise 32,8 m x 14,5 m, erbaut worden.

In der Vorhalle (Pronaos) sind ionische, in der Säulenhalle (Peristyl) jedoch dorische Einflüsse zu erkennen. Im Archäologischen Museum ist eine umfangreiche Dokumentation der Ausgrabungen der letzten Jahrzehnte zu sehen. Herausragend sind vor allem die Rekonstruktion des dorischen „Thesaurós" mit vier Säulen von ca. 540 v. Chr. und die Funde, die aus dem Heiligtum der Hera an der Sele stammen, beispielsweise die Metopen, die wichtige Erkenntnisse über die archaische Kunst in den westlichen Kolonien erbrachten. Ebenso ist eine Vielzahl von Votivgaben und dekorativen Gegenständen (wahrscheinlich aus einer lokalen Schule für Kunsthandwerk) zu bewundern, und es sind viele importierte Keramiken ausgestellt.

Weiter sind noch einige wunderbare Bronzevasen zu sehen, die im Heroon, einem kleinen im späten 6. Jahrhundert v. Chr. erbauten Heiligtum gefunden wurden, wie auch eine wertvolle Amphore mit schwarzen Figuren, auf der die Vergöttlichung des Herakles dargestellt ist.

TARQUINIA

Wandmalereien für das Jenseits

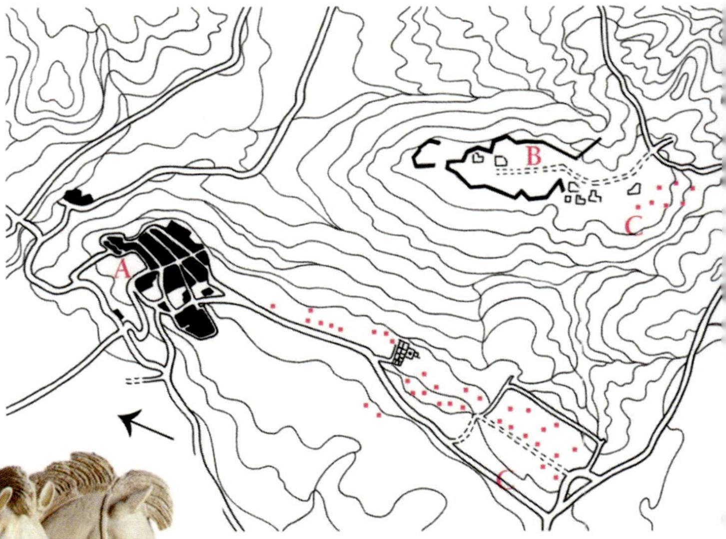

A Lage der heutigen Stadt C Etruskergräber
B Etruskerstadt

74 oben *Diese geflügelten Pferde aus Ton stammen aus dem 4. Jahrhundert v. Chr. Sie waren über dem Architraven an der hölzernen Giebelwand des großen Tempels „Ara della Regina" befestigt, der womöglich der Göttin Juno geweiht war.*

74 unten *Diese Wandmalereien stammen aus dem „Grab des Barons" (510–500 v. Chr.), in dem der Abschied des Toten von seinen Angehörigen dargestellt ist.*

Schon von weitem erblickt man die Stadt Tarquinia mit ihren steilen Mauern, Geschlechtertürmen und Kirchen. Hier hat sich der Fluss Marta tief in das Vulkangestein bis zum Meer hin durch die trockene etruskische Landschaft gegraben. Dieser Blick prägt sich ins Gedächtnis ein wie es schon G.W. Dennis in seinem Reisebericht „Cities and Cemeteries of Etruria" (London 1848) eindrucksvoll beschrieben hat.
Tarquinia wurde vermutlich von Tarchus, einem Königssohn aus Lydien, gegründet und war eine der bedeutendsten Städte im südlichen Etrurien.
Zwei Könige Roms, Tarquinius Priscus und Tarquinius Superbus entstammten wohl diesem Geschlecht. Dies verdeutlicht, welchen Einfluss die Etrusker auf Rom hatten. Auch heute noch liegt ein Großteil der Stadt unter der Hochebene von Civita, umgeben von einer riesigen Nekropole. Gegründet wurde Tarquinia wahrscheinlich im 10., mit Sicherheit jedoch im 9. Jahrhundert v. Chr. Tarquinia war eine der Wiegen der Villanovakultur. Die außerordentlich günstige Situation mit der Lage am Meer, an einer der Hauptstraßen, die Bodenschätze im zentralen Mittelitalien, ein fruchtbares Umland, gute Verteidigungsmöglichkeiten nach allen Seiten hin und die Kontakte zu Griechen und Phöniziern, ließen Tarquinia zu einem der kulturellen, wirtschaftlichen und politischen Zentren Italiens werden. Durch den wachsenden Einfluss mächtiger aristokratischer Familien entwickelte Tarquinia schon bald eine kulturelle Selbstständigkeit. Im 6. Jahrhundert v. Chr. spielte die Stadt eine entscheidende Rolle, indem sie ein etruskisch-punisches Bündnis gegen die Griechen schloss und damit ihre Vorherrschaft auf dem Tyrrhenischen Meer besiegelte.
Durch diese Position konnte sich ein ausgedehntes Handelssystem entwickeln. Tarquinia wurde ein wirtschaftlicher und kultureller Knotenpunkt, und die Stadt zog bedeutende Künstler an. Eine große Bauaktivität setzte während dieser Phase ein, eine Vielzahl unterirdischer Grabkammern entstand, die mit prächtigen Fresken bemalt wurden. Die Technik der Freskenmalerei erlernten die Etrusker von griechischen Künstlern, die aus den verschiedensten Gegenden kamen.
Durch den Sieg der Griechen bei Kyme (474 v. Chr.) verloren die Etrusker ihre Seeherrschaft im Tyrrhenischen Meer und die Macht über Rom. Damit setzte eine Phase des wirtschaftlichen Niedergangs ein, man betrieb in erster Linie Landwirtschaft, wobei der Grundbesitz und damit die Macht weiter in den Händen der Aristokraten blieb. Nach den Kriegen mit Rom (4. Jahrhundert v. Chr.), wurden die Etrusker Verbündete Roms und erlebten infolgedessen noch einmal eine Blütezeit. Im 1. Jahrhundert v. Chr. ging ihre eigene Sprache und Kultur verloren, die Etrusker waren Römer geworden.
Fährt man heute nach Tarquinia, bedeutet dies in erster Linie, dass man die Gräber besucht. Einige dieser Gräber, in denen die Fresken besonders gut erhalten sind, werden im Folgenden beschrieben.
Berühmt ist das „Grab der Auguren". Es hat eine einzige Grabkammer und ist um 520 v. Chr. entstanden. Die Auguren, etruskische Priester, hatten die Aufgabe,

74–75 Dieses Fresko aus dem „Grab der Löwinnen" (um 510 v. Chr.) zeigt einen Mann, der auf einer Kline liegt. Er hält ein Ei, das Symbol der Fruchtbarkeit. Eine breite Borte ziert die Kline, auf der Lotusblüten, Delphine und Vögel dargestellt sind.

75 oben *Dieses Porträt der Velia Velcha fertigte vermutlich ein griechischer Künstler im 3. Jahrhundert v. Chr. an. Gut ist auf diesem Fresko die Haar- und Schmuckmode der damaligen Zeit zu erkennen.*

75 unten *Diese Szene aus dem „Grab der Löwinnen" zeigt zwei Tänzer, die die Bankettgäste unterhalten. Die Darstellung gilt als melancholischer Abschied von den angenehmen Seiten des Lebens.*

die Zukunft anhand des Vogelfluges vorherzusagen. Sie sind an der Rückwand des Grabes an den Seiten eines Tores stehend abgebildet. Dieses Tor soll den Eingang zum Jenseits symbolisieren. An der rechten Wand ist ein Ringkampf zu sehen, der unter der Aufsicht eines Schiedsrichters (Augur) am rechten Bildrand stattfindet. Rechts im Bild ist eine grausame Szene dargestellt, vielleicht ein mythologisches Spiel zu Ehren des Toten, Phersu, des Mannes mit der Maske.

Um das Jahr 510 v. Chr. wurde das „Grab des Barons", das Werk eines griechisch-römischen Künstlers, errichtet. Das gesamte Fresko ist eine außergewöhnlich ausgewogene Komposition. An der Rückwand ist eine Frau abgebildet, vielleicht die Tote, die grüßend oder Abschied nehmend die Hände hebt. Rechts und links davon sitzen zwei junge Männer auf tänzelnden Pferden.

Dieses Grab ist ein typisches Beispiel etruskischer Freskenmalerei: Die Farben leuchten wunderbar und der Künstler hat ausgesprochen naturalistisch gemalt. Die Etrusker glaubten, dass sich im Grab das Leben des Jenseits abspielen würde, deshalb errichteten sie Gräber, die Häusern ähnelten. Diese Gräber lieferten wertvolle Informationen, wie die Etrusker wahrscheinlich auch ihre Häuser gebaut haben. In dieser Hinsicht

aufschlussreich ist das „Grab Bartoccini“ (520 v. Chr.) wegen seiner Deckenbemalung.
Das „Grab der Zweigespanne“, in dem eine wunderschöne Bankettszene, sportliche Wettkämpfe und mehrere Zweigespanne abgebildet sind, ist ebenfalls äußerst beeindruckend.
Ein weiteres berühmtes Grab ist das „Grab der Jagd und Fischerei“ (um 510 v. Chr.): In einer Kammer sind Männer abgebildet, die von der Jagd nach Hause kommen. In einer weiteren Kammer sieht man Männer, die in einem kleinen Boot sitzen und fischen, rudern und dabei heftig gestikulieren. Wohlmöglich waren dies die Lieblingsbeschäftigungen des wohlhabenden Aristokraten, der hier begraben wurde.
Das „Grab der Stiere“ entstand wahrscheinlich um 550 v. Chr. An der Rückwand der Hauptkammer ist eine Szene aus der griechischen Sagenwelt dargestellt: Achill lauert dem trojanischen Prinzen Troilos hinter einem Brunnen auf, um diesen zu töten. Der Prinz reitet auf seinem Pferd durch die heiligen Wälder des Apoll Thymbaios, um sich an dem Brunnen zu erfrischen. Der Anschlag steht unmittelbar bevor.
Einen Gegensatz zu dieser Szene bilden die Zeichnungen über den beiden Türen, deren Bedeutung bis heute nicht geklärt ist. Dargestellt sind zwei Männer und zwei Frauen in eindeutigen erotischen Stellungen.
Die Gemälde im „Orkusgrab“ gehören zu den schönsten, die erhalten sind; sie entstanden in klassischer und hellenistischer Zeit. Das „Orkusgrab“ besteht aus zwei Kammern, von denen die ältere aus dem 4. Jahrhundert v. Chr. stammt.
In Orkus I ist ein Bankett dargestellt, an dem Velia aus dem Adelsgeschlecht der Velcha teilnimmt. Ihr melancholisches Profil ist eine der edelsten Darstellungen einer etruskischen Frau, die erhalten sind. Hinter der schönen Velia droht der schreckliche Dämon Charun, eine abgewandelte, sehr viel Schrecken erregendere Form des Totenfährmanns Charon der griechischen Mythologie. In Orkus II ist eine ungewöhnliche Szene zu sehen. Sie ist in kräftigen Farben gemalt und etwas naiv. Der Maler hat jedoch versucht, das Geschehen naturalistisch darzustellen, wodurch die Szene interessant wird. Es handelt sich um die Blendung des Polyphem durch Odysseus und seine Gefährten. Über den Fresken sind die Namen der handelnden Personen angegeben: Cuclu (Kyklop) und Uthuste (Odysseus).
Eines der letzten bemalten Gräber in Tarquinia ist das „Grab des Typhons“ (um 200 v. Chr.), das der Familie der Pumpu gehörte. Auf dem zentralen, rechtwinkligen Mittelpfeiler sind zwei nackte, geflügelte Dämonen mit Schlangenfüßen erhalten, die sich raffiniert bewegen. Die Körper der Dämonen sind perspektivisch sehr geschickt dargestellt, haben jedoch einen übertrieben pathetischen Ausdruck und erinnern dadurch an Pergamon.

77 Mitte *Die Malereien im „Grab der Jagd und Fischerei" (um 510 v. Chr.) sind außerordentlich lebhaft und vielfältig. Die hier dargestellte Szene hat dem Grab seinen Namen verliehen.*

77 unten *Dieser wunderschöne Marmorsarkophag steht im Nationalmuseum von Tarquinia. Er stammt aus dem 4. Jahrhundert v. Chr. und wurde für einen Aristokraten gefertigt, der selbst auf dem Deckel abgebildet ist.*

76–77 *Dieses wunderschöne Fresko stammt aus dem „Grab der Leoparden" (um 480 v. Chr.), einem der bedeutendsten Gräber in Tarquinia. Hier ist ein Gast mit zwei Musikanten – Flöten- und Barbitonspieler – zu sehen. Der Klangkörper des Barbiton wurde aus einem Schildkrötenpanzer gefertigt*

77 oben *Diese Szene stammt aus dem „Grab der Auguren" (um 520 v. Chr.). Dargestellt ist der Brauch, einen Wettkampf zu Ehren des Toten abzuhalten. Hier kämpfen zwei Ringer miteinander, während der Augur den Vogelflug beobachtet, den er anschließend deuten muss.*

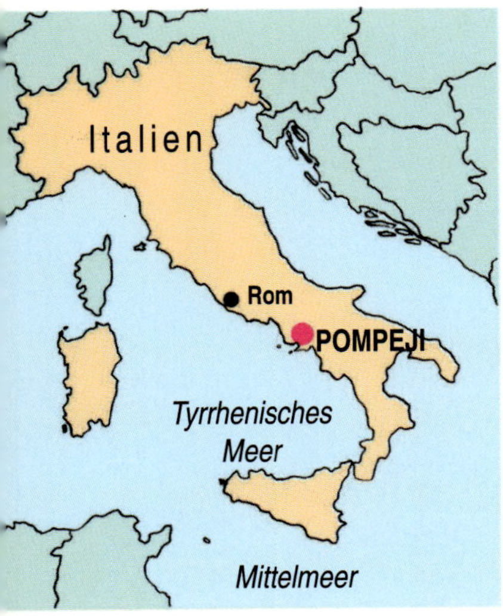

POMPEJI

Auferstehung einer Stadt

79 *Dieses berühmte Fresko, das sich im Nationalmuseum von Neapel befindet, zeigt ein junges Ehepaar. Die Frau hält Griffel und Schreibtafel in der Hand, der Mann eine Schriftrolle. Man nimmt an, dass auf diesem Porträt Terentius Proculus und seine Frau dargestellt sind. Terentius soll ein ehemaliger Sklave gewesen sein, der nach seiner Freilassung reich und Besitzer einer Bäckerei wurde. Vielleicht war er sogar Magistrat, wie auf einigen Wahlsprüchen zu lesen ist. Bemerkenswert ist, dass es der Mittelstand in Pompeji – nachdem es römische Kolonie geworden war – zu erheblichem Besitz gebracht hatte und im Lauf der Zeit zur bestimmenden Gesellschaftsschicht wurde.*

80–81 *Diese faszinierende Luftaufnahme zeigt den Vesuv, der die weite Ausgrabungsstätte von Pompeji überragt.*

78 links *Auf dieser Luftansicht ist der Jupitertempel zu erkennen, der auf beiden Seiten von Triumphbögen flankiert war. Der eine war dem Tiberius gewidmet, der andere dem Germanicus. Ursprünglich waren diese Bögen mit Marmor verkleidet.*

78 oben rechts *Das Forum, an das die öffentlichen Gebäude angrenzten, war dreigeteilt. Hier spielte sich das politische, wirtschaftliche und religiöse Leben von Pompeji ab. Um das Forum lief eine dorische Portikus, auf die später ein zweites Stockwerk aus ionischen Säulen gesetzt wurde.*

78 unten rechts *Der Jupitertempel wurde an der Nordseite des Forums auf einem Podium im korinthischen Stil errichtet.*

Am 24. August 79, zur Regierungszeit von Kaiser Titus, wurde Terentius Proculus von einem dumpfen, hallenden Beben geweckt. Er war – im Gegensatz zu seinen Dienern – nur leicht beunruhigt, da der Vesuv bereits seit einigen Tagen rumorte und Erdbeben in Kampanien keine Seltenheit sind. Deshalb beschloss er, wie gewöhnlich seiner Arbeit nachzugehen.
Seine Frau, die normalerweise stets die Ruhe behielt, war jedoch außer sich und überredete ihn, ihr in den Innenhof des Hauses zu folgen. Dort durchfuhr den sonst so rationalen Terentius Proculus ein gewaltiger Schreck: Eine riesige, schwarze Rauchwolke stieg über dem Vesuv auf und breitete sich immer mehr aus. Doch Terentius Proculus musste nun dringend zur Arbeit und so ließ er seine Frau mit den Dienern im Haus zurück. Diese gewann allmählich ihre Fassung wieder. Konnte sie sich nicht glücklich schätzen, mit einem solch resoluten und vernünftigen Mann verheiratet zu sein?

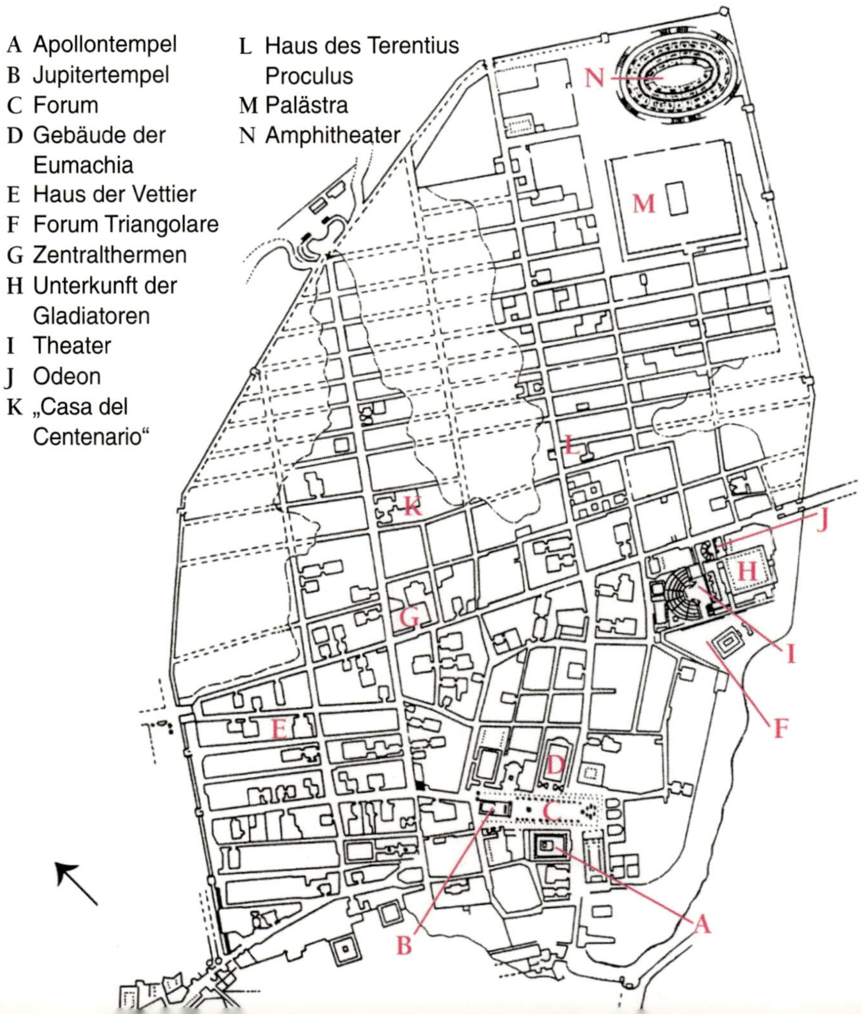

82 Der Apollontempel wurde im 2. Jahrhundert v. Chr. nahe beim Forum errichtet und befand sich in einem Hof, um den 48 Säulen liefen. Vor der Portikus stand eine Bronzestatue des Apoll mit einem Bogen (heute durch eine Kopie ersetzt).

83 oben links *Nach dem Erdbeben im Jahr 62 (bzw. 63) wurde das Apollonheiligtum restauriert. Die ursprünglich ionischen Säulen wurden durch korinthische ersetzt, der Architrav, über dem sich nur ein dreieckiges Motiv befand, verputzt und mit einem Greifen- und Girlandenmotiv dekoriert. Diese Änderungen sind heute leider verschwunden.*

83 unten links *Relikte der Basilika, die Ende des 2. Jahrhunderts v. Chr. im Südwesten des Forums entstand. Sie zählt zu den wenigen erhaltenen Gebäuden dieser Art und wurde zunächst als Gerichtsgebäude und Handelsbörse verwendet, entwickelte sich jedoch im Zuge der Christianisierung zu einer typisch christlichen Kirche.*

Ihre Verfassung verschlechterte sich jedoch zusehends, als die Erde immer mehr bebte und es anfing, Asche zu regnen, erst leicht und kaum sichtbar, später immer stärker, bis die Gewächse im Garten mit Asche bedeckt waren. Die überraschende Rückkehr ihres Mannes beruhigte sie zunächst, dann aber übertönte ein schreckliches Getöse jedes andere Geräusch.
Panische Angst machte sich breit. Die Hausdekorationen begannen zu wackeln, die Öllampen vor den Schutzpatronen des Hauses flackerten, das ganze Gebäude wackelte und drohte, von einem Augenblick zum nächsten auseinander zu brechen. Entsetzte Schreie drangen von den Straßen herein. Der Himmel hatte sich verdunkelt, in der Luft lag Schwefelgeruch, der einem Atem und Kräfte raubte.
Terentius Proculus wurde kreidebleich. Es stimmte also, dass die Götter Pompeji den Rücken gekehrt hatten! In diesem Augenblick wurde ihm klar, dass sie sofort und ohne sich umzublicken von hier wegrennen und allen Besitz zurücklassen mussten, um ihr Leben zu retten ...
Es ist nicht bekannt, ob Terentius Proculus und seine Frau diese Katastrophe tatsächlich miterlebten, denn es existiert lediglich ein Porträt des Ehepaares, historische Aufzeichnungen sind nicht vorhanden.
Dagegen geben uns Archäologen mit Gipsabgüssen von den mit dem Tod ringenden Einwohnern ein lebhaftes Zeugnis vom Ausbruch des Vesuvs.
Es ist bekannt, dass viele Bewohner Pompejis nichts von der herannahenden Katastrophe ahnten und ihre Häuser nicht verlassen wollten. Viele hatten noch nicht die Schäden behoben, die das Erdbeben 62 (bzw. 63) verursacht hatte. Und so erstickten die Menschen im giftigen Rauch, während andere auf der Flucht zu Tode getrampelt oder von herabfallenden Mauerteilen erschlagen wurden.
Diese Ereignisse sind jedoch nicht Ergebnis vager Rekonstruktion, sondern von dem römischen Schriftsteller Plinius dem Jüngeren in einem Briefwechsel mit Tacitus festgehalten. Plinius der Jüngere befand sich zum Zeitpunkt des Ausbruchs des Vesuvs in Misenum bei einer befreundeten Familie. Sein berühmter Onkel und Adoptivvater Plinius der Ältere, hielt sich in Stabiae auf, das nur wenige Kilometer von Pompeji entfernt liegt. Er kam bei dem Vulkanausbruch ums Leben.

83 oben rechts *Die Via dell' Abbondanza und die Via di Nola waren die wichtigsten Straßen und führten durch die gesamte Stadt. Erstere lief an den wichtigsten Gebäuden der Stadt vorbei und war stark befahren. Hier lagen die bedeutendsten Privathäuser, Geschäfte aller Art Tavernen, Bordelle und private Clubs. Am Haus des Popidius Montanus entdeckte man sein Wahlprogramm, das die Verbindung der* latrunculari *(Schachspieler) dort angebracht hatte.*

83 unten rechts *Die Forumsthermen waren die kleinsten, aber vornehmsten. Sie waren mit bunten Stuckarbeiten, Marmor und Mosaiken verziert. Das Bad bot alles, was nötig war: Umkleideraum, Kalt-, Lauwarm- und Warmbadebecken. Außerdem war es in einen Bereich für Männer und Frauen unterteilt. Auf dem Bild ist ein Teil des Caldariums zu sehen, der Bereich, in dem das Wasser am heißesten war und wo sich ein marmornes Waschbecken befand.*

__84 oben__ Diese Luftansicht zeigt das Forum (oben), die Stabianer Thermen (Bildmitte) und das Theater mit Odeon. An den Thermen kreuzen sich die Via di Stabia und die Via dell' Abbondanza.

__84 Mitte__ Das Amphitheater von Pompeji ist das älteste dieser Art (um 70 v. Chr.). Der Zugang in die unterirdischen Räume war nur von außen möglich, und es gab keinen Durchgang unter der Arena.

__84 unten__ In kurzen Abständen gab es entlang der römischen Straßen Trinkwasserbrunnen. Bisher wurden 40 gefunden, die in der Regel 80 m auseinander lagen, sodass auch diejenigen, die keine eigene Wasserleitung im Haus hatten, es nicht weit bis zur nächsten Wasserstelle hatten. Auf diesem Bild ist die Quelle der Abbondanza zu sehen, die der Straße ihren Namen gegeben hat.

__84–85__ Dieses berühmte Mosaik, auf dem umherziehende Musiker dargestellt sind, wurde von dem griechischen Künstler Dioskurides von Samos angefertigt (1. Jahrhundert v. Chr.). Entdeckt wurde das Mosaik in der „Villa des Cicero".

__85 oben__ Dieses Mosaik zeigt Schauspieler bei den Vorbereitungen für eine Aufführung.

__85 unten__ Das große Theater (2. Jahrhundert v. Chr.) wurde unter Augustus dank einer Spende der Familie Olconii erweitert. Die Architektur lässt die griechische Bauweise erkennen: Die Arena bot für 5000 Menschen Platz und wurde in einen Hügel gebaut, anders als später die römischen Theater, deren tragende Teile aus Steinmauern bestanden.

Plinius der Jüngere hat eine lebhafte Beschreibung der tragischen Ereignisse in Pompeji überliefert: „Überall waren die Schreie der Frauen und Kinder, war das Rufen der Männer zu hören. Einige schrien nach ihren Eltern, andere nach ihren Kindern, Ehefrauen oder -männern. Einige weinten über ihr Schicksal, einige über das ihrer Angehörigen. Einige riefen in Todesfurcht nach den Göttern, viele erhoben ihre Fäuste gegen die Götter und beklagten, dass diese sie verlassen hätten, andere fürchteten, dass das Ende der Erde herannahe."

So versank Pompeji im August 79 unter einem erbarmungslosen, vier Tage andauernden Asche- und Steinregen. Das gleiche Schicksal ereilte auch die Städte Herculaneum, Stabiae und Oplontis. Neapel, Sorrent und Nola wurden durch die Erdbeben beschädigt. Titus sandte sofort Hilfe in das Katastrophengebiet, aber die einstmals blühende und fruchtbare Landschaft war vollkommen zerstört. Niemand kehrte in das frühere Pompeji zurück und so geriet die Stadt mehr und mehr in Vergessenheit.
Erst in den Jahren 1594–1600 wurden Spuren des antiken Pompeji entdeckt. Im Jahr 1748 wurden weitere Überreste gefunden. Abt Martorelli begann im Auftrag von Charles von Bourbon, nach Stabiae zu graben. Bei diesen Ausgrabungen kamen verschiedene Überreste zutage. Man stellte allerdings erst 25 Jahre später anhand einer Inschrift fest, dass es sich bei dieser Stadt nicht um Stabiae, sondern um Pompeji handelte.
Im Jahr 1860 begann man mit systematischen Ausgrabungen. Schritt für Schritt wurden die Ausgrabungen immer planmäßiger, unterstützt von Restaurationen, bei denen im Lauf der Zeit immer fortschrittlichere Technologien eingesetzt werden konnten. Die Experten waren sogar in der Lage, Baum- und Buscharten zu bestimmen.

Zwischen 1924 und 1961 leistete Amedeo Maiuri Außergewöhnliches, indem er nicht nur Gebäude freilegte, sondern sich auch um die Erhaltung und Restaurierung der Funde bemühte. Obwohl ein Fünftel Pompejis noch nicht ausgegraben ist, zählt die Stadt aus archäologischer Sicht zu den bedeutendsten Städten der Welt. Sie gewährt Einblicke in Kultur und Lebensweise einer Großstadt, die verschüttet wurde und dadurch für die Nachwelt erhalten geblieben ist, im Gegensatz zu anderen Städten des Römischen Reiches, die im Lauf der Zeit schrittweise verlassen worden sind.
Heute weiß man, dass Pompeji bereits im 8. Jahrhundert v. Chr. an den Südhängen des Vesuvs von den Oskern gegründet worden war, die später von den Etruskern verdrängt wurden.
Ende des 5. Jahrhunderts v. Chr. wurde die Stadt von den Samniten erobert und bis 310 v. Chr. gehalten, als sie von den Römern eingenommen wurde.

Die Entwicklung von Pompeji fand in erster Linie unter den Samniten statt mit dem Bau der wichtigen Zentren des öffentlichen Lebens wie Forum, Forum Triangolare, Basilika, Palästra, Stabianer Thermen und Befestigungsanlagen. Im Lauf der Zeit verschmolzen die Volksgruppen miteinander, Latein und Oskisch wurden zu offiziellen Sprachen. Nach dem Bundesgenossenkrieg wurde Pompeji 80 v. Chr. römische Kolonie unter dem Namen „Cornelia Veneria Pompeianorum",

86–87 Diese Fresken im Dritten Stil stammen aus dem „Haus des goldenen Armreifs“ und zeigen einen Garten in voller Blüte, in dem die verschiedensten Vögel fliegen.

***86 unten** Diese Masken befinden sich auch im „Haus des goldenen Armreifs“ das im Westen Pompejis ganz nah an der Stadtmauer steht.*

und die Einwohner erhielten die Rechte römischer Bürger. Unter der Verwaltung von Sulla begann eine Periode großer baulicher Reformen. Eine stattliche Anzahl öffentlicher Gebäude wurde errichtet, wie beispielsweise die Bäder, das Odeon, das Kapitol auf dem Forum und das Amphitheater, in dem 20 000 Zuschauer Platz hatten. In diese Zeit fällt auch die Pflasterung der Straßen. Ab 27 v. Chr. fand eine intensive Romanisierung statt, neue künstlerische und architektonische Formen hielten Einzug, die der offiziellen römischen Linie Rechnung trugen.

Während der julisch-claudischen Periode wurden das Gymnasion neben dem Amphitheater, das Macellum, der Markt, das Gebäude der Eumachi, der Fortunatempel und der Vespasiantempel erbaut. Wie Rom war auch Pompeji in Stadtviertel, so genannte *insulae* unterteilt. An den Straßenkreuzungen standen Larentempel (die Laren waren römische Gottheiten, Schutzgeister der Familie, des Anwesens und der Feldflur). Die Namen der Stadtviertel sind durch die zahlreichen, auf Hauswände geritzten Wahlprogramme erhalten.

Entlang der Straßen gab es im Abstand von ungefähr 80 m Trinkwasserbrunnen. Diese Brunnen wurden von Quellen gespeist, die über dem Lavabecken aus dem Vulkangestein entsprangen, aber auch von einem Aquädukt, das zur Zeit Kaiser Augustus' entstand.

Das Wasser wurde in der Nähe des Vesuvtors in ein Wasserkastell geleitet und von dort über die bleiernen Wasserleitungen entlang der Straßen in der Stadt verteilt. Von diesen Leitungen aus wurde das Wasser direkt in die Privathäuser geleitet.

87 Details aus dem „Haus des goldenen Armreifs". Alle Wandmalereien in Pompeji sind in Freskentechnik hergestellt worden, das heißt die Farben wurden auf einen noch feuchten Kalkmörtel aufgetragen. Beim Austrocknen der Malereien bildet sich an der Oberfläche eine wasserunlösliche Calciumcarbonatschicht, die die Farben außergewöhnlich lange leuchten lässt. Es ist bis heute jedoch noch nicht geklärt, warum die Fresken in Pompeji noch haltbarer sind als die aus der Renaissance. Als Materialien für diese Fresken wurden spanischer Zinnober für Rotschattierungen, Kupfer-Oxid für Grüntöne und harzige Kohle für schwarze Flächen verwendet. Zwei Geschäfte von Farbenherstellern wurden in Pompeji gefunden.

Der tägliche Wasserverbrauch muss wie in allen römischen Städten enorm gewesen sein. Nur die Ärmsten konnten sich keinen Anschluss an das öffentliche Netz leisten.

Pompeji hatte zwei Foren; diese waren die Mittelpunkte des öffentlichen Lebens, Orte an denen man zusammenkam, an denen sich das politische, wirtschaftliche und religiöse Leben abspielte. Eine dorische Kolonnade, auf der sich eine ionische Portikus erhebt, umgibt das ältere Forum. Um das Forum liegen die Tempel, die Basilika, der überdachte Markt, zwei Triumphbögen, das Gebäude der Eumachia, Beschützerin der Zunft der Tuchwalker (einem Handelsschwerpunkt in Pompeji) und Priesterin der Venus.

Das zweite Forum, das Forum Tiangolare, befindet sich auf einem dreieckigen Areal

und wurde im 2. Jahrhundert v. Chr. erbaut. An das Forum grenzt das Theaterviertel mit Odeon und großem Theater an. Zu den weiteren öffentlichen Gebäuden gehören Palästra und Thermen. Pompeji ist jedoch vor allem wegen seiner Privathäuser berühmt. Nur in Herculaneum und Ostia wurden solch gut erhaltene Privathäuser ausgegraben und geben Zeugnis von der römischen Kultur. Die Entwicklung des *domus*, der häufigsten Hausform in Pompeji, begann im 4. Jahrhundert v. Chr. im samnitischen Stil. Die Häuser hatten eine große Eingangshalle und eine massive Fassade mit kleinen Fenstern.

Später machte sich der hellenistische Einfluss immer stärker bemerkbar, die Innenhöfe wurden eleganter, die Wände verputzt und an der Fassade brachte man Ornamente an. Mehr und mehr entstanden Häuser – Palästen gleich – wunderschön bemalt, mit Balkonen und prächtig blühenden Ziergärten.

Die Vielzahl der erhaltenen Wandmalereien vermittelt einen Eindruck des römischen Geschmacks. Man unterteilt die Dekorationssysteme in vier Stile, deren Abfolge etwa der historischen Situation entspricht. Der Erste Stil zwischen 200–80 v. Chr. wurde durch den Einfluss der Griechen bestimmt. Feine, bemalte Stuckdekorationen überdeckten die massiven Steinquader.

Von 80–30 v. Chr. setzt der Zweite Stil ein. Die Dekorationen wurden jetzt immer feiner, perspektivische Landschafts- und Architekturmalereien wurden zu höchster Vollkommenheit gebracht. Im Dritten Stil, der von 30 v. Chr. bis 62 n. Chr. dauerte, herrschen mythologische Szenen und Landschaftsbilder vor. Dem Geschmack der Zeit entsprechend wurde mehr ornamental und schematisiert gearbeitet, perspektivische Malereien traten in den Hintergrund.

Der Vierte Stil setzte nach dem Erdbeben von 62 (bzw. 63) ein und dauerte bis 79. Er

88 oben *Das „Haus der Vettier" ist aufgrund seiner prunkvollen Wandmalereien berühmt. Dieses Fresko ist ein Detail aus dem unteren Teil der Wand des Trikliniums. Hier bereiten die Eroten wohlriechende Öle zu.*

88 unten *Auch dieses Fresko stammt aus dem „Haus der Vettier", dem Haus reich gewordener und Prunk liebender Händler. Hier erwürgt Herkules die von der eifersüchtigen Juno gesandten Schlangen.*

88–89 und 89 unten *Wandmalereien aus dem „Haus der Vettier". Die Ausschmückung eines Hauses hing davon ab, wie reich der Hausbesitzer war und welchen Künstler er sich leisten konnte.*

90–91 *Der halbrunde Raum im Haus der Vettier hat reich mit Fresken geschmückte Wände.*

92–93 *Das Atrium im Haus des Marcus Lucrezius Frontone zierten Marmor und wertvolle Malereien.*

war ausgesprochen prunkvoll, phantastisch und reich an optischen Täuschungen. Patrizier und reiche Bürger lebten in eleganten, häufig pompösen Häusern. Man lief über Marmor- oder Mosaikfußböden. In den Häusern der Kleinbürger waren häufig auch die Geschäfte untergebracht, die zur Straße hin geöffnet, an freie Sklaven vermietet oder von Sklaven betrieben wurden. Pompeji war eine blühende Handelsstadt, vor allem entlang der Via dell' Abbondanza, einer der Hauptstraßen, an der es Werkstätten, Tuchwalkereien, Tavernen, *cauponae* (Wirtshäuser), *thermopoliae* (Schenken), Gasthäuser, Bordelle und *tabernae lusoriae* (Spielhäuser) gab.

In all diesen Häusern und Geschäften hat man viele, wunderbar erhaltene Möbel, Bestecke, Pfannen, Töpfe, Lampen, Glaswaren und Werkzeuge gefunden. Ebenso interessant und aufschlussreich sind die zahlreichen Inschriften, bemalten Gegenstände, Wahlprogramme und Graffiti, die heute immer noch an den Wänden zu sehen sind und einen Eindruck vom Leben in Pompeji vermitteln, das durch den Ausbruch des Vesuvs am 5. Februar 62 (bzw. 63) zum ersten Mal schwer erschüttert wurde. Die Reliefs im Haus des Lucius Cecilio Giocondo legen Zeugnis über die schweren Beschädigungen durch dieses Beben ab. Die Schäden waren offensichtlich so gravierend, dass die Reparaturarbeiten auch im Jahr 79 noch nicht beendet waren. Neben dem Handel wurde fieberhaft an der Restauration der beschädigten Gebäude gearbeitet. Doch die Bemühungen waren vergebens, da der erneute vier Tage dauernde Vulkanausbruch die ganze Stadt unter einem Hagel von Asche und Steinen begrub. Viele Flüchtende starben an den giftigen Gasen, wahrscheinlich mehr als 2000. Ihr Todeskampf wird uns durch die Abgüsse ihrer Körper nochmals vor Augen geführt. Vielleicht waren auch Terentius Proculus und seine Frau darunter, das jedoch werden wir nie erfahren.

94-95 *Diese Fresken stammen aus der „Mysterienvilla" und sollen die Einweisung der Frauen in den Dionysoskult darstellen. Dieser Mysterienfries, nach dem die Villa benannt wurde, ist die bedeutendste antike Wandmalerei, die heute noch erhalten ist. Wahrscheinlich sind die Gemälde das Werk eines kampanischen Malers und 80-30 v. Chr. entstanden. Die 29 Figuren sind in Gruppen angeordnet, die die verschiedenen Szenen des Mysteriums darstellen. Die Bedeutung der Gemälde konnte jedoch bis heute nicht eindeutig geklärt werden.*

ROM,

Weltreich der Antike

A Mausoleum Hadrians
B Mausoleum des Augustus
C Marsfeld
D Piazza Navona
E Pantheon
F Theater des Pompeius
G Porticus Octaviae
H Marcellustheater
I Jupitertempel
J Arx
K Trajansforum
L Constantinsthermen
M Diocletiansthermen
N Castra Praetoria
O Trajansthermen
P Kolosseum
Q Venus- und Roma-Tempel
R Palatin
S Circus Maximus
T Caracallathermen
U Porticus Aemilia

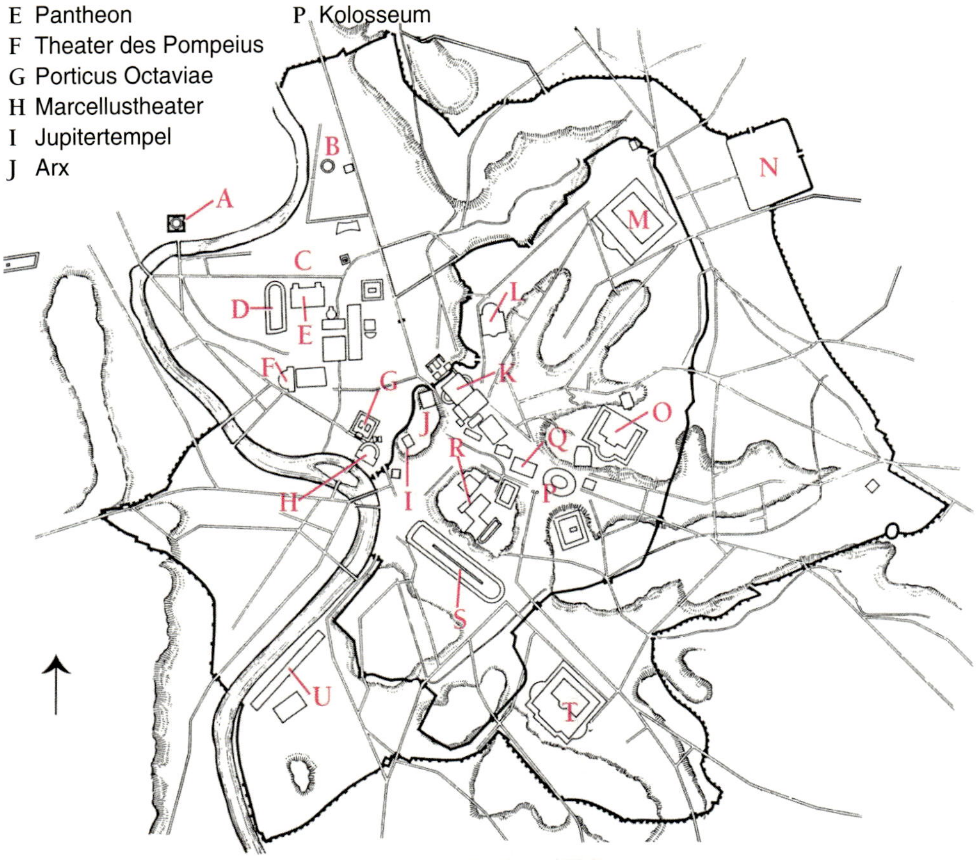

Rom, die größte Stadt der Antike, hatte viel zu bieten: die schönsten Thermen des Reiches, die besten öffentlichen Bibliotheken, exzellente Theateraufführungen, eine große Auswahl an Lebensmittelgeschäften, die jeden Tag mit den erlesensten Speisen versorgt wurden, hervorragende Ärzte und erfahrene Rechtsanwälte. Während der imperialistischen Zeit, in der die meisten, heute von Touristen besuchten Bauwerke entstanden sind, muss Rom einen spektakulären Anblick geboten haben. Das ständige Wachstum der Stadt veranlasste die Architekten, in die Höhe zu bauen, teilweise sechs, sieben und mehr Stockwerke hoch.

Rom hatte im 4. Jahrhundert über eine Million Einwohner, Sklaven und Einwanderer jeder Nationalität und Hautfarbe nicht mitgerechnet. Die Fülle an Geschäften und *tabernae* ließ die Stadt wie einen gigantischen Basar aussehen. Dies wurde noch durch die vielen fahrenden Händler verstärkt, die sich ihren Weg durch die Menschen bahnten und ihre Waren feilboten. Die *taberna* war eine Art Krämerladen. Hier konnte man alles für den täglichen Gebrauch kaufen: Lebensmittel, Stoffe, Kissen, Geschirr, bis hin zu Schmuck und Büchern. Auch viele Dienstleistungen wurden angeboten: Wäsche waschen, Färben, Gerben, Backwaren, Schmiedearbeiten, Schusterarbeiten, Töpferwaren, Tischlerarbeiten, Glaswaren, Schleifen und Herstellen von Messern.

Die *tabernae argentariae* waren Banken, in denen man fremde Währungen umtauschen, Geld anlegen oder leihen, aber auch in Geschäfte investieren konnte.

Wer juristische oder geschäftliche Angelegenheiten zu diskutieren hatte, ging in die verschiedenen Basiliken, die um das Forum lagen oder bei weniger wichtigen

96 unten und 98–99 *Die 42 m hohe Mark-Aurel-Säule steht auf der Piazza Colonna. Sie wurde zwischen 180 und 193 errichtet. Ein Reliefband läuft spiralförmig um den Schaft und schildert die Kriegszüge des Kaisers gegen Quaden, Markomannen und Jazygen.*

96–97 *Das Forum Romanum liegt zwischen Palatin, Kapitol, Esquilin und Quirinal. Hier wurden Tempel, Basiliken, Triumphbögen und Siegessäulen errichtet. Das Forum war jahrhundertelang das Zentrum der Stadt.*

97 rechts *Dieses kreisförmige Flachrelief ist Teil der Dekoration des Konstantinsbogens. Dieser Bogen ist ein Kuriosum, stammen doch viele Reliefs von Denkmälern, die zu Ehren Trajans, Hadrians und Mark Aurels errichtet wurden.*

97 unten *Relief von großem dokumentarischen Wert: Es stellt Gebäude des antiken Rom dar.*

Angelegenheiten in die eigens für diesen Zweck überall in der Stadt gebauten Hallen.
In Rom gab es die verschiedensten Arbeiten im Bereich des öffentlichen Lebens, einschließlich der Arbeiten für die Schauspiele und andere Aufführungen. Die Freizeitbeschäftigung spielte im antiken Rom eine sehr bedeutende Rolle. Abenteurer, Müßiggänger, Arbeitslose und Einwanderer fanden ein wahrlich großartiges Angebot vor. Sie konnten um die Foren, die Basiliken oder Portiken schlendern oder in den *cauponae*, den Vorläufern der heutigen Bars, trinken und spielen.
Für die römischen Bürger war der Arbeitstag normalerweise früh beendet, aber es war für sie wegen der schlechten Beleuchtung und der zahlreichen Taschendiebe nicht ratsam, sich nachts in den Straßen aufzuhalten. Daher mussten sie sich für den langen Abend eine sinnvolle Beschäftigung suchen. Diese Zeit nutzten viele Römer, um in die Thermen, z.B. die heute noch erhaltenen Caracalla- oder Diokletiansthermen, zu gehen.

100 oben *Der Senat ließ den Triumphbogen des Septimius Severus zu Ehren seiner Siege gegen die Parther und Araber errichten.*

100 Mitte *Das Haus der Vestalinnen, der Priesterinnen, die das heilige Feuer der Vesta, der Göttin des Herdfeuers, bewachten. Dieses Feuer brannte in dem neben dem Haus gelegenen Vestatempel.*

100 unten *Der Konstantinsbogen wurde 315 fertig gestellt. Er hat drei Bögen, wurde zu Ehren des Sieges Konstantins über Maxentius an der Milvischen Brücke errichtet und befindet sich in der Nähe des Kolosseums. Die wenigen Darstellungen aus konstantinischer Zeit geben historisch wertvolle Aufschlüsse, z.B. über das ursprüngliche Aussehen des Forums.*

Die Bäder aufzusuchen, war eine tägliche Gewohnheit für Reich und Arm, Jung und Alt, Männer und Frauen. Während des Imperialismus waren die Bäder entweder gebührenfrei oder kosteten nur einen *quadrant*, was sogar weniger als dem Gegenwert von einem Liter Wein oder einem Laib Brot entsprach.

Die architektonische Anlage der Thermen musste immer zweckgebunden sein. Man begab sich zunächst in einen Umkleideraum, das *apodyterium*, von dort gelangte man in ein heißes Bad, das *caldarium*, dann in den Bereich mit lauwarmem Wasser, das *tepidarium*, und schließlich in das Kaltwasserbecken, das *frigidarium*. Das Schwimmbecken, *natatio*, befand sich in der Regel im Freien.

Um die Haupträume herum lagen normalerweise kleinere Räume, die als Saunen, zum Auftragen von Ölen und Salben, als Massageräume oder zum Haareschneiden genutzt wurden. Zu den Bädern gehörten gewöhnlich auch Palästren, Büchereien, Leseräume und Räume zum Unterhalten; sogar Räume, in denen man essen und trinken konnte, waren angeschlossen. Die Thermen waren daher nicht nur Orte, an denen man Körperpflege betrieb, sie waren vielmehr auch Begegnungsstätten, in denen man soziale Kontakte pflegen und über Politik, Sport und Geschäfte reden konnte.

Neben den Thermen waren der Circus und das Amphitheater weitere Anziehungspunkte. Aufführungen in diesen Örtlichkeiten dienten in erster Linie politischen beziehungsweise wahlpropagandistischen Zwecken, später wur-

100–101 *Auf dem Forum Romanum wurden die Siege der Kaiser gefeiert, geschäftliche und politische Angelegenheiten diskutiert, Feste begangen und Markt abgehalten. Links im Bild ist der Tempel des Antonius Pius und der Faustina zu sehen, in der Bildmitte der wieder errichtete Teil des Vestatempels und die letzten Säulen des Dioskurentempels, dahinter der Titusbogen, der 81 errichtet wurde, um die Siege Vespasians und seines Sohnes über die Juden zu feiern.*

101 unten *Diese runden Reliefs befinden sich am Konstantinsbogen, entstammen jedoch einem Denkmal Hadrians. Der Kopf Hadrians wurde gegen den Konstantins ausgetauscht. Triumphbögen wurden in der Antike nach erfolgreichen Kriegen zu Ehren von bedeutenden Persönlichkeiten, meist Kaisern, errichtet. Sie gehören zu den typischen Bauwerken Roms, konnten auch an einer Stadtgrenze stehen oder einem Gott geweiht sein.*

102 oben *Dieses Marmorrelief schmückte einen der schönsten Paläste auf dem Palatin.*

102 unten *Auf dem Palatin ließen die Kaiser ihre Paläste erbauen. Im Vordergrund liegen die Reste des „Domus Augustana", des Domitianspalastes (Wohntrakt), daneben das Stadion des Domitian (längliche Anlage).*

102–103 *Das größte Forum, das in Rom errichtet wurde, war das Trajansforum. Baumeister war Apollodor aus Damaskus, der mit diesem Forum die römische Bautradition fortsetzte und gleichzeitig weiter entwickelte. Beispielhaft dafür seien das Halbrund am Trajansmarkt und die Querstellung der „Basilica Ulpia" genannt.*

den die dort stattfindenden Spiele zu Werkzeugen der absolutistischen Herrscher. Im Lauf der Zeit festigte sich diese Rolle der *ludi*, der Spiele, und mit der wachsenden Zahl der Feiertage vermehrte sich auch die Zahl dieser mit den Feiertagen verbundenen Spiele. Sie dauerten mehrere Stunden, ja sogar einen ganzen Tag wie z.B. die Gladiatorenwettkämpfe im Amphitheater. Meist fanden die Spiele tagsüber statt, manchmal jedoch auch nachts im Schein von Fackeln. Die *ludi circenses* waren die ältesten Spiele und fanden im Circus maximus statt, in dem ca. 385 000 Zuschauer in hölzernen Galerien und auf steinernen Sitzreihen Platz fanden. Im Circus maximus fanden vor allem Wagenrennen statt; die Wagen waren extrem leicht und mit zwei bis vier Pferden bespannt. Die Mitte der Arena, *spina*, war erhöht und teilte diese in zwei Bahnen ein. An beiden Enden der *spina* befanden sich drei *metae*, konische Pfeiler, um die das Rennen sieben Runden lang gefahren werden musste. Es gab zwar Regeln für die Rennen, diese wurden jedoch häufig gebrochen. Ein beliebter Trick war, den Wagen des Gegners aus der Spur zu drängen und ihn dann zu überholen.

Die im Amphitheater dargebotenen Aufführungen waren jedoch bei den Römern noch beliebter. Das Amphitheatrum Flavium, heute Kolosseum genannt, wurde im Jahr 80 eingeweiht. Es hatte eine ovale Form, einen Umfang von 536 m und eine Höhe von beinahe 50 m. Mehr als 70 000 Menschen (68 000 Sitzplätze und 5000 Stehplätze) fanden darin Platz. Unter der Arena befanden sich die unterirdischen Gänge, die nötig waren, um den organisatorischen Ablauf zu sichern. Der Fußboden bestand aus Holz, das in den Sand eingelassen worden war. Durch ein gigantisches, in Abschnitte unterteiltes Segel

103 unten *Die Siegessäule auf dem Trajansforum wurde zur Feier des Sieges Trajans über die Daker errichtet. Auf dem spiralförmig nach oben laufenden Relief sind mit mehr als 2500 Figuren die Kriege gegen die Daker dargestellt. Auf der Säule befand sich ursprünglich eine Statue Trajans, die jedoch verloren gegangen ist und 1587 durch eine Statue des Apostels Paulus ersetzt wurde. Im Inneren des mit Friesen bedeckten Sockels stand früher die goldene Urne mit der Asche des Kaisers.*

104 oben *Dieses Mosaik wurde in Tusculum gefunden und befindet sich heute in der Villa Borghese in Rom. Dargestellt sind Gladiatoren, die Eigentum der* lanista, *ihrer Herren, waren. Diese trainierten die Gladiatoren auf eigene Kosten in den Gladiatorenschulen. Nur wenige erhielten nach einer langen, erfolgreichen Karriere ihre Freiheit.*

104–105, 104 unten und 106–107 *Auf dem Foto ist die ovale Form des Kolosseums gut zu erkennen. Die tragenden Elemente dieses Bauwerkes sind Travertinpfeiler, deren Quader mit Metalldübeln miteinander verbunden sind. Die Außenfront ist in vier Geschosse eingeteilt, die drei unteren bestehen aus Bögen, wohingegen das obere geschlossen ist.*

wurden die Zuschauer vor der Sonne geschützt. Soldaten hoben oder senkten dieses Segel je nach dem Stand der Sonne.
In der Arena fanden *venationes*, Tierhetzen, statt, bei denen die Tiere, die man während der Eroberungen kennen gelernt hatte, eingesetzt wurden. Daneben gab es die äußerst beliebten *ludi gladiatorii*, Gladiatorenkämpfe zwischen speziell ausgebildeten Gladiatoren, die sich auf verschiedene Kampfarten spezialisiert hatten. Die Spiele waren eine hervorragende Gelegenheit, um zu sehen und mit neuester Mode, Schmuck und Frisur gesehen zu werden.
Theateraufführungen hingegen waren nicht so gut besucht, obwohl es in Rom so wunderbare Theater wie beispielsweise das Marcellustheater gab. Auf den Ruinen dieses Theaters ließ sich das Geschlecht der Orsini im 16. Jahrhundert einen Palast erbauen. Die berühmten griechischen und römischen Tragödien interessierten die Römer in der Kaiserzeit wenig, sie bevorzugten eher weniger anspruchsvolle Darbietungen mit leicht bekleideten Schauspielerinnen.
Rom verfügte in der Antike über viele bedeutende Bauwerke, hatte jedoch auch mit den typischen Problemen einer Großstadt zu kämpfen. Eines der größten Probleme war die Regelung des dichten Verkehrs. Dieser hatte im Lauf der Zeit so stark zugenommen, dass sich die Regierung veranlasst sah, Gesetze zu erlassen. Zunächst wurde verboten am Tag zu fahren, ausgenommen von dieser Regelung waren nur die Müllabfuhr und die Wagen, die Baumaterialien für die öffentlichen Gebäude heranschafften. Dadurch wurden *areae carruces*, Stellplätze, für Pferde und Wagen und ein Einweiser für diese Stellplätze notwendig. Das Verkehrsproblem konnte damit jedoch nicht gelöst werden, da die meisten Handelsaktivitäten im Freien stattfanden und Tierboxen Straßen und Hallen blockierten. Die vierrädrigen Kutschen, *raedae* kämpften mit den viel schwereren Transportwagen, *sarraca*, oder den kleineren zweirädrigen Kutschen, *plaustrae*, die Lebensmittel zum Markt transportierten, um den Platz auf den Straßen. Ganz leichte Kutschen wurden für den *cursus publicus*, das öffentliche Verkehrswesen, verwendet. Es gab eine ungeheure Menge an Sänften und Wagen aller Art, die sich auf den Straßen von Rom bewegten und die zu den Weideherden und anderen Tieren dazu kamen.

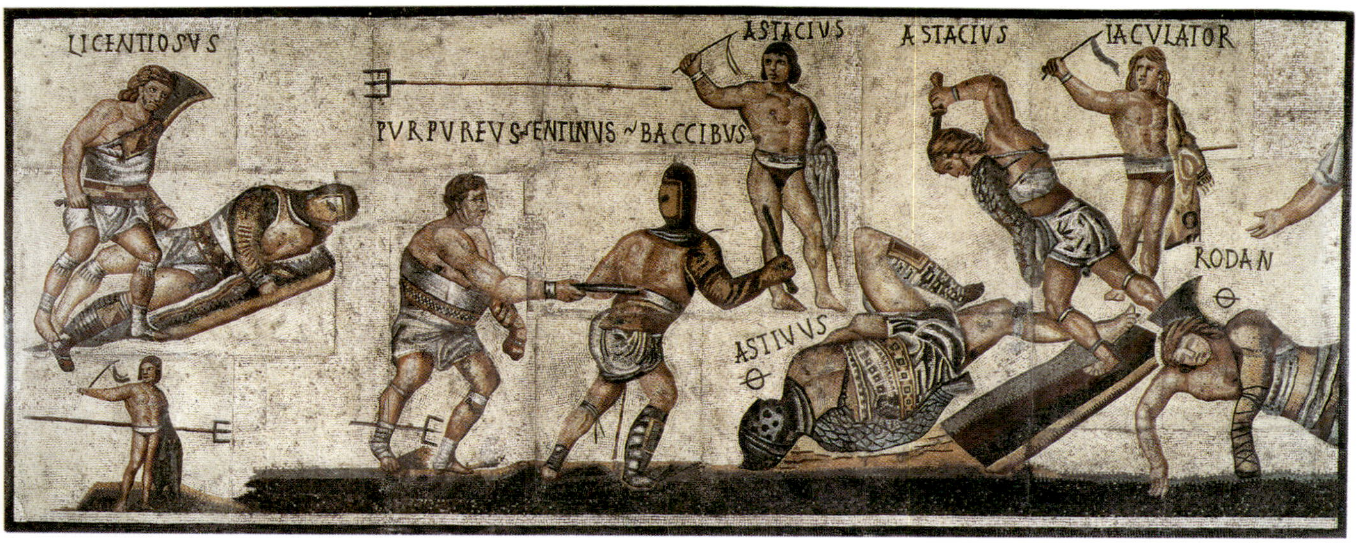

105 *Diese Mosaiken vermitteln dem Betrachter eine Vorstellung von den Gladiatorenkämpfen und Tierhetzen und der dabei verwendeten Ausrüstung. Gladiatoren waren häufig Verbrecher, Kriegsgefangene oder Sklaven, die sich etwas zu Schulden hatten kommen lassen. Es gab aber auch Freiwillige, die durch den Gladiatorenkampf Geld und Ruhm ernten wollten.*
Hatten sie einen Kampf gewonnen, ließen sie sich in der Hoffnung auf große Geldsummen auf den nächsten ein. Einige kamen dadurch zu einem beachtlichen Vermögen. Die Gladiatoren lebten normalerweise isoliert in Kasernen beispielsweise Schulen, ludi, *in denen sie für die Kämpfe trainierten. Einige Gladiatoren waren so berühmt, dass sie dort von Bewunderern, insbesondere von jungen Frauen, aufgesucht wurden.*

108 oben Der Circus des Maxentius wurde 309 vor den Toren Roms erbaut und ist 512 m lang. Er ist besser erhalten als jeder andere römische Circus.

108 Mitte Die Legende sagt, dass der Circus maximus bereits in der Königszeit gegründet wurde. Er wurde mehrmals umgebaut und war das größte Gebäude, das für öffentliche Veranstaltungen errichtet worden war. Während der Regierungszeit Trajans war er 600 m lang. Die Berechnungen, wie viele Zuschauer im Circus maximus Platz hatten, weichen stark voneinander ab. Man geht von mindestens 250 000 aus, es könnten aber auch bis zu 385 000 Zuschauer Platz gefunden haben.

108 unten links Kaiser Augustus hat das Marcellustheater zu Ehren seines verstorbenen Neffen Marcellus in Auftrag gegeben. Zehn Jahre nach dessen Tod, 13 v. Chr., konnte es eingeweiht werden. 15 000 bis 20 000 Zuschauer hatten darin Platz.

Das Leben in Rom spielte sich in erster Linie im Freien ab und da schwere und große Materialien nur nachts transportiert werden durften, ebbte der Lärm auch zu dieser Zeit kaum ab.
Weitere schwer wiegende Probleme stellten die Beseitigung des Abfalls und die Straßenreinigung dar. In der gesamten Stadt waren Pumpen aufgestellt, die an die öffentlichen Wasserleitungen angeschlossen werden konnten. Die Wasserversorgung war lebenswichtig für diese Großstadt. Man nimmt an, dass es insgesamt elf Wasserreservoirs gab, aus denen im 3. und 4. Jahrhundert über ober- und unterirdische Aquädukte Millionen Kubikmeter Wasser pro Tag in die Stadt flossen. Dies ermöglichte einen Pro-Kopf-Wasserverbrauch pro Tag, der doppelt so hoch war wie der heutige. Man sollte jedoch bei diesen Zahlen bedenken, dass der Großteil dieses Wassers in die öffentlichen Bäder und Brunnen floss oder für andere öffentliche Zwecke verwendet wurde.
Zur absoluten Blütezeit Roms gab es elf große Thermen, 856 öffentliche Bäder, 15 Nymphäen (geweihte Brunnenanlagen), 2 *naumachiae* (Seetheater), 1352

Quellen und Brunnen. Rom verfügte über das fortschrittlichste Abwassersystem der Antike, ohne das die Stadt nicht hätte existieren können.
Das größte durch Überbevölkerung entstehende Problem im antiken Rom war jedoch die Bauweise. Zu Lebzeiten von Cicero entwickelte sich die Tendenz, immer höhere Gebäude zu bauen; diese Tendenz nahm unter der Regierung von Augustus noch zu. Der Staat kümmerte sich jedoch nicht in ausreichendem Maß um Bauvorschriften und Sicherheitsmaßnahmen. Augustus prahlte, er habe eine Stadt aus Steinen und Marmor errichten lassen, war aber nicht in der Lage, der allgemeinen Überbevölkerung und vor allem der Überbevölkerung in den ärmeren Gegenden Herr zu werden. Und so waren Einstürze von Häusern und Brände die häufigsten Unfallursachen. Die Vermieter zwängten in die oberen Stockwerke der Gebäude möglichst viele Mieter, um so viel Geld wie möglich zu verdienen. Die Häuser bestanden jedoch nur aus einer Holzkonstruktion, die zwar

109 unten *Hier sind die imposanten Reste der Diokletiansthermen, des größten römischen Bades zu sehen. Diese Thermen wurden zwischen 298 und 305 erbaut. Michelangelo wählte das* tepidarium *der Thermen als Hauptraum für die Kirche Santa Maria degli Angeli. Er bezog außerdem die Durchgänge zum* frigidarium *und zum* caldarium *mit ein, sodass die Kirche den Grundriss des griechischen Kreuzes erhielt.*

108 unten rechts *Die Caracallathermen müssen extrem prunkvoll ausgestattet gewesen sein. Die Marmorgruppe der „Farnesische Stier" ist eine der herausragendsten bildhauerischen Arbeiten in diesen Thermen. Sie ist eine Kopie des griechischen Originals von Apollonios von Tralleis.*

108–109 *Die Caracallathermen wurden 212 von Septimius Severus gegründet und 216 von seinem Sohn Caracalla fertig gestellt. Die Wände dieser luxuriösen Badeanlage waren mit Mosaiken und Fresken geschmückt und an vielen Stellen befanden sich Statuen und Marmorgruppen. Der gesamte Komplex erstreckte sich über eine Fläche von 1089 m².*

110 oben *Der Tempel der Fortuna Virilis auf dem Forum Boarium ist der am besten erhaltene Tempel in Rom.*

110 Mitte *Octavian ließ das Augustusmausoleum 32–28 v. Chr. für sich, seine Familie und seine Nachkommen auf dem Marsfeld errichten. Von dem Bauwerk sind nur noch die unteren Teile des Kerns sowie Reste von fünf konzentrischen Mauerringen erhalten.*

110 unten *Nach technisch schwierigen Ausgrabungen in den 1930er Jahren wurde die Ara Pacis Augustae, deren Reliefs von außerordentlicher historischer und künstlerischer Bedeutung sind, in der Nähe des Augustusmausoleums wieder errichtet. Der römische Senat hatte den Bau dieses Altars zu Ehren von Augustus beschlossen, nachdem dieser alle Provinzen befriedet hatte. Eingeweiht wurde der Bau im Jahr 9 v. Chr.*

schnell zu errichten, aber nicht besonders stabil war und sehr leicht Feuer fing. Der Herrscher, der diese Situation beendete, war Nero. Nach einem verheerenden Großbrand im Jahr 64 erließ er strenge Gesetze gegen nicht genehmigte Bauarbeiten.

Die Besitzer wurden dazu verpflichtet, gewisse Sicherheitsmaßnahmen zu garantieren. Die Höhe des Gebäudes durfte nur noch zwei Mal so hoch wie die Straßenbreite sein, hölzerne Decken wurden verboten, im Eingangsbereich mussten breite Vorhallen errichtet werden, und jedes Haus musste einen Mindestabstand zum nächsten haben.

Während der imperialistischen Phase wurde Rom zum bedeutendsten Zentrum der Antike, zur ersten wirklichen Weltstadt. Aber im Lauf der Zeit wurden die städtebaulichen Verhältnisse in Rom immer chaotischer. Es gab keinen offiziellen Stadtplan und niemand machte sich über die Weiterentwicklung der Stadt Gedanken. Die Einwohner begannen, jeden noch freien Fleck zwischen den Palästen, Märkten, Gärten und öffentlichen Plätzen zu bebauen. Im 4. Jahrhundert gab es in Rom 1800 *domus*, einstöckige Wohnhäuser, und 44 000 *insulae*, mehrstöckige Wohnhäuser mit mehreren Wohnungen. Diese mehrstöckigen Wohnhäuser waren somit der am häufigsten auftretende Haustyp. Eine *insula* wurde aus Backstein errichtet und hatte normalerweise einen Laden auf der Straßenseite im Erdgeschoss. Die komfortableren Wohnungen lagen um den Innenhof. Die anderen Wohnungen befanden sich in den oberen Stockwerken und konnten über Treppen erreicht werden. Von den Wohnungseingängen gelangte man in einen Innenflur. Die Toiletten befanden sich meist im Erdgeschoss, und man musste sie sich in

110–111 Das Pantheon wurde unter Hadrian (zwischen 118/125 und 128) als Kuppelbau auf dem Marsfeld errichtet, und zwar an der Stelle eines Tempels aus dem Jahr 25 v. Chr. Vor das Pantheon stellte man eine Portikus mit acht Säulen.

111 unten Das Pantheon ist das besterhaltene römische Gebäude der Stadt. Der Ziegelrundbau hat einen Durchmesser und eine Höhe von ca. 43 m. Die Kuppel ist mit einer Kasettendecke verziert. Nischen, in denen Götterbilder standen, und Säulen gliedern die Wände.

112 oben Das Grab des Hadrian, heute als Engelsburg bekannt, war über den Pons Aelius, eine Brücke über den Tiber, zugänglich. Diese war unter Hadrian erbaut worden, um vom Marsfeld einen Zugang zum Mausoleum zu haben.

112 Mitte Der Pons Fabricius über den Tiber ist 62 m lang. Er ist die älteste Brücke Roms (62 v. Chr.).

der Regel mit den anderen Bewohnern teilen. Manchmal gab es in den Apartments allerdings auch eigene kleine Toiletten; alle Toiletten waren an einen Abwasserkanal angeschlossen.
Diese *insulae* sind heute fast gänzlich verschwunden, nur bei der Aracoelitreppe wurde ein solches Wohnhaus ausgegraben. Der Bau gehörte zu einem sechsstöckigen, großen Wohnblock. In Rom, das dichter als jede andere Stadt besiedelt war, waren diese Wohnblöcke oft bis zu 30 m hoch, die meisten Menschen lebten sehr beengt, oft wurden die Räume für mehrere Zwecke genutzt. Es gab weder einen Straßen- noch einen Bebauungsplan. Es gab keine Stadtgrenzen, häufig wurden luxuriöse Villen neben weniger komfortablen, baufälligen Häusern errichtet. Nur wenige privilegierte Römer konnten es sich leisten, in einem *domus*, einem geräumigen und komfortablen Haus zu leben, die Mehrzahl der Bevölkerung war in unterschiedlich ausgestatteten Mietwohnungen untergebracht.
Häufig lebten Sklaven und Arme unter dem Dach, im Keller, unter den Treppen und in den Lagerräumen der Geschäfte. Trotz all dieser Kontraste und der Verkommenheit vieler Mietwohnungen sollte man im Gedächtnis behalten, dass die Menschen in Rom und anderen römischen Städten einen Lebensstil pflegen konnten, der erst wieder Ende des 18. Jahrhunderts erreicht wurde.

112 unten Neben der Porta Ostiensis steht die Cestiuspyramide, das Grabmal des Gaius Cestius Epulo, eines Prätors, der vor 12 v. Chr. starb. Zur Zeit des Cestius war in Rom alles, was mit Ägypten zusammenhing, Mode. Die Pyramide war etwas mehr als 36 m hoch und mit Marmorplatten gedeckt. 300 Jahre später wurde sie die Aurelianische Mauer mit einbezogen.

112–113 Hadrian errichtete dieses Mausoleum, heute als Engelsburg bekannt, für sich und seine Nachkommen. Die gewaltige, zylindrische Anlage stand auf einem quadratischen Sockel, wurde mit Erde aufgeschüttet und mit Zypressen bepflanzt. Auf diesem Erdhügel befand sich ein Standbild des Kaisers oder eine andere Statuengruppe.

113 oben *Caecilia Metella war die Schwiegertochter des Triumvirs Crassus. Ihr Grab (1. Jahrhundert v. Chr.) ist das bekannteste Monument an der Via Appia. Im Mittelalter wurde es zu einem Kastell umfunktioniert.*

113 unten links *Ursprünglich war die doppelbogige Porta Praenestia (heute Porta Maggiore) Teil des Aquädukts, das unter Claudius im Jahr 52 erbaut wurde. Später wurde sie ein Durchgang in der Aurelianischen Mauer.*

113 unten rechts *Die Porta Appia, heute Porta S. Sebastiano, hatte nur einen Bogen, der von zwei gewaltigen Türmen flankiert wurde. Sie war eines der Haupttore in der 19 km langen Aurelianischen Mauer.*

DIE HADRIANSVILLA

Refugium Kaiser Hadrians

A Griechisches Theater
B Venustempel
C Triclinium
D Hospitalia
E Hof der Bibliotheken
F Teatro marittimo
G Palazzo
H Saal der Dorischen Pfeiler
I Piazza d'Oro
J Kaserne der Wachen
K Poikile
L Quadriportikus
M Nymphäum
N Saal mit drei Exedren
O Kleine Räume
P Kleine Thermen
Q Große Thermen
R Vestibül
S Kanopus

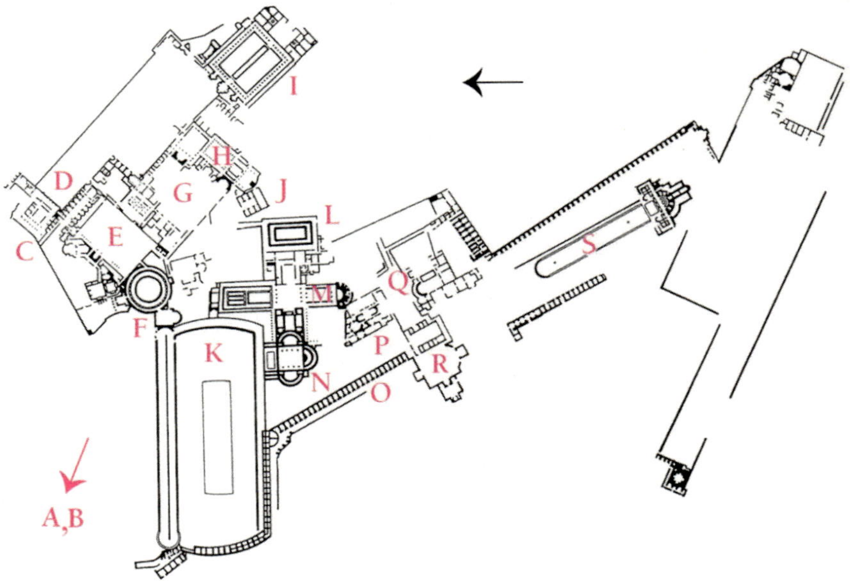

Hadrian gehört zu den historisch bedeutendsten Persönlichkeiten der römischen Geschichte. Er wurde 76 in Italica, Spanien, geboren und bekleidete schon in jungen Jahren öffentliche Ämter, dank seiner charakterlichen Stärke und seiner militärischen Fähigkeiten. Kaiser Trajan hatte ihn als seinen Nachfolger vorgesehen, der Kaiser, der das Römische Reich zu noch nie da gewesener Größe ausgedehnt hatte.
Im Jahr 117 wurde Hadrian, während er Statthalter von Syrien war, zum Kaiser ausgerufen, Nach seiner Rückkehr nach Rom arbeitete er unermüdlich an der Festigung des Römischen Reiches. Er besuchte die römischen Provinzen Spanien, Afrika, den Osten, Germanien, Gallien und Britannien, wo er den Limes (Germanien) beziehungsweise Hadrianswall (Britannien) zum Schutz gegen eindringende Volksstämme errichten ließ. 134 kehrte er nach Rom zurück, und von dieser Zeit an widmete er sich der Verwaltungsreform Italiens und der finanziellen Umorganisation der Provinzen. 138 starb er überraschend in Baiae.
Hadrian betätigte sich auch als Schriftsteller. Von seinem literarischen Werk sind jedoch nur wenige Zeilen erhalten. Es ist anzunehmen, dass er große Teile dieses Werkes in Tivoli geschrieben hat, dem Ort, den der Kaiser am meisten liebte, an dem er sich von seinen Verpflichtungen erholte.
Tivoli, das antike Tibur, wurde von den Latinern östlich von Rom in der Nähe der Wasserfälle des Aniene gegründet. Während der Regierungszeit von Kaiser Augustus war Tibur ein Erholungsort für wohlhabende Römer. Berühmte Persönlichkeiten der damaligen Zeit wie Cassius, Horaz, Catull, Maecenas, Sallust, Augustus und Hadrian verweilten hier. Die Besucher genossen nicht nur die Landschaft und das angenehme Klima, sondern suchten auch das berühmte Heiligtum des Herkules, das Sybillinische Orakel und die unterhalb von Tibur gelegenen Schwefelbäder auf.
Heute ist Tivoli in erster Linie wegen der Hadriansvilla berühmt, die südwestlich von Tivoli in die weitläufige Ebene unter die Tiburtinischen Hügel gebaut wurde.
Der gewaltige Komplex erstreckt sich über 120 ha und ist eine der archäologisch interessantesten Stätten Italiens.

114 links *Hadrian hatte auf seinen Reisen durch sein Imperium, vor allem in Ägypten und Griechenland viel gesehen. Was ihm besonders gefiel, ließ er sich in dieser Villa in der Nähe von Tivoli nachbauen. Hier ist der Poikile im Bild, eine Nachbildung der Stoà Poikile, der berühmten Säulenhalle von Athen.*

114 rechts *Hadrian war ein Multitalent; herausragend war vor allem seine architektonische Begabung. Beim Bau seines Villenkomplexes experimentierte er mit neuen Bautechniken: Er ließ weite Kuppeln und Halbkuppeln wie z. B. bei den Kleinen (Mitte) und Großen (unten) Thermen errichten.*

114–115 *Luftaufnahme der imposanten Gesamtanlage der Hadriansvilla: im Vordergrund das Aquarium, links im Bild die Kleinen Thermen, rechts vorne die Kaserne der Wachen, dahinter liegend der Rundbau des Teatro marittimo. Das große Becken des Poikile liegt in der Bildmitte im Hintergrund.*

115 unten *Dieses wunderschöne Mosaik wurde in der Hadriansvilla gefunden und ist aus ca. 2 mm langen Glasmosaiksteinchen zusammengesetzt. Es handelt sich um die Kopie eines Werkes von Sosos von Pergamon. Der fließend griechisch sprechende Hadrian war ein großer Bewunderer der hellenistischen Kultur.*

116–117 *Man nimmt an, dass Hadrian in das Teatro marittimo ging, um das eine Portikus und ein Wassergraben liefen, wenn er ungestört meditieren wollte. Weiter vermutet man, dass diese kleine Privatvilla eine Nachbildung entweder der Villa der Flavier auf dem Palatin oder des noch älteren Palastes von Dionysios dem Älteren von Syrakus war.*
In den 1980er Jahren entwickelte der Schweizer Wissenschaftler Henri Stierlin die Theorie, dass das Gebäude ein Symbol für den Kosmos sein sollte, in dessen Mitte sich die hölzerne Kuppel des Planetariums befand.

117 oben *Dieser Faun aus rötlichem Marmor ist die Kopie eines griechischen Originals. Er wurde in der Hadriansvilla gefunden und steht heute im Kapitolinischen Museum in Rom. Hadrian legte in seiner Villa eine außerordentliche Sammlung von Kunstschätzen an, die jedoch in der Renaissance von Kunstsammlern entwendet wurden.*
Ein berühmter Kunsträuber war z. B. Kardinal Ippolito d'Este, der umfangreiche Ausgrabungen mit der Absicht finanzierte, möglichst viele Skulpturen und Kunstschätze für seine eigene Villa in der Nähe von Tivoli zu ergattern.

Die Hadriansvilla wurde an der Stelle einer früheren Anlage aus republikanischer Zeit errichtet und passt sich harmonisch in die Landschaft ein.
Die Arbeiten an der Villenanlage begannen im Jahr 118 und zogen sich mehr als 20 Jahre hin, eine Zeit, in der Hadrian vor allem durch die römischen Provinzen reiste, um die Einheit des Römischen Reiches zu sichern. Die Villa spiegelt die vielfältigen Eindrücke wider, die der Kunstliebhaber Hadrian während seiner Reisen erhalten hat; sie imitiert berühmte Modelle, Plätze und Monumente, die Hadrian beeindruckten. Dies erklärt die ungewöhnlichen Anlagen, die um den Wohnkomplex gebaut wurden und die sich aus verschiedenen Einzelkomplexen zusammensetzen, ein einmaliger Fall in der Geschichte der römischen Architektur.
Die Villa war anfänglich nur eine Erweiterung eines bestehenden Anwesens, an das ein Thermenkomplex, eine Palästra und ein Bankettsaal angebaut wurden. Im Lauf der langen Bauzeit wurde die Anlage um Lagerhäuser, Säulenhallen, Schwimmbecken und ein Theater erweitert, womit sie monumentale Dimensionen erhielt. Für den gesamten Komplex gab es ein unterirdisches Gängesystem, um den reibungslosen und störungsfreien Versorgungsbetrieb zu garantieren.
Der Haupteingang der Villa lag im Norden. Er war über eine Seitenstraße der Via Tiburtina, die durch das Tempel-Tal verläuft, zugänglich. Das Tempel-Tal

erhielt seinen Namen wegen der Ähnlichkeit zu einer Stelle in Thessalien. Diesem Tal zugewandt liegt das Hospitalia, in dem wahrscheinlich die Prätorianergarde Hadrians untergebracht war. An das Hospitalia schließen sich der Hof der Bibliotheken, die lateinische und griechische Bibliothek an, die zu den ältesten Gebäuden des Gesamtkomplexes gehören. Vom Hof der Bibliotheken gelangt man in das Teatro marittimo, einen Rundbau mit einer ionischen Portikus auf der Innenseite, einem Wassergraben und einer Villa, in die man über zwei kleine schwenkbare Brücken gelangen konnte. Angrenzend an diese Villa befanden sich eine Quelle und ein Badekomplex. Es heißt, der Kaiser habe sich auf diese kleine Insel zurückgezogen, um Ruhe und Erholung zu finden.

Als Vorbild für dieses Gebäude diente sehr wahrscheinlich das Haus der Flavier auf dem Palatin oder der noch ältere Palast Dionysos' des Älteren von Syrakus. Ursprünglich war die Hadriansvilla als Staatsgebäude geplant gewesen, mit allen notwendigen Räumen, die ein Palast brauchte. Der luxuriöse Komplex war so angelegt, dass Hadrian alle Staatsgeschäfte von dort aus leiten konnte, fernab des geschäftigen Treibens des Gerichtshofes und der Kontrolle des Senats in Rom, was ihm ein höchstes Maß an Privatsphäre ermöglichte. Hier konnte Hadrian seine architektonischen Ideen verwirklichen,

117 unten *Auf diesem Foto ist ein Ausschnitt der runden Portikus' des Teatro marittimo zu sehen, das diesen Namen im 19. Jahrhundert von Archäologen erhielt. Laut Henri Stierlins Theorie stellt der Bau in der Mitte die Erde, der umlaufende Wassergraben den Ozean dar. Im Triclinium in der Mitte des Baus soll sich die hölzerne Kuppel des Planetariums befunden haben. Hadrian studierte mitunter Astronomie und Meteorologie, übte sich in der Weissagung und fertigte Horoskope an.*

teils klassischen Idealen nachstreben, teils mit neuen Formen und baulichen Methoden experimentieren. Berühmt ist die Hadriansvilla vor allem wegen ihrer Rundbauten und kühnen Kuppeln – halbrund, unterbrochen und spitzbogig –, in denen mit Lichteffekten und optischen Effekten gespielt wurde. Der Hauptteil der Villa liegt jenseits des Teatro marittimo. Dort befinden sich der Hof der Bibliotheken, der Palast, das Nymphäum, der „Saal der Dorischen Pfeiler", die Kaserne der Wache und die Piazza d'Oro, die von einem großen Peristyl und einer Doppelportikus umgeben ist.

Der „Saal der Dorischen Pfeiler" mit angrenzender Basilika führt in den Thronsaal, der eine Art Versammlungsraum für feierliche und offizielle Besprechungen war. An der Nordseite der Piazza d'Oro, befindet sich ein achteckiges Vestibül, über dem sich eine gegliederte Kuppel erhebt. Südlich davon steht ein halbrundes Nymphäum, wohlmöglich als ein Aufenthaltsraum während des Sommers genutzt.

Westlich des Teatro marittimo liegt die kurze Seite des Poikile, eine rechtwinklige Anlage, deren kurze Seiten geschwungen sind. Der Bau ist eine Nachbildung der Athener Portikus, Stoa Poikile, ein überdachter Säulengang. Im Osten des Poikile befinden sich das Stadion, die Bankethalle (Triclinium) für offizielle Anlässe, die Großen und Kleinen Thermen, das Vestibül und schließlich der Kanopus.

Dieses Bauwerk gehört zu den berühmtesten der Antike; es liegt in ein enges Tal eingebettet und besteht aus einem schmalen Kanal. Die konvex gekrümmte kurze Seite ziert eine Kolonnade. Auch die Längsseiten des Beckens werden von Kolonnaden flankiert. Zur weiteren Ausschmückung stellte man Kopien von berühmten griechischen Statuen auf. Im Süden wird der Kanopus durch ein halbrundes Serapeion abgeschlossen. Ein gewaltiger S-förmiger Diwan veranschaulicht, dass es sich bei dieser Anlage um ein imposantes Sommer-Triclinium gehandelt haben muss.

Im Kanopus sind zahlreiche Statuen gefunden worden wie z. B. die des Caryatid, des Erechteos und des Antinoos. Dieser war ein von Hadrian besonders geschätzter Freund, der während einer Reise mit dem Kaiser im ägyptischen Kanopus ertrank und Hadrian damit in eine tiefe Depression stürzte.

Im ganzen Villenkomplex wurden zahlreiche Kopien berühmter Statuen wie z.B. die der Venus von Kidnos von Praxiteles ausgegraben, die die Kunst- und Sammelleidenschaft Hadrians dokumentieren. Während der Renaissance wurde die Villa zu einem bevorzugten Ziel von Wissenschaftlern und Sammlern antiker Gegenstände, da sie leicht zu erreichen und wertvolle Funde darin gemacht worden waren. Damals gründete sich der Ruhm der Hadriansvilla nur auf die in ganz Europa zusammengetragenen künstlerischen Erzeugnisse. Diesem Kunstraub machte die italienische Regierung 1873 ein Ende, indem sie erste Ausgrabungen in Auftrag gab. Heute wird die Hadriansvilla von vielen Touristen besucht, sie ist Ziel zahlreicher Forschungsarbeiten und immer noch nicht restlos freigelegt.

118 oben *Am Becken des zentralen Stückes des Kanopus führte eine elegante Kolonnade entlang, in der viele Kopien berühmter griechischer Statuen standen.*

118 unten *Verschiedene, besonders schöne Statuen von Antinoos, dem Liebling Hadrians, der während einer Ägyptenreise mit dem Kaiser im Nil ertrank, wurden im Kanopus gefunden.*

119 *Hadrians architektonische Fähigkeiten treten im Kanopus klar hervor. Der Kanopus liegt in einem künstlichen Tal südlich des Wohntraktes. Der Kaiser ließ mit dieser Anlage das Serapeion und den Kanopus, den ehemaligen westlichen Nilarm bei Alexandria nachbauen. Im Vordergrund ist die Halbkuppel des Serapeions gut zu erkennen.*

AFRIKA
Einleitung

Die Sahara teilt den Norden Afrikas wie ein großes Meer und sollte nur mit guter Ausrüstung und Ortskenntnissen durchquert werden. Auch heute noch ist die Reise durch die endlosen Sanddünen ein Abenteuer. In der Vergangenheit bedeutete die Entstehung der Wüste die Trennung der an der Mittelmeerküste lebenden Menschen von denen im Inneren des Kontinents. Infolgedessen entwickelten sich Lebensweisen und Kultur der Mittelmeerbevölkerung und der Schwarzafrikaner im Lauf der Zeit immer weiter auseinander. Nur im Osten gab es durch den Nil noch einen Berührungspunkt.
Hunderte von Kilometern fließt der Nil zwischen den Felsen der Hochebene der Sahara und lässt einen grünen Gürtel vom Viktoriasee bis zum Mittelmeer entstehen. Die jährlichen Überschwemmungen des Nil schufen gute Lebensbedingungen für die Bevölkerung, sodass eine der bedeutendsten Hochkulturen der Antike entstand. Vor 6000 bis 7000 Jahren wanderten viele Menschen vom Südrand der Sahara in das fruchbare Land entlang des Nil. Im Lauf der Zeit gelangten sie immer weiter flussaufwärts und veränderten langsam ihren Lebensstil: So entwickelten sich Halbnomaden, die sich vom Fischfang, Jagd, Früchten und Gemüse ernährten, allmählich zu Siedlern, die von Ackerbau und Viehzucht lebten. Der aufkommende Handel mit Mesopotamien bewirkte eine schnelle technische und kulturelle Weiterentwicklung.
Zwischen der Mitte und dem Ende des 4. Jahrtausends v. Chr. lebten die Menschen zwischen dem 1. Katarakt und dem Mittelmeer in einem Staat zusammen. Von Anfang an entwickelte die ägyptische Bevölkerung Charakteristika, die sie während ihrer 5000jährigen Geschichte beibehalten sollte.
Die Ägypter bauten die ersten Städte auf dem afrikanischen Kontinent. Die Gründung der ersten Hauptstadt des vereinigten Ägypten, Memphis, war ein äußerst bedeutendes Ereignis. Diese Gründung wird dem Herrscher Menes zugeschrieben, der sich als Erster in den Status einer Gottheit erheben ließ.
Aufgrund seines Status als erste Hauptstadt behielt Memphis eine herausragende Rolle während der gesamten Zeit der Pharaonen.
Die Wüste in der Nähe der Stadt wurde als Gebiet für die Gräber der Herrscher auserwählt. In einem 60 km langen Gebiet wurden an verschiedenen Stellen die Urtypen der Gräberkomplexe errichtet.
Mit der Gründung des Königreiches erhielten die Gräber die spektakuläre Form, die sich zu einem Wahrzeichen der ägyptischen Kultur entwickelte.
Heute hat sich das überbevölkerte und unter Wohnungsmangel leidende Kairo fast bis an die Hochebene hin ausgedehnt, auf der die Pyramiden von Cheops, Chephren und Mykerinos stehen. Giseh ist heute nicht nur eine historisch bedeutende Stätte, sondern auch ein dicht besiedelter Stadtteil der Hauptstadt des modernen Ägypten. Die Straße, die zu den archäologischen Ausgrabungsstätten führt, ist flankiert von Bars und Restaurants, in denen sich das Nachtleben dieser voller Gegensätze steckenden Metropole abspielt.
Die Pyramiden von Giseh sollte man während einer Ägyptenreise unbedingt besuchen. Die imposanten Bauten stellen die gesamte Umgebung in den Schatten.
Jahrhundertelang war Memphis die Hauptstadt Ägyptens. Diese wichtige Stellung nahm später Theben, das heutige Luxor, ein. Aus dieser Stadt kamen die Herrscher der XI. Dynastie (2140–1991 v. Chr.), die Ägypten noch einmal, nach einer Periode der territorialen Teilung und vielen Schwierigkeiten mit angrenzenden Kleinstaaten, vereinen konnten. Auch der Gräberkomplex, den Mentuhotep II. am Fuß des natürlichen Amphitheaters von Dêr el-bahri anlegen ließ, ist zeitlich in den Beginn dieser Periode einzuordnen. Die Relikte des Amuntempels in Karnak stammen in etwa auch aus der gleichen Zeit. Nachdem die Dynastie aus Theben den ägyptischen Thron innehatte, verbreitete sich der Amunkult im ganzen Land. Dies führte dazu, dass

120–121 *Der Felsentempel von Abu Simbel gehört neben den Pyramiden zu den bedeutendsten Bauwerken des, Alten Ägypten. Der Bau dieser Anlage war ein persönlicher Triumph für Ramses II., den mächtigsten aller Pharaonen. Die Tempelanlage wurde um 1260 v. Chr. aus dem Sandstein gehauen.*

120 unten *Dieser Kopf einer Medusa wurde auf dem Forum des Septimius Severus in Oleptis Magna gefunden.*

120 oben *Die Kartusche auf dem der Name Nofretiri geschrieben steht, begegnet einem mehrere Male im Ramesseum.*

der Tempel in Karnak im Lauf der Zeit immer mehr wuchs, da jeder neue Herrscher meinte, den Bau seines Vorgängers erweitern zu müssen. Karnak wurde durch diese Anbauten zu einer gewaltigen Anlage, aber auch zu einem Unikum.
Geht man heute durch die Tempelanlage, schreitet man gleichsam Schritt für Schritt rückwärts bis zum Baubeginn. Vom ptolemäischen Pylon gelangt man in das Gebäude von Thutmosis III. durch 300 m lange Hallen, in denen Säulen, Obelisken, Statuen und bemalte und mit Inschriften versehene Wände, Zeugnis über 1500 Jahre der menschlichen Entwicklung ablegen.
Theben konnte sich im Neuen Reich, in dem die Pharaonen äußerst mächtig waren, zu voller Blüte entfalten. Es war Hauptstadt über ein weitläufiges Gebiet, und die mächtigen Herrscher der XIII. Dynastie ließen in dieser Phase viele Monumente errichten. Der Berg, der über dem Tal von Luxor liegt, wurde als Nekropole für die Pharaonen auserwählt. Die Gräber wurden aus dem Fels der Schlucht gehauen. Hier wurde im Jahr 1922 das vollkommen intakte Grab des Tutanchamun und in diesem einer der größten Schätze gefunden, die jemals entdeckt wurden.
In Theben-Ost liegt der Tempel von Luxor, der einst durch eine 4 km lange Sphingenallee mit Karnak verbunden war. Den größten Umfang erhielt dieses Gebäude unter Ramses II., der sich seine Schlacht gegen die Hethiter bei Kadesch auf die Außenmauer des 1. Pylonen malen ließ.
Die gleichen Szenen sind am großen Tempel von Abu Simbel zu finden, der 500 km südlich von Luxor aus dem Fels gehauen wurde. Dort, fern von Ägyptens Zentrum, zelebrierte Ramses II. seine Größe und erhob sich noch zu Lebzeiten in den Stand einer Gottheit. Seinen Ruhm und seine Bedeutung hob er durch Symbole und Sinnbilder hervor, die, je weiter man in das Tempelinnere vordringt, immer eindeutiger werden.

Den kleineren Felsentempel hatte er seiner Frau Nofretiri gewidmet, in dem die Botschaft von der Größe und Gottgleichheit Ramses II. abermals betont wird.
Abu Simbel liegt in Nubien, dessen nördlichste Ecke an die Stadt Assuân angrenzt.
Nur unweit von hier ging die Zeit der Pharaonen zu Ende.
Der Isistempel, der früher auf der Insel Philae stand, befindet sich heute auf der Insel Agílkia. Dorthin wurde er umgesetzt, um ihn vor der Überflutung durch den Nassersee zu schützen. Der Tempel ist eine der bedeutendsten Kultstätten des Neuen Reiches. An seinen Wänden findet man Inschriften, die die Ergebenheit vieler ägyptischer, griechischer, römischer und meroitischer Pilger gegenüber der Isis, Gattin des Osiris, zum Ausdruck bringen. Diese Inschriften sind die jüngsten Hieroglyphen, die jemals gefunden wurden.
Obwohl auf dem afrikanischen Kontinent die archäologisch interessantesten Monumente vor allem in Ägypten zu finden sind, gibt es auch an anderen Stellen historisch wertvolle Zeugnisse, die auf eine ruhmreiche Vergangenheit schließen lassen. An der Nordküste Afrikas hat es ebenfalls eine Hochkultur gegeben, die sich im 1. Jahrtausend v. Chr. zu entwickeln begann und im 5. Jahrhundert n. Chr. in voller Blüte stand, als Afrika römische Provinz geworden war. Es entstanden einige kulturelle Zentren, die berühmte Persönlichkeiten (wie z.B. Kaiser Septimius Severus) hervorbrachten, und einen Beitrag zur Weiterentwicklung der römischen Zivilisation leisteten. Leptis Magna ist eines dieser Zentren, das unter der Herrschaft der Römer einen beeindruckenden Aufstieg erlebte.

Francesco Tiradritti

121 *Der Sphinx, Symbol der ägyptischen Kultur, erhebt sich aus der Wüste östlich der Chephrenpyramide in Giseh. Das gewaltige Monument – mit Löwenkörper und Pharaonenkopf – wurde aus einem Kalksteinfelsen geschlagen und ist ca. 60 m lang. Seit Tausenden von Jahren blickt das nachdenkliche Gesicht der aufgehenden Sonne entgegen.*

124–125 *Das Theater von Sabratha wurde Ende des zweiten Jahrhunderts n. Chr. erbaut.*

126–127 *Hier sieht man die eindrucksvolle Silhouette des Theaters von El-Djem in Tunesien.*

CHRONOLOGIE

VORZEIT
(6000–2900 v. Chr.)

FRÜHZEIT
(2900–2660 v. Chr.)

I. Dynastie
(2900–2760 v. Chr.)

II. Dynastie
(2770–2660 v. Chr.)

ALTES REICH
(2660–2160 v. Chr.)

III. Dynastie
(2660–2590 v. Chr.)
Herrscher: Djoser, Sechemchet

IV. Dynastie
(2590–2470 v. Chr.)
Herrscher: Snofru, Cheops, Chephrên, Mykerinos

V. Dynastie
(2470–2320 v. Chr.)
Herrscher: Userkaf, Sahurê, Neferirkarê, Ne-user-Rê, Unas

VI. Dynastie
(2320–2160 v. Chr.)
Herrscher: Teti, Pepi I., Merenrê, Pepi II.

ERSTE ZWISCHENZEIT
(2160–2040 v. Chr.)
VII.–X. Dynastie

MITTLERES REICH
(2040–1785 v. Chr.)

XI. Dynastie
(2040–1951 v. Chr.)

XII. Dynastie
(1991–1785 v. Chr.)
Herrscher: Amenemhêt I., Sesostris I., Amenemhêt II., Sesostris II., Sesostris III., Amenemhêt III.

ZWEITE ZWISCHENZEIT
(Hyksos–Zeit)
(1785–1552 v. Chr.)
XIII.-XVII. Dynastie
Herrscher: Sekenenrê, Kamose, Ahmose

NEUES REICH
(1552–1070 v. Chr.)

XVIII. Dynastie
(1552–1306 v. Chr.)
Herrscher: Ahmose, Thutmosis I., Thutmosis II., Thutmosis III., Hatschepsut, Amenophis II., Thutmosis IV., Amenophis III., Amenophis IV. (Echnaton) Eje, Tutanchamun, Haremhab

XIX. Dynastie :
(1306–1186 v. Chr.)
Herrscher: Ramses I., Sethos I., Ramses II., Merenptah

XX. Dynastie
(1186–1070 v. Chr.)
Herrscher: Sethnacht Ramses III., Ramses IV.

DRITTE ZWISCHENZEIT
(1070–712 v. Chr.)

XXI. Dynastie
(1070–945 v. Chr.)

XXII./XXIII. Dynastie
(945–724 v. Chr.)
Herrscher: Smendes, Psusennes I., Psusennes II., Scheschonk I.

XXIV. Dynastie
(724–712 v. Chr.)
Herrscher: Bocchoris, Tefnacht

SPÄTZEIT
(712–332 v. Chr.)

XXV. Dynastie
(712–664/56 v. Chr.)
Herrscher: Pianchi, Schabaka, Taharka

XXVI. Dynastie
(664–525 v. Chr.)
Herrscher: Psammetich I.-III., Necho, Apries, Amasis

XXVII. Dynastie der Perser
(525–404 v. Chr.)
Herrscher: Kambyses, Dareios, Xerxes, Artaxerxes

XXVIII.-XXX. Dynastie
(404–343 v. Chr.)
Herrscher: Nektanebos I., Nektanebos II.

XXXI. Dynastie der Perser
(343–332 v. Chr.)

GRIECHISCHE ZEIT
(332–30 v. Chr.)
Herrscher: Alexander der Große

Ptolemäer-Dynastie
(323–30 v. Chr.)
Philippos Arridaios, Alexander IV.

RÖMISCHE ZEIT
(30 v. Chr.–395 n. Chr.)
Ägypten wird Kronland des römischen Prinzipats
(30 v. Chr.)

Mauretanien wird römische Provinz
(40 n. Chr.)

Vespasian lässt sich in Alexandria zum Kaiser ausrufen
(69)

Septimius Severus wird in Leptis Magna, im heutigen Libyen, geboren
(146)

Ägypten wird unter Diokletian römische Provinz
(296)

Ägypten wird Teil des Byzantinischen Reiches
(395)

Ägypten wird von den Arabern besetzt
(640)

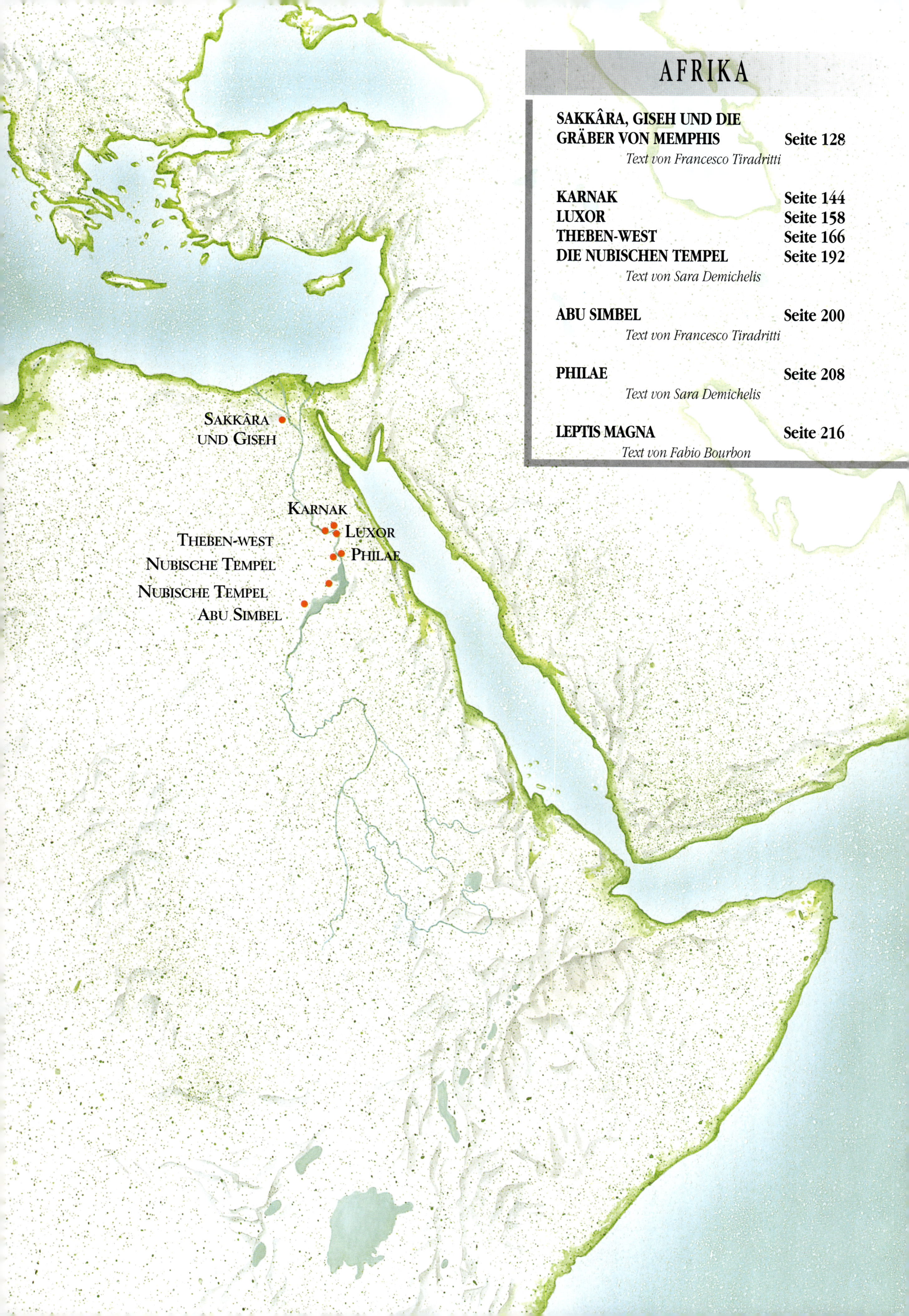
SAKKÂRA
UND GISEH
KARNAK
LUXOR
THEBEN-WEST
PHILAE
NUBISCHE TEMPEL
NUBISCHE TEMPEL
ABU SIMBEL

AFRIKA

SAKKÂRA, GISEH UND DIE GRÄBER VON MEMPHIS

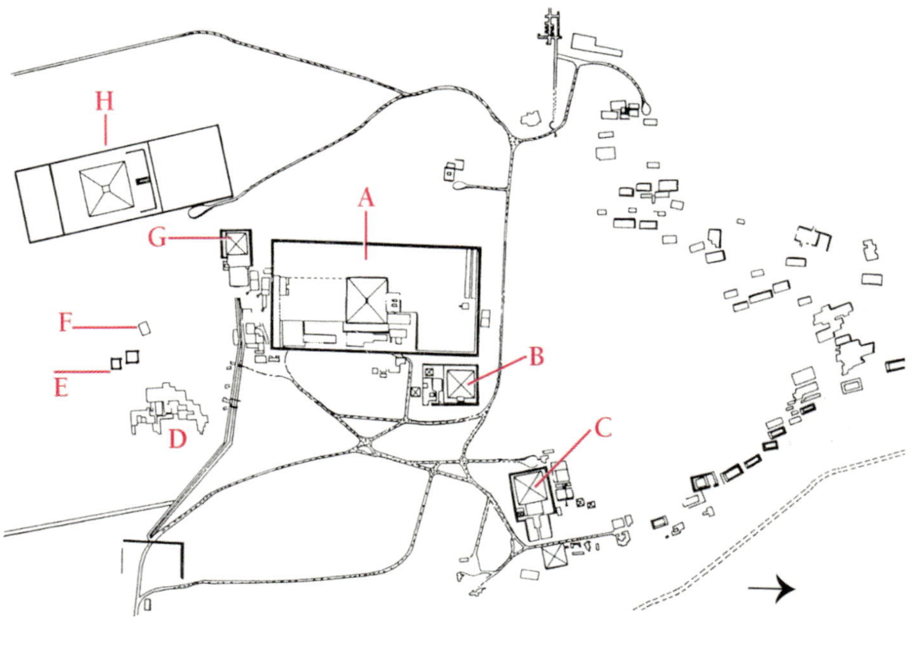

A Stufenpyramide des Djoser
B Pyramide des Userkaf
C Pyramide des Teti
D Jeremias-Kloster
E Grab des Haremhab
F Grab des Maya
G Pyramide des Unas
H Pyramide des Sechemchet

128 oben *Die Pyramide des Djoser in Sakkâra ist 62 m hoch. Sie ist das Ergebnis einer mehrfach erweiterten Mastaba, die über einem 28 m tiefen Grab errichtet wurde.*

128–129 *Die Stufenpyramde des Djoser, hier von Nordwesten betrachtet, beherrscht das Gräberfeld von Sakkâra. Sie ist ein Bestandteil des Grabbezirkes des Djoser, der sich über eine Fläche von 15 ha erstreckt.*

129 oben *Die „Knickpyramide" ist das herausragendste Bauwerk im archäologischen Gebiet von Dahschûr, das 10 km südlich von Sakkâra liegt. Das Monument wurde um 2570 v. Chr. unter Pharao Snofru errichtet und war als einfache Pyramide gedacht. Die ungewöhnliche Veränderung des Winkels wurde wahrscheinlich wegen statischer Probleme notwendig.*

129 Mitte und 130–131 *Die Rote Pyramide oder Nördliche Steinpyramide des Snofru hat diesen Namen wegen ihrer Kalksteinfärbung erhalten. Nur die Knickpyramide ist älter als diese. Die Rote Pyramide gilt als erste eigentliche Pyramide in Ägypten und Vorbild für die nach ihr erbauten. Sie ist kleiner als die anderen Pyramiden, hat nur eine Höhe von 101 m und misst an der Basis 213* m^2.

129 unten *Die Nekropole von Abusir liegt nördlich von Sakkâra und entstand während der V. Dynastie (2470–2320 v. Chr). In diesem Komplex befinden sich nicht nur Privatgräber, sondern auch Reste des Sonnentempels des Userkaf, die Pyramiden des Sahurê, des Ne-user-Rê und des Neferrkarrê.*

Die Gründung von Memphis, der ältesten Hauptstadt des Pharaonenreiches, wird jenem legendären Menes zugeschrieben, von dem man annimmt, er habe das ganze Land in einem Königreich vereint.
Der nubische Herrscher Pianchi (740–713 v. Chr.), der den Nil aufwärts bis zum 4. Katarakt gesegelt war, hielt seinen Eroberungszug für beendet, als er den Tempel des Ptah, Schutzpatron von Memphis, betrat. Mit diesem Akt glaubte Pianchi in das Innerste Ägyptens vorgedrungen zu sein –, dass die Nachfolger von Menes weiter nördlich von Memphis regierten, war für den nubischen König von untergeordneter Bedeutung.
Heute ist leider nur noch wenig aus der ruhmreichen Zeit von Memphis erhalten. Unter den Palmenwäldern von Mitrahîna, etwa 2 km von Sakkâra entfernt, liegen die Reste einer gewaltigen Tempelanlage unter Bergen von Geröll. Sie sind nur noch schwer zu identifizieren, da sie im Lauf der Jahrhunderte wiederholt in sich zusammengesackt sind und viele der Steine, die einst zum Bau der Tempelanlage verwendet worden waren, später in islamische und mameluckische Gebäude in Kairo eingebaut wurden.
Memphis war eine prächtige Stadt, was die Beschreibungen auf den Papyrussäulen (14.–13. Jahrhundert v. Chr.) belegen: „Nichts kann mit Memphis verglichen werden (...) Seine Kornkammern sind berstend voll mit Weizen und Gerste, seine Seen sind voller Blumen und Lotusblüten; das Öl ist süß und Fett ist im Überfluss vorhanden (...)."
Zeugnis von der immensen Bedeutung der Pharaonen in Memphis legen deren Gräber ab, die sich in einem mehr als 40 km langen Wüstenstreifen westlich des Nil befinden: von Abu Roâsch, nördlich von Giseh, bis nach Dahschûr, 10 km südlich von Sakkâra.
Die Herrscher der II. Dynastie waren die Ersten, die die Wüste westlich von Sakkâra als königliche Grabstätte auswählten. Nur noch wenige Relikte dieser Gräber sind erhalten. Es waren weitläufige Anlagen mit einer Mastaba im Zentrum, die heute nur schwer unter dem Wüstensand zu erkennen ist. Früher diente dieses Gebiet als Friedhof für die Funktionäre, die während der I. Dynastie dort lebten, als der erste Pharaonenstaat sich entwickelte und die Hauptverwaltung dieses Staates in Memphis angesiedelt wurde.
Die Gräber dieser Verwalter waren den Gräbern der Herrscher an Größe ebenbürtig oder übertrafen diese noch. Damals wurden die Herrscher jedoch noch in Abydos in Oberägypten begraben, dem Gebiet, aus dem die ersten Pharaonen stammten.
Der aus der III. Dynastie stammende Djoser (um 2609–2590 v. Chr.) ließ sein Grab in Sakkâra auf einem früheren königlichen Grab errichten. Der von dem Architekten Imhotep gestaltete Grabkomplex war revolutionär für die damalige Zeit. Zentrum der Anlage ist die so genannte „Stufenpyramide", um die herum ein Gebäudekomplex angelegt wurde, der als Hintergrund für große Feiern des Herrschers gedacht war. Diese Stufenpyramide war der erste Monumentalbau, der aus Stein errichtet wurde. Ab diesem Zeitpunkt kam man von der Verwendung von Schilf, Holz und Nilschlammziegel als Baumaterialien ab. Aber auch die steinerne Architektur griff auf die ursprünglichen Modelle zurück. Die Säulen z.B. stellen Papyrusbündel dar und sind durch Zwischenmauern miteinander verbunden. Auf dem oberen Teil der Außenwände sind außerdem Dekorationselemente zu finden, die an im Schlamm steckende Schilfpalisaden erinnern.
Die ursprüngliche Konzeption der Anlage wurde mehrfach verändert. Kernstück der Stufenpyramide ist eine Mastaba. Die ursprüngliche Mastaba wurde drei Mal vergrößert und erweitert und anschließend mit einem fünf Mal abgestuften Mauerwerk verkleidet. Südlich des Grabes liegt ein großer Hof, in dem Feiern zu Ehren des Herrschers abgehalten wurden. Djosers Grab gab den Anstoß dazu, dass die Pyramide im Lauf der Zeit zur Grabform der Pharaonen wurde.
Der nächste entscheidende Entwicklungsschritt vollzog sich unter Snofru (um 2590–2551 v. Chr.), der drei Pyramiden erbauen ließ. Die erste wurde südlich von Memphis im Gebiet von Medûm errichtet.
Die anderen beiden, die „Knickpyramide" und die „Rote Pyramide" stehen in Dahschûr, 25 km südlich von Kairo. Die Rote Pyramide diente später als Vorbild für die Cheopspyramide, die der Sohn und Nachfolger des Snofru in Giseh errichten ließ.
Unter Cheops (um 2551–2528 v. Chr.) wurden die königlichen Gräber weiter in den Norden nach Giseh und Abu Roâsch verlegt. Erst die Herrscher der V. Dynastie wählten Sakkâra wieder als Grabstätte. Während ihrer Regierungszeit wurde der unter Chephren aufgekommene Sonnenkult zur Staatsreligion. Das Interesse von Userkaf

(um 2465–2458 v. Chr.) und seinen Nachfolgern bestand jedoch in erster Linie darin, dem Sonnengott geweihte Tempel zu errichten, die man auch heute noch in Abu Gurôb, zwischen Giseh und Sakkâra, bewundern kann.
Die Wahl dieses Ortes als letzte Ruhestätte verdeutlicht, dass die Herrscher damit auch die Wegentwicklung von alten Traditionen symbolisieren wollten. Die Reste der Pyramide des Userkaf liegen nicht weit vom Grabkomplex des Djoser entfernt. Die aufwendige Anlage wurde vollkommen aus Kalkstein erbaut. Geht man weiter, kommt man an die steinerne Grabkammer, über die ein Hügel aus Geröll aufgeschüttet und mit Kalksteinplatten abgedeckt worden war. Damit erhielt das Grabmonumentalen Charakter, jedoch gelang dies mit einem erheblich reduzierten Aufwand an Ausgaben und Arbeit.

Userkafs Nachfolger wollten sich in Abusîr, nördlich von Sakkâra, begraben lassen. Unter den Resten der mit den Verehrungstempeln verbundenen Steingebäude wurden zahlreiche Papyrusdokumente gefunden, die Einblick in die Verwaltung dieser Zeit gewähren.
Unas, letzter Herrscher der V. Dynastie, wählte ebenfalls Sakkâra als letzte Ruhestätte. Von seiner Pyramide ist lediglich ein Steinhaufen übrig, aber die Wände seiner Grabkammer sind noch erhalten und auf ihnen die ersten so genannten „Pyramidentexte“. Diese Sammlung von Texten sollte dem toten Pharao eine Hilfe für das Leben im Jenseits sein: Die Bandbreite reicht von Hymnen auf die Götter bis hin zu Zauberformeln.
In Sakkâra befinden sich auch die Gräber der Verwalter, die meisten aus der III.–VI. Dynastie. Diese sind in mehrere Räume aufgeteilt, und die Wände sind mit Szenen aus dem alltäglichen Leben bemalt. Die Malereien zeugen nicht nur von einem sehr hohen künstlerischen Standard, sondern zeigen sehr genau, wie der Alltag im alten Ägypten ausgesehen hat, welche Bräuche die Ägypter hatten, aber stellen auch lustige Begebenheiten dar. Unter diesem Gesichtspunkt ist vor allem das Grab des Ti sehenswert. Die Gräber des Mereruka und des Kagemni sind nicht so originell und brillant bemalt, dafür jedoch ist der Alltag dieser hohen Beamten bis ins Detail beschrieben. Zu dieser Zeit diente Sakkâra als Nekropole, da Memphis nicht mehr ganz Ägypten beherrschte. Viele Gräber von hohen Beamten aus der Zeit des Neuen Reiches weisen darauf hin, dass diese Persönlichkeiten unter Echnaton oder Tutanchamun gelebt haben. Besonders reich ausgestattet ist das Grab des Haremhab (1333–1306 v. Chr.), der oberster Heerführer unter den Königen Tutanchamun und Eje war und nach Ejes Tod selbst Pharao wurde. Während der Regierungszeit von Ramses II. (1290–1224 v. Chr.) wurden auf Anordnung des Prinzen und Hohenpriesters Cha-em-wêset die Gräber

der Apisstiere von Memphis nördlich des Grabkomplexes des Djosers verlegt. Der Stierkult wurde seit ältester Zeit in Memphis praktiziert. Dies belegt z.B. der Grabschatz von Hemaka, einem hohen Beamten, der unter Djer, einem Herrscher aus der I. Dynastie gelebt hat. In dieser Zeit galt der Stier als Symbol für die Macht der Natur. Man glaubte, der Stier sei der zur Erde gekommene Gott Ptah. Man sprach Apis heilende Wirkung und Fruchtbarkeit zu; aus diesem Grund erfreute sich dieser Kult in der Spätzeit großer Popularität. Starb ein Apisstier, wurde er mit denselben Ehren wie ein Pharao bestattet. Er wurde mumifiziert und in einem reich verzierten und mit einem Schatz ausgestatteten Sarkophag beigesetzt. Für die Stiere wurde eine große Galerie angelegt. Während der griechisch-römischen Zeit erhielt diese den Namen „Serapeum“. Viele Reisende, die damals das Niltal besuchten, erwähnten dieses Heiligtum in ihren Berichten.
Einer dieser Berichte stammte von Strabo, der den französischen Archäologen Mariette auf die Spur des Serapeums brachte, das dieser 1851 freilegte. Mit diesem Fund begann die systematische und wissenschaftliche Freilegung der Gräber von Memphis.

132 oben links *In der Westwand des Grabes des Iru-ka-Ptah in Sakkâra sind acht bunte Statuen aufgestellt. Sie stellen die Verwandten des Toten dar.*

132 unten links *In der Mastaba des Mereruka in Sakkâra steht in einer Nische die lebensgroße Statue des Toten. Neben der Nische befinden sich noch zwei weitere Bilder des Mereruka.*

132 oben rechts *In der Mastaba des Ptahotep befinden sich brillante, vielfarbige Flachreliefs. Rechts im Vordergrund ist der sitzende Ptahotep zu sehen, während er an einer parfümierten Salbe in einem Steingefäß riecht.*

132 unten rechts *Auf diesem Flachrelief, das in der Nekropole von Sakkâra gefunden wurde, ist ein Kriegswagen abgebildet.*

133 *In der Pyramide des Unas, des letzten Herrschers der V. Dynastie, hat man an den Wänden der inneren Kammern erste Hieroglyphen, die so genannten „Pyramidentexte“, gefunden.*

134–135 *Durch dieses Basrelief, auf dem er Geschenke von einer Reihe von Trägern erhält, wurde Ptah-Hotep unsterblich.*

A Taltempel
B Sphinxtempel
C Sphinx
D Ostfriedhof
E Pyramiden der Königinnen
F Sonnenschiff
G Cheopspyramide
H Westfriedhof
I Zweites Sonnenschiff (noch nicht ausgegraben)
J Kulttempel
K Chephrenpyramide
L Verehrungstempel
M Mykerinospyramide
N Pyramiden der Königinnen
O Aufweg
P Museum des Sonnenschiffes

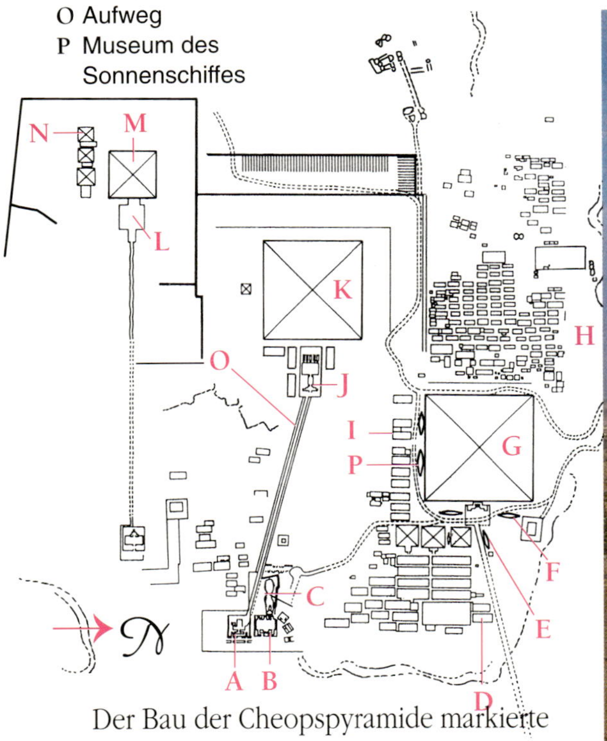

Der Bau der Cheopspyramide markierte den Beginn des Baus von Königsgräbern nördlich von Memphis auf dem Plateau von Giseh. Das Grabmal des Nachfolgers von Snofru war eines der sieben Weltwunder der Antike und mit einer Höhe von fast 137 m (ursprünglich fast 147 m) ist es eines der faszinierendsten Bauwerke in der Geschichte der Menschheit. Man glaubte, dass die architektonische Leistung dieses Monuments nicht mehr übertroffen werden würde. Tatsächlich war die Cheopspyramide jedoch nur eine wichtige Stufe in der Entwicklung der ägyptischen Grabbauweise. Die Herrschenden ließen sich ab diesem Zeitpunkt in Pyramiden bestatten; die Pyramiden der Nachfolger hatten jedoch weniger gigantische Ausmaße.
Die Cheopspyramide übte auf alle Menschen eine ungeheure Faszination aus, und so ranken sich viele Legenden, unter anderem auch Herodots brillante Beschreibungen, um dieses Bauwerk.
Die Pyramide, eines der Symbole für Ägypten, lässt viel Spielraum für Interpretationen. Sie ist ein Zeichen in der Wüste, eine auffällige Erinnerung an den verstorbenen Herrscher. Sie hat eine perfekte geometrische Gestalt und bildet

136 oben links *Diese Elfenbeinstatue wurde in Abydos gefunden (heute Ägyptisches Museum, Kairo). Es ist die einzige Abbildung von Cheops, der sich die größte Pyramide erbauen ließ. Er regierte um 2551-2528 v. Chr.*

136 oben rechts *Der 57 m lange und 20 m hohe Sphinx wurde unter Chephren (um 2520–2494 v. Chr.) geschaffen. Der Kopf ist der eines Mannes und steht als Symbol für den Sonnengott und den vergöttlichten Pharao.*

136–137 *Etwa 15 km von Kairos Zentrum entfernt liegen auf einer Hochebene die drei Pyramiden Cheops, Chephren und Mykerinos von Nord nach Süd der Größe nach aufgereiht.*

damit einen beeindruckenden Kontrast zu der nicht geordneten Umgebung. Auch nach seinem Tod behielt der Herrscher die Rolle, die göttliche Ordnung (den Kosmos) auf Erden zu erhalten und gegen das Chaos zu verteidigen.
Diese Lehre ist entscheidend für das Verständnis der Pharaonen und der ägyptischen Bevölkerung und erklärt, weshalb die Pyramidenform für den Bau eines königlichen Grabes gewählt wurde. Die Pyramide erinnert an einen Berg, und zwar an den ersten Hügel, der aus dem Urozean auftauchte, von dem aus die Entwicklung allen Lebens ihren Anfang nahm. Sie kann auch als „Verstofflichung" von Sonnenstrahlen verstanden werden, die auf die Erde gekommen sind, um diese in ihrem Licht zu baden.
Um die Cheopspyramide durften die hohen Beamten, die unter dem Pharao gedient hatten, auch ihre Gräber errichten lassen. In einem Zeitalter, in dem nur die Herrscher das Vorrecht auf ein ewiges Leben besaßen, war die räumliche Nähe zu diesen Auserwählten die einzige Hoffnung auf ein Leben im Jenseits. Cheops wünschte, dass auch der Leichnam seiner Mutter Hetepheres, Gattin des Snofru, neben ihm im Sand von Dahschûr begraben werde. Ihr Grab wurde im Osten der Großen Pyramide entdeckt und obwohl ihr Körper nicht gefunden wurde, war es möglich einen Teil ihres Grabschatzes wiederzubeschaffen: Die Möbel sind mit Blattgold belegt, und die Vasen, die für ihre Toilette gedacht waren, sind ebenfalls aus Gold, wohingegen zwei Armreife aus Silber bestehen. Diese Gegenstände

137 oben *Das Haupt des Sphinx ist mehr als 4 m breit; auch heute noch sind Spuren von Farbe darauf zu erkennen.*

137 Mitte *Blick in einen der Gänge im Inneren der Cheopspyramide.*

137 unten *In einer Grube auf der Südseite der Cheopspyramide wurde 1954 ein zerlegtes, aber vollkommen intaktes Schiff gefunden. Es ist fast 43 m lang und etwas mehr als 5 m breit.*

138–139 *Im Vordergrund sieht man die Sphinx zwischen der Chefren- (links) und der Cheopspyramide (rechts).*

141 oben rechts *Auf dieser Luftaufnahme ist die Spitze der Chephrenpyramide zu sehen, auf der sich einst ein Pyramidion befand.*

141 unten rechts *Blick vom höchsten Punkt der Ausgrabungsstätte in Giseh: Der Schatten der Chephrenpyramide erstreckt sich bis zur dahinter liegenden Cheopspyramide.*

sowie ein Alabastersarkophag befinden sich heute im Ägyptischen Museum in Kairo.
Auf der Südseite der Cheopspyramide wurde ein Sonnenschiff aus libanesischer Zeder gefunden. Dieses Schiff war vollkommen zerlegt worden, sorgfältig in eine bootsförmige Mulde eingelassen und mit Kalksteinplatten abgedeckt. Die Nähe zur Pyramide verdeutlicht, dass dieses Schiff für die Reise des Verstorbenen im Jenseits gedacht war. Heute ist das Schiff wieder zusammengesetzt und restauriert und befindet sich in einem eigens dafür erbauten Museum am Fuß der Pyramide über dem Graben, in dem es gefunden wurde. Forschungen haben ergeben, dass noch ein weiterer Graben vorhanden ist, in dem sich ein zweites Schiff befindet. Man hat sich jedoch entschieden, dieses nicht freizulegen.

140–141 links *Diese beeindruckende Dioritstatue von Chephren wurde 1860 von dem französischen Archäologen Auguste Mariette im Taltempel der Chephrenpyramide in Giseh gefunden. Chephren, Sohn und Nachfolger von Cheops, sitzt auf einem Thron. Er trägt den typischen Faltenrock,* shendit, *und hat seinen Kopf mit dem* nemes, *einem Kopftuch, bedeckt. Hinter ihm breitet ein Falke, das Symbol für den Gott Horus, schützend seine Flügel um den Kopf des Pharaos.*

141 Mitte *Die berühmte Mykerinostriade wurde im Taltempel der Mykerinospyramide in Giseh gefunden. Dargestellt ist der Pharao, flankiert von zwei Göttinnen: links die Göttin Hathor, Symbol der Fruchtbarkeit, der Liebe und des Rausches; rechts die Schutzgöttin des 17.* nomos *(Verwaltungsbezirk) von Oberägypten, zu erkennen an dem Attribut, das sie auf dem Kopf trägt.*

Die Pyramide des Chephren (2520–2494 v. Chr.) ist kleiner als die seines Vaters Cheops. Sie erscheint jedoch höher, weil sie auf einem höher gelegenen Plateau errichtet wurde. Auf der Spitze der Pyramide ist noch immer die weiße Kalksteinabdeckung zu sehen, die weiter unten abgetragen und für den Bau von anderen Gebäuden in Kairo verwendet wurde.
Die Grabanlage des Chephren ist in besserem Zustand als die des Cheops. Auf der Ostseite der Pyramide sind noch die Reste des Kulttempels zu sehen, in dem die Feierlichkeiten zu Ehren des verstorbenen Herrschers abgehalten wurden. Von hier aus gelangte man über einen gepflasterten Weg zum so genannten „Taltempel“, in dem der tote Pharao mumifiziert und gereinigt wurde. Der Taltempel besteht aus Granitblöcken, die mehrere Tonnen wiegen und deren rote Farbe einen herrlichen Kontrast zum weißen Alabasterboden bilden. Gewaltige Mauern, Pfeiler und Architraven stehen beherrschend in den leeren Hallen, ein

142 oben und 143 unten *Die Mastaba des hohen Beamten Meri-Rê-Nefer ist aufgrund einiger Statuen interessant, die den Verstorbenen und seine Familienmitglieder zeigen. Diese sind als Hochreliefs gearbeitet und stehen an der Südwand des ersten Raumes. Darüber hinaus befinden sich in diesem Raum auch einige wunderschöne Flachreliefs.*

142 unten *In der Mastaba des Idu auf dem Friedhof von Giseh wurden zahlreiche Hochreliefstatuen, die den Verstorbenen darstellen, gefunden. In der Scheintür an der Ostwand der großen Halle ist der Verstorbene abgebildet, der seine Hände für den Empfang des Opfers ausgestreckt hat.*

charakteristischer Bau der IV. Dynastie. Im Inneren des Taltempels wurden 23 wunderschöne Dioritfiguren des Chephren gefunden. Der Herrscher ist auf einem Thron sitzend mit einem Falken dargestellt, dem Symbol für den Gott Horus. Die Flügel des Greifvogels umfassen schützend den Kopf des Pharaos.
Neben dem Taltempel befand sich ein Kalksteinberg, von dem der Stein zum Bau der Cheopspyramide abgetragen wurde. Aus den Resten dieses Berges formten die Handwerker des Chephren den Sphinx: Ein phantastisches Lebewesen, das den Körper eines Löwen und den Kopf eines Mannes hat, eine personifizierte Darstellung der Macht des Herrschers. Später erhielt die kolossale Statue göttlichen Status und wurde als Rê-Harachte (die Morgensonne) identifiziert. Im Lauf der Jahrhunderte wurde der Sphinx vom Wüstensand begraben. Eine große Stele zwischen den Vorderpranken des Sphinx erzählt die Geschichte, dass Prinz Mencheperrê (später Pharao Thutmosis IV.) träumte, dass der Sphinx ihm die Königsherrschaft versprach, wenn er ihn vom Sand befreie. Die Mykerinospyramide ist kleiner als die ihrer Vorgänger (62 m Höhe). Im unteren Bereich war sie mit Syenitplatten, dem Granit aus der Gegend um Assuan, im oberen Bereich mit Kalksteinplatten verkleidet. Später, vor allem während der Regierungszeit der Ramessiden, wurde Granit noch einmal als Material für Skulpturen verwendet. Im Gräberkomplex des Mykerinos hat man bei Ausgrabungen zahlreiche Statuen des Herrschers gefunden, unter anderem auch jene berühmte Triade, die ihn zwischen der Göttin Hathor und der Schutzgöttin des 17. Verwaltungsbezirks Oberägyptens zeigt. Das schönste künstlerische Meisterwerk ist jedoch jene Skulptur, die Mykerinos mit seiner Frau zeigt: Sie hat den Arm um ihn gelegt, eine äußerst seltene Abbildung in der damaligen Zeit. Mit dem Ende des Alten Reiches und der Teilung Ägyptens verlor Memphis seine Vormachtstellung. Ab dieser Zeit wurde Giseh kaum noch als Grabstätte verwendet. Erst im 1. Jahrtausend v. Chr. wurde es wieder genutzt,

zu einer Zeit als die Pyramide der Gattin des Cheops als Grab der Isis angesehen wurde. Dieser Göttin wurde an der Ostseite der Pyramide ein Tempel erbaut.

142–143 *Die Mastaba der Gattin des Chephren, Meres-anch III., ist eines der schönsten Gräber in Giseh. Vor allem die im Grab gefundenen bunten Flachreliefs sind von außergewöhnlicher Qualität. Im dritten Raum des Grabes befinden sich zehn aus dem Fels geschnittene Statuen. Man nimmt an, dass es sich hierbei um die Darstellung der drei Töchter der Meres-anch, der Verstorbenen selbst (vier Mal) und ihrer Mutter (drei Mal) handelt.*

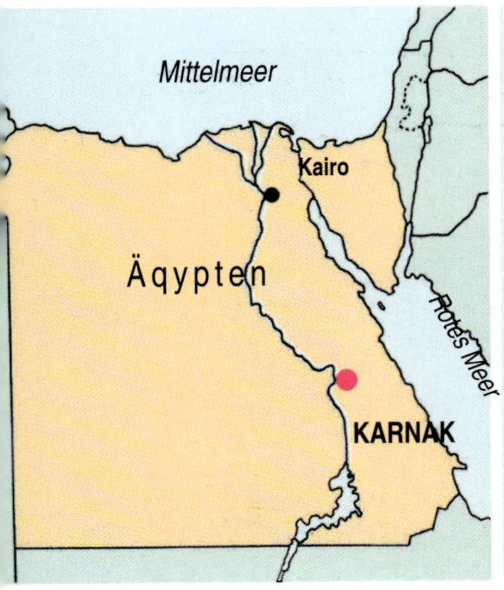

KARNAK

Königreich des Amun

Karnak ist eine große Tempelanlage, die dem Gott Amun von Theben geweiht war und im Lauf von Jahrhunderten immer wieder erweitert wurde. Sie liegt nördlich der heutigen Stadt Luxor. Zur Gesamtanlage gehören auch der Tempel des Month im Norden und der Muttempel im Süden. Eine Prozessionsstraße verbindet Karnak mit dem Tempel von Luxor, der ungefähr 2,5 km weiter im Süden liegt. Eine weitere Prozessionsstraße führt zur Anlegestelle am Nil, von der aus die Prozessionen zu den Tempeln auf der anderen Nilseite begannen. Im Neuen Reich (1552–1070 v. Chr.) wurde der Tempelkomplex von Karnak zum bedeutendsten religiösen Zentrum in Ägypten. Fast alle Könige fügten dem zentralen Bau seit dem Mittleren Reich (2040–1785 v. Chr.) noch ein weiteres Bauwerk hinzu, sodass eine Kombination verschiedenster Stile entstand, die Aufschluss über die Entwicklung der

144 links *Der 1. Pylon wurde unter Pharao Neketanebos I. (380–363 v. Chr.) erbaut, jedoch nicht fertig gestellt. Er ist 113 m breit und 43,5 m hoch. An der Fassade sind acht große Löcher zu sehen, in denen gewaltige Fahnenstangen befestigt waren.*

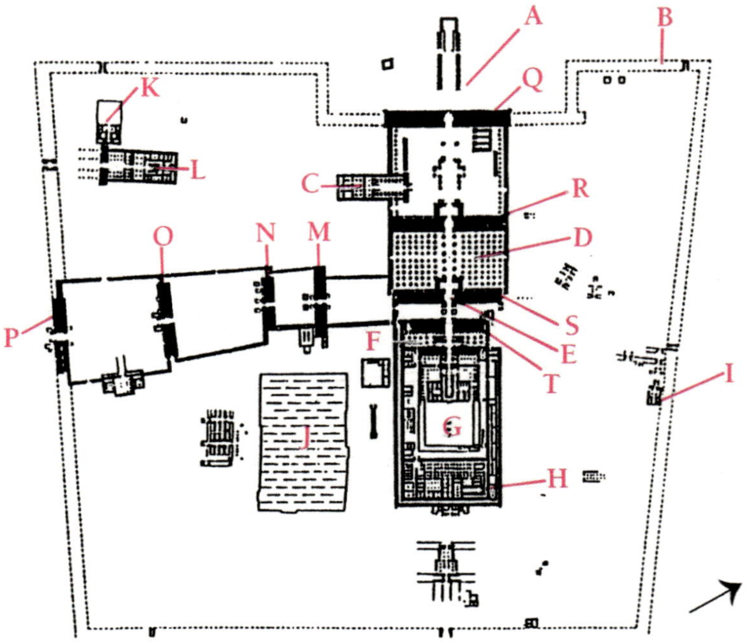

A Sphingenallee
B Umwallung
C Tempel Ramses' III.
D Großer Säulensaal
E Obelisken
F Kleiner Säulensaal
G Tempelreste aus dem Mittleren Reich
H Akhmenu (Große Festhalle)
I Tempel des Ptah
J Heiliger See
K Ipettempel
L Chonstempel
M 7. Pylon
N 8. Pylon
O 9. Pylon
P 10. Pylon
Q 1. Pylon
R 2. Pylon
S 3. Pylon
T 4. Pylon

ägyptischen Kunst im Lauf der Jahrhunderte geben. Der Tempelanlage kam aber nicht nur eine wichtige religiöse, sondern auch eine wirtschaftliche Bedeutung zu; diese stand immer im Verhältnis zu dem Ansehen, das sie gerade genoss. Jedes Mal, wenn ein Tempel gegründet wurde, garantierte dies dem Priester Besitz und Arbeit. Die Schenkungen und Zahlungen der Herrscher ließen Karnak zu einem wirtschaftlich wichtigen Zentrum, zu einem Staat im Staat werden.
Das älteste Gebäude, von dem nur noch Bodenspuren vorhanden sind, stammt aus der Zeit Sesostris' I. (XII. Dynastie, 1971–1926 v. Chr.). Dieser ließ einen Kalksteintempel in einer Umwallung bauen. Der im Südwesten liegende Eingangsbereich bestand aus einem heiligen Garten, der von Säulenhallen umgeben war, während das Heiligtum selbst aus drei hintereinander liegenden Räumen bestand.

144 rechts *Im ersten Hof des Tempels befindet sich diese 15 m hohe Kolossalstatue Ramses' II. Zu seinen Füßen ist seine Gattin abgebildet.*

144–145 und 146–147 *Der große Amuntempel wird bei dieser Luftaufnahme von Osten aus betrachtet. Der Gebäudekomplex von Karnak entstand in einer Zeitspanne von ca. 1600 Jahren, begonnen unter Sesostris I. (XII. Dynastie) bis zur Herrschaft Nektanebos' I. Die Tempelanlage entwickelte sich an zwei Hauptachsen, einer Ost-West- und einer Nord-Süd-Achse, die symbolisch für Himmel und Erde beziehungsweise göttliche und königliche Macht standen. Der Aushub für den heiligen See wurde unter Thutmosis III. (1490–1436 v. Chr.) begonnen und unter Taharka (690–664 v. Chr.) fertig gestellt. Der See wurde von unterirdischen Quellen gespeist und stellte das Wasser für die Reinigungszeremonien bereit. Außerdem diente er den heiligen Tempelvögeln als Teich.*

145 *Die Widderallee führt zum 1. Pylon, dem Haupteingang in den Tempel. Die Sphingen haben Widderköpfe, da der Widder das heilige Tier des Amun war.*

148–149 *Diese Luftaufnahme zeigt den ersten Pylon und den ersten Hof des Tempels.*

__150 oben__ Thutmosis III. mit den Symbolen für die königliche Macht: nemes, ein Leinenkopftuch mit farbigen Streifen, und Uräusschlange, Symbol für die Königsherrschaft.

__150 links__ 122 Papyrussäulen mit geschlossenen und 12 Papyrussäulen mit offenen Kapitellen tragen die Querbalken im Großen Säulensaal, der unter Sethos I. und Ramses II. erbaut wurde.

__150 rechts__ Die Säulen im Großen Säulensaal sind mit Flachreliefs bedeckt, die den Pharao und andere Würdenträger zeigen.

Diese Kernanlage blieb nahezu unverändert bis zur XVIII. Dynastie. Mit dem Beginn des Neuen Reiches bis zur Zeit der Ptolemäer wurde das ursprüngliche Gebäude entlang zweier Hauptachsen, Nord-Süd und Ost-West, immer mehr erweitert und schließlich grundlegend geändert.
Eine große Anzahl monumentaler Eingangstore entstand in Pylonform, das heißt zwei gewaltige Türme umschlossen die niedrigere Eingangstür. Schließlich waren zehn Pylonen gebaut worden, sechs davon entlang der Hauptachse und vier als Erweiterungen in Richtung Süden.
Thutmosis I. (1506/05–1493 v. Chr.) ließ den 4. bis 6. Pylon vor dem Tempel von Sesostris I. erbauen und zwischen dem 2. und 3. Pylon einen Säulensaal errichten. Zwei Obelisken wurden vor dem 1. Pylon erbaut. Königin Hatschepsut und Thutmosis III. erweiterten den Komplex abermals, indem sie mehrere, kultischen Zwecken dienende Bauten errichten ließen. Hatschepsut ließ die berühmte Rote Kapelle erbauen, in der die heilige Barke mit der Statue des Amun für die Prozessionen aufbewahrt wurde. Die Kapelle bestand aus zwei Räumen, einer war aus schwarzem Granit, der andere aus rotem Quarzit erbaut.
Auf den Wänden waren Szenen von der Prozession zu Ehren Amuns, dem bedeutendsten Fest der Thebaner dargestellt. Diese Kapelle wurde von Thutmosis III. jedoch wieder demontiert und durch ein neues Heiligtum ersetzt, in dem die Annalen, eine Zusammenstellung aller von ihm unterworfenen Völker, angebracht wurden. Amenophis III. (1402–1364 v. Chr.) verwendete die Steinblöcke der Roten Kapelle wieder für einen neuen Pylon (den 3. auf der Ost-West-Achse).

150–151 *Thutmosis III. ließ den 7., heute fast völlig zerstörten, Pylon entlang der Nord-Süd-Achse bauen. Diese Achse verläuft parallel zum Nil und symbolisiert die Erdachse. Vor dem Pylon standen Kolossalstatuen des Pharaos, von denen heute nur noch der untere Teil erhalten ist.*

151 *Osirispfeiler im Amuntempel Ramses' III. (1184–1153 v. Chr.), der südwestlich des Hofes vor dem 2. Pylon liegt. Die Wände dieses Tempels sind mit Flachreliefs bedeckt. Während der großen religiösen Prozessionen diente der Tempel als Haltestelle für die heiligen Barken der Thebanischen Triade.*

152–153 *Auf dieser Luftaufnahme zeigt sich der Säulensaal des Tempels von Karnak in seiner ganzen Majestät.*

Das Französisch-Ägyptische Zentrum in Karnak, das für alle archäologischen Arbeiten an dieser Stelle verantwortlich ist, begann kürzlich mit der Rekonstruktion der Roten Kapelle im Freilichtmuseum von Karnak.
Thutmosis III. ließ einen weiteren Pylon zwischen den zweien von Thutmosis I. (den 5. auf der Ost-West-Achse) erbauen und unterstützte mit Hatschepsut die Erweiterung des Gebäudes durch den 7. und 8. Pylon nach Süden, in Richtung des Muttempel. Östlich des Baus von Sesostris I. ließ Thutmosis III. eine große Festhalle (Akhmenu genannt) errichten, die für den Kult des vergöttlichten Pharaos, der Mensch gewordenen Erscheinung des Gottes Amun, dienen sollte. Nördlich der großen Festhalle ließ Thutmosis III. noch zwei weitere Räume, den so genannten „Botanischen Garten" errichten. In diesen Räumen ließ der Pharao die Pflanzen und Tiere auf Reliefs abbilden, die er während seiner 25-jährigen Herrschaft aus Syrien mitgebracht hatte. Amenophis III. ließ den 3. Pylon mit Materialien teilweise aus älteren Gebäuden erbauen. Er begann auch mit den Arbeiten am 10. Pylon und an der Prozessionsstraße nach Süden. Dieser Pylon wurde am Ende der XVIII. Dynastie von Haremhab (1333–1306 v. Chr.) allerdings wieder umgebaut. Er ließ auch den 9. und den 2. Pylon errichten.
Das außergewöhnlichste Gebäude in Karnak ist jedoch der Große Säulensaal, der wahrscheinlich von Sethos I. und Ramses II. (um 1290–1224 v. Chr.) erbaut wurde. Er befindet sich zwischen dem 1. und 3. Pylon und ist 104 m breit und

154 oben links *Auf Befehl Thutmosis III. wurden im Hof zwischen dem 6. Pylon und dem Annalensaal zwei elegante Granitpfeiler errichtet. Auf dem einen ist die Lilie, die Wappenpflanze von Oberägypten (hier im Bild), auf dem anderen der Papyrus, die Wappenpflanze für Unterägypten, dargestellt.*

154 oben rechts *Amun, der mit seiner Frau Mut und seinem Sohn Chons die Thebanische Triade bildete, war die Hauptgottheit im Tempel von Karnak.*

154 unten *Zahlreiche Figuren schmücken die imposante Fassade des 2. Pylonen, der unter Haremhab (1333–1306 v. (Chr.) erbaut worden war.*

154–155 *Hatschepsut (1490–1468 v. Chr.) veranlasste den Bau des 8. Pylonen auf der Nord-Süd-Achse, den Thutmosis III. fertig stellen ließ.*

155 links *Die Sphingen vor dem 1. Pylon wurden an diese Stelle gebracht, nachdem sie vom Eingang des 2. Pylonen entfernt worden waren.*

155 oben rechts *Die Festhalle ist Teil des Gebäudekomplexes, den Thutmosis III. östlich des Hofes aus dem Mittleren Reich hatte errichten lassen, um dort Feierlichkeiten abzuhalten.*

155 unten rechts *Hinter dem 8. Pylon kann man nach Norden blickend den Großen Säulensaal und den 1. Pylon erkennen.*

__156 links__ Auf den von Thutmosis III. erbauten Wappenpfeilern von Ober- und Unterägypten sind Flachreliefs zu Ehren von Isis und Osiris zu sehen.

__156–157__ Dieses Flachrelief zeigt den Transport der heiligen Barke. Es befindet sich an der äußeren Südwand der Kapelle des Philippos Arrhidaios (323–317 v. Chr.), Halbbruder und Nachfolger Alexanders des Großen. Er ließ das Gebäude als Kopie der Kapelle aus der Zeit Thutmosis III. errichten. Einmal im Jahr, während des Opetfestes, wurden die Barken von Amun, Mut und Chons zum Nil transportiert und segelten von dort in den „südlichen Harem des Amun, das heißt zum Tempel nach Luxor. Dort wurde die Vereinigung von König und Königin gefeiert, die mit der Geburt eines Sohnes endete, womit der göttliche Ursprung des Pharaos bestärkt wurde. Das Fest endete mit der Rückkehr der heiligen Barken in den Tempel von Karnak.

52 m tief. 134 Säulen lassen den Raum zu einem beeindruckenden Bauwerk werden. 12 Doldensäulen (22,4 m Höhe) tragen das Mittelschiff. Auf den Innenwänden sind verschiedene, täglich vollzogene Kulthandlungen dargestellt. An den Außenwänden sind historisch interessante Kriegsszenen zu sehen.
Ramses III. (1184–113 v. Chr.) erweiterte den Komplex im Südosten um den Tempel des Chons, Sohn des Amun und der Mut. Spätere bedeutende Bauten sind der Säulengang des Taharka (690–664 v. Chr.), der vor dem 2. Pylon errichtet wurde, und das religiöse Gebäude in der Nähe des heiligen Sees.
Schließlich wurde während der XXX. Dynastie (um 380–343 v. Chr.) die Umwallung des heiligen Bezirks aus Ziegeln errichtet. Diese Mauer mit den mächtigen Toren ist noch im Norden und vor dem Chonstempel zu sehen. Auch der 1. Pylon entstand zu dieser Zeit. Die Ptolemäer und Römer dekorierten nur einige der bestehenden Gebäude und errichteten nur kleine Kapellen. Domitian war der letzte römische Kaiser, der in Karnak arbeiten ließ.
Nördlich des Amuntempels befindet sich der Tempel des Month, des Kriegsgottes, einstiger Hauptgott von Theben, und im Süden steht der Tempel der Göttin Mut, der Gattin des Amun. Dieser wurde unter Amenophis III. erbaut.

157 oben und unten *Hunderte von Flachreliefs und Hieroglyphen bedecken die Oberfläche des gewaltigen Tempelkomplexes. Überwiegend werden ägyptische Götter dargestellt oder Szenen, in denen die Pharaonen die Götter ehren. Figuren, Kapitelle und viele andere architektonische Elemente wurden mit leuchtenden Farben bemalt, die jedoch im Lauf der Zeit größtenteils verblasst sind.*

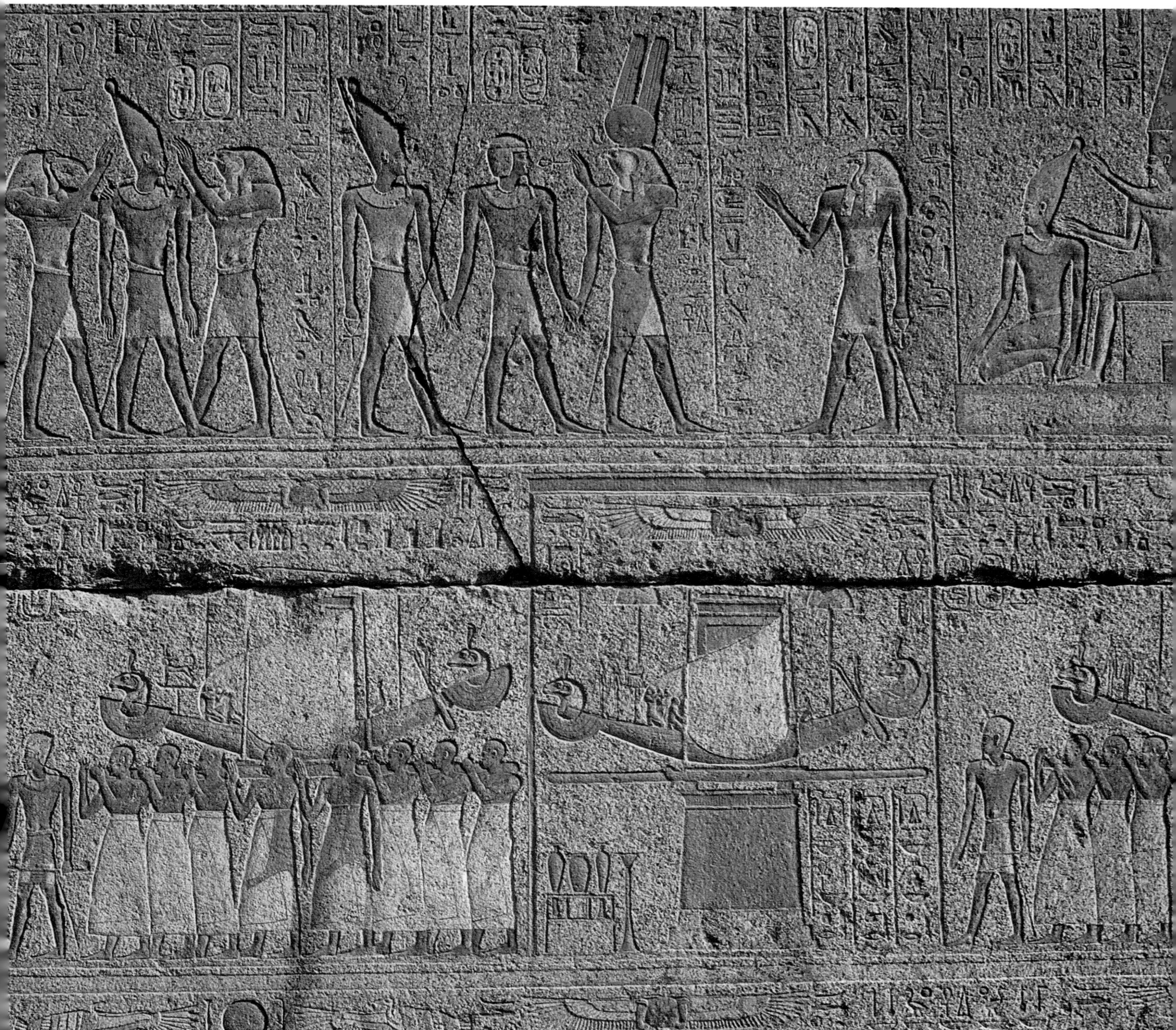

LUXOR

Ein Hauch von Ewigkeit

A Sphingenallee
B Sarapis-Kapelle
C Obelisk
D Pylon Ramses' II.
E Granitkapelle der Hatschepsut
F Moschee
G Säulenhof Ramses' II.
H Säulengang
I Hof Amenophis' III.
J Lage des Verstecks
K Vorhalle
L Geburtsraum
M Sanktuar Alexanders des Großen
N Allerheiligstes Amenophis' II.

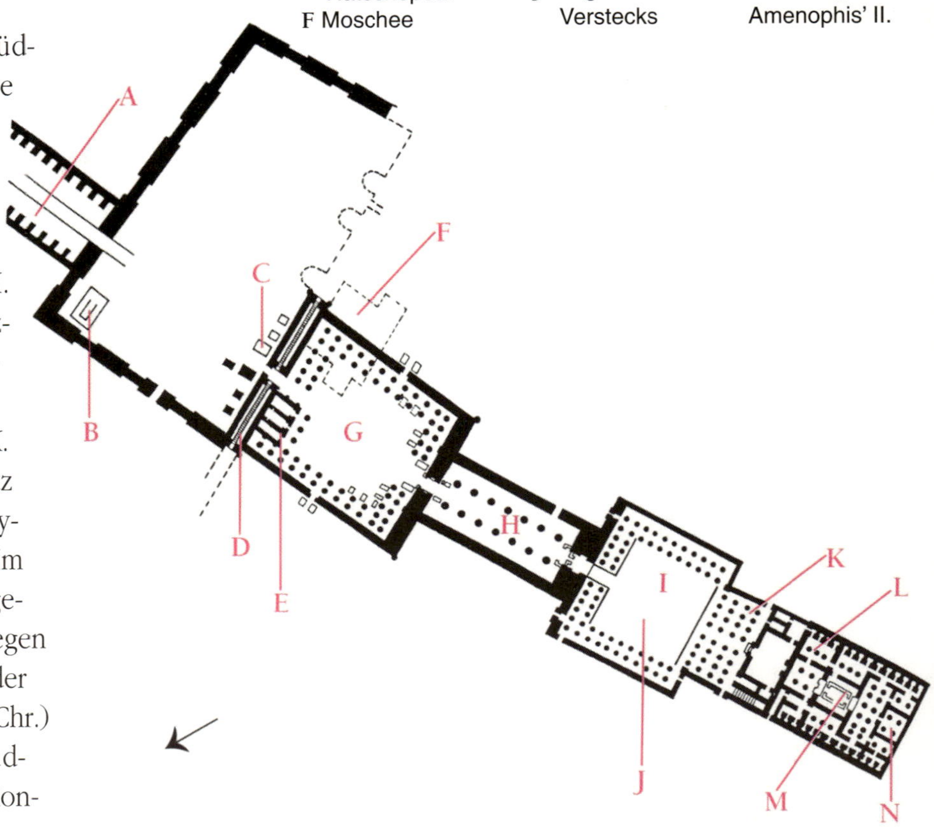

Das antike Theben liegt ca. 500 km südlich von Kairo. Die antike Stadt wurde westlich des Nil, Gräber und Tempelanlagen östlich des Nil errichtet. Im Alten Reich (2660–2160 v. Chr.) spielte Theben eine untergeordnete Rolle und wurde erst während der VI. Dynastie (2320–2160 v. Chr.) Provinzhauptstadt. Während der Ersten Zwischenzeit (2160–2040 v. Chr.) war Ägypten in zwei Reiche geteilt: Die IX. und X. Dynastie hatten ihren Hauptsitz im Norden (Herakleopolis), die XI. Dynastie dagegen im Süden (Theben). Im Mittleren Reich (2040–1785 v. Chr.) gelang es der XI. Dynastie im Kampf gegen den Norden, das Reich zu einen. In der Zweiten Zwischenzeit (1785–1552 v. Chr.) wurde Ägypten erneut geteilt. Der südliche Teil blieb weiterhin unter der Kon-

158 oben *Detail einer der sitzenden Kolossalstatuen Ramses' II. vor dem Pylon des Tempels.*

158 unten links *Dieser Kopf der heiligen Statue Ramses' II. war Teil einer der vier Kolossalstatuen, die vor dem Tempel standen.*

158 unten rechts *Der heute noch stehende rote Granitobelisk vor dem Pylon des Tempels wurde zum Gedenken an die Taten Ramses' II. errichtet. Jede Seite des Obelisken ist mit einem dreispaltigen Hieroglyphentext über den Pharao beschriftet.*

trolle von Theben, dem abermals die Schlüsselrolle für eine erneute Einigung des Landes zufiel.
Im Neuen Reich (1552–1070 v. Chr.), während der XVIII. Dynastie (1552–1306 v. Chr.) erlebte die Stadt eine Blütezeit und Expansion, was viele grandiose Bauten bezeugen. In dieser Zeit entstand das „Tal der Könige“, eine Nekropole für die Herrscher, auf der Westseite des Nil hinter den Felsen von Dêr el-bahri.
Unter Amenophis IV. (Echnaton; 1364–1347 v. Chr.) wurde eine Religionsreform (ausschließliche Huldigung des Sonnengottes) durchgeführt und Hauptstadt und königliche Gräber für kurze Zeit nach Tell el-Amarna verlegt. Nach seinem Tod führte sein Nachfolger Tutanchamun (um 1347–1339 v. Chr.) die alten Götter wieder ein und Theben wurde erneut religiöses Zentrum. Die Residenz verlegte der Pharao von Tell el-Amarna nach Memphis.
Thebens Bedeutung lag in der Rolle, die es im religiösen Leben von Ägypten spielte: Hier wurden die Pharaonen gekrönt, in den Tempeln erhielten sie die göttliche Legitimation ihrer Herrschergewalt und hier wurden sie bestattet. In der Dritten Zwischenzeit (1070–712 v. Chr.) entwickelte sich im Amuntempel von Karnak die Theokratie als Staatsform, das heißt der Pharao sah sich als göttlicher Statthalter. Dieses Denken breitete sich auch im südlichen Teil des Landes aus. All die Jahre hindurch bis in die Spätzeit (712–332 v. Chr.) spielte Theben dadurch eine wichtige Rolle. Unter der

158–159 und 160–161 *Der Tempel von Luxor: links oben der Pylon, rechts unten der Säulenhof Ramses' II., dann der Säulengang, der Ende der XVII. Dynastie errichtet wurde, dann der Hof Amenophis' III., die Vorhalle und das Heiligtum.*

159 *Der große Säulenhof Ramses II. wird von 74 Papyrussäulen mit geschlossenen Kapitellen umgeben, die in zwei Reihen angeordnet sind. Bis heute sind 16 zwischen den Säulen stehende Statuen des Pharaos erhalten.*

162 oben *Die Allee der Sphingen mit Menschenköpfen vor dem Tempel wurde unter Nektanebos I. (380–363 v. Chr.) erbaut und ersetzte einen Teil der Widder-Sphingen-Allee, die viele Jahre zuvor von Amenophis III. (1402–1364 v. Chr) errichtet worden war. Leider kann man heute nur noch einen kleinen Teil der alten Prozessionsallee bewundern, da die moderne Stadt über die alte gebaut wurde.*

162–163 und 164–165 *Der gewaltige Pylon Ramses' II. ist 65 m breit und mit Flachreliefs dekoriert, die an den Feldzug Ramses' II. gegen die Hethiter und seinen Sieg bei Kadesch 1274 v. Chr. erinnern. Diesem Pylon waren zwei Obelisken vorgelagert, von denen der eine heute noch an dieser Stelle steht, der andere jedoch 1836 nach Paris transportiert und auf der Place de la Concorde aufgestellt wurde.*

162 unten *1280 v. Chr. erweiterte Ramses II. den Tempel von Luxor unter anderem durch einen großen Säulenhof mit Doppelkolonnade. Zwischen den Säulen befinden sich Osiriskolosse.*

Herrschaft der Ptolemäer (323 v. Chr.–30 n. Chr.) wurde Theben endgültig zu politischer Bedeutungslosigkeit verdammt. Die Reste der antiken Stadt Theben sind heute fast gänzlich unter dem modernen Luxor begraben.
Zwei bedeutende Tempel sind jedoch noch erhalten: im Norden der Tempel von Karnak und ca. 2,5 km südlich davon der Tempel von Luxor. Der Amun-Mut-Chons-Tempel wurde unter der Herrschaft von Amenophis III. um 1380 v. Chr. begonnen und später von anderen Herrschern, insbesondere von Tutanchamun und Ramses II., erweitert. Der Tempel ist in Nord-Süd-Richtung ausgerichtet und mit dem Tempel von Karnak durch eine Sphingenallee verbunden. Auch dieser Tempel ist dem Gott Amun von Karnak geweiht und wurde für die großen Feiern in Theben zu Ehren des Gottes errichtet. Während des Opetfestes wurde die Statue des Gottes Amun auf einer Barke in einer Prozession von Karnak nach Luxor transportiert. Dann wurden im Tempel von Luxor spezielle Riten vollzogen. Einige dieser Riten sollten die Macht des Pharaos bestärken und erneuern. Der Amun-Mut-Chons-Tempel besteht aus einem großen Hof, umgeben von einer doppelten Kolonnade. Von diesem gelangt man in eine Vorhalle, die aus 32 Papyrusbündelsäulen besteht, von dort kommt man dann in einen Vorsaal und von diesem wiederum in den Opfertischsaal, in dem die Barke des Amun stand. Flankiert wird dieser Saal von zwei weiteren Räumen, in denen sich die Barken der Mut und des Chons befanden. Hinter diesem Heiligtum lag ein weiterer religiöser Komplex, der dem lokalen Amun geweiht war und aus einer quer stehenden Säulenhalle, einem Allerheiligsten und drei Kapellen bestand. Später ließ Tutanchamun einen imposanten Säulengang, bestehend aus sieben Papyrussäulenpaaren mit offenen Kapitellen vor dem ersten Säulenhof errichten. Ramses II. erweiterte den Komplex nochmals um einen Säulenhof, nördlich des Säulenganges. Dieser ist wieder von Kolonnaden umgeben.
In der Mitte dieses Hofes standen die Statuen des Königs. Durch einen gewaltigen Pylon erhielt man Zugang zu diesem Hof. Vor diesem Pylon wiederum befanden sich zwei Obelisken. Der westliche wurde 1836 nach Paris transportiert, wo er auch heute noch auf der Place de la Concorde steht. Den Außenbezirk des Tempels verwendeten die Römer später als Lager und bauten den Tempel zur Festung um.

163 oben *Die beiden kolossalen Sitzstatuen, die den Tempeleingang flankieren (die linke Statue ist auf diesem Bild zu sehen), sind 14 m hoch. Ramses II. trägt die Doppelkrone, das Herrschersymbol von Ober- und Unterägypten.*

163 unten *Dieses Flachrelief zeigt Ramses II. beim Darbringen der Opfergaben für die Götter. An den Wänden des Hofes befinden sich Darstellungen. Sie zeigen die heiligen Zeremonien, die Barken des Pharaos und den Herrscher.*

THEBEN-WEST

Reich des Osiris

A Karnak
B Luxor
C Malkata
D Palast Amenophis' III.
E Tempel Ramses' III. (Mêdinet Hâbu)
F Tempel des Haremhab (Mêdinet Hâbu)
G Tempel des Merenptah
H Memnonskolosse
I Tempel Thutmosis' IV.
J Ramesseum
K Tempel Thutmosis' III.
L Tempel Ramses' IV.
M Tempel Sethos' I.
N Tempel des Mentuhotep
O Tempel der Hatschepsut
P Tal der Könige
Q Tal der Königinnen
R Dêr el-Medîna

Am westlichen Ufer des Nil, wo das fruchtbare Land in Wüste übergeht, wurden Tempel errichtet, die dem Gott Amun und dem verstorbenen König geweiht waren. Der älteste dieser Tempel liegt in Dêr el-bahri, eingebettet in steil aufragende Felsen, und wurde von Mentuhotep II. um 2040 v. Chr. erbaut.
Eine Allee führte zu einem an drei Seiten mit Mauern umschlossenen Vorplatz und von dort über eine Rampe in eine terrassenförmige Anlage. Im Zentrum dieser Anlage befand sich früher vermutlich eine Mastaba, die von einer Säulenhalle umgeben war. Das Innere des Tempels, von dem aus man durch einen langen Gang in das Grab des Königs gelangte, war direkt aus dem Fels gehauen worden. Die hinter dieser Anlage gelegenen Tempel stammen aus der Zeit des Neuen Reiches und enthalten keine Grabkammern. Völlig neuartig war in dieser Periode die Trennung zwischen dem Totentempel, in dem die Toten verehrt wurden, und dem eigentlichen Grab. Dies ist als eine Folge der veränderten Vorstellung der Ägypter vom Tod zu verstehen.
Neben dem Tempel des Mentuhotep II. in Dêr el-bahri liegt der von dieser Anlage inspirierte Tempel der Hatschepsut. Drei übereinander gelagerte und mit einer Rampe verbundene Terrassen sind an den Felsen gebaut. Auf der letzten Terrasse befanden sich mehrere Kapellen, die den wichtigsten Göttern des Tempels geweiht waren. Die Darstellungen an den Wänden erzählen von der göttlichen Geburt der Königin, den großen Taten während ihrer Herrschaft, beispielsweise der Handelsexpedition

166 oben links *Die Memnonskolosse schmückten den Eingangspylon des Totentempels Amenophis' III., der heute leider völlig zerstört ist.*

166 Mitte links *Die Flachreliefs in der Punthalle zählen zu den Höhepunkten im Tempel der Hatschepsut. Sie berichten von der Handelsexpedition nach Punt.*

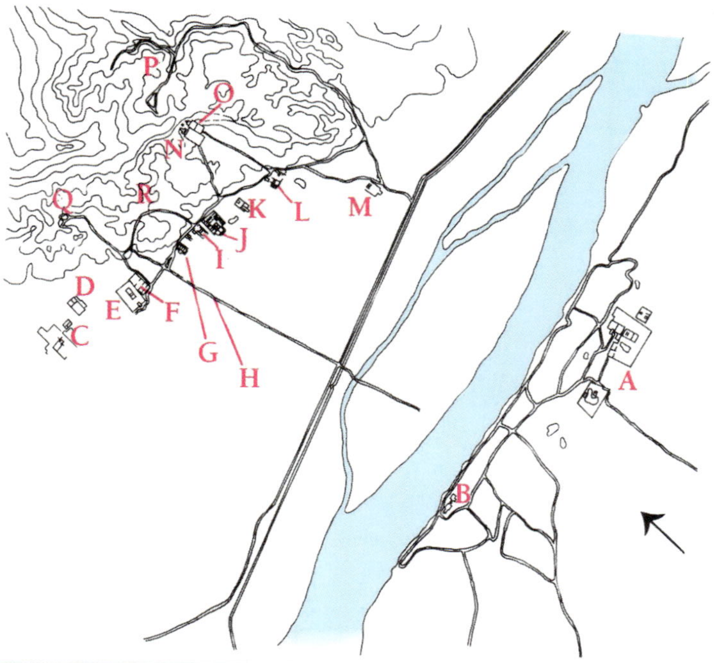

166 unten links *Auf der mittleren Terrasse des Tempels der Königin Hatschepsut befinden sich zwei Hallen, die von rechteckigen Pfeilern getragen werden: die Geburtshalle und die Punthalle.*

166 rechts *Dieser wunderschön bemalte Kalksteinkopf stammt von der oberen Terrasse des Hatschepsuttempels in Dêr el-bahri. Dargestellt ist Hatschepsut mit dem falschen Bart, dem Symbol der Könige.*

166–167 *Der spektakuläre Tempel der Hatschepsut steht in einem Tal, das der Göttin Hathor geweiht war. Diese in den Fels eingepasste Anlage wurde von dem Architekten Senenmut entworfen und besteht aus drei übereinander gestaffelten Terrassen.*

167 oben *An den Stützmauern zur ersten Terrasse des Tempels der Hatschepsut in Dêr el-bahri erscheint häufig das Bild des Gottes Horus in Form eines Falken. Dahinter sind einige der heute noch erhaltenen Osirisstatuen der Königin zu sehen.*

nach Punt und dem Transport zweier gewaltiger Obelisken von Assuan nach Karnak.
Die Tempelanlagen aus dieser Zeit, die der göttlichen Verehrung dienten, ähneln sich alle in der Anlage. Die einzigen Relikte, die vom Tempel Amenophis' III. noch erhalten sind, sind die zwei berühmten Memnonkolosse, die den Eingang flankierten. Der Totentempel Ramses' II., das Ramesseum, ist an drei Seiten von Ziegelbauten umgeben, die als Magazine, Wohnungen und Ställe dienten. Der Tempel selbst besteht aus zwei Höfen und einem Säulensaal, an den sich drei Vorsäle und das Sanktuar des Amun anschließen. Die Räume im Süden dienten der Verehrung des Pharaos.
Südlich des Ramesseums liegt der beeindruckendste archtitektonische Komplex in Theben-West: Mêdinet Hâbu. Innerhalb der Umfassungsmauer aus Ziegel lagen einige Tempel, Magazine, Häuser und Gräber, eine eigene kleine Stadt, die bis ins 9. Jahrhundert bewohnt wurde. Der älteste Tempel war dem Gott Amun geweiht und wurde von Hatschepsut und Thutmosis III.

168 oben links *Diese Luftaufnahme zeigt den Hof und den großen Säulensaal des Ramesseums, das auf Anordnung Ramses II. erbaut wurde.*

168 Mitte links *Im 1. Hof des Ramesseums stand eine 20 m hohe Kolossalstatue des Pharaos, die heute nur noch in Fragmenten vorhanden ist.*

168 unten links *Der Totentempel Ramses' III. in Mêdinet Hâbu ist der am besten erhaltene Tempel in Theben-West.*

168 oben *Wunderschöne Flachreliefs sind an den Relikten des Säulensaals im Ramesseum zu bewundern. Der Tempel ist heute in einem sehr schlechten Zustand, da er zeitweise als Steinbruch verwendet wurde.*

168 ganz oben rechts *Diese wunderschöne schwarze Granitbüste Ramses' II. stammt von einer der Osirisstatuen des Pharaos, die auf den Pfeilern des 2. Hofes im Ramesseum angebracht worden waren.*

168–169 und 170–171 *Pylon im Tempelbezirk von Mêdinet Hâbu ist mit Flachreliefs geschmückt, die die Siege Ramses' III. darstellen; Der König tötet seine Feinde vor den Göttern Amun-Rê (links) und Rê-Harachte (rechts). Im rechten Teil des Pylonen befindet sich eine Treppe, über die man auf die Terrasse über dem großen Portal gelangt. Die Löcher in der Fassade dienten zur Befestigung der Stangen mit den Wappenfahnen mit den göttlichen Insignien.*

169 unten links *Auf den Pfeilern im 2. Hof der Tempelanlage von Mêdinet Hâbu ist der Pharao während der Opferzeremonien zu Ehren der Götter zu sehen.*

169 unten rechts *Eine Vielzahl an Flachreliefs und Hieroglyphen bedeckt die Säulen im 2. Hof der Tempelanlage von Mêdinet Hâbu. Die Farbspuren vermitteln eine Ahnung von der Farbenpracht, die in ägyptischen Tempeln geherrscht haben muss.*

172–173 *Eines der bekanntesten Flachreliefs im Totentempel Ramses' III. in Mêdinet Hâbu befindet sich an der Westwand des 1. Pylonen. Dargestellt ist Ramses III. in seinem Kriegswagen, während er wilden Bullen in den Sumpf folgt. Begleitet wird er dabei von Prinzen.*

172 unten links und Mitte *Auf der linken Seite des 2. Pylonen im Tempel von Mêdinet Hâbu ist dieses Flachrelief zu sehen. Dargestellt ist Ramses III., der Gefangene vor die Götter führt.*

172 unten rechts *Der 2. Hof des Tempels von Mêdinet Hâbu wurde von Osirispfeilern begrenzt. Die meisten Originalstatuen sind heute jedoch nicht mehr erhalten.*

173 oben *Östlich des 1. Pylonen des Tempels Ramses' III. liegt ein Tempel, der aus der XVIII. Dynastie stammt und dem Amun geweiht war. Der hier abgebildete Pylon wurde in ptolemäischer Zeit hinzugefügt.*

173 Mitte *Leider sind nur noch die Basen der Säulen vom großen Säulensaal des Tempels in Mêdinet Hâbu erhalten.*

173 unten *Die Portale des Tempels in Mêdinet Hâbu folgen in faszinierendem perspektivischem Spiel aufeinander.*

174–175 *Der Thebanische Gipfel, der einer Pyramide ähnelt, beherrscht das von den Pharaonen der 18. Dynastie für die Königsgräber ausgewählte Tal.*

176 oben links *Auf dieser Luftaufnahme vom Tal der Könige ist das Grab des Tutanchamun neben dem Ramses' IV. zu sehen.*

176 oben rechts *Im Grab des Tutanchamun wurde dieser mit Gold verkleidete hölzerne Schrein gefunden, auf dem sich eine Statue des Gottes Anubis in Form eines Schakals befindet.*

176 unten rechts *Dieser goldene Schrein, der vier Kanopen enthielt, in denen die Eingeweide des Pharaos aufbewahrt wurden, wird auf jeder Seite von einer Göttin geschützt (Isis, Nephthys, Selkis und Neith).*

176 unten links *Der Thron des Tutanchamun ist neben der Totenmaske der bedeutendste Fund aus dessen Grab.*

erbaut und bis zur Zeit der Ptolemäer immer wieder verändert.
Dahinter liegt der Totentempel von Ramses III., eine vergrößerte Version des Ramesseums. An der Südseite des 1. Hofes des Tempels hatte Ramses III. einen Palast bauen lassen, den er während religiöser Zeremonien im Tempel bewohnte. Die Gräber der Könige liegen in einem Tal, in das man gelangt, wenn man auf den Kamm des Berges hinter dem Felsenam-

177 oben und 180–181 Die Totenmaske des Tutanchamun, der Stolz des Ägyptischen Museums in Kairo, lag direkt auf der Mumie des Pharaos, um ihm magischen Schutz zu geben. Die Maske ist aus schwerem Gold gefertigt, wiegt 10,23 kg und ist mit gefärbtem Glas und Halbedelsteinen verziert. Der König ist mit den klassischen Insignien seiner Königswürde dargestellt, dem künstlichen Bart, einem breiten Kragen aus 12 konzentrischen Reihen von Halbedelsteinen (Türkis, Lapislazuli, Karneol und Amazonenstein) und dem nemes, dem Kopftuch, dessen Gold von blauen Streifen unterbrochen wird. Auf diesem Kopftuch befinden sich die Uräuschlange und der Geier, die Symbole der Schutzgötter von Unter- und Oberägypten: Uto und Nechbet.

177 unten In der Grabkammer des Tutanchamun steht heute nur der erste, der rote Quarzitsarkophag mit der Mumie des Königs, der als einziger dekoriert war. An den Wänden der Grabkammer kann man drei verschiedene Szenen erkennen: Rechts ist der Pharao als Osiris dargestellt, in der Mitte steht er vor der Göttin Nut und links umarmt er in Begleitung seines ka (Lebenskraft) Osiris, den Gott des Jenseits.

178–179 Die vier Alabasterdeckel auf den Kanopen sollen Tut-ench-Amun darstellen, aber nach Meinung einiger Gelehrter handelt es sich um seinen Vorgänger Nefernefernaton.

phitheater von Dêr el-bahri steigt und von dort in das Tal hinabgeht. Im Tal der Könige befinden sich 64 Gräber, in denen die Könige der XVIII.–XX. Dynastie (1552–1070 v. Chr.) und einige hoch gestellte Beamte beigesetzt wurden. Die Gräber wurden aus dem Fels geschlagen. Sie bestanden aus einem langen Korridor, über den man in die Grabkammer gelangte. Anlage und Umfang der Grabstätten variierten von Dynastie zu Dynastie. Zunächst war die Grabachse gebogen, später wurde sie begradigt.
Seit Thutmosis III. wurde der Zugangskorridor zur Grabkammer, der ursprünglich geradlinig in die Grabkammer führte, von einem Schacht unterbrochen. Dieser war als Sicherung gegen Grabräuber und gegen eindringendes Regenwasser gedacht, hatte jedoch auch religiöse Bedeutung, das heißt, er symbolisierte den Übergang vom Leben zum Tod und war

182 oben *Diese Bilder stammen aus dem* Pfortenbuch. *Sie schmücken eine Halle im Grab Ramses' III.*

182 Mitte *Die Ostwand der Grabkammer Ramses' VI. ist mit Szenen aus dem Buch* der Erde *verziert, das die Reise des Sonnengottes durch das Jenseits schildert.*

182 unten *Dieses Detail stammt aus der astronomischen Decke der Grabkammer Ramses' VI. Mit goldgelber Farbe auf schwarzem Grund sind der Tag- und der Nachthimmel in Gestalt der Nut dargestellt. Sie verschluckt die Sonne am Abend und lässt sie am Morgen wieder auferstehen.*

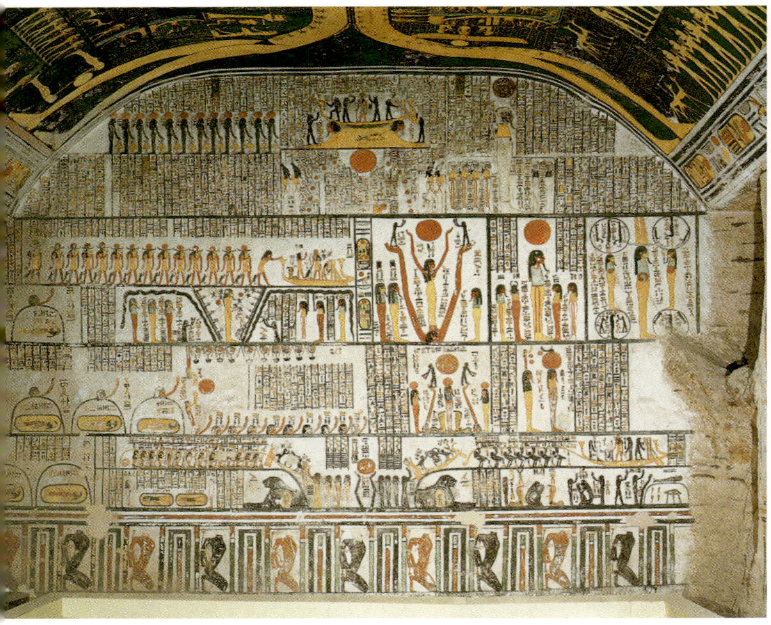

daher auch für die Wiedergeburt des Verstorbenen bedeutsam. Durch den Korridor gelangte man in eine Vorkammer und von dieser in die eigentliche Grabkammer. Um diese zwei Hauptkammern waren weitere Kammern von untergeordneter Bedeutung angebracht, in denen sich beispielsweise der Grabschatz befand. Jeder Pharao erweiterte die bisher errichtete Anlage und versuchte die Ausschmückung des Vorgängers zu übertreffen. Diese kontinuierliche Erweiterung nahm jedoch unter Ramses III. ein Ende. Er ließ sich ein in der Anlage völlig verändertes Grab errichten.

In den alten Gräbern waren nur die wichtigsten Teile, Grabkammer, Vorkammer und Schacht, ausgeschmückt worden. Nur Sethos I. hatte bereits das ganze Grab schmücken lassen. Die Dekorationen im Grab Ramses' III. wurden während der XVIII. Dynastie bis zur Regierungszeit von Haremhab angebracht. Zu diesem Zeitpunkt kam die Technik des erhabenen Reliefs und später die des versenkten auf. Er ließ Decken und Wände mit Götterszenen und Szenen aus den Unterweltsbüchern bemalen.

Tod bedeutete die Reise ins Jenseits und sollte zur Erneuerung und Wiedergeburt des Verstorbenen führen. Dieser begab sich auf die gleiche Route, die die Sonne nachts um die Erde beschritt. Die Totenbücher wie z. B. das *Buch der Erde*, das *Pfortebuch* oder das *Amaduatbuch* sind Anleitungen, welche Route der Verstorbene wählen soll und

__183 Mitte__ Wegen eines Erdrutsches und des Abblätterns der Farbe wurde das Grab der Nofretiri in den 1950er Jahren für die Öffentlichkeit geschlossen. Mit den Restaurationsarbeiten wurde jedoch erst 1986, nach umfangreichen Studien internationaler Wissenschaftler begonnen.
Abgeschlossen waren die Restaurationen erst 1992. Um die Gemälde zu erhalten, beschloss die ägyptische Regierung, die Zahl der Besucher zu limitieren. Auf diesem Foto steht Nofretiri vor Thot.

__183 unten__ Brillante Wandgemälde schmücken die Wände der Vorkammer des Grabes der Nofretiri. Auf diesem Bild sieht man von links nach rechts: Der Gott Harsiësis führt die Königin vor den Sonnengott Rê-Harachte; hinter diesem sitzt Hathor-Imentet als Beschützerin, eine abgeänderte Form der Göttin Hathor, der Göttin der Toten.

__184–185__ Auf diesem Gemälde eines Pfeilers der Grabkammer empfängt die Göttin Hathor Nefertari.

wie er sich vor Gefahren auf seiner Reise schützen kann. Schlangen und Monster werden versuchen, ihn auf seinem Weg zur Wiedergeburt aufzuhalten.
Die Gräber der Könige wurden schon im alten Ägypten ausgeraubt. Das einzige, das diesem Schicksal entgangen ist, ist das Grab des Tutanchamun, das 1922 von Howard Carter entdeckt worden war. Der wunderschöne Grabschatz ist heute im Ägyptischen Museum von Kairo ausgestellt.

__182–183__ Die Malereien in der Vorkammer des Grabes Thutmosis' IV. sind farblich brillant. Dargestellt ist der Pharao vor einigen Göttern.

__183 oben__ Das Grab der Nofretiri zählt aufgrund der wertvollen Wandmalereien zu den schönsten in Ägypten. Die Ostwand des Ganges, der in die Grabkammer führt, zeigt Nofretiri beim Überreichen von zwei Zeremoniengefäßen an Hathor und Selkis.

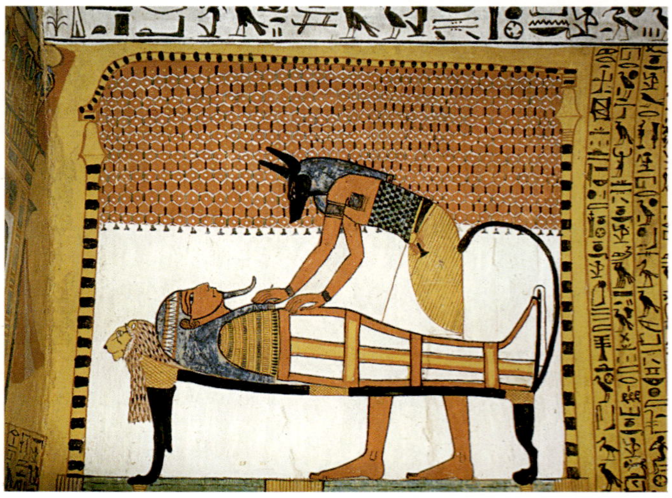

Bibân el-Harîm, das „Tal der Königinnen“, wurde von den alten Ägyptern als *Ta set neferu*, „Ort der Königssöhne“, bezeichnet. Hier liegen die Gräber der Königinnen und Prinzen sowie hoher Persönlichkeiten aus höfischen Kreisen. Zwischen 1903 und 1906 führte Ernesto Schiaparelli, Direktor des Ägyptischen Museums in Turin, Ausgrabungen im Tal der Königinnen durch und entdeckte das Grab der Nofretiri, Gattin Ramses' II. Das Grab war zwar ausgeraubt, doch die Malereien, die vor allem wegen der wunderbar leuchtenden Farben und der feinen Ausführung beeindrucken, sind hervorragend erhalten.
In der Nähe vom Tal der Königinnen liegt das Dorf Dêr el-Medîna, in dem die Bauarbeiter, Maler und Bildhauer der Nekropole wohnten. Wohnungen und Gräber dieses Dorfes sind noch erhalten. Abschließend sind die Privatgräber der hohen Beamten und der Reichen zu erwähnen, die in der Nähe der Pharaonen, denen sie gedient hatten, bestattet wurden.

186–187 *Die Wandmalereien im Grab des Sennodjem sind sehr gut erhalten. Sie zählen zu den schönsten in den Gräbern der Nekropolenarbeiter. An der Westwand (hier im Bild) beten der Verstorbene und seine Gattin Iniferti zu den Unterweltsgöttern. Im Giebel ist Anubis als Schakal, auf einem Schrein liegend, zwei Mal dargestellt.*

186 unten links *Die Katze von Heliopolis tötet die Apophisschlange unter dem heiligen Baum. Dieses beeindruckende Bild stammt aus dem Grab des Inherkhau in der Nekropole von Der el-Medîna.*

186 unten rechts *Der Gott Anubis bei den Vorbereitungen zur Mumifizierung des Leichnams des Sennodjem.*

187 oben links *Das Grab des Sennefer, zweithöchster Beamter unter Amenophis II., zählt zu den am besten ausgestatteten in der Nekropole der Reichen. Hier ist der Verstorbene mit seiner Gattin Merit abgebildet.*

187 oben rechts *Detail aus dem Deckengewölbe des Grabes des Paschedu in der Nekropole von Dêr el-Medîna. Zu sehen sind Rê-Harachte (links) und Hathor (rechts).*

187 unten links *Der enge Durchgang, der in die Grabkammer des Paschedu führt, ist mit zwei identischen Abbildungen des Anubis in Schakalgestalt bemalt.*

187 unten rechts *Dieses Bild zeigt die Gattin des Paschedu, Nejemtebehdet. Sie ist im typischen Stil der Ramessidenzeit gemalt und trägt langes Haar mit vielen Zöpfen.*

188–189 *Das Grab des Pashedu, eines Steinmetzes, der zur Zeit der Regierung von Ramses II. lebte, ist für seine herrlichen Malereien berühmt.*

190–191 *In den Grabgewölben des Sennegem ist häufig der Verstorbene dargestellt. Er arbeitete unter Seth I. und am Beginn der Regierungszeit von Ramses II.*

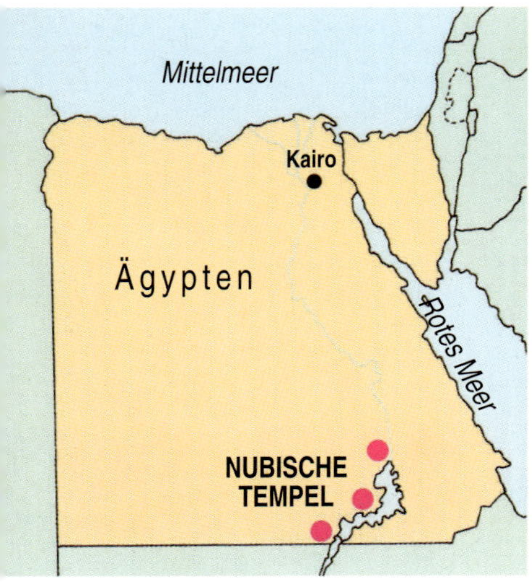

DIE NUBISCHEN TEMPEL

Rettung vor dem Nassersee

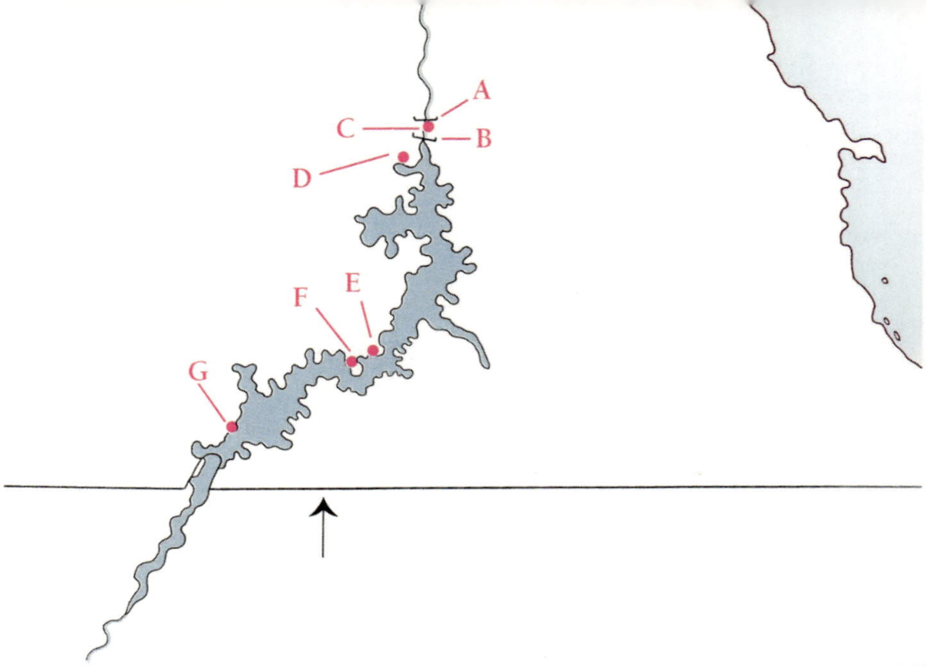

192 oben links *Der Tempel vom Wâdi es-Sebû'a wurde unter Ramses II. erbaut und war Amun und Rê-Harachte, den Hauptgöttern seiner Zeit, geweiht. Der Pylon aus rötlichem Sandstein ist 20 m hoch.*

192 Mitte links *Der Hof des Tempels vom Wâdi es-Sebû'a schließt auf zwei Seiten mit Säulenhallen (jeweils fünf Pfeiler) ab. Vor diesen stehen Kolossalstatuen des Pharaos.*

192 unten links *Vor dem Pylon des Tempels vom Wâdi es-Sebû'a standen vier Kolossalstatuen des Pharaos mit den Symbolen des Rê-Harachte (Stab mit Falkenkopf) und des Amun-Rê (Stab mit Widderkopf). Eine dieser Statuen ist hier zu sehen.*

192 rechts *Die Sphingen im Vorhof des Tempels vom Wâdi es-Sebû'a tragen die Doppelkrone.*

Nubien liegt südlich des 1. Katarakts und gehörte seit dem Alten Reich (2660–2160 v. Chr.) zu Ägypten. Ursprünglich zeigten die Ägypter in diesem Gebiet nur Militär- und Handelsaktivitäten, seit dem Mittleren Reich (2040–1785 v. Chr.) übten sie bis zum 2. Katarakt eine direkte militärische Kontrolle aus, indem sie entlang des Nil eine Kette von Festungen anlegten. Während des Neuen Reiches (1552–1070 v. Chr.) erweiterten die Ägypter ihre Grenzen bis jenseits des 4. Katarakts.
Im Zuge dieser Expansionspolitik wurden zur Verbreitung der ägyptischen Kultur Tempel errichtet. Diese Tempel wurden jedoch nicht nur zu Ehren der ägyptischen Götter und Pharaonen, sondern auch zu Ehren der nubischen Götter erbaut. Der Einfluss der Ägypter in Nubien schwand nach der Ramessidenzeit. Zu Beginn des 1. Jahrtausends v. Chr. war Nubien wieder von Ägypten unabhängig, und eroberte nun im Gegenzug im 8. Jahrhundert v. Chr. Ägypten und gründete die XXV. Dynastie. Der Konflikt mit den Assyrern bedeutete das Ende auch dieser Dynastie, die daraufhin wieder nach Napata in der Nähe des 4. Katarakts, der Stadt aus der sie stammte, zurückkehrte.
In der Folgezeit beschränkte sich das Königreich auf das Gebiet südlich des 3. Katarakts sowie auf Teile von Obernubien. 538 v. Chr. wurde die Hauptstadt nach Meroë verlegt, und das Königreich, das enge Kontakte zu den griechischen Herrschern pflegte und damit Rom vor große Probleme stellte, erlebte eine er-

A Assuan
B Hochdamm
C Philae
D Kalâbscha
E Es-Sebû'a
F El-Amada
G Abu Simbel

192–193 und 194–195 Ein langer, von Löwensphingen flankierter Weg, führte in den ersten Vorhof des Tempels vom Wâdi es-Sebû'a. Dieses prächtige Gebäude ereilte das gleiche Schicksal wie fast alle anderen nubischen Bauwerke: Es wurde in große Blöcke zerlegt und später 4 km von seinem Ursprungsort entfernt, in Neu-Sebû'a am Ufer des künstlichen Nassersees wieder aufgebaut.

193 oben und 196–197 Der Tempel von ed-Dakka wurde gegen Ende des 3. Jahrhunderts v. Chr. auf Geheiß des Äthioperkönigs Ergamenes errichtet. Dessen Zeitgenosse Ptolemaios IV. Philopator ließ einen Quersaal erbauen und Ptolemaios VIII. Euergetes II. später eine Vorhalle. Unter römischer Herrschaft erhielt der Tempel das Allerheiligste und den Pylon. Das Heiligtum ist dem Gott Thot geweiht und wurde nahe bei Neu-Sebû'a wieder aufgebaut.

neute Blütezeit. Als im Jahr 1960 der Assuân-Staudamm gebaut wurde, stand Nubien im Mittelpunkt des internationalen Interesses, denn der Bau bedeutete den Untergang der wertvollen Tempel, die in diesem Gebiet errichtet worden waren. Deshalb förderte die UNESCO ein groß angelegtes Rettungsprogramm zur Erhaltung der an dieser Stelle befindlichen Kulturschätze. Die wichtigsten Bauten wurden abgetragen und an anderer, höherer Stelle wieder aufgebaut beziehungsweise an die Länder, die sich an dieser Rettungsaktion beteiligt hatten, verschenkt. So kam z.B. die Felskapelle von Ellesîja nach Turin. Diese Kapelle war unter Thutmosis III. aus dem Fels geschlagen und verschiedenen Göttern sowie Sesostris I. geweiht worden. Der Pharao, der die meisten Bauten in diesem Gebiet errichten ließ, war Ramses II. Unter seiner Herrschaft entstanden der Tempel von Abu Simbel, Bêtel-Wâli, Gerf Husên, Neu-Sebû'a und ed-Derr.
Der Tempel vom Wâdi es-Sebû'a war den Göttern Amun und Rê-Harachte sowie im Nebenkult Ramses II. geweiht. Er wurde zum Teil aus dem Fels geschlagen und besteht aus zwei Vorhöfen, in die man jeweils durch einen Pylon gelangt. Nach

einem weiteren Pylon kommt man in den Tempelhof. Über eine Doppeltür gelangt man in den eigentlichen Felsentempel mit der großen Halle. Hinter dieser liegt ein Quersaal mit drei Kapellen an der Rückwand. Die mittlere Kapelle ist das Sanktuar, in dem die heilige Barke abgestellt wurde.
Ed-Derr, ebenfalls unter der Herrschaft Ramses' II. erbaut war dem Gott Rê-Harachte geweiht. Die Anlage wurde vollständig aus dem Fels gemeißelt und ähnelt der von Abu Simbel, weist jedoch im Gegensatz zu dieser keine Kolossalstatuen im Eingangsbereich auf.
Tempel im traditionellen Stil wurden in Obernubien errichtet. Der Tempel von el-Maharráka wurde in spätrömischer Zeit erbaut und war dem Gott Sarapis geweiht. Daneben wurden auch Thot, Tefnut und Mandulis verehrt. Das Heiligtum hat einen rechteckigen offenen Hof, der von drei Seiten mit gedeckten Säulengängen umgeben ist, wobei die südlichen Säulen durch Schranken miteinander verbunden sind. In der Nordostecke sind die Überreste einer Wendeltreppe, die aus Quadern bestand, erhalten. Diese Treppe führte einst auf das Dach des Säulengangs. Weiter südlich, in Gebel Barkal, befindet sich der beeindruckende Amuntempel, der wahrscheinlich unter Thutmosis III. begonnen und unter Ramses II. fertig gestellt wurde. Dieser wurde an den heiligen Berg, an eine wahrscheinlich schon früher vorhandene Kultstätte gebaut. Der Tempel wurde im Lauf der Zeit zu einem Kultzentrum, um das herum weitere Tempel und eine blühende Stadt entstanden. Der Palast der XXV. Dynastie wurde hier errichtet und Meroë wurde zur Hauptstadt.

198 oben *Das Tempelchen von Kertassi (links im Bild) hatte ursprünglich die Maße 7,5 x 10 m. Es wurde gegen Ende der Ptolemäerzeit begonnen und unter römischer Herrschaft fertig gestellt. Bei der Rettungsaktion der nubischen Tempel wurde das Gebäude zerlegt und in der Nähe des Kalâbscha-Tempels, 38 km von seinem ursprünglichen Standort entfernt, wieder aufgebaut.*

198 unten *Der Felsentempel von ed-Derr wurde bei el-Amada wieder aufgebaut. Er wurde unter Ramses II. erbaut, war Rê-Harachte geweiht und unter dem Namen „Haus des Ramses im Herrschaftsgebiet de Rê" bekannt. Pylon und Hof sind heute nicht mehr erhalten. Die vier Pfeiler der rechten Säulenhalle, vor denen die Statuen des Pharaos standen sind noch teilweise vorhanden.*

198–199 *Der Tempel von Kalâbscha ist nach Abu Simbel das größte nubische Monument. Er wurde in ptolemäischer Zeit erbaut und dem lokalen Gott Mandulis geweiht. Unter Augustus wurde der Tempel umgebaut, jedoch nur wenig ausgeschmückt. Zwischen 1961 und 1963 wurde der Tempel zerlegt und 38 km südlich in Neu-Assuân, am Westende des Assuân-Staudammes wieder aufgebaut.*

199 oben *Der Tempel von el-Amada wurde unter Thutmosis III. (XVIII. Dynastie) begonnen und unter Amenophis II. (XVIII. Dynastie) weiter gebaut. Der Tempel besteht aus Pfeilerhalle, Quersaal und Allerheiligstem und besitzt wunderschöne Reliefs. Dieser, Tempel wurde als Ganzes versetzt: Man brachte unter dem 800 Tonnen schweren Gebäude Betonsockel an und beförderte es auf einem Fahrgestell mit hydraulischen Winden auf drei Gleisen an seinen neuen, 2,6 km entfernten und 65 m höher gelegenen Standort. Der Eingangsbereich, der von zwei Ziegeltürmen umrahmt wurde, ist nicht mehr erhalten.*

199 unten links *Nur der auf drei Seiten von 16 Säulen umrahmte Hof des Tempels von el-Maharráka ist heute noch erhalten. Dieses spätrömische Gebäude wurde in Neu-Sebû'a wieder errichtet.*

199 unten rechts *Im so genannten „Felsensaal" im Tempel von ed-Derr, einer großen aus sechs Pfeilern bestehenden Halle, ist Ramses II. auf Flachreliefs vor den Göttern dargestellt.*

ABU SIMBEL

Verherrlichung Ramses' II.

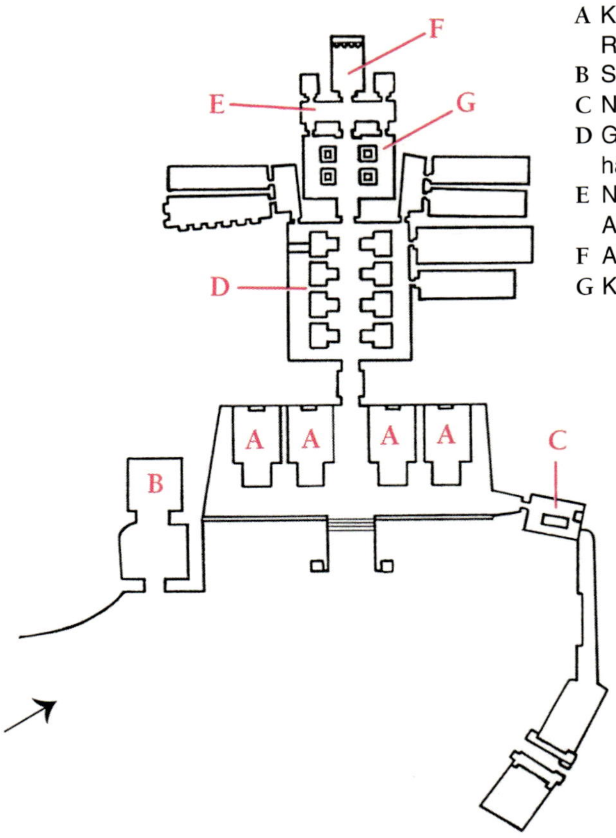

200 oben *Die Luftaufnahme zeigt den neuen Standort des Tempels von Abu Simbel am Nassersee, der auf Anweisung Präsident Nassers hin in den 1960er Jahren entstand.*

200 Mitte links *Die Große Halle des Großen Tempels Ramses' II. wurde vollständig in den Fels getrieben. Sie ist 18 m lang und wird von acht Osirispfeilern getragen.*

Die Entdeckung der Tempel von Abu Simbel verdanken wir dem Schweizer Johann Ludwig Burckhardt (1784–1817). 1813 brach er auf, um die Gegend südlich von Kasr Ibrîm in Nubien zu erforschen. Auf seinem Rückweg beschloss er, im Dorf Ebsambal (so nannte er Abu Simbel in seinen Aufzeichnungen) Halt zu machen, weil die Einheimischen ihm erzählt hatten, dass es dort in der Nähe des Nil einen besonders schönen Tempel gebe. Burckhardt entdeckte den wunderschönen Felsentempel der Königin Nofretiri, vor dem sich sechs Kolossalstatuen befinden.
Während einer genaueren Untersuchung des Gebiets entdeckte Burckhardt einen zweiten Tempel, der Ramses II. geweiht war. Dieser war jedoch fast vollständig mit Sand bedeckt. Nur der obere Teil des südlichen Kolosses war sichtbar – Burckhardt vermerkte diese Entdeckung begeistert in seinem Reisetagebuch. Zurück in Kairo, beschrieb er seine Entdeckung Giovanni Battista Belzoni (1778–1823). Dieser reiste 1817 nach Nubien und besuchte Abu Simbel. Unter großen Anstrengungen gelang es ihm, den Eingang zum Großen Tempel vom Sand zu befreien und ins Innere vorzudringen. Von diesem Augenblick an wurde das Felsenheiligtum von Abu Simbel zu einer wichtigen Station für jeden Ägypten-Reisenden. Gegen Ende des 19. Jahrhunderts wurde die Fassade des Großen Tempels vollständig freigelegt. Zu Beginn des 20. Jahrhunderts ließ der Bau eines Staudammes bei Assuân am

200 Mitte rechts *Dieses Flachrelief befindet sich an der Wand der Großen Säulenhalle. Dargestellt ist Ramses II. in einem Kriegswagen in der Schlacht von Kadesch. Der Pharao schießt gerade einen Pfeil gegen die Hethiter ab; es sieht fast so aus, als wären Arm und Pfeil des Pharaos verdoppelt, und als hätte das der Künstler beabsichtigt, der das erste Relief mit einer Schicht Gips abdeckte, die heute jedoch verloren gegangen ist.*

200 unten *Im Sanktuar, dem heiligsten und verborgensten Bereich des Großen Tempels, befinden sich vier Sitzstatuen; von links: Ptah – Amun – Ramses II. – Rê-Harachte.*

200–201 *Die Fassade des Großen Tempels von Abu Simbel schmücken vier Sitzstatuen Ramses' II. Die zweite Statue von links stürzte im 34. Herrschaftsjahr Ramses' II. aufgrund eines Erdbebens um, die dritte von links wurde bereits von Sethos II. (XIX. Dynastie) ausgebessert.*

201 unten *Auf diesem Bild ist gut zu sehen, wie perfekt die Tempel von Abu Simbel an neuer Stelle in einen künstlichen Fels gebaut wurden. Der Komplex wurde zwischen 1964 und 1968 in einzelne Blöcke zerlegt und an einer höher gelegenen Stelle wieder aufgebaut, um ihn vor den Wassermassen des Nassersees zu retten.*

Nil den Wasserpegel des Flusses beträchtlich ansteigen, und so wurde es notwendig, Abu Simbel vor der drohenden Überflutung zu schützen. Diese Situation spitzte sich gegen Ende der 1950er Jahre noch mehr zu, als die Regierung beschloss, den großen Assuân-Staudamm zu bauen.

Am 8. März 1960 bat die UNESCO um internationale Hilfe, um die Felsentempel von Abu Simbel zu retten. Etliche Vorschläge wurden gemacht; schließlich entschied man sich für das Abbauen der Anlagen, Block für Block, und einen Wiederaufbau an anderer Stelle: 64 m höher und 180 m landeinwärts.

Die umfangreichen Arbeiten dauerten Jahre. Zunächst wurden die zwei Tempel durch Gerüste gestützt, dann in Blöcke zerlegt und wo nötig mit Kunstharz verfestigt, damit sie transportiert werden konnten. Die Felsen, in die die Tempel hineingebaut worden waren, wurden durch verstärkte, mit Sand bedeckte Betonkuppeln ersetzt.

Während des Wiederaufbaus wurden alle nur möglichen Anstrengungen unternommen, um den Standort der beiden Monumente in der Landschaft, deren Position und Abstand zueinander wieder so herzustellen wie sie original gewesen waren.

Am 22. September 1968 markierte eine offizielle Eröffnungszeremonie den Abschluss dieser Rettungsaktion.

Die Felsentempel, die im Auftrag des Pharaos Ramses' II. (1290–1224 v. Chr.) erbaut wurden, lagen wahrscheinlich ursprünglich in der Nähe einer ägyptischen Siedlung, von der jedoch nichts erhalten ist. Von dieser Stelle aus konnte man die südlichen Grenzen kontrollieren, aber auch Handel mit der nubischen Bevölkerung betreiben.

Vor dem Großen Tempel befindet sich eine weite ebene Fläche. Von dieser gelangt man über eine Steintreppe auf eine Terrasse, auf der die vier Kolossalstatuen stehen. Diese Statuen sind paarweise vor dem Eingang angeordnet und stellen den sitzenden Ramses II. dar. Der Oberkörper der zweiten Sitzstatue von links stürzte jedoch durch ein Erdbeben schon wenige Jahre nach der Erbauung des Tempels zu Boden. Dieses Beben verursachte noch weitere Schäden, die durch Restaurationsarbeiten

z.B. an der Fassade und im Tempelinneren behoben werden konnten. Die Kolossalstatuen sind 20 m hoch und wurden aus dem Fels geschlagen. Majestätisch sitzen sie auf ihrem Thron. Ihre Macht wird dadurch verdeutlicht, dass sie die Doppelkrone, die Krone von Unter- und Oberägypten, tragen. Das beeindruckende Äußere der Statuen steht ein wenig im Kontrast zu ihrem milden und ruhigen Gesichtsausdruck, der wohl einen gerechten und großzügigen Herrscher symbolisieren soll.
Zu Füßen der Statuen sind weitere Mitglieder der königlichen Familie zu sehen. Zahlreiche kleinere Personen sind an den Seiten und zwischen den Beinen der Statuen eingemeißelt.

Diese stellten die Mutter und die Gemahlin des Königs sowie Prinzen und Prinzessinnen dar.
Auf dem umliegenden Felsen findet man viele Inschriften, beispielsweise auch eine, die von der Hochzeit Ramses II. mit einer hethitischen Prinzessin erzählt.
Über dem Haupteingang ist Rê-Harachte in strengem Hochrelief abgebildet. Der falkenköpfige Gott schreitet aus der Fassade, dabei liegt seine rechte Hand auf dem *user*-Zepter und seine linke auf dem Bild der Göttin Ma'at, der Göttin der Gerechtigkeit.
Von dieser Darstellung kann man auch eine weitere Interpretation ableiten: User-Ma'at-Rê (Zepter – Göttin der Gerechtigkeit – Sonnengott) ist auch der Königsname von Ramses II., der bedeutet: „Mächtig und gerecht ist Rê". Dies lässt darauf schließen, dass sich Ramses II. hier selbst glorifiziert sehen wollte, was ein typisches Merkmal seiner Herrschaft war.
Links und rechts von Rê-Harachte ist Ramses II. dargestellt, der dem Gott ein Bild der Göttin Ma'at darbringt. Man kann diese Szene so interpretieren, dass Ramses II. dem Gott Rê-Harachte seine Ehrerbietung bezeugt.
Der Große Tempel von Abu Simbel ist so angelegt, dass alle wichtigen Bauteile in den Fels hinein getrieben wurden. Die erste Halle ist wie der Hof eines Tempels gebaut, das heißt die Pfeiler sind Osirispfeiler und symbolisieren den König. Die

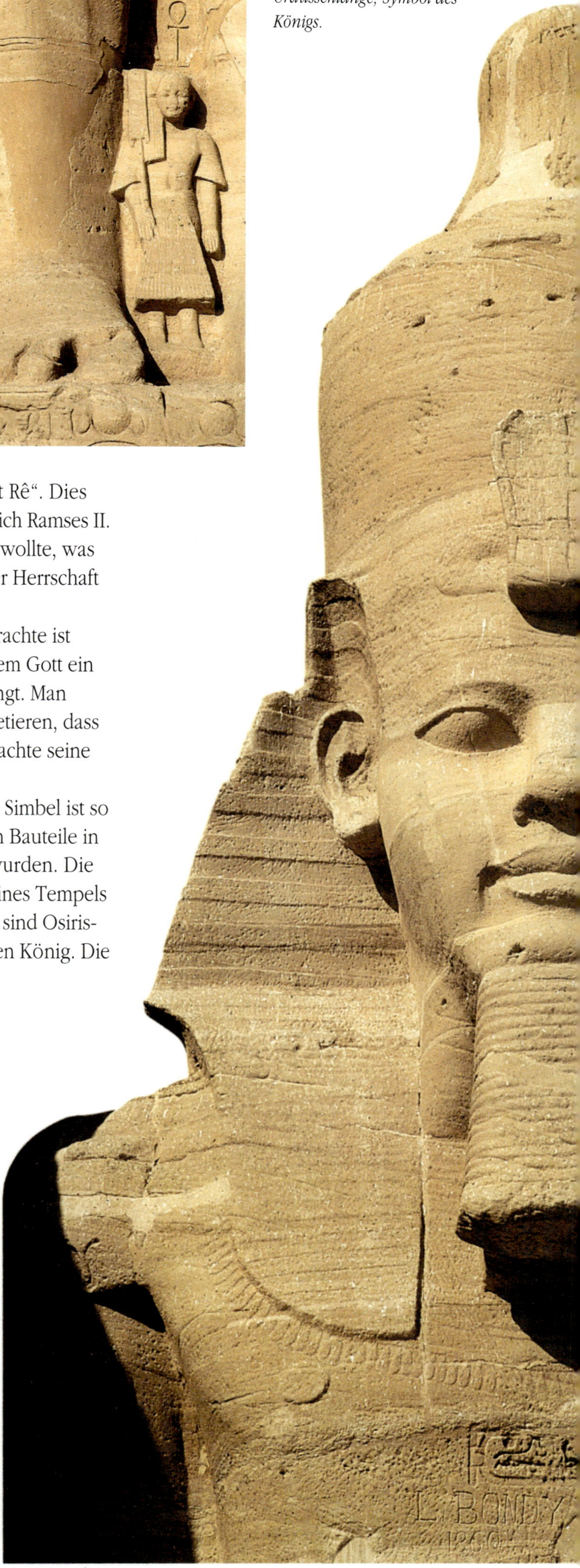

203 unten rechts *Ramses II. trägt die Doppelkrone von Ober- und Unterägypten sowie die Uräusschlange, Symbol des Königs.*

202–203 *Die Statuen an der Fassade des Großen Tempels von Ramses II. sind 20 m hoch. Das Gesicht ist eine getreue Abbildung der Züge von Ramses II.*

203 links *Falken aus Sandstein, Symbol des Gottes Horus, schmücken die Balustrade vor dem Großen Tempel.*

203 oben *Zwischen den Beinen sowie an den Seiten der Kolossalstatuen stehen kleine Statuen, die die Mitglieder der königlichen Familie darstellen.*

204–205 *Der Kleine Tempel von Abu Simbel wurde auf einem Felsvorsprung nördlich des Großen Tempels errichtet. Er war der Göttin Hathor geweiht, die in Nubien als Gemahlin des Horus, des Falkengottes, der den königlichen Palast und den Pharao beschützte, angesehen wurde. Die Statuen an der Fassade, die Ramses II. und seine Gattin Nofretiri darstellen, sind über 10 m hoch und stehen in Nischen. Die zwei Statuen der Königin ähneln denen der Göttin Hathor und werden von vier Statuen Ramses' II. flankiert. Die Königin ist hier genauso groß wie der Pharao dargestellt; dies weist auf ihre Bedeutung hin. Die Ähnlichkeit mit der Göttin Hathor erhebt die Königin in göttlichen Status und macht sie dem ebenfalls vergöttlichten Pharao ebenbürtig.*

204 unten *Über dem Eingangsportal befinden sich die Kartuschen mit dem Namen Ramses' II.*

205 oben *Eine Inschrift am Kleinen Tempel belegt, dass Ramses II. (hier die Köpfe zweier Statuen des Pharaos) und seine Gattin erstmals gemeinsam einen Tempel erbauen ließen.*

205 Mitte *Zwei Statuen bilden Nofretiri als Göttin Hathor ab: Auf ihrem Haupt trägt sie das Sonnensymbol und die Federn. In der linken Hand hält sie ein Sistrum, ein Instrument, das Hathor geweiht war.*

206–207 *Ein Kreuzfahrtschiff ankert vor den beiden Felsentempeln von Abu Simbel.*

Statuen haben die Arme über der Brust gekreuzt, die Statuen an der Südseite tragen eine weiße Krone, das Symbol der Herrschaft über Oberägypten, wohingegen die Statuen auf der Nordseite die Doppelkrone tragen, Symbol der Herrschaft über ganz Ägypten. Die Gesichter der Statuen zeigen den gleichen ruhigen Gesichtsausdruck wie die Statuen an der Fassade.
Die Wände dieser Halle sind mit Flachreliefs dekoriert, die den Pharao bei kriegerischen Handlungen zeigen. An der Nordwand ist die Schlacht von Kadesch dargestellt. Neben dem Eingang ist das ägyptische Lager während des Angriffs durch die Hethiter zu sehen, direkt daneben die ägyptische Gegenoffensive gegen Kadesch. Um die Stadt fließt der Orontes, in dem die Leichen der hethitischen Prinzen und ihrer Verbündeten treiben.
Von der Großen Halle aus gelangt man in andere, nur teilweise dekorierte Räume, die unter anderem dazu dienten, das Mobiliar und die Kultgegenstände aufzubewahren. In diesen Hallen gibt es einige Reliefs, die Ramses II. zeigen, der verschiedenen Göttern, unter anderem auch sich selbst, Opfer darbringt.

Durch eine kleinere Halle, in der Licht und Ausmaße zurückgenommen wurden, gelangt man in den heiligsten Bezirk der Tempelanlage, das Sanktuar. An der Rückwand des Sanktuars sitzt die so genannte „Göttertrias“: Ptah von Memphis, Amun von Theben und Rê-Harachte von Heliopolis. Gleichberechtigt sitzt Ramses II. zwischen Amun und Rê-Harachte.
Im Innersten des Tempels erreicht die Gleichstellung des Pharaos mit den Göttern, die bereits an der Außenfassade begonnen hat, ihren Höhepunkt: Ramses II. ließ sich noch zu Lebzeiten – in den Stand eines Gottes erheben, gleichberechtigt neben den wichtigsten Göttern Ägyptens – ein unglaubliches Maß an Selbstverherr-

lichung und übersteigerter Einschätzung der eigenen Bedeutung. Den Kleinen Tempel widmete Ramses II. seiner Gattin Nofretiri und hob sie mit diesem Bau in den Status einer Gottheit. Nofretiri wird als Göttin Hathor dargestellt. Dadurch wird die Königin zur würdigen und ebenbürtigen Gemahlin des göttlichen Pharaos.
Ihr Tempel ist die kleinere Miniaturausgabe beziehungsweise die Vorwegnahme (da dieser Tempel der Ältere von beiden ist) des Großen Tempels. Die

geböschte Fassade besteht aus sechs Kolossalstatuen, vier stellen Ramses II. und zwei Nofretiri dar, beide in schreitender Haltung, als ob sie aus dem Berg auf den Ankommenden zugehen würden. Nofretiri trägt die Symbole der Göttin Hathor auf dem Kopf, die Sonnenscheibe, die Hörner der Heiligen Kuh und die Federn, wohingegen die Kronen des Pharaos variieren.
Das Innere des Kleinen Tempels besteht aus einer großen Halle, die von sechs Pfeilern mit Hathorkopf getragen wird. Von der großen Halle kommt man in einen Quersaal mit zwei seitlichen Kammern. Dahinter liegt das Allerheiligste mit einer Nische in Kapellenform. Hier befindet sich eine Statue der Hathor: Diese Hathorkuh beschützt den vor ihr stehenden König. Die Wanddekorationen stellen König und Königin vor verschiedenen Göttern dar.

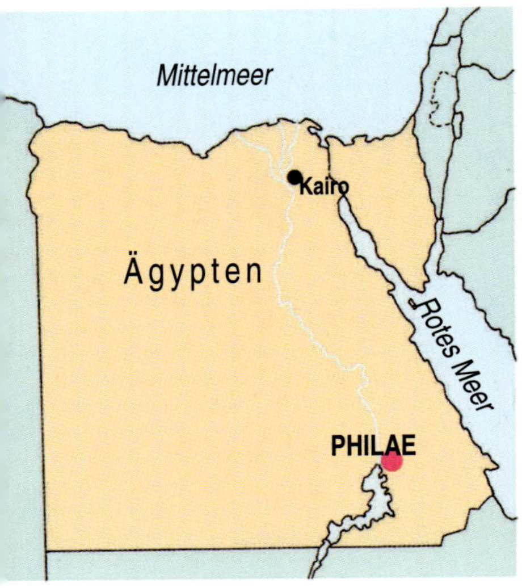

PHILAE

„Die Perle des Nils"

208 *Der Kiosk wurde im Jahr 105 unter Trajan als Aufbewahrungsort für die heilige Barke der Isis erbaut, in der die Statue der Göttin während der Prozession zu den nubischen Tempeln gefahren wurde. Der Kiosk ist ein aus 14 Säulen bestehender Pavillon mit Blumenkapitellen. Die Säulen sind im unteren Bereich durch Mauern miteinander verbunden.*

Die Tempelanlage von Philae unterscheidet sich von den anderen nubischen Tempeln. Sie liegt auf einer Insel in der Nähe des Assuân-Staudammes, der schon immer einen Knotenpunkt zwischen Ägypten und Nubien darstellte. In Philae befand sich die bedeutendste Kultstätte der Isis. Dieser Göttin huldigten griechische und römische Pilger ebenso wie Nubier, Blemyer und sogar Meroïten. Für die Nubier wurde Philae zu einer besonders wichtigen Kultstätte, da sie dort sogar noch nach der Christianisierung ihre Riten abhalten durften.

Der Tempel in Philae blieb im Römischen Reich als einziger nach dem Edikt des Theodosius im Jahr 391/392, das heidnische Kulte untersagte, zugänglich. Erst 537 wurde er unter Justinian geschlossen und zum Teil für den christlichen Gottesdienst umgewandelt.

Das erste Auftreten des Isiskultes auf der Insel Philae geht in die Zeit von Psammetich II. (XXVI. Dynastie, 595–589 v. Chr.) zurück. Der König verweilte dort vermutlich während seines Nubienfeldzuges und ließ zu Ehren der Göttin Isis, die in seiner Heimatstadt Saïs verehrt wurde, einen Kiosk erbauen.

Später ließ Ahmose (XXVI. Dynastie, 570–526 v. Chr.) einen kleinen Tempel errichten, den Nektanebos I. (XXX. Dynastie, 380–363 v. Chr.) erweiterte. Dieser Pharao ließ außerdem noch ein monumentales Portal erbauen, das später in den 1. Pylon des Isistempels integriert wurde.

Der Tempel, dem die Insel ihre Berühmtheit verdankt, wurde jedoch von Ptolemaios II. Philadelphos (285–246) entworfen. Dieser König und seine Nachfolger ließen einen Tempel erbauen, in dem ägyptische Architekturmerkmale mit griechischen kombiniert wurden, was die traditionelle Raumaufteilung des ägyptischen Tempels radikal veränderte.

Der Isistempel hat einen monumentalen Doppeleingang in Pylonform.

208–209 *Auf dieser Luftaufnahme ist die ganze Insel Philae zu sehen: Isistempel, Tempelvorplatz vor dem 1. Pylon, Kiosk des Trajan und andere kleinere Gebäude. Die meisten Bauten stammen aus ptolemäisch-römischer Zeit.*

A Nektaneboshalle
B Tempel des Arensuphis
C Westliche Kolonnade
D 1. Pylon
E Mammisi (Geburtshaus)
F 2. Pylon
G Tempel des Harendotes
H Stadttor des Diokletian
I Tempel des Augustus
J Koptische Kirche
K Großer Tempel der Isis
L Kiosk des Trajan

209 oben *Vor dem 1. Pylon verlaufen zwei Säulengänge fast parallel.*

209 unten *Im Süden der Insel steht die Halle des Nektanebos. Sie ist der Göttin Hathor geweiht.*

210–211 *Dieses Panoramafoto zeigt die Insel Philae mit dem eindrucksvollen ersten Pylon des Tempels, welcher der Göttin Isis geweiht war.*

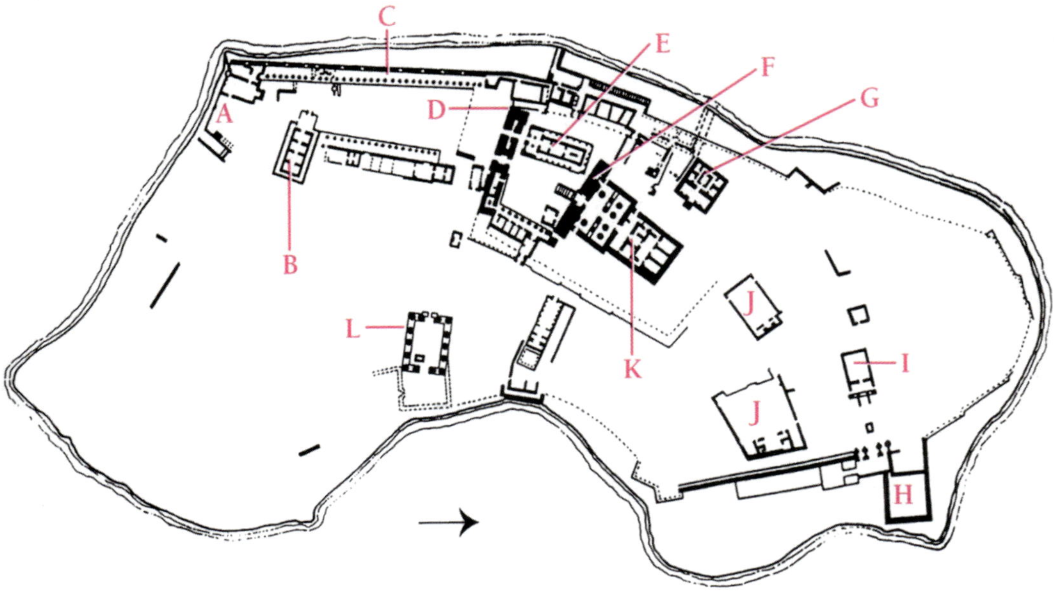

212–213 *Der 1. Pylon des Isistempels ist 18 m hoch und 45,5 m breit. Er wurde unter Ptolemaios II. Philadelphos (285–246 v. Chr.) begonnen. Die Dekoration erfolgte jedoch in späterer Zeit. Auf dem Ostturm ist Ptolemaios XII. Neos Dionysos (81–51 v. Chr.) zu sehen, der symbolisch seine Feinde niederschlägt. Darüber ist dargestellt wie der König Nephthys und Horus die Doppelkrone überreicht und vor Isis und Harpokrates räuchert. Vor dem Portal befinden sich zwei Löwen aus rotem Granit.*

Vom 1. Pylon gelangt man in einen großen Vorhof. An der Westseite des Vorhofes liegt das Geburtshaus, in dem die Geburt des Horus, Sohn der Isis und des Osiris, mit speziellen Riten zelebriert wurde. Die Ostseite des Vorhofes wird von einer Kolonnade mit Gebäuden für die Priester begrenzt. Durch den 2. Pylon gelangt man in einen weiteren, kleineren Hof mit einer Vorhalle, bestehend aus acht Säulen. Diese Halle sowie kleinere Hallen zu beiden Seiten des Hofes wurden im 6. Jahrhundert unter Justinian als christliche Kirche eingerichtet.
Durch mehrere Vorsäle erreicht man das Allerheiligste, in dem die Barke für das Kultbild der Göttin stand. Die Wände sind mit Flachreliefs verziert, auf denen Opferzeremonien dargestellt sind.
Vor dem 1. Pylon wurde in ptolemäischer Zeit eine Rampe, griechisch *dromos*, für die wachsende Zahl der Pilger angelegt. Dieser Säulengang ist 93 m lang, die Decke wird von 31 Säulen (früher 32) von über 5 m Höhe gestützt. Von der Kolonnade führen mehrere Ausgänge in verschiedene Heiligtümer, von denen jedoch nur noch das nördlichste in einem guten Zustand ist: Ein kleiner Tempel des Imhotep, der mit dem griechischen Gott Asklepios, dem Gott der Medizin, identisch ist.
Im Osten der Insel wurde der kolossale Kiosk des Trajan in Verbindung mit einem Anlegeplatz für die Nilprozessionen errichtet.
Im Norden der Insel liegen der Tempel des Kaisers Augustus und das Stadttor Diokletians. Im Zuge des Baus des Assuân-Staudammes war es nötig, die historischen Gebäude von Philae zu versetzen. Im Jahr 1972 begann man die Tempel abzubauen, 1980 hatte man sie auf die in der Nähe gelegene Insel Agílkia transportiert und dort wieder errichtet.

212 unten *Die Insel Philae in der Nähe des 1. Katarakts wird von dem mächtigen Isistempel beherrscht, der von anderen Kultbauten flankiert wird. Da alle diese Bauten im Stausee des Assuân-Dammes verschwunden wären, zerlegte man sie – im Rahmen des internationalen Hilfsprogrammes der UNESCO zur Rettung der nubischen Tempel – und brachte sie auf die nahe gelegene Insel Agílkia, wo man sie an einer höher gelegenen Stelle zwischen 1972 und 1980 wieder aufbaute.*

213 oben links *Das Allerheiligste, im innersten Bereich des Isistempels, beherbergt den Granitsockel, auf dem die heilige Barke der Göttin stand. Er stammt aus der Zeit Ptolemaios III. Euergetes (246–221 v. Chr.). Auf Philae wurde Isis mit der Göttin Sothis in Verbindung gebracht, deren Name auf den Siriusstern zurückgeht. Dessen Erscheinen markierte den Beginn des Nilhochwassers und daher stand der Kult der Isis in enger Verbindung mit den alljährlichen Überschwemmungen.*

213 oben rechts *Der Göttin Isis, hier auf einem der Flachreliefs am 1. Pylon, kam eine Sonderstellung zu. Sie war Tochter des Sonnengottes Rê, Schwestergemahlin des Osiris, Beschützerin der Toten und Muttergöttin allen Lebens. Sie besaß Heilkraft und hatte außergewöhnliche Kenntnisse der Magie.*

213 unten *Horus, falkenköpfiger Sohn der Isis und des Osiris, war Herr des Himmels und zugleich Beschützer des Pharaos.*

214–215 *Das Bildnis der Göttin Hathor erscheint auf den Kapitellen einiger Säulen in der Nähe des Laubenganges von Nektanebos.*

LEPTIS MAGNA

Das Rom Afrikas

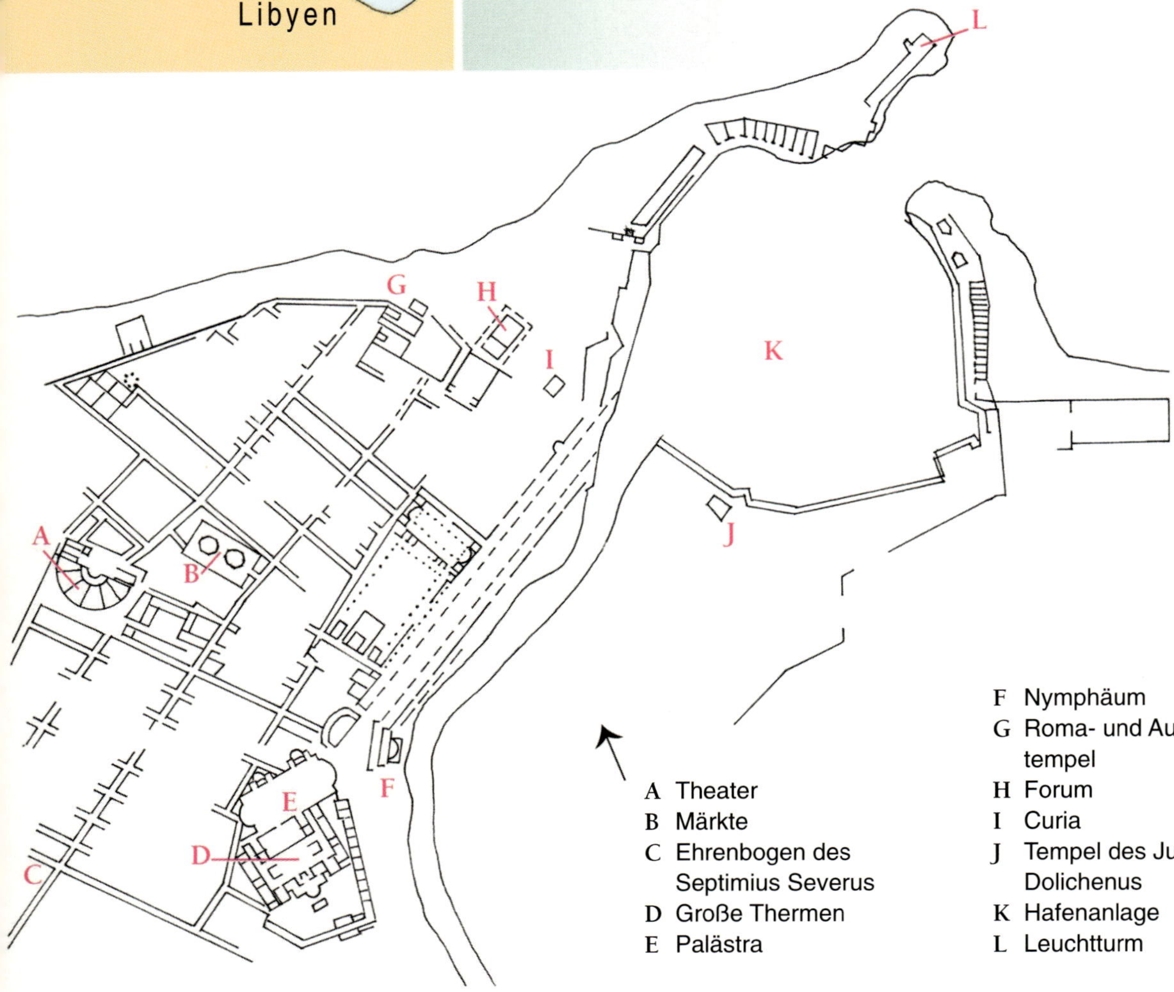

A Theater
B Märkte
C Ehrenbogen des Septimius Severus
D Große Thermen
E Palästra
F Nymphäum
G Roma- und Augustustempel
H Forum
I Curia
J Tempel des Jupiter Dolichenus
K Hafenanlage
L Leuchtturm

__216 unten links__ Unter Septimius Severus, der im Jahr 146 in Leptis Magna geboren wurde, begannen umfangreiche Baumaßnahmen, die die Stadt in eine glanzvolle Metropole verwandelten. Auf dem Bild ist eine der Medusen zu sehen, die das Neue Forum schmückten.

__216 unten rechts__ Akanthusornamente schmücken die Pfeiler an der Apsis der severischen Basilika.

__216–217__ Die severische Basilika spiegelt den römischen Geschmack wider, der Ende des 2. Jahrhunderts in Mode kam. Die Säulen wurden aus rotem Granit gefertigt, Kapitelle und Sockel aus weißem Marmor. Mit einer Anhäufung von Nischen versuchte man die massiven Wände aufzulockern.

Leptis Magna war eine der bedeutendsten römischen Hafenstädte in Nordafrika. Die Stadt wurde im 7. Jahrhundert verlassen und niemals wieder besiedelt. Sie war fast vollständig aus Stein erbaut.
Eine bis zu 12 m dicke Schicht aus Wüstensand bedeckte Leptis Magna im Lauf der Zeit, sodass die Stadt bis zu einem gewissen Grad, insbesondere die Plastiken und Reliefs, vor Erosion geschützt war. Die ersten Nachrichten von der Existenz dieser Stadt kamen von einem Franzosen, der von arabischen Piraten verschleppt und in Tripolis von 1668 bis 1676 gefangen gehalten wurde. Nach seiner Freilassung kehrte er nach Frankreich zurück und schrieb einen Bericht über seine Abenteuer, in dem er auch einen Besuch in den Ruinen einer großen Stadt erwähnte.
Die Relikte von Leptis Magna, die von einigen Wissenschaftlern erforscht worden waren, wurden schon bald zu einem Steinbruch für andere Bauten.
Säulen, Kapitelle, Architraven, Friese und Flachreliefs wurden nach Tripolis, Paris und London transportiert und schmücken dort öffentliche und private Gebäude.
Diese katastrophale Situation fand erst im Jahr 1921 ein Ende, als die Italiener mit gezielten archäologischen Ausgrabungen begannen. Diese ersten Ausgrabungen wurden zuerst von Salvatore Aurigemma und nachfolgend von Pietro Romanelli und anderen italienischen Wissenschaftlern geleitet.
Die Freilegung der Stadt gestaltete sich relativ einfach, da man die Umrisse der Straßen und Gebäude unter der Sandschicht leicht ausmachen konnte. Das einzige Problem während der Ausgrabungen war, den Sand so weit weg zu befördern, dass der Wind ihn nicht wieder zurückwehen konnte.
Die Katalogisierung der umfangreichen architektonischen Anlage und der Fundstücke war jedoch eine langwierige und komplexe Aufgabe. Diese ermüdende Arbeit war unbedingt notwendig für die korrekte Rekonstruktion der Hauptgebäude der Stadt.
Ab 1951, nachdem Libyen wieder seine Unabhängigkeit erhalten hatte, wurden sehr viele Gebäude, unter Mithilfe englischer Archäologen, wieder aufgebaut.
Heute ist die Stadt wegen ihrer zahlreichen Funde als das „Rom Afrikas“ bekannt.
Leptis Magna war eine blühende Stadt im

Gebiet Tripolitanien, von den Phönikern vermutlich im 10. Jahrhundert v. Chr. unter dem Namen „Lgqi“ beziehungsweise „Lpgi“ als Handelsplatz gegründet. Zur Unterscheidung von der nahe gelegenen Siedlung Leptis Minor erhielt Leptis im 2. Jahrhundert v. Chr. den Zusatz Magna. Vermutlich ab dem 6. Jahrhundert v. Chr. war die Stadt von Karthago abhängig, das Leptis Magna zur punischen Stadt ausbauen ließ. 46 v. Chr. wurde es Teil der Provinz Afrika, nachdem Cäsar die Armee des Pompeius bei Thapsus geschlagen hatte.

Zur Zeit des Augustus (63 v. Chr.–14 n. Chr.) wurde die Stadt ausgebaut. Es wurden zwei Hauptachsen angelegt, die westlich des Wadi Lebda lagen, eines langsam fließenden Stromes mit saisonalen Überschwemmungen. Dank einiger reicher Sponsoren erhielt die Stadt im 1. und 2. Jahrhundert etliche prächtige Bauwerke, so z.B. das Alte Forum, mit Curia (Versammlungsräume), eine Basilika, den Tempel des Liber Pater, den Roma- und Augustustempel und einen dritten Tempel (vermutlich für Herakles).

Der Markt war eine rechteckige Fläche, die von Säulenhallen begrenzt wurde und in deren Mitte zwei runde Pavillons innerhalb einer achteckigen Säulenhalle standen. In der Nähe befand sich ein Theater, dessen unterer Tribünenbereich sich an einen natürlichen Hügel schmiegte, wohingegen der obere Teil eine Steinkonstruktion war, ebenso wie das Chalcidicum, ein Handelszentrum, das im Jahr 11 erbaut wurde.
Im Jahr 110 wurde Leptis Magna unter Trajan Kolonie. 13 Jahre später erlebte die Stadt unter Hadrian (123–127) einen erneuten Aufschwung. Dieser Kaiser ließ die Großen Thermen, ein unterirdisches Aquädukt, eine Palästra, einen Tempel für Jupiter Dolichenus und ein Serapis erbauen. Des Weiteren ließ er Antonius Pius eine Exedra (Nische) und Mark Aurel einen Ehrenbogen stiften.
Eine noch nie dagewesene Blütezeit erlebte Leptis Magna unter der Regierung von Kaiser Septimius Severus, der 146 in Leptis Magna geboren wurde und eine äußerst aktive Bautätigkeit entwickelte. Seine umfangreichen städtebaulichen Projekte reichten von der Hauptstraße bis zum Bett des Wadi Lebda, dessen Flusslauf er vor die Tore der Stadt verlegte. Die neue Hauptstraße war eine imposante, 20 m breite Säulenstraße. Sie führte von den Großen Thermen mit dem gewaltigen Nymphäum bis zur mit Marmor ausgestatteten Hafenanlage. Westlich dieser Straße lagen das Neue Forum mit einem Tempel für den Kaiserkult und die severische Basilika mit ihren wunderbaren Marmorarbeiten, Statuen und Reliefs, auf denen man häufig Akanthusornamente, Tierköpfe oder mythologische Darstellungen findet. In Leptis Magna kann man Severus' eleganten Geschmack erkennen: Er hatte eine Vorliebe für Apsiden, Nischen und Kolonnaden sowie für Hell-Dunkel-Effekte, die er durch Verwendung verschiedenster Baumaterialien hervorhob. Besonders deutlich wird dies am großen viertorigen Ehrenbogen (Tetrapylon). Dieser, von Archäologen rekonstruierte

218 oben *Das Forum ist übersät mit Relikten aus der Antike, die darauf warten, restauriert und in ihre ursprüngliche Position gebracht zu werden. All diese Reste dokumentieren den Reichtum der antiken Stadt Leptis Magna.*

218 unten und 219 *Dieser Kopf einer Medusa war Teil der aufwändigen Dekoration des Forums. Das Neue Forum wurde unter Septimius Severus begonnen und unter Caracalla im Jahr 216 fertig gestellt.*

218–219 *Septimius Severus versuchte Gebäude mit Apsiden, Nischen und Kolonnaden zu beleben, so z.B. die Straße, die außerhalb der severischen Basilika liegt und an das Alte Forum grenzt. Wundervoll ist das Farbenspiel, das durch die Verwendung verschiedener Materialien erreicht wird.*

Bogen, war an der Kreuzung der Ost-West- und Nord-Süd-Achse erbaut. Auf den Friesen der Pfeiler sind ähnliche Szenen zu sehen wie in der Basilika, wohingegen die Skulpturen politische und religiöse Szenen darstellen.
Im Lauf der Zeit wurde Leptis Magna zu einer der reichsten Städte des Mittelmeerraums. Diesen Fortschritt hatte Leptis Magna auch den ständig steigenden Exporten zu verdanken, die durch die Güter aus dem Landesinneren, wie z.B. Elfenbein, wertvolle Steine, Sklaven, exotische Tiere, aber auch lokale Produkte, erst möglich wurden. Leptis Magna war für sein Olivenöl berühmt, und ebenso florierte der Industriezweig des Pökelns von Thunfisch sowie die Produktion von *garum,* einer berühmten Sauce, die aus gegarten inneren Organen von eingesalzenen Fischen hergestellt wurde, eines der Grundnahrungsmittel der römischen Küche.
455 wurde Leptis Magna von den Wandalen erobert, womit der Niedergang der Stadt begann. Unter Justinian lebte die Stadt noch einmal kurz auf. Sie wurde nochmals befestigt, es entstanden fünf christliche Kirchen und die severische Basilika wurde in eine christliche Kirche umgewandelt (um 530–550). Die Araberinvasion 643 sowie die rasche Versandung besiegelten schließlich den endgültigen Untergang von Leptis Magna.

220–221 *Der Markt in Leptis Magna war der blühendste aller afrikanischen Provinzen. Er war Ziel der Karawanen aus dem Landesinneren, die dort wertvolle Waren, Sklaven und exotische Tiere feilboten. Von den umliegenden Gebieten wurden enorme Mengen an Olivenöl und von den Küsten* garum *(eine Sauce) und Salzfisch angeliefert.*

221 oben und 224–225 *Das Theater in Leptis Magna wurde unter Augustus dank der Spenden eines reichen Kaufmannes errichtet. Die kunstvolle Skene wurde unter Antonius Pius Mitte des 2. Jahrhunderts erbaut.*

221 Mitte *Einige ionische Säulen stehen auch heute noch auf dem Alten Forum. Diese waren Teil des Tempels, der im 1. Jahrhundert vermutlich für Herakles errichtet worden war. Der Platz im Vordergrund, der unter Augustus erstmals umgebaut wurde, war bis zu den umfangreichen Umgestaltungen unter Septimius Severus Zentrum der Stadt.*

221 unten *Teilansicht der Großen Thermen, die 123–127 unter Hadrian angelegt wurden.*

222–223 *Diese Aufnahme zeigt einen der Tholoi im Innern des Macellums.*

226–227 *Auf dieser Luftaufnahme kann man die Ausgrabungsstätte von Leptis Magna in ihrer ganzen Pracht bewundern.*

I X·IIS CC A MARCIO VITALE ITEMQV

ASIEN

Einleitung

Der Nahe Osten erstreckt sich über ca. 2000 km². Obwohl das Gebiet relativ klein ist, gibt es doch die verschiedensten Landschafts-, Vegetations- und Klimazonen. Gebirgsketten wechseln mit Schwemmland und dürren Hochebenen ab. Große Flüsse wie Euphrat und Tigris fließen durch Gebiete, die sonst völlig ausgedörrt wären. Der so genannte „fruchtbare Halbmond", eine Bezeichnung für den Nahen Osten im Allgemeinen, ist ein halbkreisförmiges Land, das bewässert und dadurch fruchtbar gemacht wurde. Hier haben sich Bauern niedergelassen, und es wurden Städte gegründet, die sich von Palästina nach Syrien und Mesopotamien erstreckten, dessen südlichste Ausläufer die syrisch-arabische Wüste und dessen nördlichste Gebiete das Hochland von Anatolien, Armenien und der Iran sind. Tief werden die Hochebenen von Tälern und Becken eingeschnitten, die die Merkmale eines fruchtbaren halbmondförmigen Gürtels im

Kleinen aufweisen: Das bewässerte Land besteht aus niedrigeren Bergen und Wüstenstreifen, und auf dem trockenen Plateau liegen einige Oasen verstreut. Der Nahe Osten besitzt keine landschaftliche Geschlossenheit, dies ist aus historischer Sicht gesehen wichtig für das Verständnis der ebenfalls äußerst unterschiedlichen sozialen Strukturen dieses Gebietes.
Die geografischen Unterschiede geben auch Aufschluss über die unterschiedliche Entwicklung, die wechselnden politischen Verhältnisse und die kulturellen Unterschiede in diesem Gebiet. Unter solchen Lebensbedingungen sieht die Anlage eines typischen Stadtstaates normalerweise so aus: Es gibt einen Kern, der dicht besiedelt ist. Dieser Kern ist im Idealfall ein Stadtkern, um den herum sich bewässertes, kultiviertes Land befindet, in diesem Land liegen wiederum einige kleinere Dörfer.

Die Ausläufer dieser Siedlungsgebiete sind entweder Steppenlandschaften oder Gebirge, die weniger dicht und nur von Schafhirten, umherziehendem Volk und Plünderern besiedelt sind. Diese Gebiete gehen sukzessive in unbewohnte Landstriche über, die nur als Rohstoffquellen nützlich sind. Im Nahen Osten gibt es viele solcher Siedlungen mit den dazugehörigen Ausläufern, die sich im Lauf der Zeit durch wirtschaftliche Veränderungen entwickelt haben und ein kulturelles und politisches Erbe hinterließen. Ein Paradebeispiel hierfür ist Ur, im südlichen Mesopotamien, das sich von einem kleinen Dorf zu einem mächtigen Stadtstaat und später zur Hauptstadt des vereinigten Nieder-Mesopotamien entwickelte und diesen Rang erst unter König Hammurapi an Babylon verlor. Ur wurde von den westsemitischen Nomaden (Amoriter) gegründet, die hauptsächlich vom Ackerbau lebten. Sie kamen von Syrien und Palästina und zogen nach Ober-Mesopotamien. Sie unterschieden sich von den östlichen Semiten, die bis zum Zusammenbruch des Ur-Reiches in Unter-Mesopotamien lebten. Schritt für Schritt drangen die amoritischen Nomaden in das Gebiet von Ur ein und wurden dort einflussreicher. Bisher waren sie in einer Außenseiterposition gewesen, ein Volk, das vorwiegend von Ackerbau und Viehzucht lebte, doch nun hatten sie sich vom Nomaden zum sesshaften Bauern entwickelt. Sie wollten sich wirtschaftlich an die Stadt anbinden und die Kontrolle über den Viehbestand und die Produktion durch eine zentralisierte Verwaltung erlangen.
Babylon geriet 539 v. Chr. unter die Herrschaft des persischen Reiches. Das Zentrum des großen mesopotamischen Reiches stand in Verbindung mit anderen Zentren entlang des Nil, in der Ägäis im Industal und in Zentralasien. Babylon war neben Susa und Ekbatana eine der Hauptstädte des Reiches. Bedeutende Relikte der babylonischen Kultur, die auch ägyptische Elemente und Einflüsse aus der Ägäis erkennen lassen, wurden in Persepolis, einst Hauptstadt des Reiches, gefunden. Die Zerstörung der Akropolis von Athen unter Xerxes I. kam Persepolis teuer zu stehen. Alexander der Große brannte die prächtigsten Bauten nieder und erhob Griechisch zur Landessprache.
Die Kultstätte Nemrut Dagh, der Grabhügel Antiochos' I., bringt sowohl griechische als auch persische Elemente zum Ausdruck. Die Gesichter der Monumentalstatuen haben griechische Züge, aber die Frisuren lassen persische Einflüsse erkennen, während die Inschriften hinter den Statuen in griechischer Sprache verfasst sind.
Ehphesos war Knotenpunkt der lydischen, ionischen und karischen Welt. Ab dem 10. Jahrhundert v. Chr. wurde es von Griechen, die aus Athen kamen, besiedelt und entwickelte sich zu einer reichen Handelsstadt mit bedeutendem Hafen. 560 v. Chr. wurde die Stadt vom Lyderkönig Krösus erobert. Traditionell in der Antike war der Handel über weite Strecken, z.B. die Durchquerung des Nahen Ostens auf dem Seeweg (Persischer Golf), entlang von Flüssen (Euphrat und Tigris) und auf dem Landweg. Wichtige Handelsstadt für alle Karawanen von Saudi-Arabien nach Syrien war Petra, die Hauptstadt des Nabatäerreiches, das die Handelswege von Südarabien zum Mittelmeer kontrollierte.
Nach der Besetzung durch die Römer wurde Petra 106 zur Provinz Arabia und verlor an Bedeutung zu Gunsten von Palmyra. Die Stadt spielte eine herausragende Rolle als Knotenpunkt zwischen der orientalischen, griechischen und römischen Kultur. Sie wurde zu einer wichtigen Anlaufstelle für alle Karawanen auf der Südroute der Seidenstraße (zwischen dem mittleren Euphrat und Damaskus).

Desideria Viola

228 links *In Angkor (Kambodscha) befindet sich der bedeutendste Gebäudekomplex Südostasiens, der zum Weltkulturerbe zählt. Auf der riesigen Fläche dieser Anlage, die teilweise vom Dschungel überwuchert ist, erheben sich die großen Tempel der Hauptstadt der Khmer. Auf diesem Bild ist ein Detail eines Buddhagesichtes zu sehen, das man an den Türmen von Angkor unendlich oft findet.*

228 oben rechts *In Mamallipuram wurden die Steinwände des Tempels zu kunstvollen Reliefs bearbeitet.*

228–229 *Die Schlacht zwischen Löwen und Stieren ist auf einem Flachrelief am Königlichen Palast in Persepolis zu sehen.*

232–233 *Der Wat Mahathat ist einer der zahlreichen Tempel, die typisch sind für Ayutthaya, die antike Hauptstadt Thailands.*

234–235 *Der Tempel von Someshvara in Kiradu in Radschastan datiert aus dem elften Jahrhundert.*

Aus historischer und kultureller Sicht ist Asien einer der bedeutendsten und faszinierendsten Kontinente der Erde. Es gibt unzählige Relikte vergangener Kulturen und es ist auch heute noch möglich, Einzigartiges zu entdecken. Dies gelang z.B. 1974 in Lintong (China). Hier fand man eine Armee aus Terrakottafiguren, die aus Tausenden lebensgroßer Krieger und Pferden bestand. Sie sollten die Grabanlage des Kaisers Qin Shi Huangdi schützen.
Die chinesische und die indische Zivilisation stellen zwei Pole der asiatischen Geschichte dar. Obwohl sie sich stark voneinander unterscheiden, haben sie doch eines gemeinsam: In beiden Staaten war der Buddhismus Staatsreligion.
Ursprungsland des Buddhismus war Indien. Von hier aus verbreitete sich die Religion in zwei Hauptrichtungen: Im Süden von Sri Lanka nach Indochina und im Norden, der Seidenstraße folgend, von China nach Japan. Die Stupas von Sanchi und die Höhlen von Ajanta in Indien, die Tempelanlage von Borobudur auf Java, die Pagoden und Tempel von Pagan in Birma, der Tempelberg von Bayon in Angkor (Kambodscha) und die Höhlentempel von Longmen in China bezeugen Ausdruckskraft und Größe dieser Religion.
Die Anfänge der buddhistischen Architektur liegen im Bau des Stupa, eines einfachen Grabhügels über dem eingeäscherten Buddha. Sie durchläuft dann eine Folge von Entwicklungsstufen, indem die Bauwerke mit Balustraden und prächtigen Portalen verschönert werden, wie beispielsweise in Sanchi. Eine Weiterentwicklung erfährt die Architektur z.B. auch in Borobudur, die schließlich zum Bau von Tempelanlagen mit religiösen Zwecken dienenden Innenräumen führt, wie dies bei den Tempelanlagen von Pagan der Fall ist. Siddharta Gautama oder Buddha wurde zunächst nur symbolisch dargestellt, später wird er jedoch in verschiedenen Positionen abgebildet inmitten einer immer größer werdenden Anzahl von Göttern und Göttinnen.
In den Höhlenmalereien von Ajanta sind die Geschichte des Erleuchteten und die Entwicklung des Buddhismus im Alltag dargestellt. Dadurch konnte man viele Rückschlüsse auf das Leben in der damaligen Zeit ziehen.
In Longmen haben Generationen von Bildhauern unzählige Buddha- und Bodhisattvafiguren aus Höhlen, Klüften und Nischen gehauen. Am Tempelberg von Bayon, an dem dem König als einem Erleuchteten Bodhisattva gehuldigt wird, wird deutlich wie komplex und esoterisch die einfache Heilsbotschaft Buddhas im Lauf der Jahrhunderte wurde.
Auch wenn Bodhisattvas den Status eines Erleuchteten innehatten, behielten sie weiterhin ihre Rolle, das Leiden der Menschheit zu teilen und die Menschen zum Verstehen und zur Befreiung zu führen. Indien, die Wiege des Hinduismus, verbannte den Buddhismus jenseits seiner Grenzen. In Indien wurde der Hinduismus zur Hauptreligion. Eine Welle von Konvertierungen zum Hinduismus ging von den südlichen Königreichen aus, von denen Mahabalipuram zu einem der ältesten und faszinierendsten Zentren gehört, und setzte sich bis nach Indochina fort.
Eine der einzigartigsten Ausdrucksformen dieser Religion findet man im Reich der Khmer: Angkor. Die Tempelanlagen symbolisieren das Zentrum des Universums, den Berg Meru und den damit identifizierten König.
Es ist jedoch schwierig, klare Grenzen zwischen Hinduismus und Buddhismus zu ziehen. In der asiatischen Kunst findet man mehr Gemeinsamkeiten als Unterschiede zwischen beiden Religionen, vor allem in der Anlage ihrer religiösen Stätten.

Maria Ausilia Albanese

CHRONOLOGIE

NAHER OSTEN

Erste Ansiedlung nomadischer Völker in Mesopotamien
(um 9300 v. Chr.)

Erste Keramiken entstehen in Mesopotamien
(um 9000 v. Chr.)

Gründung von Jericho
(um 7000 v. Chr.)

Gründung von Ur
(um 4500 v. Chr.)

Erste Schriftstücke entstehen in Mesopotamien
(um 3400 v. Chr.)

Die Sumerer siedeln sich in Mesopotamien an
(um 3200–2800 v. Chr.)

Ur erlebt eine Blütezeit
(um 2300–1940 v. Chr.)

Babylon nimmt unter Hammurapi eine Vormachtstellung in Mesopotamien ein
(1793–1750 v. Chr.)

Ur wird von König Samsu-iluna von Babylon unterworfen
(1729 v. Chr.)

Babylon wird vom hethischen König Mursik I. eingenommen
(um 1530 v. Chr.)

Auszug der Juden aus Ägypten nach Palästina
(um 1200 v. Chr.)

König David erobert Jerusalem
(997 v. Chr.)

Das Reich der Assyrer erreicht unter Asarhaddon und Assurbanipal seine maximale Ausdehnung
(671–655 v. Chr.)

Ninive, die Hauptstadt der Assyrer wird von Medern und Babyloniern zerstört
(612 v. Chr.)

Kyros der Große wird König der Perser und gründet das altpersische Reich
(559–529 v. Chr.)

Babylon wird von Kyros dem Großen erobert
(539 v. Chr.)

Dareios I. gründet Persepolis
(um 518 v. Chr.)

Ur wird verlassen
(um 400 v. Chr.)

Herrschaft Alexanders des Großen
(336–323 v. Chr.)

Alexander der Große brennt Persepolis nieder
(330 v. Chr.)

Baylon wird von Seleukos I. Nikator, dem Begründer der Seleukidendynastie, erobert
(312 v. Chr.)

Die Parther erobern Mesopotamien
(141 v. Chr.)

Herrschaft Herodes des Großen
(39–4 v.Chr.)

Kreuzigung Christi
(33)

Aufstand der Juden
(66–70)

Zerstörung des Tempels in Jerusalem
(70)

Petra wird Provinz des Römischen Imperiums
(70)

Ardaschir I. gründet die Sassanidenherrschaft im Iran
(224)

Palmyra lehnt sich gegen Rom unter König Zenobia auf
(266–272)

Mohammed begründet den Islam
(um 610–632)

FERNER OSTEN

In Banpo, einer Siedlung der jungsteinzeitlichen Yangshaokultur bei Xi'an, werden bemalte Keramiken mit Piktogrammen hergestellt, die als älteste Vorläufer der chinesischen Schrift gelten
(5. Jahrtausend v. Chr.)

Entwicklung von Siedlungen am Indus
(um 2750 v. Chr.)

Entstehen der Shangdynastie in China
(um 1600 v. Chr.)

Entwicklung des Kastensystems in Indien
(um 1300–1100 v. Chr.)

Vernichtung des Shangreiches durch die Zhou
(um 1050 v. Chr.)

Leben des Buddha
(um 560–480 v. Chr.)

Leben des Konfuzius
(551–479 v. Chr.)

Erste regionale Königreiche in Indien
(550 v. Chr.)

Ashoka, Kaiser der Mauryadynastie, schafft das erste indische Großreich und setzt sich für die Verbreitung des Buddhismus ein
(273/265–238/232 v. Chr.)

Qin Shi Huangdi wird der erste chinesische Kaiser
(221–210 v. Chr.)

Liu Bang wird der erste chinesische Kaiser (Gaozu), der aus dem einfachen Volk stammt
(202–195 v. Chr.)

China expandiert in den Westen
(um 119 v. Chr.)

In Indien wird festgesetzt, dass die Kaste der Kshatriyas die Kaste der Herrschenden wird
(um 150)

„Steppenvölker" dringen in China ein und verursachen den Zusammenbruch des Reiches
(317–386)

In Indien erlebt das Guptareich unter Candragupta II. eine Blütezeit
(375–413/415)

Nordchina wird unter dem Herrscherklan der Toba vereinigt
(439)

Die Khmer erobern Funan und gründen ein Hindu-Königreich in Kambodscha
(6. Jahrhundert)

Zerstörung des Guptareiches durch die Hunnen
(502–528)

Kaiser Wendi gründet die Suidynastie
(581–604)

Die Tangdynastie schafft eine Zentral- und Lokalverwaltung
(ab 618)

Die Salendradynastie auf Java verstärkt ihre Position in Kambodscha
(700–810)

Die Tempelanlage von Borobudur, dem größten buddhistischen Tempel wird auf Java erbaut
(um 800)

Jayavarman befreit Kambodscha von der Herrschaft Javas
(802–850)

ASIEN

Die Khmerherrscher beginnen mit dem Bau von Angkor (889)

Gründung des Königreiches Birma (900–1000)

Kaiser Taizu begründet in China die Songdynastie (960)

Pagan wird Hauptstadt des ersten birmanischen Reiches (1044)

Die Cham stecken Angkor in Brand (1177)

Herrschaft von Jayavarman VII., der Angkor wieder aufbaut und der Stadt (jetzt Angkor Thom) zu erneuter Blüte verhilft (1181–1219)

Herrschaft des Dschingis Khan, der das mongolische Weltreich gründet (1206–1227)

Herrschaft von Sultanen in Indien (ab 1206)

Kubilai vereinigt China und lässt sich zum Kaiser ausrufen (1279–1294)

Die Mongolen zerstören Pagan (1287)

Reisen Marco Polos in China (1271–1292)

Beginn der Mingdynastie in China (1368)

Die Khmer verlassen Angkor und verlegen die Hauptstadt nach Phnom Penh (1434)

NEMRUT DAGH

Berg der Steingötter

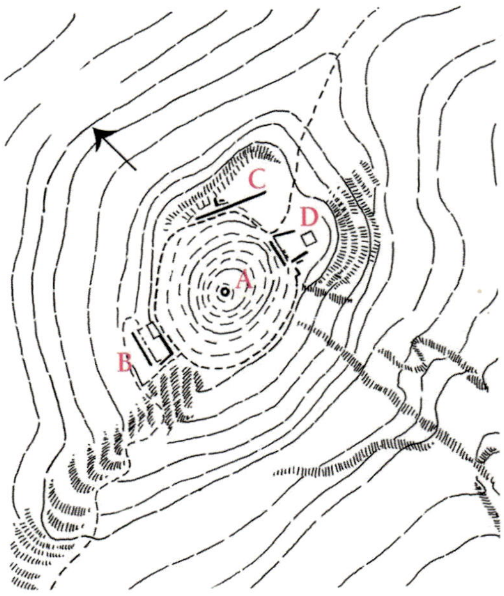

A Grabhügel
B West-Terrasse
C Nord-Terrasse
D Ost-Terrasse

236–237 1881 brachte der deutsche Ingenieur Karl Sester den Archäologen Otto Puchstein nach Nemrut Dagh. Dem jungen Wissenschaftler war die Bedeutung der Entdeckung dieser Kultstätte sofort klar. Die Studien am Grab Antiochos I. führten zu Erkenntnissen über das kleine Königreich der Kommagene und seinen ehrgeizigen Herrscher.

236 oben *Diese Löwenstatue, d verkörpert die Versetzung Antiochos' I. in das Sternbild des Löwen.*

1880 leitete der deutsche Ingenieur Karl Sester im Auftrag der türkischen Regierung eine Expedition im Osten Kleinasiens, die der Erforschung des Gebietes dienen sollte. Ihr Ziel war, ein Straßennetz zu entwerfen, das dieses Gebiet mit Zentral-Anatolien und den Mittelmeerhäfen verbinden sollte.

Eines Tages lenkte einer seiner kurdischen Begleiter während eines Erkundungsrittes seine Aufmerksamkeit auf einen gewaltigen Hügel, der die Krone eines Gebirgsausläufers des Taurus war und den Namen Nemrut Dagh trug. Ein seltsames Gebilde erhob sich in der Ferne und so konnte Karl Sester zunächst den Erklärungen seiner Begleiter nicht glauben, die behaupteten, dass sich vor dem Hügel gewaltige Götterstatuen erheben. Wenn dort wirklich ein so gewaltiges Monument stand, warum war dann nichts in die Karte eingezeichnet, warum hatte er dann niemals etwas davon gehört? Viele Europäer, darunter bekannte Wissenschaftler, hatten diese Region in den vergangenen Jahrzehnten besucht. Sie mussten doch die ungewöhnliche Form des Berges gesehen und diese Geschichten gehört haben! Es war äußerst unwahrscheinlich, dass noch niemand den Gipfel erklommen hatte, um zu sehen, ob dieser natürlich sei oder nicht. Nemrut Dagh war nur 2150 m hoch und daher war es unwahrscheinlich, dass sich noch niemand an diese Aufgabe gewagt hatte.

Karl Sester entschloss sich, den Berg zu besteigen. Als er den Gipfel erreichte, war er erstaunt über den Anblick, der sich ihm bot: Der Gipfel des Berges war wirklich ein Werk von Menschen! Gigantische Figuren standen auf Thronen. Fragmente von Monumenten lagen überall herum, ein Wirrwarr aus Menschen- und Tierköpfen, Gliedmaßen und Blöcken mit griechischen Inschriften. Er informierte die Akademie in Berlin über seine Entdeckung und lieferte eine detaillierte Beschreibung der Funde, aber er stieß nur auf geringes Interesse. 1881 informierte die Akademie trotzdem den Archäologen Otto Puchstein, der sich zu dieser Zeit in Alexandria aufhielt, und bat ihn, Kontakt mit Sester aufzunehmen. Puchstein, der später Vorsitzender des Archäologischen Institutes in Berlin wurde und wegen seiner Arbeit am Pergamon-Altar berühmt werden sollte, realisierte sofort, dass die Entdeckung dieser Kultstätte äußerst bedeutsam war.

Der präzise Bericht, den er nach Deutschland sandte, beeindruckte den Ausschuss der Akademie so sehr, dass sie eine Expedition mit Puchstein und Sester für das nächste Jahr ansetzten. Die Entdeckung Sesters wurde während dieser Expedition bestätigt, sein Name ging in die Geschichte der Archäologie ein: Die Expedition sollte die Geschichte eines untergegangenen Königreiches ans Licht bringen.

Die Ruinen waren jedoch nicht Teil eines assyrischen Monuments, wie Sester ursprünglich angenommen hatte, sondern

237 Mitte *Der Löwe war eines der Wappentiere des Königreiches Kommagene.*

237 unten *Der Kopf eines Adlers und der Göttin Kommagene liegen am Boden vor den Statuen, zu denen sie einst gehörten.*

238–239 *Das warme Licht des Sonnenuntergangs strahlt auf den Grabhügel und die Überreste der Kolossalstatuen.*

240–241 *Die kolossalen Götterbilder, die auf den zwei großen Terrassen vor dem Grabhügel standen, sind Symbole des Traumes Antiochos' I., der sich bereits zu seinen Lebzeiten als nicht realisierbar herausstellte. Jede dieser Figuren sollte in einem Abbild mehrere Götter in sich vereinen, auch wenn die Götter und Kulturen, denen sie angehörten, gänzlich unterschiedlich waren. Sein Volk lehnte nicht nur diese neue Religion, sondern vor allem den Versuch der Hellenisierung der Religion und Kultur ab.*

das gewaltige Grab von Antiochos I., dem König der Kommagene.

Das Gebiet des heutigen Anatolien zwischen dem Taurusgebirge und dem Euphrat ist sehr fruchtbar und hatte früher seine große strategische Bedeutung, was zur Folge hatte, dass die Geschichte dieser Region äußerst turbulent war. Unter Sargon II. (721–705 v. Chr.) wurde Kommagene Provinz des neuassyrischen Reiches. Erst im 3. Jahrhundert v. Chr. wurde Kommagene unter einer einheimischen Dynastie, die sich später mit den Seleukiden verband, unabhängig.

Aus kulturhistorischer Sicht war Kommagene niemals ein einheitliches Gebiet. Der unübersehbare griechische Einfluss konnte die orientalischen Einflüsse der einheimi-

schen Bevölkerung, die zum größten Teil von den Semiten abstammten, nicht besiegen.
Im Jahr 69 v. Chr. übernahm Antiochos I. den Thron. Sein größtes Ziel war es, das Land zu hellenisieren. Er ließ eine monumentale Grabstätte zu Ehren seines Vaters, Mithridates I. Kallinikos, in der Stadt Arsameia, dem heutigen Eski Kâhta, errichten. Die Inschriften waren in Griechisch, die Reliefs des aufwändig gestalteten Monuments in griechischem Stil gehalten. In einer Szene ist der König abgebildet, der die Götter Apollon-Helios und Artagenes-Herkules begrüßt.
Wenig später ließ Antiochos ein gewaltiges Grab auf dem Nemrut Dagh für sich bauen. Dieses sollte die Form eines 50 m hohen Hügels erhalten, der Dreh- und Angelpunkt einer neuen theokratischen Ordnung werden sollte, deren Vorsitz Antiochos für sich beanspruchte.
Um dies zu unterstreichen, nannte er die Anlage „Hierothèsion" – Königsgrab und Heiligtum in einem. Auch die Auswahl des Ortes für dieses Hierothèsion wurde nicht dem Zufall überlassen: Der Gipfel des Berges war von weitem sichtbar und die Höhe des Bauwerkes sollte die Nähe zu den Göttern symbolisieren.
Antiochos war sich der Tatsache bewusst, dass Kommagene genau zwischen den Mächten im Osten und Westen lag, und so suchte er den Kontakt zu beiden. Aus diesem Grund entschloss er sich im Heiligtum die Statuen der griechischen, römischen, persischen und sogar der anatolischen Götter aufzustellen und diese vier Religionen miteinander zu vereinen.
Antiochos beteuert auf den Inschriften von Nemrut Dagh seine Freundschaft zu den Griechen und Römern, unterstreicht aber auch seine Verbundenheit mit Alexander dem Großen, wegen seiner mütterlichen Abstammung, und mit dem Perserkönig Dareios, wegen seiner väterlichen Abstammung.
Antiochos war überzeugt, dass sein Geist sich nach seinem Tod in den Himmel erheben würde, wo er neben Zeus-Oromasdes thronen würde, eine Mischung des mächtigsten westlichen Gottes Zeus und Ahura Masda, dem großen Gott der Perser. Deshalb ließ er eine gewaltige Statue seiner Person aufstellen. Er versuchte sich in den Rang eines Gottes zu erheben und dies der Bevölkerung stets vor Augen zu führen, die er systematisch hellenisierte. Besonders tritt dies anhand der griechischen Inschriften von Nemrut Dagh zu Tage, die nicht die Sprache der einheimischen Bevölkerung war, die diese Sprache nicht lernen und die neue Religion nicht annehmen wollte. Auch die Feste zu Ehren des gottgleichen Königs konnten die Zweifel der Bevölkerung nicht beseitigen, da sie ihre Religion ignoriert sahen. Antiochos starb 34 v. Chr., noch bevor sein gewaltiges Grab vollendet war, er wurde dort jedoch begraben. Sein Sohn Mithridates II. ließ das Monument nicht fertig bauen und wandte sich von der neuen Religion ab, die zwar Vorzüge für die herrschende Schicht hatte, aber nie zu deren Überzeugung geworden war.
Man erreicht das Monument über zwei steile Wege, die von einer Stele in der Nähe des Gipfels markiert werden. Der Hügel hat einen Durchmesser von 160 m und wird flankiert von riesigen künstlichen Terrassen im Osten und Westen und einer kleineren im Norden.
Ein 180 m langer Prozessionsweg führt zu der Tempelanlage und zu den gewaltigen, sitzenden Statuen des Königs und der Götter, die im Hauptquadrat aus dem blanken Fels gehauen worden waren. Anhand von griechischen und persischen Inschriften weiß man, dass diese Statuen

240 unten und 241 *Mit seinem prächtigen Hierothèsion wollte sich Antiochos I. auf eine Stufe mit anderen, bedeutenderen Herrschern stellen: Er wollte die gegensätzlichen Kulturen des Westens und Ostens in einer gemeinsamen Sprache vereinen. Vergleicht man das Gesicht des Artagenes-Herkules auf der West-Terrasse (links) mit dem auf der Ost-Terrasse (rechts), so kann man deutlich stilistische Unterschiede in den Gesichtszügen erkennen Bis heute ist es noch keinem Archäologen gelungen, die Grabkammer zu finden, in der der Herrscher und sein Grabschatz beigesetzt sind. Antiochos' Grab kann man als eine Stätte ansehen, in der dieser Monarch seinem innigsten Wunsch nachkam, möglichst nahe an den „Thronen des Himmels" auch seine eigene letzte Ruhestätte zu finden, nachdem seine Seele zu den Göttern des Himmels, Zeus und Oromasdes, aufgestiegen war.*

242 oben *Der Kopf des Artagenes-Herkules weist Spuren des Verfalls auf.*

242 unten und 244–245 *An den Sockeln der Kolossalstatuen waren Flachreliefs mit Göttern angebracht, die den König begrüßen. Hier gibt Herkules – durch die große Keule eindeutig einzuordnen – dem König die Hand. Die meisten Flachreliefs sind heute nur noch fragmentarisch erhalten.*

243 Der Kopf Antiochos' I. mit der hohen Krone der Kommagene.

auf beiden Terrassen in gleicher Weise angeordnet waren. Von links nach rechts sieht man: den göttergleichen Antiochos neben der Schutzpatronin des Landes Kommagene (eine Frau mit einem Füllhorn in der linken Hand, einem Weizenbündel und Früchten in der rechten Hand und einem Weizenkranz auf dem Kopf als Symbole für die Fruchtbarkeit des Landes), neben ihr Zeus-Oromasdes, Apollon-Helios und Artagenes-Herkules (den man an der gewaltigen Keule in seiner Faust erkennt). Dahinter befindet sich eine Weihinschrift, deren Text zum größten Teil erhalten ist. Darin beschreibt der König zum einen die Riten für seinen Personenkult, aber auch die Ziele des Hierothèsions und das religiöse Gesamtkonzept. Die Götter waren auf beiden Seiten flankiert von einem Adler und einem Löwen, den Symbolen der Macht. Die Sockel der Statuen waren mit Reliefs verziert (heute nur noch bruchstückhaft erhalten), auf denen die Götter den König begrüßen.

Der Platz zwischen dem Altar und den Göttern wurde von Reliefstelen gesäumt, auf denen die Ahnen des Königs dargestellt waren. Auf der Ost-Terrasse befand sich der Hauptaltar, dort wurden die wichtigsten religiösen Zeremonien gefeiert. Neben dem Altar, vor den Göttern, sitzt ein fast 2 m hoher Löwe. Der Körper des Löwen ist mit 19 Sternen und einem halben Mond am Nacken bedeckt und stellt das älteste Horoskoprelief dar, dessen Bedeutung nicht eindeutig geklärt ist.

Vermutlich soll damit die Vergöttlichung beziehungsweise die Versetzung des Königs in das Sternbild des Löwen ausgedrückt werden. Die Sterne sind so angeordnet, dass der Königsstern (Regulus) neben Jupiter, Mars, Merkur und der Mondgöttin Tyche steht. Klar ist jedoch, weshalb die Statuen der Götter im Osten und Westen aufgestellt wurden: Sie sollen die Vereinigung von West und Ost symbolisieren, die Antiochos anstrebte. Die Statuen auf der Ostseite sind noch gut erhalten, wohingegen auf der Westseite nur noch Fragmente stehen. Die Statuen wurden durch die vielen Erdbeben in dieser Gegend zerstört. Die Grabkammer des Antiochos wurde trotz aller Anstrengungen von Archäologen und Schatzgräbern bis heute nicht gefunden.

EPHESOS

Stadt der Philosophen, Kaufleute und Kaiser

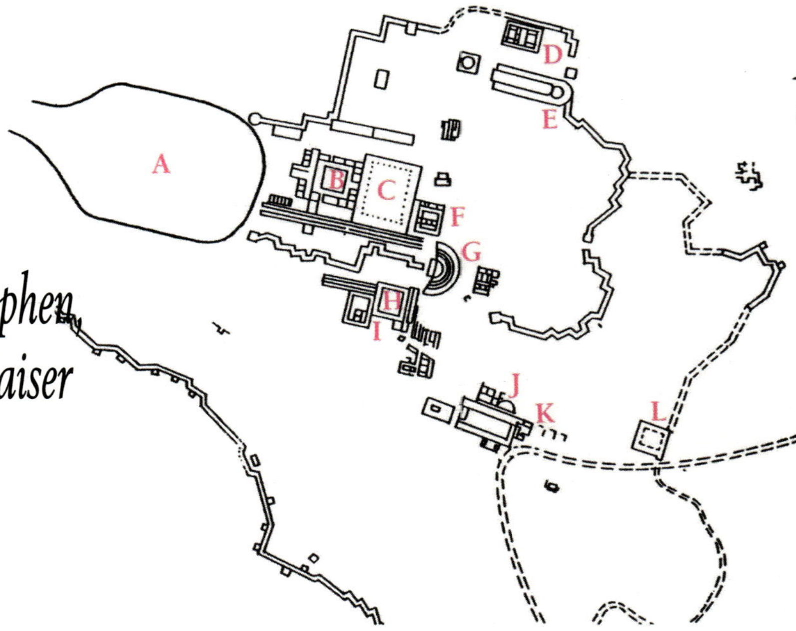

A Hafen
B Hafenthermen
C Verulanus-Hallen
D Vediusgymnasion
E Neronisches Stadion
F Theatergymnasion
G Theater
H Agora
I Celsusbibliothek
J Odeion
K Thermen
L Ostgymnasion

„Die Menschen verstehen das ewige Wort nicht, weder bevor sie es hören noch nachdem sie es einmal gehört haben. Obwohl die Grundlage von allem das Wort ist, sind die Menschen wie ungelernte Arbeiter, da sie zwar Worte und Techniken beherrschen, wie ich es vorführe, aber alles nach seiner materiellen Beschaffenheit unterscheiden und nach dem, was es ist. Die Menschen sind sich nicht bewusst, was sie tun, wenn sie wach sind, und haben keine Erinnerung daran, was sie tun, wenn sie schlafen."

Mit diesen Worten drängte Heraklit von Ephesos, „Der Dunkle" (um 550-480 v. Chr.), ein herausragender Vertreter der Vorsokratiker seine Mitbürger in Ephesos, einer der blühendsten und reichsten griechischen Städte in Kleinasien, sich mit Dingen zu beschäftigen, die über das menschliche Verständnis hinausgehen, und nach den Ursachen des Seins, dem Logos, dem Wort zu suchen.

Viele Jahrhunderte später tat dies auch Paul von Tarsus (Apostel Paulus), als er seine Briefe an die Gemeinde in Ephesos sandte.

Heute kann man die Ruinenstätte von Ephesos, die etwa 10 km landeinwärts bei dem Ort Selçuk liegt, besuchen. Anhand der Ruinen lässt sich ermessen, wie wohlhabend diese Stadt war, über welch luxuriöse Anlagen sie verfügte, wie intensiv Handel und andere Aktivitäten betrieben wurden, welch brillantes kulturelles Leben in dieser antiken ionischen Stadt geherrscht haben musste.

Seit dem 6. Jahrhundert v. Chr. gab es in Ephesos die verschiedensten Herrschaftsformen, Oligarchie, Tyrannis, persische Satraps (Statthalter), demokratische Bündnisse, hellenistische Dynastien und römische Statthalter.

An den Toren von Selçuk stand entsprechend der typisch griechischen Praxis, weit vom antiken Zentrum entfernt, der Artemistempel, der der Göttin der Fruchtbarkeit geweiht war (sie wird mit zehn nackten Brüsten dargestellt).

Der riesige Tempel (155 x 55 m) wurde Mitte des 6. Jahrhunderts v. Chr. erbaut und zählt zu den sieben Weltwundern. Der Historiker Herodot erzählt, dass der Tempel mit den Geldern von König Krösus von Lydien, einem sehr wohlhabenden Mann,

246 oben links *Dieses tanzende Blumenmädchen ist auf einem Flachrelief (1. Jahrhundert) am Memmiusmonument zu bewundern.*

246 oben rechts *Die Statue der Arete, Symbol der Tugend, steht in einer Nische der Celsusbibliothek..*

246 unten links *Die Marmorstraße verband das Theater mit der Celsusbibliothek*

246 unten rechts *Das Trajansnymphäum mit Trajansbrunnen (2. Jahrhundert) ist ein hervorragendes Beispiel für die ästhetische Ausgestaltung und die Versorgungsleistungen der Stadt.*

247 *Touristen aus aller Welt bestaunen die prächtige Fassade der Celsusbibliothek (117–125 erbaut), des berühmtesten Gebäudes in Ephesos. Hier wurden klassisch-griechische und östlich-hellenistische Stilelemente brillant miteinander verbunden.*

248–249 *Auf diesem Panoramafoto dominiert das eindrucksvolle Theater die Ruinen des Säulengangs auf dem Platz von Verulanus.*

erbaut wurde. Nur Rekonstruktionen lassen die Monumentalität des Bauwerkes und die reiche Dekoration erahnen, ein Werk des Baumeisters Chersiphron.
356 v. Chr. wurde das Artemision von Herostratos angezündet, anschließend wieder aufgebaut und 263 durch die Goten abermals beschädigt. Ab dem 4. Jahrhundert diente es als Steinbruch. Der Tempel war ganz aus blassblauem Marmor erbaut. Er ist eines der ersten Beispiele für die Verwendung von Marmor in einem archaischen Tempel, um den Ornamenten mehr Brillanz zu geben.
Mehr noch als die Verwendung von Marmor erzielten die 18 m hohen Säulen einen grandiosen Effekt, die bis in 3 m Höhe mit umlaufenden Reliefs verziert waren, auf denen Frauen und Krieger dargestellt sind. Die Überreste dieser Säulenbasen sind heute im Britischen Museum in London zu sehen.
Nur eine einzige dieser Säulen, die im 4. Jahrhundert v. Chr. rekonstruiert wurden, ist noch erhalten. Sie erhebt sich fast vollständig intakt auf dem ursprünglichen Fundament, halb verborgen von der wild wuchernden Vegetation.
Besonders spektakulär ist es, wenn man vom Hafen von Ephesos über die Arkadiane (Marmorprachtstraße) zum hellenistischen Theater geht, das im 3. Jahrhundert v. Chr. erbaut und während der römischen Herrschaft mehrfach erweitert wurde. Die gewaltige Anlage schmiegt sich an den Westhang des Pion (Panayir Tepesi). Vom Theater aus hat man einen wunderschönen Blick auf die Stadt und das Meer, der einst durch ein hohes Gebäude versperrt war. Nach dem Umbau im 1. Jahrhundert bot das Theater für 24 000–30 000 Zuschauer Platz. Das Straßennetz der Stadt ist aufwän-

250 oben *Die Versorgung von Ephesos durch ein hervorragend ausgebautes Wasserleitungsnetz wurde von Gaius Sextilius Pollio in Angriff genommen. Er ließ Nymphäen, Wasserspeicher und Brunnen bauen, wie diesen hier mit eleganter ionischer Front.*

250 Mitte *Viele Statuen zu Ehren bedeutender Persönlichkeiten der Stadt entstanden in römischer Zeit und zierten die öffentlichen Plätze von Ephesos.*

250 unten links *Die Reste des Domitianstempels (Ende 1. Jahrhundert). Durch eine Vorhalle und eine Peristasis mit 8 x 13 Säulen gelangte man in die Cella.*

250 unten rechts *Girlandenmotive im imperialistischen Stil zieren diese Überreste auf der Akropolis von Ephesos.*

250–251 *Das hellenistische Theater in Ephesos wurde im 3. Jahrhundert v. Chr. in einen Hügel gebaut. In römischer Zeit (1. Jahrhundert) wurde es für die Aufführung von Gladiatorenkämpfen und Tierhetzen umgebaut und konnte schließlich 24 000–30 000 Zuschauern Platz bieten. Es ist teilweise restauriert. Vom Theater aus blickt man auf den heute versandeten Hafen, eine Aussicht, die man früher an dieser Stelle nicht hatte.*

dig gestaltet: Kolonnaden säumen teilweise die Straße. Springbrunnen und Tempel in hellenistischem Stil, typische Beispiele für den griechisch-römischen Einfluss im Osten, aber auch die Häuser der Wohlhabenden, die mit Mosaiken, marmornen Skulpturen und Fresken ausgestattet waren, lassen den Reichtum der Stadt erahnen.
Zwischen 117 und 125 ist eines der elegantesten Gebäude in Ephesos entstanden: die Celsusbibliothek. Julius Aquila ließ die Bibliothek zu Ehren seines Vaters Julius Celsus Polemeanus, der Senator unter Trajan war, an einer Seite der Agora erbauen.
Die Celsusbibliothek war als öffentliche Bücherei, aber auch als Heroon, als Grab für Julius Celsus, gedacht.
Dies war eine besondere Ehre, da Gräber normalerweise außerhalb der Stadt lagen und nur hoch gestellte Persönlichkeiten innerhalb der Stadt ein Grab hatten. Der Sarkophag des Celsus lag in einer Grabkammer unter dem rechteckigen mittleren Raum. Um diesen Raum verliefen Nischen. In der Mauer hinter den Nischen wurde ein Raum freigelassen, um die wertvollen Bücher vor Feuchtigkeit zu schützen, deren Kauf von Celsus und seinen Nachkommen teilweise finanziert worden war. Von der Bibliothek führten Treppen in die Grabkammer und zu den zwei oberen Balkonen, die von einer doppelten, luftigen Galerie unterstützt wurden.
Die Fassade weist ein neues architektonisches Charakteristikum auf: Man muss sie sich im Stil eines kunstvollen Bühnenbildes vorstellen, bestehend aus einer doppelten Säulenreihe auf versetzten Ebenen, wobei die untere Reihe stärker hervortritt, die obere dagegen nach hinten zurückweicht. Zwischen den Säulen zeichnen die Tür- und Fensteröffnungen Licht und Schatteneffekte, und über all dem thront ein reich verziertes Giebeldreieck.
Die Tiefenwirkung wird noch hervorgehoben durch die weiter hinten liegenden Giebel der zweiten Nischenreihe. Jedes Element ist typisch für die klassische Architektur, der Gesamteindruck dagegen wirkt überhaupt nicht klassisch, da die Strukturen der Fassade zurückgenommen wurden, um die ästhetische Funktion des gesamten Baus hervorzuheben.
Die Verherrlichung der Kultur und die Würdigung des Bauherrn kann man auf einigen Inschriften nachlesen. Sie wird außerdem durch das Aufstellen von Tugendsta-

tuen unterstrichen. An den Außenwänden der Bibliothek sind jedoch auch Inschriften ganz anderer Art zu finden: „Wer hier sein Bedürfnis verrichtet, den soll der Zorn der Hekate treffen!" Zu den schönsten Funden in Ephesos zählt der Tempel des Hadrian (127) in hellenistisch-römischem Stil mit einer doppelsäuligen korinthischen Vorhalle. Der umlaufende Architrav wird durch einen viel bewunderten syrischen Bogen unterbrochen.
In die Cella gelangt man durch eine breite rechteckige Türöffnung. Darüber liegt ein elegantes Relief, auf dem eine Sirene zu sehen ist, die einem Blätterkelch entsteigt. Auch das Tonnengewölbe der Cella und die mit Stuck verzierten Wände aus Marmor sind noch zu erkennen; die der Gottheit geweihte Statue ist jedoch verloren gegangen. Vor dem Hadrianstempel sind vier Sockel zu sehen, auf denen früher die Statuen der Tetrarchen Diokletian, Maximian, Galerius und Constantinus Chlorus standen, die später durch die Statue von Theodosius I. ersetzt wurde.

252 oben *Dieses Flachrelief befindet sich über dem Eingangsportal in den Hadrianstempel in Ephesos. Stilistisch sind hier sowohl asiatische als auch hellenistische Elemente vereint. Dargestellt ist eine Sirene, die aus einem Blätterkelch emporsteigt.*

252 unten *Dieses mythologische, aus vier Platten bestehende Fries ist zeitlich in die Spätantike einzuordnen und wurde im Zuge von Restaurierungsarbeiten Ende des 4. Jahrhunderts in den Hadrianstempel eingesetzt.*

252–253 *Auf diesem Bild des Hadrianstempel kommen die Harmonie und Ausgewogenheit von Proportionen und Dekorationen gut zur Geltung. Die Schmuckfassade ziert ein Eingangsbogen, ein typisch syrisches Element, das in Kleinasien und dem Vorderen Orient zu dieser Zeit weit verbreitet war.*

253 *Auf diesem Bild von der Akropolis ist das Tor des Herkules zu sehen, das von zwei massiven Pfeilern begrenzt wird. Diese Pfeiler sind Hochreliefs aus dem 4. Jahrhundert. Sie stellen den Gott Herkules dar.*

254–255 *Dieses Detail zeigt das Gebälk des Hadriantempels mit dem typischen, gebogenen Element, das als „syrischer Bogen" bekannt ist und in der gesamten Architektur des Mittleren Kaiserreiches verbreitet war.*

DAS HERODION

Festungspalast des Königs Herodes

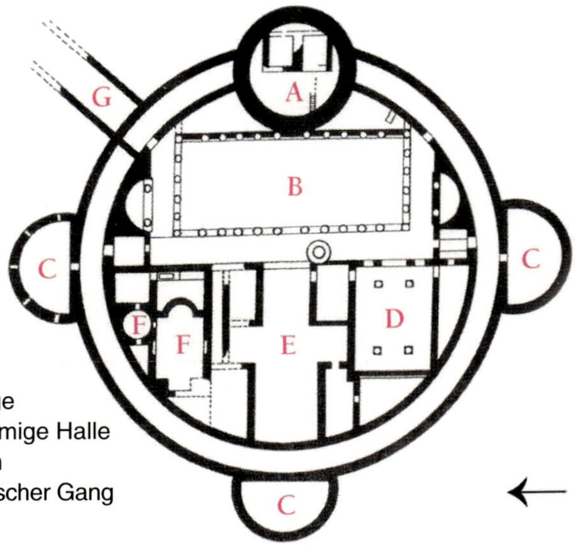

A Runder Festungsturm
B Innenhof mit Peristyl (Säulenhalle)
C Halbrunde Festungstürme
D Synagoge
E Kreuzförmige Halle
F Thermen
G Unterirdischer Gang

256–257 und 258–259 *Diese Luftaufnahmen vermitteln einen Eindruck von der streng symmetrischen Anordnung der Palastanlage. Der Gang, über den man in den befestigten Komplex gelangte, mündete in den üppigen Garten. Josephus Flavius schrieb, dass der Aufstiegsweg einst aus 200 Marmorstufen bestand.*

257 links *Hier ist der einzige kreisförmige Turm des Herodions zu sehen. Der König ließ sich diesen Palast als Refugium und Mausoleum bauen. Sein Grab wurde jedoch nie gefunden. Archäologen entdeckten hier eine Synagoge, eine Mikwe (rituelles jüdisches Tauchbad) und kleine Öfen.*

257 rechts *Der Festungspalast von Herodes beherrscht die Hochebene von Judäa. Das Herodion, eines der ungewöhnlichsten Bauwerke der westlichen Welt, wurde auf einem halb künstlichen Hügel errichte:. Ein zweiter Wohnkomplex, möglicherweise für Gäste, wurde am Fuß des Berges erbaut.*

Mit der Gründung des hasmonäischen (makkabäischen) Staates im Jahr 141 v. Chr. begannen die Juden ihr Territorium zu erweitern. Unter der Regierung des Fürsten und Hohenpriesters Hyrkanos I. konnten sie Küstenstädte, Galiläa und Teile des Ostjordanlandes erobern. Zwischen 67 und 63 v. Chr. brach wegen Streitigkeiten um die Thronfolge ein blutiger Bürgerkrieg aus. Die Römer unter Pompeius, der gerade die Provinz Syrien geschaffen hatte, nutzten diese Situation, griffen das hasmonäische Reich an, unterwarfen es und besetzten einen nicht unerheblichen Teil des Gebietes. Nur Judäa blieb weiterhin ein autonomer Staat unter dem Hohenpriester Hyrkanos II. (bis 37 v. Chr.), während die politische Macht bei dem Feldherrn Antipater, der Rom treu war, lag.

Durch eine eheliche Verbindung mit der Dynastie des Hyrkanos II. sicherte sich Herodes' I., Sohn des Antipater, die Herrschaft gegen die Parther (41–37 v. Chr.) und gegen die innerjüdische Opposition mithilfe Roms. Herodes ließ den jüdischen Kult unangetastet und hielt sich an Bräuche und Gesetze. Seine Landsleute akzeptierten ihn allerdings zu keinem Zeitpunkt, da sie ihn als einen Vasallen Roms ansahen.

Der König war ehrgeizig, liebte den Luxus und versuchte stets, sich Rom gegenüber

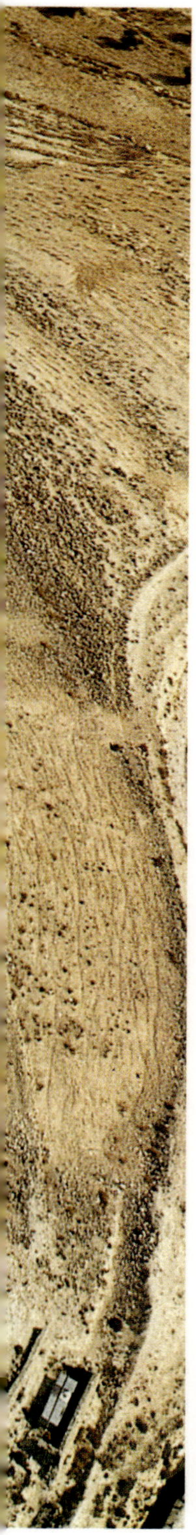

in einem guten Licht zu präsentieren. Berühmt wurde er wegen herausragender architektonischer Bauten, die während seiner Herrschaft errichtet wurden. Auf seine Anordnung hin entstanden die Festungsanlagen in Masada am Toten Meer, ein luxuriöser Palast für den Winter in Jericho, ein moderner Hafen und neue Kasernen für die Truppen, die ihm in Sebaste, nahe der antiken Hauptstadt Samaria, zur Seite gestanden hatten. Außerdem ließ er die Hafenstadt Caesarea, zu Ehren seines Beschützers und Patrons Caesar Augustus, zu einer Modellstadt ausbauen. Auch in Jerusalem ließ er Gebäude errichten beziehungsweise umbauen: Es entstand ein Palast für seinen Privatgebrauch mit drei gewaltigen Türmen. 19 v. Chr. begann er, einen gewaltigen Tempel für die Juden erbauen zu lassen. Das bedeutendste Monument, das er sich errichten ließ, war jedoch jener Palast von Jerusalem, dem er seinen eigenen Namen

gab. Schon von weitem kann man die Anlage in der kargen Landschaft südlich von Jerusalem ausmachen. Die Relikte dieser monumentalen Anlage sehen wie ein großer Kegel mit einer flachen Spitze aus. Zu diesem Komplex gehörten einst ein großer Palast, ein riesiges Schwimmbecken, Lagerhäuser und Thermen am Fuß des Berges.

Die Gebäude des Palastes waren von einer Festungsmauer umgeben. Später sollte die Anlage das Mausoleum des Herodes werden. Der Historiker Josephus Flavius beschrieb zwar den Trauerzug des Königs, doch sein Grab wurde nie entdeckt. Der Gebäudekomplex liegt auf einem Hügel, der das Umland um 100 m überragt. Die gesamte Anlage hat einen kreisförmigen Grundriss mit einem Durchmesser von 62 m.

Verstärkt wurden die Mauern durch vier Türme: Ein Turm war kreisförmig und ca. 16 m hoch, die anderen drei Türme waren halbkreisförmig angelegt und der Mauer vorgelagert. Der Hügel erhielt seine ungewöhnliche Form durch Geröll, das für die Fundamente des Palastes aufgeschüttet worden war und durch Reste von Baumaterialien, die man auf den Hügel warf, um einen steileren Neigungswinkel zu erreichen. In die Burg konnte man nur durch einen unterirdischen Gewölbegang gelangen, der am Fuß des Hügels begann. Das Innere der runden Palastanlage war zweigeteilt: Ein Teil bestand aus einem von Säulen umgebenen Garten, im anderen Teil befanden sich die luxuriösen Wohnräume mit Bädern im Erdgeschoss. Mosaike mit geometrischen Mustern zierten den Fußboden und die Wände waren mit vielfarbigen Reliefs dekoriert. Im untersten Teil des Herodions lag ein riesiges Schwimmbecken, eine Art künstlicher See, in dem man schwimmen, aber auch auf kleinen Booten segeln konnte. Ein Ziergarten, zu dem verschiedene Gebäude und ein großer Badekomplex gehörten, war um das Becken herum angelegt.

Ein kompliziertes Netz unterirdischer Gänge wurde in dem halb künstlichen Hügel entdeckt, wovon ein Teil der unterirdischen Wasserversorgung des Herodions diente. Diese Gänge wurden von den Anhängern Simeon Bar Kochbas während des Krieges in Judäa (132–135) freigelegt. Man fand Werkzeuge, Waffen und Münzen, die während des Aufstandes geprägt wurden. Später, in byzantinischer Zeit, wurde ein Kloster auf den Ruinen des Palastes gegründet.

MASADA

Eine fast uneinnehmbare Festung

260–261 *Die Festung Masada liegt auf einem Felsen an der Westseite des Toten Meeres. Sie wurde 36–30 v. Chr. von König Herodes I. errichtet. Ein Großteil der Fläche auf dem Fels wurde für den Ackerbau genutzt und mit dem Wasser aus den unterirdischen Zisternen bewässert.*

260 oben *Der grandiose Nordpalast des Herodes war über drei Terrassen (mit 20 m und 15 m Höhenunterschied) gebaut, wobei die oberste Terrasse Wohnräume und eine halbrunde Plattform umfasste, die mittlere ein rundes Treppenhaus und die unterste einen Säulensaal.*

261 oben *In der Nähe des Westpalastes befand sich eine Mikwe (rituelles jüdisches Tauchbad).*

261 unten *Diese langen, schmalen Räume im nördlichen Trakt wurden als Waffenlager und Vorratsräume für die Garnison des Königs verwendet.*

Masada, die Festung in der judäischen Wüste, wurde von Herodes dem Großen erbaut und ist auch heute noch ein Symbol für die Freiheit der Juden. 960 Männer, Frauen und Kinder begingen hier im Jahr 73 Selbstmord, um nicht in die Hände der Römer zu fallen. Masada war die letzte Bastion der Juden im Judenaufstand, der drei Jahre zuvor seinen Höhepunkt in der Zerstörung Jerusalems durch Titus gefunden hatte.
In hasmonäischer Zeit wurde dieses Felsmassiv zu einem militärischen Stützpunkt ausgebaut, da der Fels oben eine große ebene Fläche hatte und gleichzeitig nach allen Seiten hin steil abfiel und in der Nähe des Toten Meeres lag.
Masada nahm in Herodes' Lebenslauf eine spezielle Stellung ein, da er dort 40 v. Chr. seine Angehörigen und Freunde vor den Anhängern Antigonos' II. Mattathios während seiner Flucht nach Rom unterbrachte.

800 Mann sollten die Sicherheit seiner Familie und Freunde gewährleisten.
Nachdem Herodes die Belagerer besiegt und mithilfe Roms König geworden war, baute er Masada zu einem Festungspalast aus, um sich vor jüdischen Rebellen und vor der ägyptischen Königin Kleopatra zu schützen. Um die gesamte Anlage lief eine Kasemattenmauer, die an strategisch wichtigen Punkten von Türmen unterbrochen wurde. Außerdem waren riesige Zisternen in den Fels gehauen worden, um die Truppen ausreichend mit Wasser versorgen zu können.
Das imposanteste Gebäude in Masada ist der Nordpalast des Herodes. Diese Residenz ist ein architektonisches Meisterstück, in dem neue Konstruktionstechniken angewandt wurden und brillante Lösungen für Aufteilung der Räume gefunden wurden. Auf der oberen Terrasse befanden sich die Wohnräume und eine halbkreisförmige Plattform mit korinthischen Säulen. Die mittlere Terrasse umfasste ein rundes Treppenhaus und die unterste Terrasse, fast quadratisch angelegt, einen Säulensaal. Über ein paar Stufen gelangte man in das elegante, luxuriöse Badehaus des Königs. Die Wände und Säulen des Palastes waren mit bunten, Marmor imitierenden Stuckwänden dekoriert, die auch heute noch sichtbar sind. Schwarz-Weiß-Mosaiken in geometrischen Mustern bedeckten die Fußböden.
Die großen Thermen, ein typisch römisches Bad, gehören zu den am besten erhaltenen Thermen aus römischer Zeit in Israel. Das Apodyterium, der Umkleideraum, war mit Fresken ausgeschmückt, der Fußboden mit seinem Schwarz-Weiß-

Mosaik ausgelegt. Auch Caldarium (lauwarmes Bad) und Frigidarium (Kaltbad) sind noch gut zu erkennen. Beheizt wurde das Bad mit „Hypokausten", ein Heißluft-Kanalsystem: Der Fußboden wurde von kleinen Pfeilern getragen, zwischen denen heiße Luft zirkulieren konnte.
Neben den Thermen lagen Vorratskammern, in denen Wein, Lebensmittel, Wertsachen und Waffen aufbewahrt wurden. Palast, Thermen und Vorratskammern waren von den übrigen Gebäuden der Festung durch eine Mauer und ein Tor getrennt.
Der Westpalast wurde für Bankette verwendet und sollte Reichtum und Macht des Herodes demonstrieren, aber gleichzeitig auch als letzter Zufluchtsort vor Eindringlingen dienen, die erfolgreich die Außenmauern überwunden hatten. Der Westpalast war die offizielle Residenz

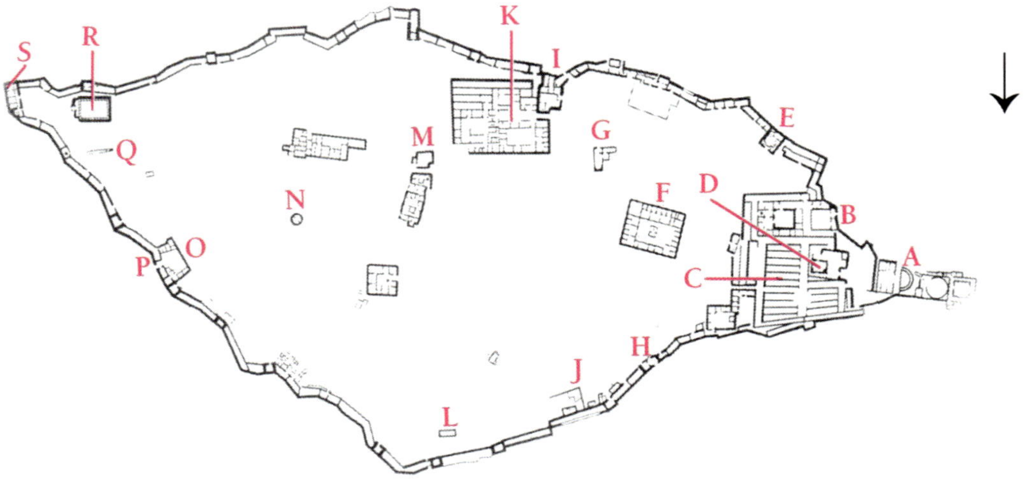

A Nordpalast
B Wassertor
C Vorratslager
D Thermen
E Synagoge
F Großes Gebäude (Verwendung unbekannt)
G Byzantinische Kirche
H Schlangenpfadtor
I Westtor
J Wohnviertel der Zeloten
K Westpalast
L Offene Zisterne
M Mikwe
N Kolumbarium
O Mikwe
P Zisternentor
Q Abgedeckte Zisterne
R Schwimmbad
S Südbastion

Herodes' und bestand aus den königlichen Wohnräumen, Gästezimmern, Räumen für Diener und Wachen, Wirtschaftsräumen, Lagerhäusern und Räumen für Staatsempfänge. Auch hier waren alle Fußböden mit Mosaiken ausgelegt: Einige Gebäudeteile waren mehrere Stockwerke hoch. In der Nähe des Westpalastes lagen noch drei weitere Gebäude; einer dieser Bauten war eine Mikwe, das rituelle jüdische Tauchbad.

Das größte Problem in Masada, in dem sich teilweise tausend Menschen aufhielten, war die Speicherung von Wasser. Masada lag zum einen in der Wüste, in der es nur gelegentlich regnete, und zum anderen auf einem Hochplateau, auf einem Berg, der nach allen Seiten hin steil abfiel. Daher wurde ein Wasserleitungssystem angelegt, welches das Wasser, das in den umliegenden Tälern gestaut wurde, in 12, am Fuß der Festungsanlage befindliche Zisternen leitete. Diese Becken konnten eine Wassermenge von 40 000 m^3 fassen. Das Wasser wurde entweder von Menschen oder Maultieren über einen gewundenen Pfand in die Wasserbehälter innerhalb der Festung befördert.

Obwohl Masada nahezu unzugänglich war, waren die Gebäude auf dem Plateau zusätzlich von dicken Mauern umgeben mit Ausnahme des Nordpalastes, der uneinnehmbar war. Die Festungsmauer bestand aus einer äußeren und einer inneren Mauer; die Zwischenräume wurden für verschiedenste Zwecke genutzt. Die Kasemattenmauer war 1300 m lang, hatte vier Tore und wurde durch 30 Türme unterstützt.

Nachdem die Zeloten die Festung im Krieg gegen die Römer (66–70) erobert hatten, nahmen sie einige Umbauten vor: Sie bauten die Kasematten zu Wohnungen um und teilten die Hallen des Palastes, um mehr Wohnräume zu erhalten. Darüber hinaus errichteten die Zeloten zwei Mikwes und wahrscheinlich auch ein Bet Midrasch, einen Raum für religiöse Studien.

Die Synagoge im Nordwesten ist heute teilweise wieder rekonstruiert. Sie ist nach Jerusalem hin ausgerichtet und

wahrscheinlich an einer Stelle von den Zeloten errichtet worden, an der zur Zeit Herodes' ein Palast stand.
Masada ist nicht nur wegen der Festung eine archäologisch bedeutende Stätte. Man hat auch die im trockenen Wüstenklima gut erhaltenen Reste von Kleidungsstücken, wie z.B. Gebetsschals und Ledersandalen, Korbflechtereien und Keramiken, gefunden. Die Aufständischen prägten eigene Münzen, von denen man unzählige gefunden hat. Historisch bedeutend sind vor allem die 14 Pergamentrollen, die in der Festung entdeckt wurden.
Während der Ausgrabungen wurden über 700 Ostraka gefunden (Keramikscherben, die als Schreibmaterial verwendet wurden), die Einblick in das Leben der Rebellen auf Masada geben. Es wurden Ostraka in Hebräisch oder Arabisch, aber auch in Griechisch oder Latein gefunden. Die meisten dieser Keramikscherben fand man in der Nähe der Lagerräume. Sie lassen vermuten, dass Lebensmittel während der Belagerung rationiert waren. Man hat vier Ostraka gefunden, auf denen Namen und Zahlen zu lesen waren; es könnte sich dabei um Verwaltungslisten handeln.
Der sensationellste Fund waren jedoch elf Fragmente, die man in der Nähe der Lagerhaustüren entdeckte. Auf einem steht der Name des Führers der Rebellen, Ben-Yair. Einige Wissenschaftler fanden heraus, dass diese Ostraka das Losverfahren der zehn Rebellenführer am letzten Belagerungstag nach vier Jahren Widerstand bezeugen. Der jüdische Geschichtsschreiber Josephus Flavius hat dieses Losverfahren in lateinischer Sprache beschrieben: Jeder Mann hatte die Aufgabe, seine Familienmitglieder zu töten, dann mussten die Rebellenführer Lose ziehen, um den auszumachen, der die verbliebenen neun Männer töten und anschließend Selbstmord begehen sollte. Auch heute noch sind Spuren dieser Belagerung durch Flavius Silva zu sehen. Zunächst errichteten die Männer der zehnten Legion befestigte Lager am Fuß des Berges sowie eine Verbindungsmauer mit 12 Wachtürmen.
Durch diesen Schachzug konnten die Rebellen die Festung weder verlassen noch hinein gelangen, wohingegen die Belagerer ohne Gefahr Lebensmittelnachschub oder militärische Verstärkung erhalten konnten. Über den steilen und schmalen „Schlangenpfad" konnten keine großen Truppen aufsteigen, deshalb mussten die Belagerungsmaschinen die Wälle der Gipfelfestung durchbrechen.
Flavius Silva ließ daher eine riesige Rampe auf der Westseite der Festung erbauen. Katapulte wurden auf einem in der Nähe gelegenen Vorgebirge positioniert, um die mit dem Bau der Rampe beschäftigten Soldaten zu schützen. Als die Rampe fertig war, konnten die Belagerungsmaschinen in Position gebracht und die Mauer des Herodes konnte zerstört werden. Die Zeloten unternahmen einen letzten Verteidigungsversuch, indem sie eine Mauer aus Steinen und Sand aufschütteten. Als diese fiel, hatten die Römer Masada erobert.
Heute wird Masada jedes Jahr von Tausenden Touristen als nationales Symbol der Freiheit Israels besucht. Alle Rekruten der Armee schwören zu Beginn ihres Militärdienstes auf dem Gipfel dieses Berges: „Masada wird nicht wieder fallen!"

262–263 *Auf dieser, von Norden aufgenommenen Luftansicht, erkennt man die Rampe, die die römischen Soldaten unter ihrem Befehlshaber Flavius Silva errichtet hatten.*

263 links *Zum Nordpalast gehörten Thermen, Vorratsräume und Dienstleistungsgebäude.*

263 Mitte oben *Im Thermenkomplex ist deutlich der römische Einfluss zu erkennen. Im Caldarium stehen noch die Hypokausten, Stützpfeiler, die den Fußboden trugen und damit die Zirkulation der heißen Luft unter dem Fußboden ermöglichten.*

263 Mitte unten *Römisch beeinflusste Wandgemälde zierten die Wände des Nordpalastes auf der untersten Terrasse.*

263 oben rechts *Diese korinthischen Säulen waren Teil des Innenhofes auf der untersten Terrasse des Nordpalastes. Man erkennt noch die Stuckschicht, die zur Abdeckung auf das Mauerwerk aufgetragen wurde.*

263 unten rechts *Diese Luftaufnahme von Norden zeigt, dass der Fels nach allen Seiten steil abfällt. Trotz dieser idealen Verteidigungsposition eroberten die Römer die Festung.*

264–265 *Diese Luftaufnahme des Felsens von Masada zeigt das gesamte Ausmaß der Festung und die durch die Zeiten erhaltenen Ruinen der Hauptgebäude.*

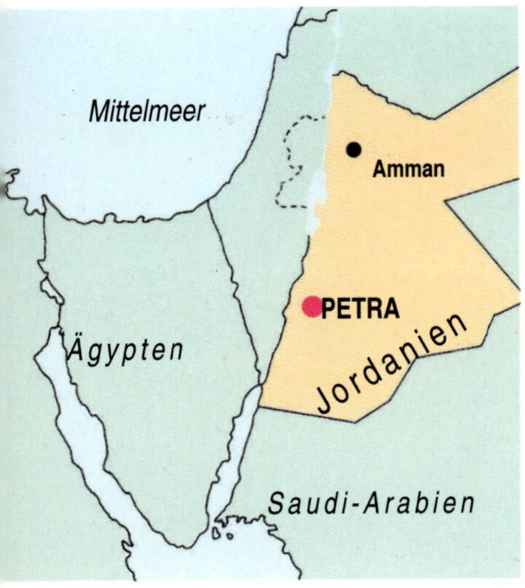

PETRA

Die Felsenstadt der Nabatäer

266 oben links *Wenn man durch die Schlucht des Wadi Musa nach Petra kommt, eröffnet sich plötzlich, der Blick auf Khazne Fara'un, das „Schatzhaus des Pharaos".*

266 unten links *Das Innere von Khazne Fara'un besteht aus einem würfelförmigen Raum, dessen Seiten 12 m lang sind. Drei kleinere Räume führen in diesen hinein.*

Die Ruinen von Petra gehören zu den faszinierendsten Bauwerken der Antike, sowohl was die Qualität der architektonischen Anlage als auch die Lage der Stadt selbst betrifft, eine Anlage, die zwischen steile Felsen in der schwer zugänglichen Schlucht des Wadi Musa gebaut wurde.

Petra liegt im Süden Jordaniens. In der Bibel wurde die Stadt unter dem Namen „Selà" erwähnt, dem hebräischen Namen für Fels, wohingegen die Araber die Stadt „Wadi Musa", Tal des Moses, nannten. Der heutige Name Petra ist die Übersetzung des hebräischen Namens ins Griechische. Schon in der Eisenzeit hat es eine erste Ansiedlung an dieser Stelle gegeben, zu eigentlicher Bedeutung stieg Petra jedoch erst nach der Eroberung durch die Nabatäer in der zweiten Hälfte des 4. Jahrhunderts v. Chr. auf.

Ursprünglich waren die Nabatäer Nomaden, die aus Nordwestarabien kamen und im Gebiet der Edomiter sesshaft wurden. Bedeutende Handelsmetropole war Hegra, während Petra Hauptstadt wurde. Die Gesellschaftsordnung der Nabatäer war die Monarchie; der Reichtum, zu dem Petra kam, basierte auf einem florierenden Handel. 312 v. Chr. konnten die Nabatäer einen Angriff von Antigonos I. Monophthalmos erfolgreich abwehren. Sie dehnten ihre Macht nach

266 oben rechts *Die nabatäischen Steinmetzen waren brillant und schufen die verschiedensten Formen aus dem bloßen Fels. Diese zarten Blattmotive sind Teil der dekorativen Elemente am Tempel von Khazne Fara'un.*

266 unten rechts *Das Vestibül von Khazne Fara'un, in das man über wenige Stufen gelangt, ist 14 m lang und 6 m tief. Von hier aus kommt man in die große Halle sowie in zwei kleinere, an den Seiten liegende Räume.*

267 *König Aretas III. ließ das Felsengrab Khazne Fara'un um 84 v. Chr. erbauen.*

A Grab des Sextius Florentinus
B Korinthisches Grab
C Urnengrab
D Römischer Triumphbogen
E Tempel
F Theater
G Khazne Fara'un
H Ed-Der
I Mauerreste

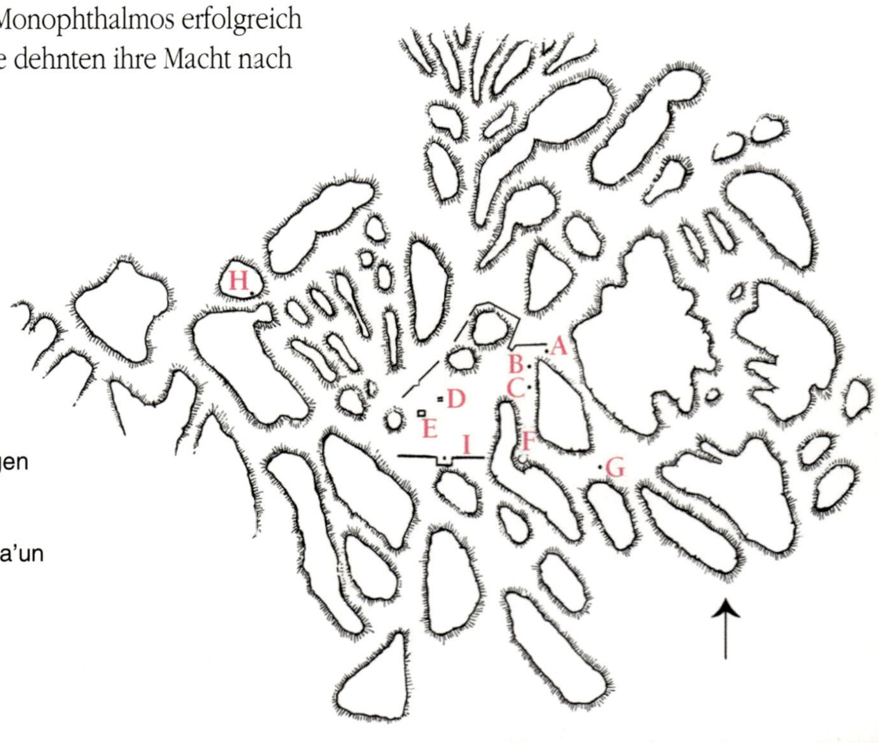

268 oben links *Das Obeliskengrab mit Obeliskenfront, ein typisches Element nabatäischer Gräber.*

268 oben rechts *Das Löwengrab wird rechts und links des Eingangs von Löwen bewacht.*

268 unten *Das Urnengrab gehört aufgrund seiner Verkleidung und seiner weit in den Felsen verlegten Fassade zu den herausragendsten Felsengräbern in Petra.*

Syrien aus, wo sie unter Aretas III. (87–62 v. Chr.) Damaskus eroberten. Petra entwickelte sich zu einer Felsenstadt, die sich über drei steile Schluchten erstreckte. Zur Hauptstadt des gesamten Gebietes wurde Petra vor allem wegen seiner schwer zugänglichen Lage: Es war problemlos zu verteidigen, da man die Stadt nur über wenige, leicht zu kontrollierende Wege erreichen konnte.
Die gute Verbindung mit dem Roten Meer ließ einen engen Handelsaustausch mit Arabien und Mesopotamien entstehen, wohingegen die Route über Negev nach Gaza einen Zugang zum Mittelmeer und zu den syrischen Häfen eröffnete. Kontinuierliche Beziehungen mit den Ländern, die über diese Handelsrouten erreicht werden konnten, erklären den enormen griechischen Einfluss, der an vielen Bauwerken deutlich wird, die im 1. Jahrhundert entstanden sind.
Zur Blütezeit Petras haben vermutlich 30 000–40 000 Menschen in der Stadt gelebt, wobei der Großteil von ihnen Handel betrieb. Im Jahr 106 wurde Petra von den Römern erobert.
Nach der Schaffung der Provinz Arabia verlangsamte sich die Entwicklung der Stadt. Durch die Ernennung Bostras (heute Bosra) zur Hauptstadt der Provinz Arabia im 3. Jahrhundert und durch die Blüte anderer Handelszentren wie Gerasa und Palmyra verlor Petra an Bedeutung. Nach der Umstrukturierung des Römischen Reiches durch Diokletian wurde Petra Bischofssitz und Hauptstadt der Provinz Palaestina tertia. Nach der Eroberung durch die Araber (629/632) verfiel die Stadt zusehends. Ab dem 13. Jahrhundert war Petra völlig unbewohnt und geriet in Vergessenheit, bis es im Jahr 1812 von dem Schweizer Ludwig Burckhardt wieder entdeckt wurde. Er konnte die Ruinen jedoch nicht genauer erforschen, da die Beduinen sich ihm gegenüber wenig gastfreundlich verhielten.
Erst 27 Jahre später erhielt David Roberts die Erlaubnis, ein Forschungscamp in Petra zu installieren und die Anlage genauer zu untersuchen. Er war der Erste, der detaillierte Zeichnungen von den Bauwerken in Petra anfertigte. David Roberts war ein Brite einfacher Herkunft, sollte sich jedoch im Lauf seines Lebens zu einem der berühmtesten Künstler seiner Zeit entwickeln. Er war ein brillanter

Landschaftsmaler. Nach diversen Reisen in Europa, brach er 1838 nach Ägypten auf und besuchte im Anschluss an diese Reise die Halbinsel Sinai, Palästina, Jerusalem, die libanesische Küste und Baalbek. Die Lithographien, die auf diesen Reisen entstanden, wurden zwischen 1842 und 1849 in London veröffentlicht und begründeten seinen Ruhm.
Neben seinen Zeichnungen erstellte er auch ein Reisetagebuch, in dem er detaillierte Informationen über Land und Leute sammelte. Auch heute noch sind seine

268–269 *Das Palastgrab (Bildmitte) und das Korinthische Grab (rechts) gehören zu den wichtigsten Beispielen für das große künstlerische Können, das die Nabatäer erlangt hatten.*

269 unten *Im 1. Jahrhundert wurde dieses Theater erbaut, indem über 3000 Menschen Platz hatten.*

270–271 *Das gleißende Licht offenbart die einzigartige Fassade des Grabmals der Obelisken.*

272 oben *Die ersten Felsengräber in Petra stammen aus dem 2. Jahrhundert v. Chr. Sie haben gewöhnlich eine hohe Vorderfront, über der gestufte Zinnen in den Fels gemeißelt sind, was auf ägyptische und assyrische Einflüsse hinweist.*

272 unten *Das Seidengrab nennt man aufgrund seiner Farbschattierungen auch „Regenbogengrab".*

Reiseabenteuer faszinierend zu lesen. Roberts erreichte Petra am 6. März 1839. Dank seiner einflussreichen Führer und der Zahlung einer nicht unerheblichen Summe erhielt er die Erlaubnis, fünf Tage in diesem Gebiet bleiben zu dürfen. Der Anblick, der sich ihm dort bot, verschlug ihm den Atem: Die nabatäische Hauptstadt war wie ein Amphitheater in dem zerklüfteten Fels angelegt. Sie maß etwa 1 km von Ost nach West und 500 m von Nord nach Süd. Ein Fluss schlängelte sich durch das Tal und hatte eine felsige Basis geformt, auf der anschließend die Stadt errichtet worden war.

Die rings um die Stadt aufragenden Felswände sind zum Teil bis zu 300 m hoch und wurden von den Nahatäern als Gräber und Wohnstätten verwendet. Auf den höchsten Punkten der umliegenden Berge gab es einige kultische Plätze, von denen man ebenso wie von den kleinen Festungen Einblick in die Zugänge der Stadt hatte.

Die prächtige Hauptstadt der Nabatäer ruft auch heute noch Bewunderung wegen ihres ungewöhnlichen Erscheinungsbildes hervor: Was heute die Schlucht des Wadi Musa ist, war früher die gepflasterte Hauptstraße, an deren einem Ende sich ein Bad mit einem Tempel befand. Außerdem findet man drei Marktplätze mit Ställen an den Seiten an terrassenförmig angelegten Hängen, Reste großer Thermen, einen römischen Bogen und ein auf drei Terrassen angelegtes Gymnasion. Gegenüber liegt eine Felswand, in die man ein Theater gehauen hatte, das über 3000 Menschen Platz bot. Dort finden sich teilweise wunderbare Verzierungen.

David Roberts geriet angesichts dieses Juwels ins Schwärmen: „Immer noch erstaunt und überwältigt mich der Anblick dieser außergewöhnlichen Stadt (...) Jeder Bergrücken, ja sogar die Gipfel der Berge waren bewohnt. In der Stadt selbst gibt es überall Tempel, öffentliche Gebäude, Triumphbögen und Brücken (...) Die Architektur ist jedoch völlig anders als alles, was ich bisher gesehen habe; an vielen Stellen trifft man auf eine eigenwillige Kombination ägyptischer, römischer und griechischer Stile. Noch immer schlängelt sich der Fluss durch die Stadt. Es wimmelt von üppigen Büschen und Wildblumen. In jeder Felsspalte blüht es und die Luft ist erfüllt von betörenden Düften."

Sobald das Lager installiert war, beschloss Roberts das Khazne Fara'un, das berühmteste Monument Petras zu besichtigen.

272–273 *Diese Luftaufnahme der „Fassadenstraße" veranschaulicht wie die Gräber, die durch Treppen miteinander verbunden waren, auf verschiedenen Ebenen an der Hauptstraße entlang errichtet worden waren.*

273 oben *Das Grab des Aneishu eines hohen Beamten der Königin Shuqailat II. (1. Jahrhundert). Die Kapitelle der Säulen (siehe auch Detail unten links) demonstrieren die Kunstfertigkeit der nabatäischen Steinmetze.*

Er folgte dem einzigen einfachen Weg in die Stadt von Osten entlang eines engen Flussbettes, das auf beiden Seiten von steilen Felswänden begrenzt wurde, die an den engsten Passagen nur 3,5 m voneinander entfernt waren. Diese 4 km lange Schlucht wird Siq genannt; in diese war eine Wasserleitung in den Fels gehauen, die Wasser in das Aquädukt der Stadt leitete. Die Schlucht ist in immer währenden Schatten getaucht, der Fels durch Wind und Wasser geformt, dessen Pegel durch die häufigen Sommergewitter enorm ansteigt.

An einigen Stellen verbreitert sich die Schlucht und bot so Platz für die eine oder andere Karawanserei, die einst für die ankommenden Karawanen eingerichtet worden waren. Auf halbem Weg, an einer Stelle an der die Siq häufig die

274 oben *Die Innenräume der Felsengräber bestanden gewöhnlich nur aus einem großen kahlen Raum, in den an den Seiten Nischen für die Aufbewahrung der Toten eingelassen waren.*

274–275 *Das „Soldatengrab“ hat seinen Namen aufgrund der Reliefs von römischen Legionären erhalten, die in den Nischen der Fassade abgebildet sind.*

Richtung ändert, erblickt man plötzlich das Felsengrab Khazne Fara'un, das direkt in den Stein gehauen wurde und einmalig auf der Welt ist. Wahrlich ein Kontrast zu der düsteren Schlucht!
Die zartrosa, völlig symmetrische Fassade dokumentiert den erlesenen Geschmack des Bauherren. Auch Roberts war verzaubert von diesem Anblick: „(...) Ich weiß nicht, bin ich nun mehr vom Bauwerk selbst oder von dessen außergewöhnlicher Lage beeindruckt. Gewaltig erhebt es sich in einer engen Felsnische. Die zarte Farbe des Felsens und der wunderbare Zustand des Gebäudes lassen den Eindruck entstehen, als sei es erst kürzlich fertig gestellt worden.“
Die Fassade ist 40 m hoch, 25 m breit und in zwei Stockwerke unterteilt. Das untere besteht aus einer Säulenhalle mit sechs korinthischen Säulen und einem Giebel. In dieser Säulenhalle befinden sich auf jeder Seite Reiterstandbilder, die jedoch stark beschädigt sind. Auf dem Fries sind Greifvögel, die einander ansehen, abgebildet. Im Giebel befindet sich im Zentrum ein Adler mit ausgebreiteten Schwingen, der Rest des Giebels ist mit verschiedenen Ornamenten verziert. Den darüber liegenden Architraven zieren an den Seiten Löwen.
Das elegante zweite Stockwerk ist in drei Teile gegliedert. In der Mitte befindet sich eine Tholos (Rundbau), die wie ein kleiner Rundtempel aussieht. Typisch für die Architektur dieser Gegend ist das

275 oben und Mitte *Die Handwerker der Felsenstadt Petra verstanden es, die Schattierungen des Sandsteines für spezielle optische Effekte zu nutzen.*

275 unten *In der Nähe des Grabes des Aneishu befinden sich einige Gebäude, die aus der ältesten Bauphase Petras stammen. Sie haben alle eine sehr einfache, glatte Fassade, über der sich die für diese Phase typischen abgestuften Zinnen erheben, in die manchmal eine von Halbsäulen flankierte Tür eingelassen war.*

konisch zulaufende Dach, auf dem die Urne angebracht wurde. Diese Urne hat dem Gebäude den Namen „Schatzhaus“ eingebracht.
Da die Beduinen glaubten, in der Urne befände sich ein enormer Schatz, beschossen sie diese, um so an den vermeintlichen Schatz zu kommen. Links und rechts der Tholos befinden sich zwei Halbgiebel, die jeweils von vier Säulen getragen werden. In den Nischen zwischen Giebel und Tholos sind zwei, leider sehr verwitterte, Frauen abgebildet. Auf den Giebeln thronen vier Adler.
Im Inneren des Gebäudes steht man zunächst in einer großen Vorhalle. Von dort gelangt man über acht Stufen in den Hauptraum. Dieser ist quadratisch angelegt (Seitenlänge 12 m). In drei dieser Seiten sind kleinere Nischen eingelassen. Vieles spricht dafür, dass es sich bei diesem Bauwerk um ein Grab und nicht um einen Tempel handelt: Es fehlt ein Altar im Inneren, die architektonische Anlage der Innenräume lässt nicht auf einen Tempel schließen, ebensowenig wie die Lage von Khazne Fara'un in der engen Schlucht. Im Allgemeinen dienten die Gebäude in Petra mehreren Zwecken. Einige waren reine Wohnhäuser, die in den meisten Fällen einen großen Hauptraum hatten, der auch als Essplatz genutzt wurde, und den Säulen und Nischen an den Seiten umgaben. Einige dieser Häuser waren mit Fresken bemalt, die als Motive Weinblätter und Blumen hatten.
Die Stile der Bauwerke unterscheiden sich jedoch außerordentlich; dadurch kann man sie verschiedenen Perioden und unterschiedlichsten kulturellen Einflüssen zuordnen. Die frühesten Monumente haben eine glatte, sehr einfache Fassade, über der sich eine oder zwei Reihen von Zinnen erheben, sowie ein Tor auf ebener Erde, das manchmal von Halbsäulen umrahmt wird. Dies ist die älteste Grabform, die seit dem 3. Jahrhundert v. Chr. gebaut wurde und eine Übernahme des syrischen Grabes darstellt. Während der nächsten Jahrhunderte wurden komplexere Modelle entwickelt, man übernahm von den Griechen Bauelemente wie Fries, Architrav und vorge-

276 *Ed-Der gilt als das bedeutendste Bauwerk von Petra. Es steht an isolierter Stelle auf einem Felssporn in einiger Entfernung von der Felsenstadt. Die Fassade des Tempels ist tief in den Felsen eingelassen, um eine große Front zu erhalten, die die gewaltigen Ausmaße von 49 m Breite und 39 m Höhe hat.*

lagerte Säule. Im Lauf der Zeit entwickelte sich ein spezielles nabatäisches Kapitell, das nur aus ornamentalen Strukturen bestand. Das einheimische Kunsthandwerk blieb lange Zeit extrem provinziell, was auch damit zusammenhängt, dass diese Wüstenregion sehr weit von den Mittelmeerländern entfernt lag. Ornamente waren meist sehr einfach, z.B. Rosetten oder symbolisierte Tiere.

In der zweiten Hälfte des 1. Jahrhunderts entstand ein neuer Fassadentyp, der in den folgenden Jahrzehnten bis zu äußerster Perfektion entwickelt wurde. Jetzt sind eindeutig im architektonischen wie im figürlichen Bereich die römischen Einflüsse erkennbar. Die in den Fels geschlagenen Fassaden erreichten kolossale Dimensionen, als ob sie Tempel oder das Bühnenbild eines Theaters imitieren wollten. In dieser Zeit entstanden das Palastgrab und das Korinthische Grab, das von der Anlage dem Khazne Fara'un ähnelt, jedoch einen weniger stark ausgearbeiteten Teil zwischen Giebel und Tholos hat.

Zu den herausragenden Bauwerken Petras gehört auch Ed-Der, das während der hellenistisch-römischen Periode entstand und reich verziert ist.

Am Morgen des 8. März 1839 brachen Roberts und einige bewaffneter Männer nach Ed-Der auf. Nachdem sie 350 Höhenmeter durch eine steile Schlucht emporgestiegen waren, erreichten sie dieses beeindruckende Monument. Die 49 m breite und 39 m hohe Fassade ist vollständig aus dem Fels gehauen. Die Dekoration ähnelt der des Khazne Fara'un, ist jedoch viel ausgefeilter. Das untere Stockwerk wird von Pfeilern begrenzt und weist acht Halbsäulen auf, die zwei Nischen mit den darüber liegenden Bögen und die Tür mit dem Giebel in der Mitte einrahmen. Durch das Portal tritt man in einen großen, quadratischen Raum, in dessen Mitte ein Altar steht, der heute jedoch fast zerstört ist. Das zweite Stockwerk der Fassade weist wieder eine Tholos und einen geteilten Giebel auf. Die Seiten werden von zwei Säulen begrenzt. Oberhalb der Säulen läuft ein schöner Fries über die gesamte Fassadenbreite. Roberts war überwältigt von dem einmaligen Ausblick, den man vom Felsplateau oberhalbvon Ed-Der in das El-Ghor-Tal hat: „Von hier hat man einen wunderbaren Blick, man sieht über das ganze Tal, den Berg Hor mit dem Grab des Aaron auf dem Gipfel, die Schluchten, die sich durch Schwindel erregende Gipfel winden. Die antike Stadt dehnt sich in voller Breite über das gesamte Tal aus."

Roberts Aufenthalt in Petra war allerdings auch von etlichen kleineren Unglücken überschattet: Geschirr wurde gestohlen

276–277 *Ed-Der wurde hervorragend in die Umgebung integriert. Angesichts der herausragenden Bauten ist es verständlich, warum Petra in der Antike einen hervorragenden Ruf genoss. Stilistisch geht die nabatäische Kunst mit Ed-Der eigene Wege; sie entfernt sich von den griechischen Einflüssen. Die rhythmischen Veränderungen von geraden und gebogenen Linien sind antike Vorläufer eines barocken Stils.*

und am fünften Tag wurden die Expeditionsteilnehmer von Plünderern angegriffen, die ihnen unter anderem Gewehre und Patronen raubten. Sie mussten wieder abreisen, da die Einheimischen berüchtigt für ihre Überfälle waren, bei denen man auf tragische Weise umkommen konnte. Heute sieht die Situation vollkommen anders aus: Die Einheimischen begrüßen alle Touristengruppen, die nach Petra kommen, freundlich.

277 unten *Die Urne, die zwischen den geteilten Giebelhälften thront, ist 9 m hoch. Sie wurde aus dem Fels geschlagen, so als ob die Steinmetze den Sieg des Menschen über die Materialien der Natur demonstrieren wollten. Nur wenige Monumente auf der Erde üben auf den Betrachter eine ähnliche Faszination aus wie Ed-Der, das im 1. Jahrhundert erbaut und ursprünglich König Obodas III. geweiht war.*

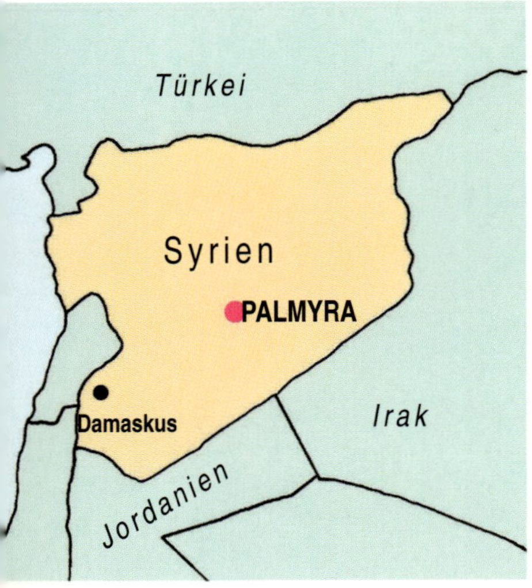

PALMYRA

Stolz der Königin Zenobia

A Dickletianslager
B Große Kolonnade
C Agora
D Tetrapylon
E Baalschamin-tempel
F Theater
G Triumphbogen
H Baaltempel
I Tal der Gräber

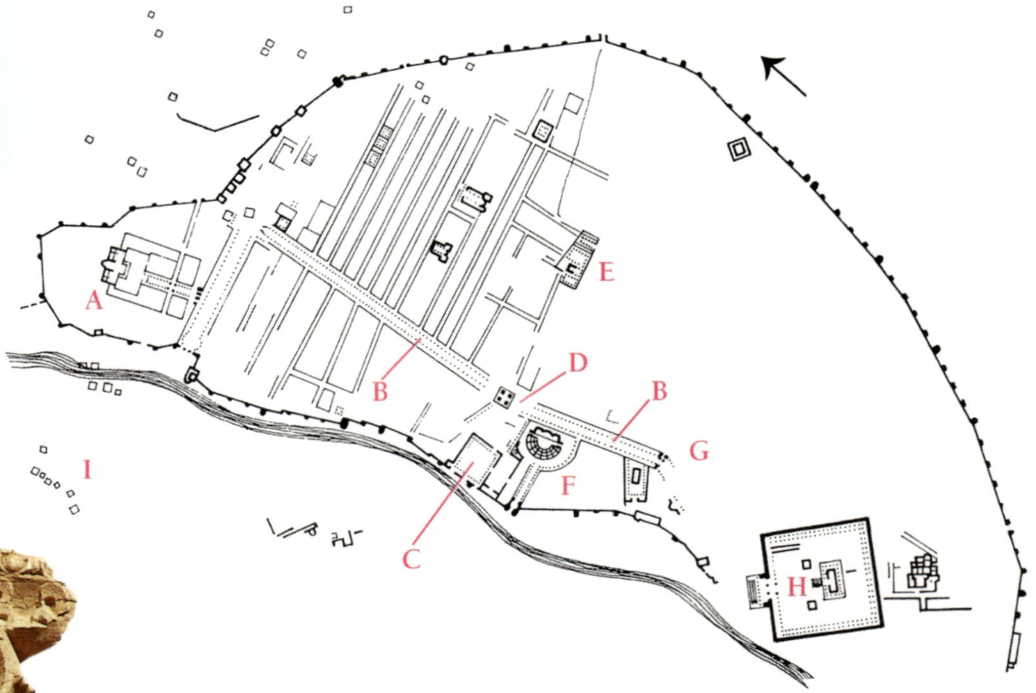

In der Geschichtsschreibung werden bedeutende Frauen neben einer Vielzahl von Helden, Staatsmännern oder großen Führern nur selten in Chroniken erwähnt. Das heißt jedoch nicht, dass es keine herausragenden Frauen gegeben hätte. Königin Hatschepsut beispielsweise, mit allen Rechten eines Pharaos ausgestattet, hat nicht nur Ägypten regiert, sondern auch die Tempelanlage von Karnak erweitern lassen, den Bau des berühmten Grabtempels in Dêr el-bahri in Auftrag gegeben sowie Handelsexpeditionen in ferne Länder, wie z.B. nach Punt, organisiert und damit die geografischen Kenntnisse ihrer Zeit erweitert.

Eine weniger berühmte, aber ebenso herausragende Frau war Zenobia, deren Name untrennbar mit der Stadt verknüpft ist, über die sie regierte und die sie zu noch nie dagewesener Blüte führte. Diese Stadt, Palmyra, im Norden der Syrischen Wüste, ist die berühmteste archäologische Stätte im Mittleren Osten. Hier gibt es viele spektakuläre Bauwerke, die bemerkenswert gut erhalten sind.

Die antike Stadt lag zwischen dem mittleren Euphrat und Damaskus. Aufgrund ihrer verkehrsgünstigen Lage – die Südroute der Seitenstraße führte an Palmyra vorbei – gelangte die Stadt zu Reichtum und politischem Einfluss.

Palmyra war bereits seit dem Neolithikum bewohnt, was durch Ausgrabungen im Jahr 1996 bewiesen werden konnte, bei denen ein 5000 Jahre altes Dorf entdeckt wurde. In Babylonien hieß die Stadt „Tadmuru“ und im Alten Testament ist die Gründung einer Stadt namens „Tadmor“ oder „Thadmora“ bei Salomon erwähnt. Lange Zeit nahm man an, dass eine Verbindung zwischen den beiden Namen bestehe, heute ist jedoch klar, dass mit dem biblischen Namen die Stadt Tamar in Judäa gemeint war.

Eine erste schriftliche Erwähnung der Stadt wurde auf einem assyrischen Täfelchen in

278 oben und unten *An diesem Kapitell, das sich auf einer Säule der Hauptstraße befindet, sowie an diesem Grabrelief aus dem 2. Jahrhundert kann man gut die Vermischung der griechisch-römischen Elemente mit denen der Einheimischen erkennen.*

278–279 *Die Hauptachse in der Stadt bildet die 1 km lange Prachtstraße (Große Kolonnade), die von Nordwest nach Südost verläuft und im Jahr 220 erbaut wurde. Diese Straße besteht aus drei Abschnitten, die durch Tore voneinander getrennt sind: zum einen vom Hadriansbogen, einem Triumphbogen mit drei Torbögen (links im Bild) und zum anderen vom Tetrapylon (Bildmitte). Dieser hatte einen quadratischen Grundriss und überspannte eine Straßenkreuzung. Diese Torform kam in hellenistischer Zeit in den großen Karawanenstädten des Ostens auf und war später während des Römischen Reiches weit verbreitet.*

279 unten *Palmyra war großen städteplanerischen Veränderungen unterworfen. Die Stadt erhielt ihr heutiges Aussehen in erster Linie unter Septimius Severus und Königin Zenobia, unter der der zweite Abschnitt der Großen Kolonnade (hier von Westen betrachtet) errichtet wurde. An dieser Prachtstraße lagen der Nabutempel, das Theater und der Palast der Zenobia, den Archäologen erst kürzlich unter den Diokletiansthermen entdeckten. An den Säulen sind weit vorstehende Sockel zu erkennen, auf denen sich früher vermutlich die Statuen der Würdenträger der Stadt befanden.*

Keilschrift gefunden, das aus dem 2. Jahrtausend v. Chr. stammt. Auch wird die Stadt Tadmuru in der Chronik des Tiglatpileser I. (1114–1076 v. Chr.), eines assyrischen Monarchen, genannt.
Dies sind die einzigen Quellen aus der ältesten Zeit Palmyras. Genauere Beschreibungen dieser Stadt finden sich erst 1000 Jahre später, in griechischer oder lateinischer Sprache. Jetzt trägt die Stadt bereits den Namen Palmyra, „Stadt der Palmen". Lange Zeit gibt es keine schriftlichen Nachweise, sondern nur archäologische Funde, von denen man auf die Existenz dieser Stadt schließen kann. Diese belegen, dass Palmyra ab dem 11. Jahrhundert v. Chr. eine bedeutende assyrische Karawanserei war. Während der Expansionen Alexanders des Großen wurde Palmyra stark von Griechenland beeinflusst, konnte sich jedoch seine Unabhängigkeit bewahren. Palmyras ideale geografische Lage zwischen Ost und West brachte der Stadt Wohlstand, machte sie aber auch zum Puffer zwischen den Parthern und dem immer mächtiger werdenden Römischen Reich. 41 v. Chr. erlaubte Antonius die Plünderung der Stadt, aus der die Einwohner mit Teilen ihrer Schätze fliehen konnten. Augustus garantierte Palmyra Unabhängigkeit auch gegenüber der Provinz Syrien. Dank der Steuereinnahmen, die aus den ergiebigen Gütern der Arabischen Halbinsel und von Karawanen aus noch weiter entfernten Orten in die Stadt flossen, wuchs der Wohlstand wieder an. 114 kam es jedoch erneut zu einem Wechsel der diplomatischen Beziehungen, als Trajan Palmyra von seiner Armee besetzen ließ, um die Stadt als Stützpunkt im Krieg gegen die Parther einsetzen zu können. Trajans Nachfolger, Hadrian, gab der Stadt ihre ehemaligen Privilegien zurück. Nach seinem Besuch im Jahr 129 erhielt Palmyra die finanzielle und militärische Unabhängigkeit als „Civitas libera".
Zu diesem Zeitpunkt nahm der Karawanenverkehr wegen der konstanten Forderungen Roms nach Luxusgütern noch nie dagewesene Ausmaße an. Der so genannte „Tarif von Palmyra", eine zweisprachige Säule in griechischer und palmyrischer Sprache, stammt aus dem Jahr 138 und befindet sich heute im Eremitage Museum von St. Petersburg.
Diese Säule gibt Aufschluss über Art und Menge der Güter, die von den Karawa-

nen transportiert wurden. Aus Arabien kamen Weihrauch und Myrrhe, aus Indien aromatische Essenzen, Farbstoffe, Edelsteine, Baumwolle sowie andere Stoffe und aus China Seide und wertvolle Felle. Aus Kleinasien wurden gefärbte Wolle, Silber, Gold und Purpur importiert, wohingegen aus Phönizien buntes Glas und Wein bezogen wurden.
Alle diese Handelsbeziehungen kamen durch die Römer zustande, die seit langem erfahrene Händler waren, die bis nach Sansibar und Samarkand gekommen waren, Handel mit Begram in Afghanistan und entlang des Ganges betrieben hatten und zum Ufer des Hwangho in China und bis zur Südspitze Indiens vorgestoßen waren. Neben erlesenen Kräutern, feinsten Stoffen und wertvollen Edelmetallen

280–281 *Palmyra ist die größte antike Ausgrabungsstätte in Syrien. Die Bauten zeugen von dem außerordentlichen Wohlstand, der zwischen dem 1. und 3. Jahrhundert in dieser Stadt geherrscht hat und der durch die günstige Lage an einer Oase zwischen mittlerem Euphrat und Damaskus, an der die durchziehenden Karawanen Halt machen mussten, bedingt war. Die Einflüsse der Griechen und Römer sind an der Großen Kolonnade zu erkennen, die es in allen größeren orientalischen Städten während der Kaiserzeit gab. Hier steht die Aufteilung der Stadt im Vordergrund. Monotonie wird vermieden, indem man die Straße an den Verkehrsknotenpunkten durch Bögen in mehrere Abschnitte unterteilte. Der Hadriansbogen bezieht den Knick der Straße geschickt mit ein. Auch heute noch kann man sich das prächtige Stadtbild mit den breiten Straßen, den gewaltigen Marmorbauten, den Säulenwald und die leuchtenden Dächer mit vergoldeter Bronze gut vorstellen.*

282 oben *In Palmyra hatte man sich zum Errichten von Gebäuden westliche Baumethoden angeeignet und konnte sich trotzdem eine architektonische Unabhängigkeit bewahren. Ein typisches Beispiel dafür ist der Baaltempel (32 geweiht), dessen Form sich vom klassischen Kanon weit entfernt hat, obwohl die Säulen, die um den gewaltigen Innenhof laufen, korinthische Kapitelle tragen.*

brachten sie auch neue Ideen nach Rom und in die anderen Städte des Römischen Reiches und beeinflussten damit andere Völker und Kulturen. Eine Statuette der Göttin Lakshmi, der Fruchtbarkeitsgöttin der Hindu, wurde beispielsweise in Pompeji gefunden, wohingegen bei Expeditionen in China, Indien und Süd-Arabien Glas- und Bronzegegenstände sowie Münzen gefunden wurden, auf denen römische Kaiser abgebildet waren. Palmyra erreichte eine wirtschaftliche und bauliche Blüte während der Regierungszeit des Septimius Severus (193–211),

282 Mitte *An der Cella des Baaltempels sind auffällige Abweichungen vom klassischen Baukanon zu beobachten: Die Wand ist durch ein Fenster unterbrochen und über dem Gesims befinden sich Zinnen in syrischem Stil.*

282 unten *Um die Agora, den Haupttreffpunkt der Bevölkerung, die in der zweiten Hälfte des 2. Jahrhunderts erbaut wurde, verliefen ursprünglich auf allen vier Seiten Säulenhallen in typisch römisch-orientalischem Stil.*

282–283 *Auf dieser Luftaufnahme des Baaltempels ist die typisch orientalische Gesamtanlage gut zu sehen: Der Tempel stand inmitten eines gewaltigen Hofes, der komplett von einer Kolonnade abgeschlossen wurde.*

unter anderem, weil der römische Kaiser persönliche Interessen an Syrien hatte.
Julia Domna, seine Frau, war Tochter des Hohepriesters von Emesa.
Im Jahr 217 wurde Palmyra unter Kaiser Caracalla zur römischen Kolonie erklärt, behielt jedoch das Recht, weiterhin freien Handel betreiben zu können.
Ein raffiniertes Bewässerungssystem ermöglichte es, weite Gebiete im Umkreis der Stadt nutzbar zu machen. Die Organisation des Staates, der zunächst eine Art Stammessystem gewesen war, ähnelte später der gesellschaftlichen Strukturierung der griechischen Kolonien, das heißt, Palmyra wurde ein von Aristokraten geleiteter Staat, in dem die bedeutendsten Familien zusammen mit den Repräsentanten der Handelsgesellschaften die Macht innehatten.
Im 3. Jahrhundert begannen die neuen Herrscher von Persien, die Sassaniden, immer mächtiger zu werden und entwickelten sich zu einem ernst zu nehmenden Gegner Roms. Dadurch wurde der Handel der Stadt stark eingeschränkt, politisch und militärisch wurde jedoch die Position Palmyras 259 gestärkt, da das Heer der Stadt unter Prinz Odaeanathus das sassanidische Heer unter Shapur I. entscheidend schlagen konnte, nachdem dieser den Römern unter Kaiser Valerian in der Schlacht von Edessa eine vernichtende Niederlage beigebracht hatte. Aus Dankbarkeit garantierte Kaiser Gallienus Palmyra 261 die Unabhängigkeit.
Odaeanathus begründete als „Corrector totius Orientis", zu dem er von Gallienus berufen worden war, das Palmyrenische Reich, das die Regionen vom Roten Meer bis Kilikien umfasste. Während eines Auf-

standes im Jahr 267 wurde Odaeanathus ermordet. Seine Witwe Zenobia übernahm zusammen mit ihrem Sohn Vaballathus die Macht. Sie waren Rom gegenüber feindselig eingestellt und begannen eine starke Expansionspolitik. Unter dem mutigen General Zabda gelang es ihnen, Ägypten, Anatolien und andere Nachbarstaaten zu besetzen. Gleichzeitig verlieh Zenobia ihrem Sohn den Titel Imperator Caesar Augustus und machte ihn damit zum Gegenpol des römischen Kaisers Aurelian, der diesen Hochmut nicht tolerieren konnte. In der Schlacht von Emesa schlug er die Truppen Palmyras vernichtend.

Dies war jedoch erst der Anfang eines schrecklichen Rachefeldzuges Aurelians. 273 zerstörte er die Stadt, Zenobia wurde gefangen genommen und als Symbol des Triumphes nach Rom gebracht. Sie starb in Gefangenschaft.

Palmyra verfiel nun zusehends, da die ständigen Auseinandersetzungen zum Erlahmen des Handelsverkehrs führten. 528 verhalfen Diokletian und Justinian der Stadt zwar nochmals zu einem Aufschwung, indem sie die Stadtmauern noch einmal errichten ließen, der Glanz der früheren Tage aber kehrte auch damit nicht zurück.

Im Jahr 634 wurde Palmyra von den Arabern erobert und schließlich 638 von dem letzten omaijadischen Kalifen völlig niedergebrannt.

Aufgrund der äußerst günstigen Lage und der gemischten Herkunft der Bevölkerung entstanden im Lauf der Jahrhunderte einzigartige künstlerische und kulturelle Formen in Palmyra, die den verschiedenen Einflüssen, aramäischen, semitischen, griechischen und römischen, Rechnung tragen. Auch die Architektur spiegelt diese Mixtur verschiedenster kultureller Einflüsse wider, so z.B. der Baal- und der Baalschamintempel, deren Cella von

285 *Der Baaltempel, der im Jahr 32 geweiht wurde, jedoch seine heutige Form im 2. beziehungsweise 3. Jahrhundert erhielt, steht in der Mitte eines Platzes; dessen Seiten je 200 m lang sind. Wie auf dem Foto zu erkennen ist, lag der Eingang völlig untypisch an der Längsseite des Tempels. Eigentümlich ist außerdem, dass die vermutlich korinthischen Kapitelle der umlaufenden Kolonnade mit je zwei vergoldeten Halbschalen aus Bronze verkleidet waren.*

Fenstern erhellt wurde, was für ein römisches Bauwerk äußerst selten ist. Der Baaltempel, einer Gottheit babylonischen Ursprungs geweiht, weist eindeutige griechisch-römische Einflüsse auf: Er wurde nach einem traditionellen syrischen Plan erstellt (geweiht im Jahr 32). Den Tempel, Mittelpunkt des großen, von Säulen umgebenen Hofes, konnte man durch Vorzimmer in korinthischem Stil erreichen. Er weist sehr edle Dekorationen auf, die architektonische Anlage ist jedoch nicht klassisch, was folgende bauliche Elemente verdeutlichen: Der Eingang befindet sich an einer der Längsseiten, das Gesims

284 *Der Baalschamintempel wurde 130/131 unter Hadrian erbaut. Dieser Tempel gehört zu den größten und am besten erhaltenen Baudenkmälern Palmyras. Er besteht aus einem System von Höfen, in dessen Mitte ein Tempel steht (hier im Bild zu sehen). An der Frontseite stehen vier korinthische Säulen ohne Podest. Auch diese Säulen haben die typischen Sockel auf halber Höhe, auf denen vermutlich Götterstatuen standen.*

286–287 *Das große Theater (2. Jahrhundert) liegt im mittleren Abschnitt der Großen Kolonnade und ist von der Anlage her typisch römisch. Die Bühne des aufwändigen Gebäudes ist zum Großteil erhalten.*

287 oben *Dieser prächtige korinthische Tempel mit sechs Frontsäulen steht auf dem Gelände des Diokletianslagers und war der Göttin Allat geweiht. Das Lager wurde Ende des 3. Jahrhunderts für die Garnisonen errichtet.*

287 unten *Das heutige Aussehen des Tetrapylons ist das Ergebnis langwieriger Forschungsarbeiten. Dieses Monument ist ein typisch syrisches Bauwerk. Es hat vier Öffnungen, über denen jeweils ein Architrav liegt.*

wird von einem Fischgrätenmuster abgeschlossen und das Dach ist terrassenförmig angelegt mit je einem Türmchen an den Ecken.
Der Baalschamintempel wurde 130/131 von Hadrian angelegt. Im Zentrum des Gebäudekomplexes befand sich ein aus Säulenhallen und Propyläen gebildeter Hof in korinthischem Stil. Viele verschiedene stilistische und kulturelle Einflüsse sind an diesem Tempel zu erkennen: Obwohl der Tempel ionische und korinthische Kapitelle hat, erscheint die Gesamtanlage eher orientalisch. Ähnliches gilt auch für das Heiligtum des Nabu, eines lokalen Gottes, das zwischen dem 1. und 2. Jahrhundert erbaut wurde. Am spektakulärsten ist jedoch die Große Kolonnade, die über 1 km lang ist und aus zwei parallel verlaufenden korinthischen Säulenreihen besteht.
Diese Hauptstraße teilt die Stadt in zwei Hälften. In rechtem Winkel zweigen von hier die anderen Straßen ab. In westlicher Richtung wird die Große Kolonnade von einem gewaltigen, griechisch beeinflussten Tetrapylon unterbrochen, und in östlicher Richtung befindet sich ein dreitoriger Ehrenbogen, der Hadriansbogen. Ein äußerst interessantes Detail an dieser Straße sind die Sockel, die auf halber Höhe der Säulen angebracht sind. Vermutlich standen darauf Statuen bedeutender Persönlichkeiten der Stadt, ein weiteres klassisches Stilelement.
Typisch römische Elemente sind das Theater, das noch relativ gut erhalten ist, die Diokletiansthermen, die auf den Fundamenten des Zenobiapalastes errichtet

wurden und das Diokletianslager, in dem die römischen Legionen, die Wächter des östlichen Endes des Römischen Reiches untergebracht waren. Im gleichen Bezirk, jedoch außerhalb der Stadtmauern, lag das „Tal der Gräber“, in dem eine Vielzahl verschiedenster Grabbauten zu finden ist: Es gibt Gräber in Haus- oder Turmform (häufig drei bis vier Stockwerke hoch) und unterirdische Gruften, die mit Fresken und Stuckarbeiten verziert waren.
Die meisten Skulpturen, die heute im Museum am Ort, in der Antikensammlung in Damaskus oder im Louvre zu bewundern sind, wurden in diesen Gräbern gefunden. Auch hier, in der Darstellung des Gesichtsausdrucks und der starren Haltung, kann man wieder eine Vermischung des griechisch-römischen Stils mit dem der Einheimischen beobachten.

BABYLON

Großstadt am Euphrat

288 oben *An der Straße zum Ischtartor, der Bastion des Hauptpalastes von Babylon, befanden sich Statuen – darunter einige sehr alte – die in erster Linie Kriegsbeute waren.*

288–289 *Babylon wurde von einer fast 18 km langen Außenmauer geschützt. Innerhalb dieser Mauer befand sich nochmals eine doppelte Mauer, die einen rechteckigen Grundriss hatte und 8 km lang war. Auf diesem Bild ist ein Teil der inneren Befestigungsanlage zu sehen, die die Stadt selbst schützen sollte.*

288 unten *Die Mauern zum Schutz Babylons hatten eine Stärke von 6,5 m.*

289 oben *Dieses Relief wurde aus bearbeiteten Lehmziegeln hergestellt. Zu sehen ist ein gehörnter Drache, Symbol des Gottes Marduk. Marduk, Schutzgott von Babylon, galt als Bezwinger des Ur-Chaos, Schöpfer des Universums und der Menschen, und war für die Ordnung der Natur verantwortlich.*

1 Westteil der Stadt
2 Ostteil der Stadt
3 Nördliche Zitadelle

A Tempel der Ischara
B Esagila – Tempel des Marduk
C Etemenanki – Zikkurat (Tempelturm) des Marduk
D Tempel der Ischtar Agade
E Südlicher Palast
F Tempel der Ninmah
G Nördlicher Palast

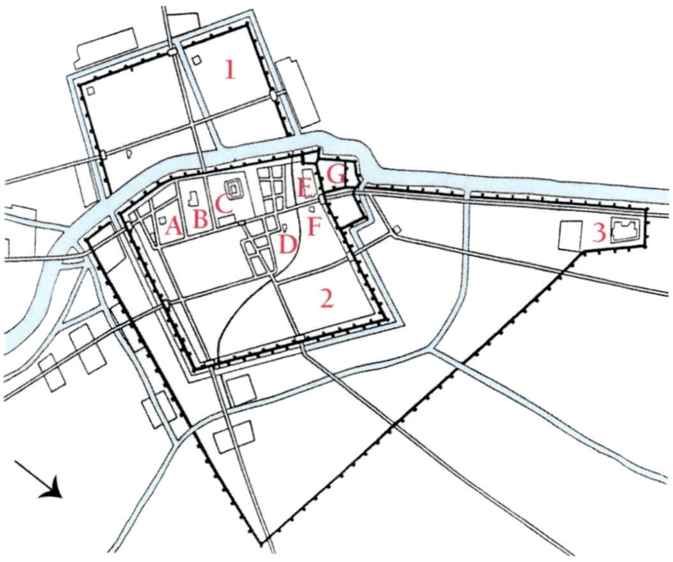

ten. Drei Jahrhunderte zuvor waren andere bereits von den Sumerern verwendet worden. Vollständigkeit und Umfang dieser Beschreibungen haben die Stele zur Hauptquelle für die Rekonstruktion der babylonischen Gesellschaft werden lassen.
Im Gegensatz dazu wurde noch keine Statue aus der Zeit des Hammurapi gefunden. Die einzigen bekannten Statuen sind die, die von den Elamitern nach Susa transportiert worden waren, nachdem sie die Dynastie der Kassiten beendet hatten, deren Könige die babylonische Kultur bis dato bestimmt hatten. Ende des 12. Jahrhunderts v. Chr. konnten die Babylonier unter Nebukadnezar I.

289 Mitte *Dieses Terrakottarelief, das heute im Louvre in Paris zu sehen ist, wurde um 2000 v. Chr. hergestellt und zeigt eine relativ naturgetreue Abbildung einer webenden Frau.*

Babylon, dessen Name „Tor Gottes" bedeutet, war Zentrum des Mardukkultes. Während der Herrschaft von Ur über Mesopotamien und Babylonien (2112–2004 v. Chr.) war in Babylon der Sitz der Verwaltung. Im 18. Jahrhundert v. Chr. wurde Babylon unter dem Amoriterkönig Hammurapi (1792–1750 v. Chr.) kulturelles Zentrum und zeitweilig Hauptstadt von Babylonien. Hammurapi war zweifellos der angesehenste Herrscher der 1. babylonischen Dynastie. Er schuf ein bedeutendes Reich, zu dem das südliche Mesopotamien und das frühere Herrschaftsgebiet von Ur gehörten.
Eine in Susa in unserem Jahrhundert entdeckte Gesetzesstele aus Basalt entschlüsselte Hammurapis geniale Vereinigungsstrategie: Auf dem Flachrelief erhält der König die Zeichen der Herrschaft (Stab und Ring) von Schamasch, dem Gott der Gerechtigkeit. Die Gesetzesstele, die wahrscheinlich in dem Schamasch geweihten Tempel in Sippar oder Babylon aufgestellt war, wurde als Beute vom König der Elamiter, Schutruk-Nahhunte I. um 1155 v. Chr. nach Susa transportiert. Die Schriftzeichen die auf dieser Stele gefunden wurden, gehören nicht zu den ältes-

289 unten *Die innere Festungsmauer hatte neun Tore, von denen das berühmteste das Ischtartor ist. Die Ziegelsteinmauern sind mit Drachen (Symbol des Gottes Marduk) und Bullenreliefs (Symbol des Sturmgottes Adad) dekoriert.*

290 oben *Auf diesem Bild ist ein Detail eines Kudurru von König Melishihu zu sehen: Der König stellt seine Tochter einem Gott vor. Kudurrus, in die Symbole der Götter gemeißelt wurden, dienten vor allem in kassitischer Zeit als Grenzsteine.*

290–291 *Das Ischtartor, das der Kriegsgöttin Ischtar geweiht war, wurde im Pergamon-Museum in Berlin rekonstruiert, dabei verwendete man die glasierten Lehmziegel, die man vor Ort gefunden hatte. Das Tor bestand aus einem Außentor (Breite 27,2 m) und einem Innentor (Breite 26,6 m). Es hatte Türme und Torkammern. Farbig glasierte Ziegelreliefs mit Darstellungen eines schreitenden Stiers und des Drachen Muschchusch zierten die Fassade.*

die Elamiter in die Flucht schlagen, ihre Hauptstadt, Susa, zerstören und die Statuen ihres Königs wieder an sich reißen.
Im 10. Jahrhundert v. Chr. wurde die Stadt von den Assyrern beherrscht, aber die Rebellion der Einheimischen gegen die Herrscher endete nie und so wurde sie im 7. Jahrhundert v. Chr. zwei Mal von den Assyrern zerstört.
Im Jahr 626 v. Chr. erklärte Nabopolassar die Stadt für unabhängig und sich selbst zum König. Er schloss eine Allianz mit den Medern, vernichtete Assyrien und gewann das Reich für sich.
Unter der Herrschaft von Nebukadnezar II. (605–562 v. Chr.) entstanden die Prozessionsstraße mit dem Ischtartor, das Stadtschloss mit den Hängenden Gärten und der Sommerpalast. Die Erforschung Babylons fand Ende des 19. Jahrhunderts (1899) statt. Maßgeblich daran beteiligt waren deutsche Archäologen unter der Leitung von Robert Koldewey.
18 Jahre dauerten die Ausgrabungsarbeiten. Die Stadt war auf beiden Seiten des Euphrat erbaut worden, wobei die wichtigsten Gebäude am Ostufer errichtet worden waren. Ein 18 km langer Mauerring umschloss ein fast unbewohntes Territorium, das auch als Schutz für die umliegenden Bauern in Kriegszeiten dienen sollte. Diese Mauer wurde im Norden noch durch eine Festung verstärkt, die auch heute noch 22 m hoch ist und den Palast des Königs schützen sollte. Eine weitere, doppelte, 8 km

lange, als Rechteck angelegte Mauer, um die außen herum noch ein Kanal führte, der die Funktion eines Wassergrabens hatte, sollte die Stadt selbst schützen. In der inneren Mauer waren neun Tore angelegt, von denen jedes unter dem Schutz eines persönlichen Gottes stand. Das berühmteste ist das Tor, das der Kriegsgöttin Ischtar geweiht war. Es war als Doppeltor angelegt, führte durch beide Mauern und wurde von zwei Türmen und Toren flankiert, durch die man in das Innere der Mauer gelangte. Das Haupttor war mit Darstellungen des Drachen Muschchusch dekoriert, dem Wappentier des Gottes Marduk, und mit Bullen, die mit dem Gott der Stürme, Adad, in Verbindung gebracht wurden.

sen und Kapitelle zu sehen waren, auf denen sich Palmen erhoben.
Die Hängenden Gärten von Babylon beschreibt Diodorus Siculus als eines der sieben Weltwunder. Sie sollen sich an der Nordwestseite des königlichen Palastes befunden haben und mit parallel verlaufenden und mit Gewölben überdachten Korridoren versehen gewesen sein (was jedoch in keinem babylonischen Text je erwähnt wurde). Vom Palast aus führte die Straße weiter zum großen Tempel des Marduk, des Götterkönigs von Babylonien und Assyrien. Der Tempel war eine Festung mit quadratischem Grundriss und zentralem Turm, in dem die Statue des Gottes stand, die während der Prozessionen herumgetragen wurde. An einer Seite des Tempels, jedoch durch eine Wand (Temenos) von diesem getrennt, erhob sich der Tempelturm Etemenanki, der Babylonische Turm. Er erstreckte sich auf quadratischem Grundriss ca. 90 m in die Höhe und war aus Lehmziegeln erbaut, die später mit glasierten Backsteinen verschalt wurden. Mehrfach wurden Materialien von dem Turm abgetragen. Heute ist nur noch der gewaltige quadratische Grundriss erhalten.

Eine Prozessionsstraße mit glasierten Ziegelsteinen und Löwenfiguren – Symbol der Göttin Ischtar – verlief neben dem Ischtartor, gefolgt von einer doppelten Mauer, die den Palast schützte und in das Innere der Stadt führte. Dort verband sie den Esagila, den Tempel des Marduk mit dem Tempel des *bit akitu* außerhalb der Stadtmauern, in dem die Neujahrsfeiern *(akitu)* jedes Frühjahr 12 Tage lang zelebriert wurden.
Der königliche Palast Nebukadnezars II. war durch den Euphrat, eine massive Festungsanlage auf der einen Seite und hohe Mauern an den anderen Seiten geschützt. Er bestand aus fünf Höfen, wobei die nach Süden gerichteten Räumlichkeiten für die Staatsgeschäfte gedacht waren. Der Haupthof öffnete sich hin zum Thronsaal, der 50 x 15 m maß. Seine Wände waren mit blau und gelb glasierten Ziegelsteinen bedeckt, auf denen Säulen mit Schneckenabschlüs-

291 oben links *Ziegelreliefs (Löwe zwischen Rosettenbändern) zierten die Wände der Prozessionsstraße, die durch das Ischtartor führte.*

291 unten links *Die Gesetzesstele des Hammurapi: Der König erhält Stab und Ring von Schamasch, dem Gott der Gerechtigkeit. Heute ist die Stele im Louvre in Paris zu bewundern.*

291 rechts *Dieser Kalksteinkudurru gehörte König Marduk Zakir Shumi.*

UR

Die Königsstadt Mesopotamiens

292–293 *In den Königsgräbern von Ur wurden viele verschiedene Einrichtungs- und Wertgegenstände gefunden, die einen Eindruck über das außerordentlich hohe handwerkliche und kulturelle Niveau geben. Auf diesem Bild sind ein goldener Dolch mit einem schön verzierten Griff und eine filigran bearbeitete Scheide zu sehen.*

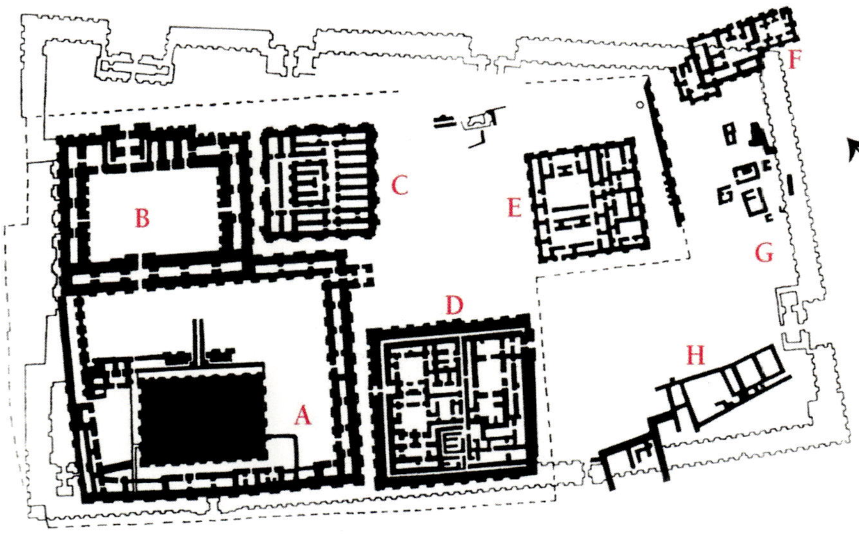

A Zikkurat
B Tempel des Mondgottes Nanna
C El-Nunmah
D Heligtum der Ningal
E El-Hursag
F Mausoleum
G Königsfriedhof
H Tempel des Nimin-Tabba

292–293 Die Zikkurat von Ur wurde von König Urnammu begonnen und von seinem Sohn Schulgi fertig gestellt. Sie war vermutlich drei Stockwerke hoch und Teil des Tempels, der zu Ehren des Mondgottes Nanna erbaut worden war. Heute ist nur noch das erste Stockwerk der Zikkurat erhalten.

Ur (heute Tell Mukajir), liegt auf einer breiten Wüstenhochebene und wurde in der Obeidperiode (5./4. Jahrtausend v. Chr.) gegründet. Ur war ursprünglich ein gut organisiertes Dorf, das überwiegend von Ackerbau und Viehzucht lebte. Zu Beginn des 3. Jahrtausend v. Chr. entstanden in Süd-Mesopotamien, in dem die sumerische Kultur dominierend war, Stadtstaaten – zu denen auch Ur gehörte –, die von königlichen Dynastien beherrscht wurden. Diese Stadtstaaten rangen um die Vorherrschaft in Süd-Mesopotamien.

Anhand von archäologischen Untersuchungen weiß man, dass die handwerklichen Fähigkeiten in diesen urbanen Zentren ständig verbessert wurden und dass diese Städte ausgedehnten Handel mit fernen Gebieten betrieben, wodurch die verschiedensten Materialien in die Städte kamen (z.B. Holz aus dem Libanon, Silber vom Berg Aman, Lapislazuli aus Badakhshan). Darüber hinaus veranschaulichen erste Verwaltungsdokumente die Detailkenntnisse von der Organisation des Handwerks, von technischen Verfahren sowie von den Bezeichnungen der Materialien. Durch ein groß angelegtes Kanalsystem, mit dem das Gebiet zwischen Euphrat und Tigris bewässert werden konnte, wurde die Landwirtschaft massiv unterstützt. Zusätzlich erhielt man dadurch eine Schiffsroute für den Transport von Gütern.

Um 2235 v. Chr. gründete König Sargon seinen eigenen Herrschaftsbereich in Akkad. Durch Eroberung der Stadtstaaten und Feldzüge nach Syrien, Assyrien und Südwestiran gründete er das erste Großreich – weit über die Grenzen Babyloniens hinaus. Als das Reich zwei Jahrhunderte später zusammenbrach, übernahm Ur unter den Herrschern der 3. Dynastie (um 2047–1940) v. Chr.) dieses Erbe und beherrschte das „Land zwischen den zwei Flüssen“. Die Stadt erlebte eine kulturelle Blütezeit. Stadtgott war der Mondgott Nanna. Viele Könige ließen die Tempel der Stadt restaurieren, um diesem Gott ihre Ehre zu erweisen. Ur wurde im 4. Jahrhundert v. Chr. wahrscheinlich wegen der Veränderung der Flussläufe verlassen. Bis Mitte des 19. Jahrhunderts ragten nur die imposanten Ruinen der Zikkurat von Ur aus der Wüste.

Bei Landvermessungen in diesem Gebiet wurden schließlich einige Inschriften gefunden und die Stadt als „Ur in Chaldäa“, als Land Abrahams, identifiziert. 1922 wur-

293 Dieser Helm aus Elektron, einer natürlich vorkommenden Gold-Silber-Legierung wurde im Grab des Königs Meskalamdug gefunden. In diesem Grab wurde ein unglaublicher Schatz geborgen. Unter den Gegenständen befanden sich wertvolle Waffen und Schmuck. Der Helm wurde aus nur einem Metallstück gefertigt.

de eine Gemeinschaftsexpedition vom Britischen Museum und von der *University of Pennsylvania* organisiert, die Sir Charles Leonard Woolley leitete. 12 Jahre lang (1922–1934) wurde er in Ur von Archäologen und Epigraphikern mit internationalem Ruf wie z.B. M.E.L. Mallowan, C.J. Gadd und L. Legrain unterstützt. Der sensationellste Fund waren die Königsgräber (3. Jahrtausend v. Chr.), die man von 1927–1931 freilegte.
Der Friedhof liegt neben dem Tempelbezirk und enthält auch die Gräber der einfachen Bürger, quaderförmige Gräber, von denen man über 2000 fand, sowie 17 Gräber gesellschaftlich hoch gestellter Persönlichkeiten, die aus Steinen und Lehmziegeln gebaut worden waren. Viele dieser Gräber waren bereits in der Antike geöffnet und ausgeraubt worden, aber auch die verbliebenen Funde waren von großem Wert.
Die bekanntesten Gräber sind die des Abargi, des Königs Meskalamdug und der Königin Schubad, das später in „Das große Grab" umbenannt wurde, weil darin die sterblichen Überreste von 74 Menschen gefunden worden waren. Der Grabschatz beinhaltete goldene Gefäße, Schmuck, Lapislazuli, Harfen, die mit Bullenköpfen verziert waren, goldene Waffen wie z.B. den Dolch des Meskalamdug, der eine goldene Klinge und einen mit Lapislazuli verzierten Griff hat.
Darüber hinaus wurde noch die Ur-Standarte (20,3 x 48,3 cm) gefunden, ein Holzkästchen, verziert mit Einlegearbeiten (Kalksteinplättchen, Lapislazuli und Muschelkalk). Auf einer Längsseite des Grabes ist eine Kriegszene dargestellt, auf der anderen ein Bankett – möglicherweise ein Ausschnitt aus einer Siegesfeier –, bei dem Opfergaben dargebracht werden. Woolley konnte die Beerdigungsfeierlichkeiten der vordynastischen Könige anhand von Funden sowie Menschen- und Tieropfern rekonstruieren, die er in den Gräbern entdeckt hatte. Der Verstorbene wurde von Würdenträgern und Kriegern ins Jenseits begleitet, die betäubt und mit den Tieren getötet wurden, die die Wagen zogen.
Im Norden der Stadt lag der Temenos (ein umfriedeter heiliger Bezirk), in dem sich die Zikkurat und der Tempel des Mondgottes Nanna befanden. Diese Ge-

294–295 und 295 unten *Auf den Längsseiten der Ur-Standarte, einem hölzernen Kästchen, das möglicherweise als Resonanzkasten für ein Musikinstrument gedient hatte, sind Schlachtszenen sowie ein Festmahl dargestellt. Als Hintergrundmaterial diente Lapislazuli, das Bild wurde aus Muscheln und Kalkstein angefertigt. Betrachten sollte man die Szenen von unten nach oben, der sumerischen Schreibrichtung folgend: Die Kriegsszene zeigt den siegreichen König beim Abschreiten der Feinde. Auf der anderen Seite des Kästchens (S. 295 unten) sind die Kriegsbeute und das Siegesmahl abgebildet.*

bäude wurden von den Königen der 3. Dynastie errichtet und später restauriert. Die Zikkurat wurde von König Urnammu begonnen und von seinem Sohn Schulgi an der Stelle eines älteren Tempels fertig gestellt.
Sie bestand aus drei Stockwerken und der Sakristei, die über dem Gebäude thronte. Das unterste, 20 m hohe Stockwerk konnte über breite Treppenaufgänge, die oben zusammenliefen, erreicht werden. Um in den Haupttempel am Fuß der Zikkurat zu gelangen, musste der Gott vom Himmel steigen und am obersten Ende des ihm geweihten Turmes ankommen.
Die Zikkurat stellte somit die Verbindung zwischen Erde und Himmel her, und dadurch zwischen den Menschen und ihrem Gott. Im großen Hof des Nanna, der im nördlichen Teil des heiligen Bezirks lag, wurden Opfergaben für die Gottheit und den Geistlichen gesammelt. Zwischen dem Hof und dem Temenos befand sich vermutlich der Palast des göttlichen Paares Nanna und Ningal. Dem Temenos gegenüber stand ein Gebäude, das vermutlich der Palast der 3. Dynastie war. Daneben lag ein Wohnviertel. Die Häuser waren normalerweise zwei Stockwerke hoch, ihr Fundament bestand aus gebrannten Lehmziegeln, der obere Teil aus getrockneten Lehmziegeln. Der Wohnblock hatte einen Hof in der Mitte, zu dem alle Räume ausgerichtet waren. Eine typische Bestattungsform war es in diesem Viertel, die Grabkammer des Verstorbenen unter die unterste Etage des Hauses zu legen. Die Opfergaben wurden in einer Art Kapelle geweiht.

294 unten *Der löwenköpfige Adler Anzu, mit Flügeln aus Lapislazuli sowie Kopf und Schwanz aus Gold stammt aus dem Schatz von Ur, der bei Mari gefunden wurde und aus der Zeit um 2600–2400 v. Chr. datiert. Dieses mythologische Tier ist Symbol des Kriegsgottes Ningirsu.*

295 oben *Dieser Bullenkopf aus Gold und Lapislazuli wurde in den Königsgräbern von Ur gefunden. Er zierte eine Harfe, die Königin Schubad gehörte. Das Instrument, das aus der Zeit um 2800 v. Chr. stammt, bezeugt die Liebe der Sumerer zur Musik.*

PERSEPOLIS

HAUPTSTADT DER ACHAIMENIDEN-KÖNIGE

Persepolis war das zeremonielle Zentrum der achaimenidischen Perser. Die Stadt liegt 80 km nordöstlich von Schiras, in der Provinz Fars, und über 500 km von Susa entfernt. Der griechische Geschichtsschreiber Plutarch hat überliefert, wie prächtig und luxuriös diese Stadt ausgesehen haben muss. Alexander der Große benötigte für den Transport der Reichtümer, die er dort fand und nach Ekbatana bringen lassen wollte, 10 000 Maultiere und 5000 Kamele.
Seit dem Mittelalter zog Persepolis die Aufmerksamkeit von Reisenden auf sich. Die erste detaillierte Beschreibung lieferte der Römer Pietro della Valle, der von ihm kopierte Inschriften aus Persepolis von einer 12 Jahre dauernden Reise (1614–1626) durch Mesopotamien mit nach Hause brachte.
Im 17. Jahrhundert kamen zu diesen Dokumenten weitere hinzu, darüber hinaus kopierte der dänische Forschungsreisende Carsten Niebuhr (1733–1815) Inschriften in Persepolis. 1887 ließ der Gouverneur von Fars, Mu'tammad al-Daula, Vermessungen am Hundertsäulensaal durchführen, der von Xerxes I. erbaut worden war.
Auf Anfrage der iranischen Regierung führte der deutsche Archäologe Ernst Emil Herzfeld 1931 die erste von insgesamt vier Ausgrabungen im Auftrag des *Oriental Institute of Chicago* durch. Ihm ist unter anderem die Entdeckung der Propyläen Xerxes' I. sowie der doppelläufigen Freitreppe im Osten, die zum Apadana führte, zu verdanken.
Zwischen 1935 und 1939 wurden die Ausgrabungsarbeiten unter der Leitung von Erich F. Schmidt weitergeführt. Ab 1939 übernahm der *Iranian Archaeological Service* mit Unterstützung des französischen Experten A. Godard, später mit der Unterstützung von M.T. Mustafawi, die weiteren Arbeiten. In den letzten 20 Jahren gingen die Ausgrabungen wegen der politischen Veränderungen und des Iran-Irak-Krieges nur langsam voran.
Die Bauten in Persepolis weisen auf eine enge Verbindung der Stadt mit dem persischen Reich hin. Die Gründung des Reiches war ein Werk Kyros II. Nachdem er sich selbst um 550 v. Chr. zum König der Meder erklärt hatte, übernahm Kyros II. um 546 v. Chr. die Kontrolle über Lydien, Königreich des Krösus. Anschließend eroberte er die griechischen Städte Kleinasiens. Schließlich bezwang er im Oktober 539 v. Chr. Babylon und kontrollierte

296 links *Persepolis war Hauptstadt des Achaimenidenreiches vom 6. Jahrhundert v. Chr. bis 330 v. Chr., als Alexander der Große sie niederbrennen ließ. Die steinernen Portale der Paläste mit Säulen und Pfosten sind noch erhalten, während von den Wänden aus Lehmziegel, einem weniger stabilen Material, nahezu nichts mehr erhalten ist.*

296 unten *Dieses goldene Rhyton (Trinkgefäß) steht heute im Archäologischen Museum von Teheran. Es verdeutlicht den hohen technischen Stand, den die achaimenidischen Künstler erreicht hatten. Der geflügelte Löwe war eines der Wappentiere der persischen Dynastie.*

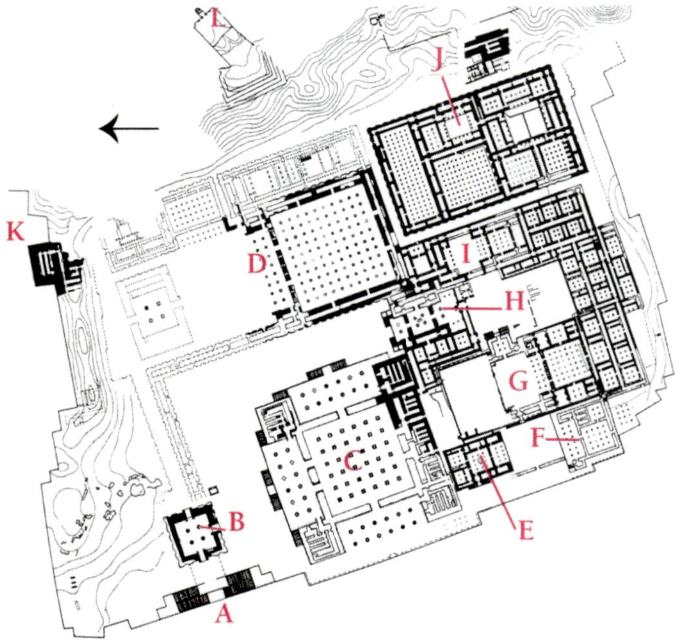

A Rampe
B Tor Xerxes' I.
C Apadana
D Hundertsäulensaal
E Palast Dareios' II.
F Palast Artaxerxes II.
G Wohnpalast Xerxes' I.
H Tripylon
I Harem
J Schatzhaus
K Teil der Befestigungsanlage
L Grab Artaxerxes' II.

296–297 *Der Bau der Stadt Persepolis erfolgte nach einem detaillierten Plan Dareios' I., der die architektonische Gestaltung und Dekoration jedes einzelnen Gebäudes arrangierte. Seine Nachfolger Xerxes I. und Artaxerxes II. vollzogen seine Pläne. Alle Gebäude auf der großen Terrasse (hier in der Luftaufnahme) wurden nach der Bedeutung, die sie während der Neujahrszeremonien spielten, errichtet und mit Reliefs ausgeschmückt.*

297 *Solche Greifen sind sehr häufig in Persepolis zu finden. Die Architekten des Königs kreierten für die großen Paläste Kapitelle, die die Form von Greifen hatten.*

298 oben *Persepolis wird eigentlich für das Zentrum der vor-islamischen Kunst gehalten. Die ornamentale Ausschmückung von Persepolis diente jedoch in erster Linie dazu, den Betrachter zu beeindrucken und einen grandiosen Eindruck zu hinterlassen. Der künstlerische Wert stand im Hintergrund, da die zentrale Stellung von Persepolis auch durch die Monumentalität der Bauten hervorgehoben werden sollte. Einflüsse des griechischen und römischen Kunstgeschmacks sind in der achaimenidischen Kunst nur ansatzweise zu finden.*

298 Mitte *Einer der Stierköpfe, die flankierend am Pfeiler des Haupttores standen. Sie sollten die Mächte des Bösen vom Palast abhalten. Interessant ist, dass Tiere in der achaimenidischen Kunst durchaus realistisch abgebildet werden – im Gegensatz zu der sonst sehr formalen und strengen Darstellungsweise.*

298 unten und 298–299 *Durch eine gewaltige Toranlage (Propyläen) gelangte man auf die Terrasse, auf der der königliche Palast stand. Diese Anlage wurde unter Xerxes I. errichtet. Sie bestand aus einer quadratischen Halle, die von vier Säulen mit Tierkopfkapitellen getragen wurde. Die drei großen Portale, die sich nach Westen, Osten und Süden hin öffnen, wurden von riesigen Stieren mit Menschenköpfen und ausschreitenden Stieren bewacht. Der „Rachen", der sich über den Querbalken jedes Portals erhob, lässt auf ägyptische Einflüsse schließen.*

damit nicht nur das südliche Mesopotamien, sondern auch Syrien und Palästina. Seine Nachfolger konnten das Territorium des persischen Reiches noch weiter vergrößern: 525 v. Chr. brachte Kambyses II. Ägypten und Zypern unter seine Herrschaft. Nach dem Tod von Kambyses II. und dem anschließenden Machtkampf trieb Dareios I. (522–486 v. Chr.), der aus einem anderen Zweig der Achaimeniden stammte, die Expansion des persischen Reiches weiter voran. Sein größtes Interesse galt jedoch der Umorganisation des Reiches. Diese Zeit war geprägt von imperialistischem Denken.

Die Paläste von Persepolis wurden mit Materialien und Handwerkern aus aller Herren Länder erbaut. Jedes Volk steuerte das bei, was es am besten konnte, um dieses neue Zentrum der Welt mit aufzubauen. Im Gegenzug dafür erhielten die Völker Sicherheit, Gerechtigkeit vor dem Gesetz und ihrer Toleranz gegenüber der jeweiligen Religion.

Dareios I. ernannte Susa zum Sitz der Verwaltung des Reiches. Die Stadt verfügte über gefestigte administrative Strukturen und lag am Schnittpunkt des Hochlandes von Iran, Armenien und Anatolien mit dem Flachland von Syrien und Mesopotamien, das heißt zwischen der iranischen und semitischen Welt, die von jeher starke Gegensätze zueinander gebildet hatten und die nun in einem politischen Staat vereint waren.

Dareios I. wählte als Ort für seine neue Hauptstadt, den Glanzpunkt seines Imperiums, die Ebene von Marv Dasht in Anzan, die von einem Felsvorsprung des

301 oben *Die zwei monumentalen Treppenaufgänge, die zum Apadana führen, waren mit Flachreliefs dekoriert, die die Delegationen der 25 Völker, die der persischen Krone unterworfen waren, beim Überreichen der Geschenke zeigen: Aus Susa kamen Waffen und Löwen, die Armenier brachten Metallgefäße und Pferde, die Lyder Edelmetalle und Pferde. Jede Delegation ist von der nächsten durch stilisierte Zypressen, Lebensbäume, einem typisch persischen Symbol, getrennt. Alle Reliefs waren bunt bemalt.*

301 unten *Die Motive der Reliefs von Persepolis variieren nicht stark: fremde Delegationen, Diener, Helden, Garden und hohe Beamte (hier im Bild). Durch diese Wiederholungen in den Darstellungen sollte die Größe des Reiches hervorgehoben werden.*

300 oben und unten
Gottfried von Herder schrieb 1780 über die langen Reliefreihen, die sich an den Treppen des Apadana befinden, dass die Prozessionen von Geschenküberbringern eine Art Landkarte darstellen über die Länder, die zum persischen Weltreich gehörten – eine lebendige Präsentation der Provinzen und der Menschen, die dort lebten. Diese Bilder haben enormen dokumentarischen Wert, da sie detailliert Haarmode, Kleidung, Schmuck, Waffen, Transportmittel und alltägliche Gegenstände zeigen, die zu dieser Zeit im Persischen Reich verwendet wurden.

300–301 *Das Apadana war für Audienzen gedacht, die der König den persischen und medischen Aristokraten gewährte. Über zwei monumentale Treppenaufgänge kam man in die gewaltige Halle. Diese war mit Flachreliefs dekoriert, auf denen Kämpfe zwischen Löwen und Stieren und eine Prozession von Tributzahlern dargestellt sind.*

Kuh-i Rahmat beherrscht wird. Persepolis wurde von den Nachfolgern des Dareios weiter ausgebaut. Sein Sohn Xerxes I. setzte das Werk des Vaters fort, gefolgt von Artaxerxes I. und Artaxerxes II. Die Gesamtanlage von Persepolis wurde niemals fertig gestellt. Im Jahr 330 v. Chr. ließ Alexander der Große die Stadt in Brand setzen.
Danach wurde das persische Reich in Provinzen, Satraps, aufgeteilt. Die Repräsentanten der Provinzen trafen sich jedes Neujahr, das nach dem Kalender der Ahura-Masda-Religion mit der Tag- und Nachtgleiche im Frühjahr beginnt. An diesem Tag wurden dem König Tribute und Opfergaben dargebracht.
Die Delegationen der Vassallenstaaten erreichten Persepolis auf dem Rücken der Pferde. Die Reiter hielten am Fuß einer gewaltigen Terrasse, auf der sich monumentale Gebäude erhoben. Die Plattform misst 450 x 300 m und ist aus quadratischen Kalksteinblöcken erbaut. Monumentale, auseinander laufende, aber parallel zur Mauer errichtete Treppen-

aufgänge führen auf die obere Terrasse, direkt vor das Hauptportal, das von Xerxes I. erbaut wurde und auf beiden Seiten von zwei geflügelten Torwächtern flankiert wird. Diese sind mit einem Stierkörper, bärtigen Männerköpfen und der Tiara des Königs abgebildet.

Über den Wächtern befinden sich auf beiden Seiten Inschriften in Keilschrift, durch die Xerxes I. kundtut:

„Ahura Masda ist ein großer Gott. Er erschuf die Erde, den Himmel und die Menschen; die Menschen machte er glücklich, weil er ihnen Xerxes als alleinigen König über Tausende von Menschen gab (...)

Dieses Tor (...), von dem aus man alle Völker sehen kann, erbaute ich wie viele andere Monumente, wie es auch schon mein Vater getan hat; dieses meisterhafte Werk und alle anderen prächtigen Gebäude, die wir erbaut haben, haben wir zu Ehren von Ahura Masda errichtet (...). Möge Ahura Masda diese beschützen!"

Die persischen und medischen Adligen, die dieses monumentale Portal erreichten, wendeten sich dann nach Süden, zum Apadana, der Halle, in der der König die offiziellen Audienzen abhielt.

Das Apadana wurde unter der Herrschaft von Dareios I. begonnen und unter Xerxes I. fertig gestellt. Es bestand aus einer zentralen, quadratischen Halle mit 75 m Seitenlänge und 36 Säulen, von denen heute nur noch drei stehen. Diese waren 25 m hoch und standen in sechs Reihen hintereinander, um die Decke zu stützen. Auf jeder Säule befanden sich Kapitelle, die die Form eines Stieres, Löwen oder Greifs hatten (der

Greif war ein Symbol für die Harmonie zwischen Babyloniern und Elamitern).
Auf den Säulen lag eine Konstruktion aus libanesischer Zeder.
Auf drei Seiten dieser Halle befand sich jeweils eine Portikus, die aus sechs Säulen bestand. Die vierte Seite führte in anschließende Gebäude und zur oberen Terrasse. Das Apadana erreichte man über zwei, von Westen und Osten kommende Treppenaufgänge, deren Seiten vollkommen mit Flachreliefs bedeckt sind. Diese zeigen Abgesandte des Weltreiches, die von Infanterie, Kavallerie und Bogenschüzen auf ihrem Weg zur Neujahrsprozession begleitet werden.
Sie alle kamen, um dem König ihren Tribut zu entrichten und ihm Ehre zu erweisen. Jeder ethnischen Gruppe in der Prozession geht ein medischer oder persischer Würdenträger voran. Die Vertreter der verschiedenen ethnischen Gruppen tragen so unterschiedliche Kleidung, dass man sie heute noch in den meisten Fällen zuordnen kann.
Die einzelnen Gruppen werden durch Zypressen, Lebensbäume, einem typisch persischen Symbol, voneinander getrennt. In der Mitte der Treppe befindet sich ein Bild des Ahura Masda: Er ist als geflügelter Gott über der Sonnenscheibe dargestellt, wohingegen am Ende des Aufgangs eine Szene zu sehen ist, auf der ein Löwe einen Bullen angreift. Diese Flachreliefs verdeutlichen, wie sehr Persepolis auf die Macht des achaimenidischen Königs und auf das Neujahrsfest ausgerichtet war, das von Ahura Masda beschützt wurde.
Nördlich des Apanada liegt der Palast, der von Dareios I. begonnen und von seinem Sohn Xerxes I. fertig gestellt wurde. Vom Apadana gelangt man über zwei Treppenaufgänge auf die Terrasse, auf der der Palast erbaut wurde. An diesen Aufgängen ist die Garde des Königs, die „Unsterblichen“, abgebildet.
Sie erhielt diesen Namen, weil jeder Verstorbene sofort durch einen anderen ersetzt wurde.
Der Palast liegt um eine zentrale Säulenhalle hinter einem Vorbau, der von 16 Säulen getragen und an den Seiten von kleineren Räumen flankiert wird. Die Wände bestehen aus grauen Porphyrplatten, die so hoch poliert waren, dass der Raum „Spiegelsaal“ genannt wurde. Die Reliefs an den sechs Türen dieser Halle zeigen den König in verschiedenen Situationen: während eines Marsches, von Dienern begleitet oder im Kampf mit einem Löwen beziehungsweise einem mythischen Tier, Symbol der Macht des Königs über das Böse.
Vom Tripylon (Dreifachtor) gelangt man in den gewaltigen Hundertsäulensaal, der den gesamten nordöstlichen Teil der Terrasse einnimmt. Das Gebäude wurde von Xerxes I.

in Auftrag gegeben und von dessen Sohn Artaxerxes I. vollendet. Es bestand aus einer zentralen, quadratischen Halle mit 75 m Seitenlänge, in der hundert Säulen in Zehnerreihen standen. Der Halle war ein Vestibül vorgelagert, das aus zwei Reihen mit je acht Säulen bestand. Dieses Vestibül wurde bei dem Brand 330 v. Chr. zerstört.
Im Inneren sind nur noch die Sockel der Säulen zu sehen, die Türrahmen sind jedoch größtenteils erhalten ebenso wie die Flachreliefs, die ähnliche Themen wie im Palast Dareios' I. behandeln.

Mit der Zerstörung Persepolis' rächte Alexander der Große die Entweihung Xerxes' I., der die Akropolis von Athen niedergebrannt hatte.
Die Nachbarstaaten Mesopotamien, Urartu, Ägypten und Griechenland hatten einen erheblichen Einfluss auf die Gestaltung von Architektur, Steinbauweise und Skulpturen in Persepolis. Das achaimenidische Reich entnahm viele Formen, einschließlich einander gegenüberstehende Tiere, Stierwächter, Militärparaden, stilisierte Zypressen und vieles mehr der su-

302 unten *Rein funktional betrachtet war Persepolis in zwei Bereiche geteilt. Im Norden lag der zeremonielle Trakt, im Süden der Wohnpalast des Königs. Diese zwei Sektoren wurden durch das Tripylon (Dreifachtor) miteinander verknüpft, das eine Art Angelpunkt zwischen dem Apadana und einem kleinen Palast im Süden darstellte. Die Reliefs am Osttor zeigen Dareios I. auf dem Thron sitzend.*

302–303 und 303 oben *An der Treppe, die zum Palast Dareios' I. im Südteil der großen Terrasse führt, sind eine Reihe Diener dargestellt, die Nahrungsmittel an den königlichen Tisch bringen. Wissenschaftler glauben heute, dass dieser Treppenaufgang Teil des Prozessionswegs war, über den die Teilnehmer vom Apadana zum Bankett gingen, das der König in seiner Privatresidenz gab.*

303 unten *Die Reliefs, die sich an den Pfeilern der beiden Tore des Tripylons im Norden und im Süden befinden, zeigen den König, gefolgt von Dienern, die Sonnenschirm und Fächer tragen. Die Häufigkeit, mit der solche feierlichen Darstellungen wiederholt werden, demonstriert, dass es in der achaimenidischen Kunst eigentlich keine Weiterentwicklung gab. Man war nicht in der Lage perspektivisch darzustellen oder von der starren Profilabbildung abzuweichen. Die Kunst am königlichen Hof fußte auf archaischen Elementen und einer Formenstrenge, die man stets beibehielt.*

merischen, assyrischen und babylonischen Kunst. Die monumentale, auf der Terrasse errichtete Anlage sollte das Zentrum des Reiches, die Macht des Herrschers symbolisieren, der sich als Mittelsmann des Gottes Ahura Masda verstand.

Die symbolträchtigen und magischen Reliefs sowie die architektonischen Elemente, z. B. Rosettendekorationen, gestufte Zinnen, die den heiligen Berg, Quelle der Fruchtbarkeit, symbolisieren, die Hundertsäulenhalle, die als heiliger Wald interpretiert wird, kämpfende Löwen und Stiere, die vermutlich mit den Tierkreiszeichen und dem Wechsel der Jahreszeiten in Verbindung stehen, zeigen, dass es neben der Staatsreligion nach wie vor einen alten, naturalistischen Glauben an viele Götter gab, dessen Fundamente die Anbetung des Berges und des Stieres sowie Fruchtbarkeitsriten waren. Nicht weit von Persepolis liegt Naksch-e Rostam, der berühmte Königsfriedhof der Achaimeniden. Die Felsen gräber mit kreuzförmigen

305 oben rechts *Dieser lapislazulifarbene Kopf wurde in Persepolis gefunden. Er wurde vermutlich auch dort hergestellt und als Ideal jugendlicher Schönheit am Königshof angesehen.*

305 Mitte rechts *Achaimenidische Kunst verwendet überwiegend ornamentale Ausschmückung, eine Wiederholung vieler Motive ist die Folge.*

305 unten rechts *Auch wenn in Persepolis unter anderem assyrische, ägyptische und griechische Einflüsse unverkennbar sind, so kommt dennoch in der Gesamtanlage ein eigener höfischer Kunststil zum Ausdruck, der große Geschlossenheit zeigt.*

306–307 *Auf diesem Basrelief sind einige Gabenträger dargestellt, die zu den Delegationen derjenigen Nationen gehörten, welche die persische Krone unterworfen hatte.*

304 *Die Porträts in Persepolis sind in keiner Weise realistische Abbildungen. Diener und Wächter (hier abgebildet) haben alle dieselben Augen, lange, schmale Augenbrauen, gelockte Haare und Bärte sowie einen feierlichen Gesichtsausdruck. Dies alles verfolgt nur einen Zweck. Kunst wird dazu verwendet, Macht zu symbolisieren, auch wenn diese Kunst dann häufig pompös wirkt.*

305 links *Auf diesem Bild ist ein Wächter des Königs zu sehen – eine von vielen Arbeiten in Persepolis, die dazu dienen sollten, den Ruhm des Königs hervorzuheben.*

Fassaden waren für Dareios I., Xerxes I., Artaxerxes I. und Dareios II. angelegt worden.
Das Grab von Dareios' I. ist mit Reliefs geschmückt, die beispielsweise den König vor Ahura Masada betend zeigen.
Auf einer Terrasse vor der Gräberwand befindet sich ein quadratischer Turm. Es handelt sich hierbei vermutlich um den Schrein für die heiligen Schriften beziehungsweise um den Grabturm von König Kambyses II. Der Oberpriester Kardir und fünf sassanidische Könige brachten im 3. Jahrhundert weitere Felsenreliefs sowie Inschriften über die Taten Schapurs I. am Turm an.

308 oben und unten *Etwa 10 km von Persopolis entfernt liegen die Felsengräber von Naksch-e Rostam. Hier findet man die Grabstätten einiger achaimenidischer Herrscher. Die Gräber wurden nach dem Vorbild des Felsengrabes von Dareios I. errichtet: Die kreuzförmig angelegte Fassade zeigt einen stilisierten Palast, über dem auf einem Flachrelief ein gewaltiger Thron abgebildet ist, den die Repräsentanten der Völker des persischen Reiches stützen. Im Detail (oben) sieht man den König vor Ahura Masda, dem Hauptgott der Perser. Zwischen den Säulen liegt der Eingang in die Grabkammer.*

308–309 *Neben den Gräbern ließen die Herrscher der Dynastie der Sassaniden große Flachreliefs in den Berg meißeln, die ihre Taten verewigen sollten. Die Wahl dieser Stelle hatte Symbolcharakter: Die Kontinuität des persischen Reiches sollte betont werden.*

309 oben *Die Gräber von Xerxes I., Artaxerxes I. und Dareios II. befinden sich in Naksch-e Rostam, bestattet wurden die Herrscher jedoch in Persepolis.*

309 unten *Dieses Flachrelief (unten im Bild) zeigt Hormisd I. im Kampf.*

310–311 *Das bekannteste sassanidische Relief in Naksch-e Rostam wurde in der Nähe des Grabes von Dareios I. in den Fels gemeißelt. Es zeigt den Triumph König Schapurs I. (242–272) über die römischen Kaiser Philippus Arabs und Valerian. Die Inschriften rechts davon belegen den Sieg des Königs.*

310 unten *Dieses Relief zeigt die Amtseinführung von Ardaschir I., dem Gründer der sassanidischen Dynastie. Der König (links im Bild) erhält vom Gott Ahura Masda (rechts auf dem Pferd) die königliche Krone (siehe auch S. 311 unten rechts Detailaufnahme).*

311 links *Die achaimenidischen Felsengräber von Naksch-e Rostam, hier das Grab Artaxerxes' I., Enkel Dareios' I., haben eine kreuzförmige Fassade, die über 20 m hoch ist. Die Tür liegt eingerahmt zwischen Säulen mit Widderkopf-Verzierungen. Im Inneren besteht jedes Grab aus mehreren Kammern, die in den Fels getrieben wurden. Hier bewahrte man den Sarkophag und den Schatz des Königs auf. Die Kammern im Grab Dareios' I. haben geneigte Decken.*

311 rechts *Unter Bahram II. (276–293) entwickelte die sassanidische Skulptur einen hohen Stand. Es wurden auch andere Szenen als Amtseinführungen von Königen und Siege dargestellt. Dieses Flachrelief zeigt den König stehend von vorne, sein Kopf ist jedoch im Profil abgebildet. Er hat die Hand am Schwertgriff, während der Hof ihm seine Ehrerbietung erweist.*

SANCHI – *Frühbuddhistische Pilgerstätte*

312 links *Die üppige Figur der Yakshi (Baumgöttin, Fruchtbarkeitsdämonin) Shalabhanjika ragt zwischen dem Abakus und dem ersten Querbalken des östlichen Portals des Großen Stupa hervor. Die fülligen Formen symbolisieren die Fruchtbarkeit der Erde, den Lebenssaft des Baumes, das indische Schönheitsideal und in esoterischem Sinn das Wachsen des Bewusstseins auf dem Weg zur Erleuchtung. Dieses Motiv findet man in kleineren Dimensionen auch zwischen den Balken.*

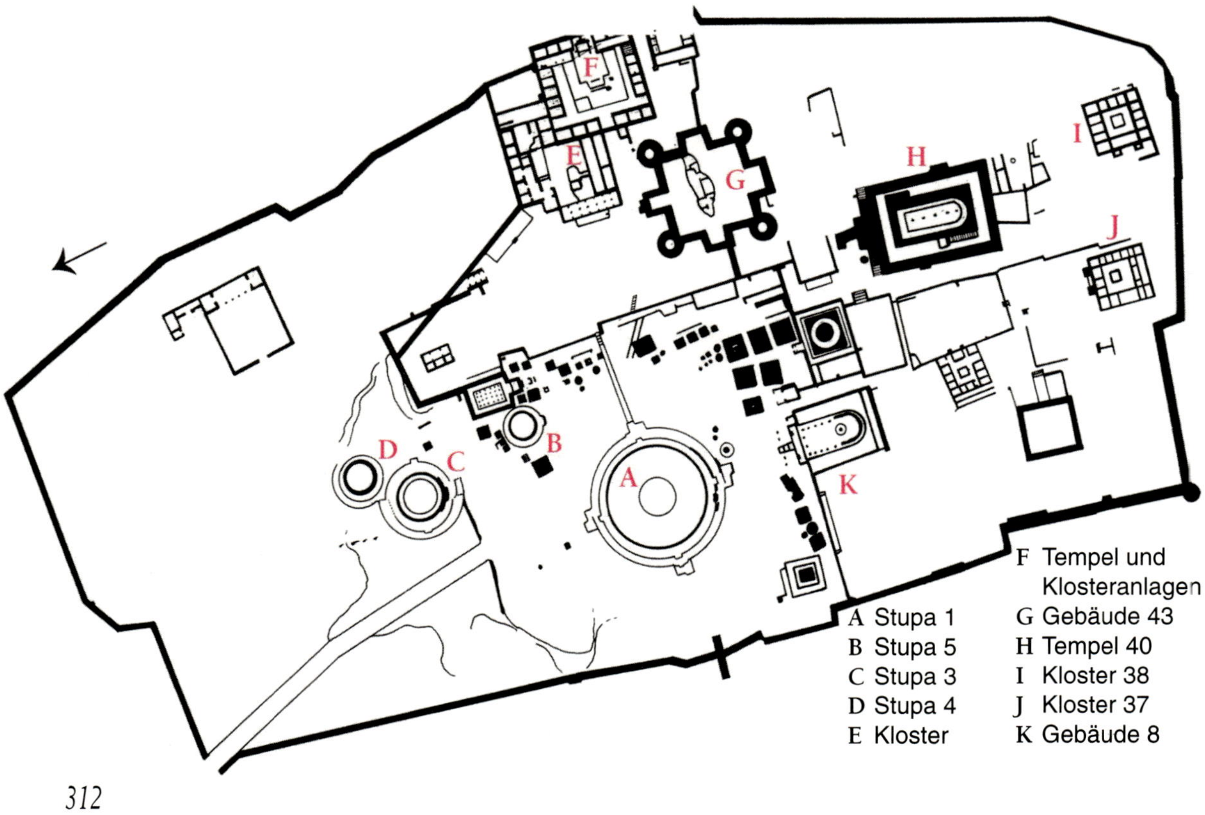

Das wesentliche Merkmal der buddhistischen Architektur ist der Stupa, ein Erinnerungsmal für den historischen Buddha. Nach der Einäscherung wurden die Relikte des Buddha unter den wichtigsten Kriegsstämmen aufgeteilt, die an den Begräbniszeremonien teilgenommen hatten.
Man sagt, dass die ersten zehn Stupas über diesen geheiligten Resten errichtet wurden. Der am besten erhaltene Stupa in Indien liegt in Sanchi, im Staat Madhya Pradesh, nordöstlich von Bhopal. Sanchi lag am Zusammenfluss zweier Flüsse auf einer kleinen Anhöhe, die sich ideal für ein Klosterleben eignete, und befand sich in der Nähe der blühenden Handelsstadt Vidisa, die an einer Karawanenroute lag.
Gegründet wurde Sanchi vermutlich von Ashoka, einem großen buddhistischen

Herrscher im 3. Jahrhundert v. Chr., und blieb bis ins 13. Jahrhundert eine blühende Stätte, bis schließlich der allgemeine Niedergang des Buddhismus in Indien zum Niedergang von Sanchi führte. Der Ort geriet völlig in Vergessenheit und wurde nur durch Zufall von General Taylor im Jahr 1818 entdeckt.

Die Gebäude waren noch intakt, das ganze Gebiet jedoch wurde schon bald durch Amateurarchäologen und Schatzsucher verwüstet. 1881 begann Major Cole mit Restaurationsarbeiten, die von John Hubert Marshall, dem Leiter des Department of Archaeology von 1912 bis 1919 fortgesetzt wurden. Über 50 Monumente wurden von Marshall aufgelistet, die man in zwei Gruppen einteilen kann: Die Bauten auf dem Hügel und jene, die etwas weiter unten auf dem Westhang liegen. Der Große Stupa hatte ursprünglich einen Durchmesser von 36,6 m und eine Höhe von 16,46 m plus weitere 16,46 m, wenn man den dreifachen Schirm dazu rechnet, der in ein kleineres, aus gebrannten Ziegeln und Mörtel bestehendes Gebäude integriert ist, das dem Ashoka geweiht war. Im 2. Jahrhundert v. Chr. wurde das Gebäude rekonstruiert und durch eine aus Sandsteinblöcken bestehende Umfassung erweitert.

312–313 *Das am besten erhaltene Portal am Großen Stupa ist das Nordportal. Auf dem ersten Architraven ist eine Szene aus den Jataka, den Erzählungen aus einer früheren Inkarnation Buddhas, des Erleuchteten, dargestellt. Auf dem zweiten Architraven sieht man die Versuchung des Mara, Vertreter des Bösen, der mit Buddha zusammentrifft. Buddha ist symbolisch als Baum der Erleuchtung abgebildet. Auf dem obersten Architraven ist eine weitere Episode aus den Jakata zu sehen: Hier erscheint Buddha in Elefantengestalt.*

313 oben rechts *Die Architraven der Toranas (Tore) sind durch quaderförmige Blöcke und durch je eine Reiterreihe auf Elefanten und Pferden voneinander getrennt. Zwischen den Tieren befindet sich eine kleine, mit Blumen geschmückte Säule. Sanchi lag in der Nähe der Karawanenstadt Vidisa, es ist daher möglich, dass das Reitermotiv symbolisch für den blühenden Handel zu verstehen ist.*

313 Mitte rechts *Der Große Stupa in Sanchi zählt zum ältesten Stupatypus (3. Jahrhundert v. Chr.).*

313 unten rechts *Die Architraven der Toranas in Sanchi werden am Nord- und am Osttorana von Elefanten, am Westtorana von Yakshis und am Südtorana von Löwen unterstützt (hier im Bild). Der Löwe ist Symbol für das Geschlecht der Sakya, des kriegerischen Geschlechts des Buddha.*

Darüber hinaus wurden am Fuß des Hügels eine Terrasse mit einer doppelten Treppe, die Balustraden, der Korridor und der Harmika (Reliquienschrein) hinzugefügt. Am Fuß der Anlage befinden sich kosmische Symbole. Zu diesen gehören der erhobene Umlauf (Medhi), der die Erde darstellt, und die darüber angelegte halbkugelige Kuppel (Anda), die den Himmel darstellen soll. Der quadratische Kasten (Harmika) für die Reliquien liegt auf dieser Kuppel und stellt den kosmischen Berg im Zentrum des Weltalls dar, wohingegen die jenseits davon liegende, versteckte Welt, die reine Wahrheit, durch einen zentralen Pfeiler (Chattri), symbolisiert wird, der der Angelpunkt ist, um den sich der Stupa dreht. Dieser Drehpunkt hat in der Regel die Form eines dreifachen Steinschirms und symbolisiert die drei Pfeiler des Buddhismus: Buddha, den Erleuchteten, Sangha, die Gemeinschaft, und Dharma, die Weltordnung.

Der kosmische Berg, die Achse des Universums und der Nabel der Welt, der Stupa, stehen für die Gesamtheit allen Lebens und daraus folgernd auch für Buddha selbst. Um den Stupa herum befindet sich ein Steinzaun (Vedika) mit meist vier Toren (Toranas). Er kennzeichnet das Ende des Bezirks, in dem die heiligen Umwandlungen, ein zentraler buddhistischer Ritus, stattfanden. Der Gläubige umlief dabei das runde Heiligtum im Uhrzeigersinn. Der Umwandlungspfad hat vier markante Punkte, die die vier Himmelsrichtungen angeben. Hier stehen die Toranas, auf denen dreifache Architraven liegen. Es gibt an den Portalen von Sanchi keine Bilder des historischen Buddha. Die Anhänger des Hinayana, der ältesten Form des Buddhismus, sahen ihn als ihren obersten, erleuchteten Herrn an. Auf den Flachreliefs ist er nur anhand einiger Symbole erkennbar, die mit spezifischen Ereignissen

314 Die Toranas zeigen wichtige Stationen im Leben des Buddha und seiner früheren Leben. Links ist eine Jagdszene dargestellt. Oben rechts ist die Bekehrung der drei Kahsyapa-Brüder zu sehen. Diese lebten als Einsiedler mit ihren Schülern in den Wäldern. Die Idylle wird durch die in Blüte stehenden Bäume und durch einen Weiher unterstrichen. Rechts unten ist ein Prinz zu sehen (am Sonnenschirmsymbol zu erkennen), der seinen Dienerinnen beim Schmücken des Feigenbaumes zusieht, neben dem Siddhartha Gautama erleuchtet wurde.

315 Buddha war sich nicht sicher, ob er die Lehre, die ihn zur Erleuchtung geführt hatte, predigen sollte, da es ihm sehr schwierig erschien, seinen Mitmenschen eine so komplizierte Botschaft zu vermitteln. Die Götter selbst baten ihn jedoch, Menschlichkeit als allein erlösenden Weg zu verkünden. Das zweite Bild am südlichen Pfeiler des westlichen Torana erinnert an dieses Ereignis, die Adhyeshana. Buddha ist in Sanchi immer als Symbol zu sehen. Hier ist er als Baum der Erleuchtung, umgeben von dienstbaren Geistern und Göttern, dargestellt.

316–317 Dieses Detail zeigt den ersten Architrav des Nordportals des Stupa 1.

318 oben rechts *Stupa 2 steht auf einer künstlichen Terrasse 320 m unterhalb des höchsten Punktes eines Hügels. Die älteren Bauelemente stammen wahrscheinlich aus dem 2. Jahrhundert v. Chr. Der Zaun um den Stupa ist sehr schön mit archaischen Szenen und wunderbaren Blumen- und Tiergruppierungen verziert. Die Kammer mit den Reliquien liegt bei diesem Stupa mehr im Westen und nicht in der sonst üblichen zentralen Position. Sie enthielt einen Reliquienschrein aus Sandstein mit den Relikten der letzten drei Generationen der buddhistischen Lehrer.*

318 Mitte rechts *Stupa 3 wurde wahrscheinlich im 2. Jahrhundert v. Chr. erbaut. Dem Stupa vorgelagert ist ein Portal, das vermutlich von Steinmetzen, Elfenbeinschnitzern und Juwelieren im 1. Jahrhundert gefertigt wurde. Hier wurden die Relikte zweier buddhistischer Heiliger, Shariputra und Maugdalyayana, gefunden, die in zwei Sarkophagen in der Reliquienkammer standen*

318 Mitte links *Zum ummauerten Bereich von Sanchi gehören neben den Stupas auch Tempel und Klöster. Auf diesem Foto ist ein Teil des Tempels 45 und das anschließende Kloster zu sehen, das im 7./8. Jahrhundert erbaut und im 9./10. Jahrhundert umgebaut wurde.*

in seinem Leben in Verbindung gebracht werden können. Die kreativen Fähigkeiten der Künstler fanden eine schier unerschöpfliche Quelle der Inspiration in den Jataka, den literarischen Sammlungen über das frühere Leben des Buddha, in denen er oft als Tier erschien.

Der Aufbau der Toranas besteht aus zwei Pfeilern, auf denen vier Löwen, Elefanten und Yakshis (Fruchtbarkeitsdämoninnen) stehen. Sie werden durch drei bogenförmige Architraven verbunden, die in Spiralen enden und voneinander durch quadratische Blöcke und Reihen von Reitern, die auf Elefanten und Pferden reiten, getrennt sind. Vom Abakus des Türpfosten ragen zur Spirale des ersten Architraven wunderschöne Figuren hin: Shalabhanjikas, Baumgöttinnen. Über dem letzten Architraven befindet sich das „Gesetzesrad", das von zwei Fächerträgern und zwei Triratnas, dem „Dreiermotiv", flankiert wird. Der nebenan gebaute Stupa 3 ist kleiner und einfacher, wurde jedoch zur gleichen Zeit wie der Große Stupa erbaut. Ihm ist ein Portal vorgelagert. Stupa 2 wurde auf einer künstlichen Terrasse 320 m unterhalb des höchsten Punktes des Hügels erbaut. Er hat keine Toranas, die Balustrade ist mit prächtigen Medaillons verziert.

318 unten links *Tempel 17 ist ein typisches Beispiel der Guptaarchitektur des 5. Jahrhunderts: Er besteht aus einer Halle, der eine Portikus vorgelagert ist und hat ein flaches Dach. Dieser Tempel gehört zum Prototyp dieser Tempelbauweise.*

319 *Der Steinzaun von Stupa 2 ist mit diesen schönen Medaillons verziert. Hier wird Gajalakshmi, eine Erscheinungsform der Lakshmi, Fruchtbarkeits- und Schönheitsgöttin, die mit Vishnu verheiratet war, von zwei Elefanten, gaja, mit Wasser übergossen. Dies wiederum steht symbolisch für die Fruchtbarkeit der Erde durch den Regen.*

MAHABALIPURAM

Geheimnisvolle Miniaturtempel

320 oben Hier ist Shiva zu sehen, der Gott, der den Aspekt der Auflösung und Zerstörung verkörpert.

320–321 Neben dem Felsen „Herabkunft der Ganga" befand sich der „Mandapa der fünf Pandavas", jener sagenumwobenen Brüder aus dem großen Epos „Mahabharata". Der Mandapa ist eine Art Pavillon, ein Platz der Verehrung, dem Löwensäulen, Symbol der Pallavakönige, vorgelagert sind.

Mahabalipuram wurde vom Pallavakönig Narasimharvarman Mahamalla (um 630–668) als Mahamallapuram gegründet. Zwischen dem 7. und 8. Jahrhundert war es die wichtigste Hafenstadt der Pallavadynastie. Mahabalipuram liegt 54 km südlich von Madras, der Hauptstadt des Staates Tamil Nadu, und besteht aus drei verschiedenen Gebäudekomplexen: dem monumentalen Felsrelief namens, „Die Herabkunft der Ganga", in dessen unmittelbarer Nähe sich einige Felsentempel befinden, die aus einem gewaltigen Granitfelsen geschlagen worden waren; den 500 m weiter südlich gelegenen fünf Rathas, freistehende Monolithtempel, und nicht zuletzt dem „Ufertempel".

Das nach Osten ausgerichtete 27 x 19 m große Tafelbild „Die Herabkunft der Ganga" stammt aus der Mitte des 7. Jahrhunderts, ist in Freskentechnik gemalt und erzählt den Mythos des Herabsteigens der Flussgöttin Ganga zur Erde. Einige Wissenschaftler sind der Meinung, dass auf diesem Fresko die Reue des Arjuna zu sehen ist, eines der fünf Helden des großen Epos „Mahabharata", doch die meisten Forscher sind sich einig, dass auf diesem Flachrelief der heilige Fluss Indiens verehrt wird.

Der in der Mitte geteilte Fels sollte das Flussbett der Ganga symbolisieren. Ursprünglich war auf dem Fels ein Wasserbehälter angebracht, der für einen ständigen Wasserfluss durch die Rinne des Tafelbildes sorgen sollte. Der Mythos

321 oben und 322–323 In den mystischen Erzählungen Indiens, in denen Steine, Bäume, Flüsse, Höhlen und Berge Symbolcharakter haben, kommt dem Fluss Ganges eine Schlüsselstellung zu. Er ist die Hauptarterie des Subkontinents. Ganga Ma oder Mutter Ganges, die Göttin, die zur Erde hinabstieg, um diese zu segnen, wird auf diesem grandiosen Flachrelief verherrlicht, das aus dem Fels von Mahabalipuram geschlagen wurde.

321 Mitte Der Mythos erzählt, dass 60 000 Söhne König Sagaras von einem Asketen getötet und verflucht wurden. Ihre Rettung lag in Händen von Bhagiratha, der Ganga veranlasste, zur Erde herabzusteigen und die Relikte der Prinzen zu reinigen.

321 unten Realistische Darstellung einer Affenfamilie: Das Männchen entfernt Flöhe aus dem Fell seines Weibchens, das gerade ihr Junges säugt.

324 oben *In der Krishna-Mandapa wird die Avatara (göttliche Inkarnation) des Vishnu gefeiert. Er war gezwungen als Hirte zu leben, um der Verfolgung durch seinen teuflischen Onkel Kamsa zu entgehen, den er schließlich tötete. Die Zeit als Schäfer in der Jugend Krishnas ist Gegenstand dieser Darstellung.*

erzählt, dass Ganga durch die aufrichtige Treue des heiligen Bhagiratha, der den Fluch seiner Vorfahren aufheben wollte, überzeugt wurde, zu den Menschen hinabzusteigen. Auf dem mit Figuren übersäten Relief sind Szenen vom Leben in den Wäldern mit Jägern, Einsiedlern, der einheimischen Bevölkerung und wilden Tieren dargestellt.

Die Szenen werden von Göttern mit wunderschönen Apsaras (himmlische Nymphen), Gandharven (Halbgötter), Kinnaras (Vogelmenschen, die als himmlische Musikanten gelten) und weiteren mythischen Figuren beherrscht, die gemeinsam dem Herabsteigen der Ganga zusehen. Bhaghiratha ist in der Baum-Yoga-Stellung, auf einem Bein stehend und die Arme nach oben streckend, zu sehen.

In der Felsspalte, in der das Wasser floss, sind Schlangengöttinnen (Naga) mit ihren Männern (Nagini) abgebildet, die halb Mensch und halb Schlange waren. Sie hatten die Macht über Wasser, Fruchtbarkeit und Wissen.

Die Mandapas (Felsentempel) in Mahabalipuram enthielten wunderschöne Reliefs und hatten Balkone und Säulen, die oft von Löwen, dem Symbol der kriegerischen Pallavadynastie, getragen wurden. Zu den bekanntesten Felsentempeln zählen die „Varaha-Mandapa", in der der Gott Vishnu als Varaha die Erde aus den Tiefen des Meeres hebt, die „Krishna-Mandapa" mit einem weiteren Bild von Vishnu, die „Mahishasuramardini-Mandapa", die der Durga geweiht war, und die „Tigerhöhle", in der Tierköpfe aus dem Fels geschlagen worden sind.

Südlich der Höhlen liegen die berühmten fünf Rathas, Monolithtempel, die die Form von hölzernen Tempelwagen (Rathas) haben. Diese wurden Mitte des 7. Jahrhunderts aus Dioritblöcken gemeißelt, die sich am Strand erhoben. Die Rathas wurden jedoch nicht vollständig fertig gestellt. Man hat den Tempeln die Namen der Pandavas, der fünf Nachkommen des Pandu, gegeben. Sie werden in dem großen Epos „Mahabharata" als positive Mächte der Götter (Devas) gegen die Dämonen (Asuras) beschrieben. Draupadhi ist die Frau aller fünf Pandavas Der kleinste Tempel, der vermutlich der Göttin Durga

324 Mitte oben *Die Tigerhöhle ist mit wilden Löwen und Tigerköpfen dekoriert. Der Tiger, ebenso böse wie der Löwe, ist eine typische Verkörperung der Kriegsgöttin Durga. Jeder Hindugott hat sein spezifisches Vahana, Symbol oder Reittier, wodurch die einzelnen Götter eindeutig identifiziert werden können.*

geweiht war, ist nach ihr benannt. Dieser Tempel hat einen quadratischen Grundriss, ein Strohdach und hölzerne Dekorationen an den Ecken. Eine Treppe führt zum Eingang hinauf, der von zwei Wächtern flankiert wird.
Über dem Eingang befindet sich ein Architrav mit einem Makaramotiv. Diese, Krokodilen ähnliche Lebewesen (Makara), stehen auch über den Nischen an den drei Seiten, in denen sich die Statuen der Göttin befinden. Neben dem Tempel sind der Zebu Nandi, das Reittier des Gottes Shiva, Begleiter der Durga, und der Löwenwagen der Göttin aus dem Stein gemeißelt. Der nächste Ratha ist nach Arjuna, dem großen

324 Mitte unten *Das Hauptrelief der Krishna-Mandapa: Krishna (in dieser Darstellung als Hirtengott Govardhanadhara) stemmt den Berg Govardhana nahe Mathura über Mensch und Tier hoch, um diese vor einem Unwetter zu schützen.*

324 unten *Auf diesem Relief in der Mahishasuramardini-Mandapa ist der schlafende Vishnu auf der Weltenschlange Ananta im Augenblick der Auflösung eines Universums und der Geburt eines neuen zu sehen.*

324–325 *An oberster Stelle der Göttervielfalt im Hinduismus steht die Hindutrinität (Trimurti) Sie besteht aus den Göttern Brahma, dem Schöpfer der Welt, Vishnu, dem Bewahrer der Welt, und Shiva, dem Zerstörer der Welt. In der Varaha-Mandapa ist Vishnu während der Avatara als Varaha (Verkörperung des Vishnu als Eber) zu sehen. In dieser Gestalt rettet der Gott die Welt, die vom Ozean gefangen gehalten wird, und gibt sie den Menschen zurück.*

325 unten *Die Mahishasuramardini-Mandapa ist der Göttin Durga geweiht, der kriegerischen Gemahlin des Gottes Shiva. Sie wird hier als die Töterin des Büffeldämons Mahishasuramardini gefeiert.*

326–327 *Die fünf Rathas von Mahabalipuram sind nach den Helden des „Mahabharata", des großen hinduistischen Epos, benannt, in dem die Kämpfe zwischen Göttern und Dämonen beschrieben werden. Von links nach rechts abgebildet: Dharmaraja-Ratha, dem Yudhisthira geweiht, Bhima-Ratha, dem Arjuna geweiht, und Draupadhi-Ratha, Frau der fünf Pandavas mit dem Zebu Nandin, dem Reittier des Shiva.*

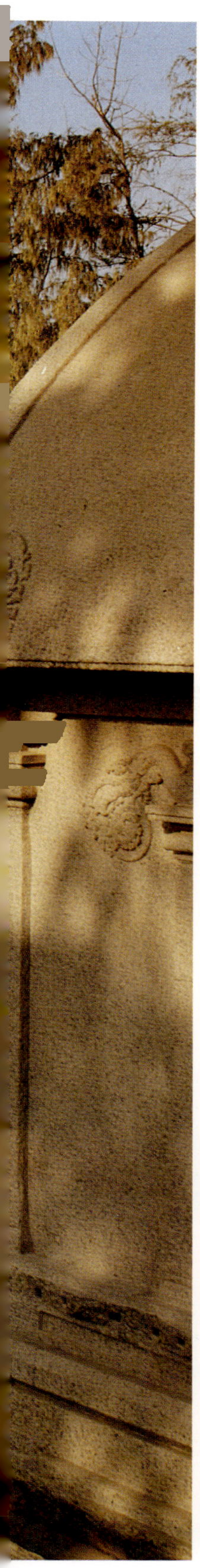

Reiter, benannt und war vermutlich dem Gott Indra geweiht, der auf seinem Elefanten Airavata reitet. Die Basis des Tempels wird von Löwen und Elefanten getragen und die Eingangsportikus von zwei Löwensäulen gestützt. Die drei Seitenwände sind in fünf Felder eingeteilt, in denen sich prächtige Statuen, einschließlich eines Liebespärchens, befinden. Darüber ist ein mit Hufeisenbögen (Kudu) verziertes Band, über dem sich das pyramidenförmige, jedoch zweigeteilte Dach erhebt. Dieses wird durch Miniaturpavillons verziert und schließt mit einer oktogonalen Kuppel ab. Der dritte Ratha ist nach dem stärksten Pandavaprinzen, Bhima, benannt. Er hat einen rechteckigen Grundriss und ist an den Seiten mit einer Veranda aus Säulen verziert, die von Löwen getragen werden. Darüber sind ein Kuduband, Miniaturpavillons und ein gewölbtes Dach angebracht. Zwischen den Statuen des Dharmaraja-Ratha befindet sich eine Inschrift, sodass man den Bau in die Regierungszeit des Narasimharvarman Mahamalla datieren kann, der diesen Shiva geweiht hatte. Er ist der höchste Ratha dieser Gruppe, hat einen quadratischen Unterbau und eine von Löwensäulen getragene Vorhalle.

Er hat insgesamt drei Etagen, ein pyramidenförmig angelegtes Dach und Kudubänder, die die einzelnen Stufen voneinander trennen und die Basis der Miniaturpavillons darstellen. Eine achteckige Kuppel gibt dem Bau einen harmonischen Abschluss. Wertvolle Statuen der verschiedensten Götter schmücken die Wände der einzelnen Stockwerke. Der Ratha der Kriegerzwillinge Nahula und Sahadeva ist kleiner als die anderen, der Eingang liegt im Schatten der Vorhalle, die von Löwensäulen getragen wird. Er hat eine Apsis und ahmt den Rücken eines Elefanten nach. Eine naturgetreue Abbildung eines Elefanten befindet sich neben dem Ratha.

Das letzte Meisterwerk in Mahabalipuram ist der Ufertempel, der auf Anordnung von Narasimharvarman II. (um 690–728) erbaut wurde. Er steht als alleiniges Bauwerk am Strand und ist dem Gott Shiva geweiht.

Erstmals wurde Mahabalipuram von dem Italiener Gasparo Balbi 1582 als das Gebiet der sieben Pagoden erwähnt, zu denen er die fünf Rathas, den Ufertempel und den Ganesha-Ratha zählte, der im Unterlauf des Gangesgebietes liegt. Auch Nicolò Mannucci erwähnte die sieben Pagoden im 17. Jahrhundert. Die erste detaillierte Beschreibung vom Ufertempel lieferte jedoch Chambers 1788 in seinen „Asiatic Researches". Ein kleiner, vielstöckiger Turm (Gopuram) ist dem eigentlichen Tempel vorgelagert, der zweigeteilt ist. Über beiden Anlagen erhebt sich jeweils ein pyramidenförmiger Tempelturm (Shikhara), der die Cella schützen sollte, ein typisches Charakteristikum des Dravidastils. Der Shikhara hat ein dreieckiges Profil und imitiert den mythischen Berg Meru, die zentrale Achse, um die sich das Universum dreht. Die Shikhara des Ufertempels haben vier bzw. drei Stockwerke. Das erste und das letzte Stockwerk sind mit Wappentieren dekoriert und weisen keine Miniaturtempel wie in den dazwischen liegenden Stockwerken auf. Es gibt drei Cellae, wobei eine kein Dach mehr hat.

326 unten links *Der Ratha der Kriegerzwillinge Nahula und Sahadeva wurde im 7. Jahrhundert erbaut und hat ein geschwungenes Dach, das dem Rücken eines Elefanten ähnelt.*

326 unten rechts *Hinter dem Löwen, dem Reittier der Göttin Durga, liegt der der Göttin Draupadhi geweihte Ratha, die in Nischen in der Wand abgebildet ist. Auch Arjuna, der berühmteste Pandava, ist zu sehen.*

327 links *Der Ufertempel, der unter Narasimharvarman II. (um 690–728), erbaut wurde, war Shiva geweiht.*

327 rechts *An den Wänden der Rathas sind viele, von Pfeilern eingerahmte Götterstatuen des Hinduismus zu finden.*

328–329 *Auf dieser Abbildung sind zwei der fünf* ratha *zu bewundern, der Dharmaraja und der Bhima.*

DIE HÖHLEN VON AJANTA

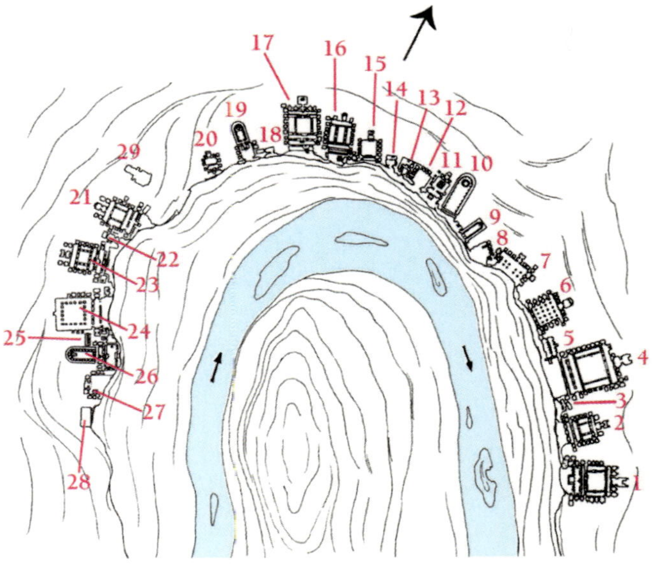

Auf dem Plan ist die gängige Nummerierung der Höhlen von Ajanta angegeben. Die Höhlen 9, 10, 19, 26 und 29 sind Caityahallen, dem Gebet und Gottesdienst vorbehalten, wohingegen die anderen Viharas (Mönchzellen) sind.

Die Höhlen von Ajanta wurden über dem tief eingeschnittenen Tal des Waghora in den 76 m hohen Fels geschlagen. Diesen geweihten Ort wählten Mönche vor undenklichen Zeiten als Kloster, in das sie sich während der Monsunzeit zurückzogen. Von jeder einzelnen Höhle konnte man früher über eine steinerne oder hölzerne Treppe direkt zum Fluss hinabsteigen. Heute sind die Höhlen durch einen 500 m langen Fußweg aus Beton miteinander verbunden.

Die Höhlen 9, 10, 19, 26 und 29 sind Caityahallen, das heißt nur für Gebet und Gottesdienst bestimmt. Die andere Höhlen enthalten Viharas, Mönchszellen. Die Caityahallen erkennt man an den imposanten Fassaden, über denen ein hufeisenförmiger Giebel (Kudu) thront. Dem Eingang vorgelagert wölbt sich häufig ein von zwei Säulen getragener Bogen. In späterer Zeit findet man zunehmend Buddhadarstellungen in verschiedenen Haltungen und Größen sowie andere buddhistische Figuren.

Der Innenraum ist generell rechteckig und besteht aus drei Schiffen, die durch sehr eng stehende, nur als Zierde dienende Säu-

330 links Caitya 26 besteht aus drei Schiffen, von denen das mittlere von einem Rippengewölbe getragen wird. Die Säulen stehen eng beieinander und werden von einem figürlichen Abakus abgeschlossen, über dem reich verzierte Steinquader liegen. In der Apsis ist der Stupa wie ein Tabernakel angelegt, eine abgeänderte Form des Grabhügels, der über den Ascheresten des Buddha errichtet wurde.

330–331 Die Statuen in Ajanta zeigen Buddha in verschiedenen Haltungen, die in Zusammenhang mit wichtigen Stationen seines Lebens stehen. Im Caitya 26 ist Buddha in der Übergangsphase dargestellt. Er weiß, dass der Zyklus auf Erden nun zu Ende geht. Buddha liegt zwischen zwei Bäumen und ist nach Norden ausgerichtet, bereit ins Nirwana, der Loslösung aus dem Rad der Wiedergeburt und des Schmerzes, zu gehen.

331 oben links Blick auf die Höhlen von Ajanta, die in die Felsen geschlagen wurden, die der Strom Waghora wie ein Amphitheater geformt hat. In den Höhlen befinden sich Caityahallen, für Gebet und Gottesdienst, sowie Viharas, Mönchszellen. Die Höhlen wurden in zwei Phasen angelegt. Die erste Phase fällt in das 1. Jahrhundert v. Chr., die zweite liegt zwischen dem 5.–7. Jahrhundert.

331 oben rechts Eines der bedeutendsten Beispiele einer Caityahalle ist Höhle 19, die in der zweiten Bauphase von Ajanta in den Fels getrieben wurde. Vor der Höhle liegt eine filigran verzierte Portikus, die von zwei Säulen getragen wird und ein vorkragendes Gesims hat. Das Innere wird von einem Kudu erhellt. Neben Buddhafiguren an der Fassade gibt es noch andere buddhistische Figuren wie z.B. die Yakshis (Fruchtbarkeitsgöttinnen).

331 unten rechts Höhle 1 (7. Jahrhundert) beweist den künstlerischen Stand, den man zu diesem Zeitpunkt erreicht hatte. Die Säulen der Veranda sind dekoriert und haben figürliche Kapitelle. Die Dekoration lenkt die Aufmerksamkeit auf das Zentrum der Fassade und lädt zum Betreten der Vorkammer vor dem eigentlichen Vihara ein. Auf beiden Seiten der Veranda befinden sich zwei Kolonnadenhallen, über die man in andere Kammern gelangt.

332 Die Frauendarstellungen zählen zu den interessantesten Motiven in Ajanta. Dienerinnen, Prinzessinnen und Nymphen haben üppige, runde Formen und tragen viel Schmuck. Die halb geschlossenen, verlängerten Augen, die übergroßen Brüste, all diese Sinnlichkeit steht in Kontrast zu dem Ort, Höhle 1, einem Vihara. Die Versuchung durch weltliche Gelüste erhöht nochmals die Größe eines asketischen Lebens.

332–333 Das Hinayana („Kleines Fahrzeug") stellt Buddha nur in Symbolen niemals als Mann dar. Erst der Mahayana-Buddhismus („Großes Fahrzeug"), der die Botschaft des Erleuchteten unter metaphysischen und religiösen Aspekten interpretiert, beginnt, Buddha mit menschlichen Zügen darzustellen. Der Mahayana-Buddhismus inspirierte die Künstler in Ajanta zu völlig neuen Bildern. Dies ist vor allem in Höhle 2 zu beobachten, in der sich das Bild der „Tausend Buddhas" befindet: Buddha ist hier in unendlich scheinender Anzahl mit den Gesten eines Lehrers so dargestellt, wie ihn sich jeder ehrfürchtige Gläubige vorstellt.

***333 unten** Höhle 2 ist ein besonders schönes Beispiel eines Vihara: Er besteht aus einer großen zentralen Halle mit 12 Pfeilern und 16 beziehungsweise 32 Gesichtern. Die flache Decke ist mit runden Motiven bemalt. Mönchszellen und Sakristeien sind abwechselnd an den Seiten der zentralen Halle angebracht. Vor dieser Halle befindet sich das Vestibül mit dem Bild der „Tausend Buddhas" und dem predigenden Erleuchteten, was man an der Haltung seiner Hände erkennt, die gegen die Brust gelehnt sind, wobei die gekrümmten Finger der einen Hand die ausgestreckten Finger der anderen berühren.*

len voneinander getrennt sind. Das Mittelschiff ist wesentlich breiter als die Seitenschiffe und hat eine Apsis, die durch die Öffnung des Kudu beleuchtet wird. Ein Tonnengewölbe erhebt sich über dem Mittelschiff, die Decken der Seitenschiffe sind wesentlich niedriger, flacher gewölbt oder ganz flach. Im Mittelpunkt der Apsis steht der Stupa, ein halbkugelförmiges Grab- und Erinnerungsmal für Buddha, das später zum kosmologisch-mystischen Symbol für den Aufbau der Welt wurde. Durch das Umschreiten des Stupa im Uhrzeigersinn erwiesen die Mönche dieser Reliquie ihre Ehre.

Die Viharas bestehen aus einem großen, von Säulen umgebenen Hauptraum mit flacher Holzbalkendecke. Dieser zentralen Halle ist häufig eine Säulenhalle vorgelagert, die zu den ein oder zwei reich verzierten Eingängen führt.

Der Bau der Höhlen von Ajanta fand in zwei Hauptperioden statt: Die erste datiert um das 1. Jahrhundert v. Chr., die zweite ins 5–7. Jahrhundert. Die zeitliche Zuordnung lässt sich durch Votivinschriften, durch einen Vergleich von ähnlichen Motiven und durch die Zuordnung von Gegenständen zu den Entwicklungsphasen des Buddhismus bestimmen.

Die Höhlen von Ajanta gerieten bis 1819 in Vergessenheit, als der englische Soldat John Smith sie durch Zufall während der Jagd entdeckte. Die ersten Restaurationsversuche wurden 1875 unternommen. Sehr viel exaktere Restaurationsarbeiten fanden jedoch zwischen 1930 und 1935 unter der Leitung von Yazdani, dem Direktor des archäologischen Zentrums von Hyderabad, unter Mithilfe der Italiener Orsini und Cecconi statt.

Einige nicht vollendete Höhlen veranschaulichen die Bauweise: Zuerst begann man mit der Aushöhlung der Decke. Schritt für Schritt schlug man mit dem Pickel Steine heraus und brachte den Raum ohne Aufstellen eines Gerüstes in die gewünschte Form. An den Stellen, an denen die Säulen stehen sollten, ließ man einen Felsblock, aus dem man später die äußerst fein bearbeiteten Säulen herausschlug. Als Letztes stellte man den Fußboden fertig. Mehrere Gruppen von Handwerkern arbeiteten gleichzeitig an der Fertigstellung der

Stuck- und Malarbeiten. Als Erstes beendete man die Arbeiten an der Fassade und der Veranda, anschließend die Eingangshalle, den Hauptraum, den Schrein und schließlich die Viharas.
Heute ist Ajanta in erster Linie wegen der Wandmalereien in den Höhlen, weniger wegen der architektonischen Anlage oder den darin gefundenen Statuen berühmt. Die Technik, in der die Wände bemalt wurden, erkennt man am besten in der unvollendeten Höhle 4. Zunächst wurde eine 2 bis 3 cm dicke Grundierung aufgetragen, eine Mischung aus Erde mit Sand, gehäckseltem Stroh, Pflanzenfasern oder Tierhaar. Darüber kam eine feinere Schicht aus ähnlichen Materialien. Als dritte und letzte Schicht trug man weißen

334 oben *Dieses Detail dokumentiert die ausgefeilte Darstellungstechnik anhand der Liebenden. Gefühle wie Zurückhaltung, Leidenschaft, Eifersucht und Gleichgültigkeit sind lebendig dargestellt. Die Künstler in Ajanta haben jedoch stets übertriebenes Pathos, Agitation oder andere Inhalte, die die Harmonie hätten gefährden können, vermieden. Verzweiflung wird abgeschwächt zur Traurigkeit, Lebensverdruss wird zur Melancholie. Auch wenn die Bilder sehr detailliert sind, so sind sie doch nicht realistisch, denn Hauptziel ist es, beim Betrachter ein geistig orientiertes Bewusstsein hervorzurufen.*

334 Mitte *Die Einheit der himmlischen Wesen auf diesem Deckengemälde in Höhle 17 wird durch die Vereinigung der Unterarme und Hände erreicht. Dies ist jedoch eine optische Illusion, da beide Wesen nur einen gemeinsamen Arm haben. In der Malerei findet man solche Hilfsmittel häufiger, z.B. bei Gazellen, die sich in der Mitte kreuzen und dann nur einen gemeinsamen Kopf haben. Höhle 17 wurde ungefähr zur selben Zeit wie die Höhlen 1, 2 und 16 erbaut.*

Lehm auf, den man mit einem hölzernen Spatel ebnete. Dann zeichnete man mit zinnoberrotem Hematitpuder eine erste Skizze auf dem noch feuchten Untergrund vor. Bevor man mit dem eigentlichen Malen begann, trug man nochmals eine zinnoberrote Untermalung auf.
Die Farben wurden zeitlich voneinander getrennt aufgetragen, damit sie nicht ineinander flossen. Die Farben im Vordergrund wurden dunkel gehalten, während die im Hintergrund liegenden Objekte durch hellere Farben hervorgehoben wurden, sodass ein dreidimensionaler Reliefeffekt erzielt wurde. Es gab fünf Farben, die auf Mineralien- oder Pflanzenbasis hergestellt wurden: Ockerrot, Ockergelb, Rauchschwarz, Lapislazuli und Weiß. Zum Schluss wurden die Konturen durch einen

__334 unten__ In Vihara 17 werden Weltliches und Göttliches eindrucksvoll kombiniert: Der Fries über dem Architraven zeigt Liebende in verschiedenen Posen. Die darüber gemalten Buddhas symbolisieren jedoch die Loslösung von allen weltlichen Annehmlichkeiten. Das Studium der Körpersprache versetzte die Künstler in die Lage, Paare in Positionen darzustellen, in denen Emotionen zum Ausdruck kommen, wohingegen die Mudras (Handhaltungen) die innere Haltung Buddhas ausdrücken. Hier sieht man die Buddhas an den Seiten in meditierender Haltung, den mittleren Buddha in lehrender Haltung.

schwarzen oder roten Strich hervorgehoben und letzte Korrekturen mit Temperafarbe vorgenommen.
Die Oberfläche wurde dann mit einem Achat oder mit dem Stoßzahn eines Elefanten poliert, indem man Druck auf den Verputz ausübte, wodurch die Sandsteinpartikel an die Oberfläche kamen. Sobald diese dünne Schicht auskristallisierte, bekam das Gemälde einen brillanten Emaileffekt.
Am häufigsten sind Szenen aus den Jataka, Erzählungen aus dem Leben Buddhas, zu finden. Dabei wird sein Leben in den Alltag der damaligen Zeit gestellt. Damit werden kulturhistorisch und anthropologisch wichtige Informationen übermittelt, z.B. die Art der Kleidung und des Schmucks sowie alltägliche Gegenstände. Buddha, die Botthisattvas und alle göttlichen Lebewesen agieren in der Alltagswelt, herausragende Figuren, die der Welt Beistand leisten. Sie alle sind mythologische Lebewesen, die der Buddhismus vom Hinduismus übernommen hat.

__334–335__ Auch dieses Bild stammt aus dem Vihara 17: Es ist von den Jataka (Erzählungen aus dem früheren Leben Buddhas) inspiriert, in denen Buddha die Gestalt eines großzügigen Prinzen annimmt. Hier ist er in liebender Haltung mit seiner Frau zu sehen. Links im Bild ist die Prinzessin abgebildet, umgeben von Dienerinnen, die einen Sonnenschirm über sie halten. Ihre bleiche Gesichtsfarbe kennzeichnet sie als hohe Persönlichkeit. Ihr Körper ist in Tribhanga-Position abgebildet. Schultern und Hüfte sind in verschiedene Richtungen gekrümmt, formen ein S und schaffen so einen sinnlichen Effekt.

__336–337 und 338–339__ Beide Bilder stammen aus der Grotte Nr. 17 und zeigen die Buddhastatue aus dem Tempelinnern und eine der zahlreichen, erlesenen Malereien, die noch gut erhalten waren.

PAGAN

Königreich des Buddha

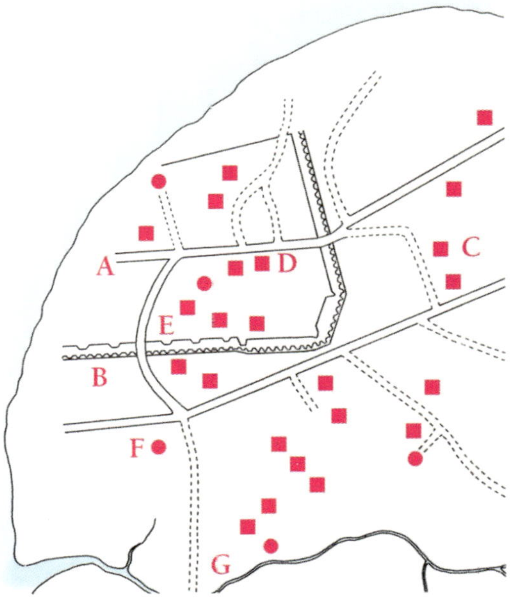

Tempel
Stupa

A Lage der von einer Stadtmauer umgebenen Stadt
B Stadtmauer
C Ananda-Tempel
D Shwegugyi-Tempel
E Pahtothamya-Tempel
F Mingalazedi-Tempel
G Myinkaba-Tempel

340–341 *Der „Allwissenheit Buddhas" ist der Thatbyinnyu-Tempel geweiht. Er ist das letzte große Bauwerk, das unter Sithu I. (1113–1155), während des „goldenen Zeitalters" einer Blütezeit Pagans, fertig gestellt wurde. Über einem quadratischen Grundriss wurden würfelförmig fünf Stockwerke errichtet, die mit einem Shikhara, einem typisch indischen Tempelturm, abschließen.*

341 oben *Pagan ist die bedeutendste archäologische Stätte Birmas und erstreckt sich über 200 km². In diesem Gebiet stehen viele gerwaltige buddhistische Monumente. Pagan wurde laut Legende im 2. Jahrhundert gegründet. Die Blütezeit der Stadt begann mit der Regierungszeit Anawrahtas (1044–1077) und endete mit der Zerstörung durch die Mongolen im Jahr 1287.*

Pagan, vermutlich im 2. Jahrhundert gegründet, wurde unter Anawrahta (1044–1077) Hauptstadt des ersten birmanischen Reiches. Im Jahr 1287 wurde die Stadt von den Mongolen zerstört.
Als erster westlicher Forschungsreisender erwähnte Marco Polo Pagan im Jahr 1298. Doch erst der schottische Ingenieur Henry Yule erkannte 1855 die Bedeutung dieser Stadt. Nach Vermessungen durch deutsche Archäologen und der Plünderung durch die Briten, die Birma im Jahr 1886 als Provinz mit Britisch-Indien vereinigt hatten, setzten systematische archäologische Ausgrabungen ein, und man begann mit der Entzifferung von Inschriften.
Der eigentliche Pionier in Pagan war jedoch Gordon Hannington Luce. Obwohl er nicht zur archäologischen Abteilung gehörte, arbeitete er ab 1912 viele Jahre an diesem Projekt und konnte sogar eine Bombardierung im Zweiten Weltkrieg verhindern. Verheerende Erdbeben in den Jahren 1975 und 1980 richteten große Schäden an und veranlassten die UNESCO, ein Rettungsprogramm zu erstellen. Die Anzahl der Bauten wurde auf 5000 geschätzt, von denen noch etwa 1000 in gutem Zustand sind.

341 Mitte *Der Sulamani-Tempel ist ein typisches Beispiel eines Gu, eines Grottentempels, in dessen Zentrum sich ein nicht zugänglicher Block befand, in dem die Reliquien und Bilder Heiliger aufbewahrt wurden. Dieser Tempel, wurde unter Sithu II. (um 1173–1210) erbaut. Die pyramidenförmige Anlage wurde aus Lehmziegeln errichtet, mit Steinen verstärkt und von einem Shikhara gekrönt, der jedoch zerstört ist. Prächtige Stuckdekorationen zieren die Wände des Tempels.*

341 unten *Im Gang des Sulamani-Tempels findet man verschiedene Malereien jüngeren Datums, die von Buddha und seinen Anhängern inspiriert sind, dem zentralen Thema der Theravada, der „alten Lehre", die in Pagan weit verbreitet war.*

Früher war das Gebiet dank eines ausgeklügelten Bewässerungssystems, das vom Irrawaddy gespeist wurde, eine fruchtbare Region, heute jedoch gehört Pagan zu den trockensten Gebieten in Birma. Keines der nicht sakralen Gebäude ist heute mehr erhalten, da diese aus Holz erbaut worden waren.

Die Stadt Pagan wurde wegen der strategisch günstigen Lage an der Karawanenroute nach Indien an dieser Stelle erbaut. Sie hatte die Kontrolle über Häfen, die für den Handel wichtig waren, sodass Pagan schnell zu Ruhm und Wohlstand kam.

Der Buddhismus war Staatsreligion, und zwar in Form der Theravada, der „alten Lehre“, Hinayana („Kleines Fahrzeug“), die der ursprünglichen Botschaft Buddhas am nächsten stand. Der mächtige König Anawrahta war stark von der dominaten Persönlichkeit des Theravadamönchs Shin Arahan beeinflusst und pflegte darüber hinaus enge Beziehungen zu Sri Lanka, der Hochburg der Theravadanhänger.

Unter der Herrschaft von Kyanzitta (1084–1112), der die bengalische Prinzessin Abeyadana, eine Anhängerin des Mahayana („Großes Fahrzeug“), geheiratet hatte, kamen viele neue Symbole nach Pagan. Die Anwesenheit der Brahmanen legt Zeugnis über die beachtlich religöse Toleranz und die Übernahme einiger anderer Vorstellungen ab. Die Brahmanen wussten alles über den Hinduismus.

Sie spielten eine zentrale Rolle bei den höfischen Zeremonien und wollten, dass das Volk den Glauben annehme, dass der König die Inkarnation des Vishnu, die Vertretung des Göttlichen in der hinduistischen Welt sei.

Pagan erlebte unter der Herrschaft von Sithu II. (um 1173–1210) eine noch nie da gewesene Blütezeit. Viele neue Bauten entstanden.

Man wollte einen geeigneten Rahmen für die heiligen Reliquien und Plätze zum Feiern von religiösen Zeremonien schaffen. Darüber hinaus wollte man den König feiern und daraus entstand wiederum die Notwendigkeit etwas Wertvolles zu bauen, durch das man das Recht erhielt, das Nirwana, die Befreiung vom Rad der Wiedergeburten, zu erreichen.

Diese Notwendigkeit, geistig Wertvolles zu errichten, war für das Volk eine treibende Kraft, da es der Lehre glaubte, dass ein neuer Buddha in Form des Erretters Maitreya auf die Erde käme und

342 Es wird erzählt, dass der König, der sich nicht sicher war, welchen seiner fünf Söhne er zu seinem Nachfolger bestimmen solle, den heiligen Sonnenschirm, hti, drehte. Dieser neigte sich zu Nadaungmya, der dann als Htilominlo um 1210–1230 regierte. Zur Erinnerung an dieses Ereignisses erbaute der Herrscher einen Tempel, dem er seinen Namen gab. Auf dem Bild ist das Hauptportal dieses Tempels zu sehen.

343 links *Der Htilominlo war wie alle anderen Tempel in Pagan ursprünglich in Weiß gestrichen, der Farbe der Reinheit und der Umwandlung. Darüber hinaus war der Tempel mit glasierten, grünen Terrakottaformen verziert.*

343 oben rechts *Prinz Rajakumar ließ den Myinkaba-Tempel zu Ehren seines Vaters Kyanzitta erbauen. Hier findet man die ältesten Wandmalereien Pagans und den in vier Sprachen – Mon, Pali, Birmesisch und Pyu – verfassten Myazedistein.*

343 Mitte *Das indische Modell eines Stupa diente als Vorbild für den Bau des Dhammayazika-Tempels. Der Komplex wurde im Jahr 1196 unter Sithu II. fertig gestellt. Er hat einen fünfeckigen Grundriss und wurde zur Festigung des Kultes des Maitreya erbaut, der der fünfte Buddha und zusammen mit Siddhartha und seinen drei mythischen Vorläufern der zukünftige Retter der Menschheit sein sollte.*

343 unten *Der zwei Stockwerke hohe Gang des Htilorninlo-Tempels hat vier Nischen, die nach den Himmelsrichtungen ausgerichtet sind und in denen sich Bilder des Buddha befinden. Die Statue des Erleuchteten ist nach strikten symbolischen Regeln angelegt: der Ushnisha, der Knochenauswuchs auf dem Kopf des Buddha, symbolisiert höchste Weisheit.*

344 oben *Der Dhammayangyi-Tempel, im Grundriss als griechisches Kreuz angelegt, besteht aus einem zentralen Block, vier Eingangshallen und einem nach oben hin steiler werdenden Dach, das früher von einem Shikhara abgeschlossen wurde. Die Pyramidenform wird durch eine Reihe von Stupas unterstrichen, die an den Ecken der Terrassen errichtet wurden. Die Technik der Handwerker war mittlerweile so perfekt, dass nicht einmal eine Stecknadel zwischen zwei Steine passte.*

344-345 *Die Ebene von Pagan war ein fruchtbares Gebiet und ein bedeutendes Handelszentrum. Der Bau eines sakralen Gebäudes wurde als ideale Möglichkeit angesehen, sich geistig verdient zu machen und so brachten die Herrscher enorme Summen auf, um Gebäude zu errichten, aber auch um die religiösen Stätten zu erhalten.*

345 links *Auf einem hohen, kunstvoll geformten Sockel sitzt Buddha in der so genannten „Zeugnisstellung" (bei der die rechte Hand nach unten hängt), um die Erdgöttin anzurufen. Diese Statue befindet sich im Dhammayangyi- Tempel, einem der mysteriösesten Tempel von Pagan. Ein Teil des Innenbereiches wurde zugemauert; sodass heute nur der östliche Schrein besucht werden kann.*

345 rechts *Im westlichen Vestibül befinden sich Zwillingsbuddhas. Wahrscheinlich ist die Begegnung Siddhartha Gautamas, des historischen Buddha, mit Maitreya, dem Buddha der Zukunft, dargestellt. Die Figuren rufen beide Aspekte der buddhistischen Lehre (Dharma) wach: Kontinuität und Wandel, Alt und Neu, die die fruchtbare Dynamik dieser Religion bestimmen.*

es daher wichtig sei, wenn er anwesend ist, geboren zu werden.
Es gibt zwei typische Gebäudeformen in Pagan: den Stupa und den Grottentempel. Der Stupa ist aus gebrannten Ziegeln gebaut und wurde nur mit Sandstein verstärkt. Er wurde auch als Grabhügel über den Relikten des Buddha errichtet und gilt als Symbol der Lehre und der Anwesenheit des Erleuchteten, der das Zentrum der Welt ist.
Meist erhebt sich über einem quadratischen Grundriss ein hoher, polygonaler Sockel, auf dem der glockenförmige Stupa steht. Der Bau endet mit einer ringförmigen Spitze mit Hti (Sonnenschirm). Es gibt die verschiedensten Variationen, vor allem bei der Neigung des Anda, des halbkugelförmigen Baukörpers des Stu-

pas und bei der Teilung des Fundaments in mehrere Terrassen, auf denen man sogar gehen kann. Sie symbolisieren den mythischen Berg Meru, Zentrum des Universums. An den Ecken dieser Terrassen befinden sich Miniaturreproduktionen von Stupas. Häufig findet man an den Wänden glasierte und bemalte Terrakottaformen, auf denen Auszüge aus den Jakata stehen, den Erzählungen aus den früheren Leben des Buddha. Während der heiligen Umwandlung (Pradakshina), bei der das Gebäude immer rechts des Anbetenden liegen musste, konnten die Gläubigen ihren Glauben bestärken, indem sie lasen, was an den Wänden geschrieben stand. Das Herzstück des Gebäudes war der Reliquienschrein (Tabena), der sich in einer zentralen Kammer befand, die nach dem Bau des Stupas versiegelt wurde. Darin wurden die Relikte von Heiligen, von Buddha oder von seinen nächsten Begleitern aufbewahrt. Wenn man über keine solchen Relikte verfügte, konnte der Tabena auch Fragmente der Heiligen Texte oder Statuen enthalten, die von Buddha verehrt worden waren. In einem Stupa gab es oft mehrere Tabena, da Herrscher und Würdenträger im Verlauf der Geschichte Relikte manchmal zu verschiedenen Zeiten in das gleiche Monument stellten. In späterer Zeit wurde das Innere des Tabena wie ein Irrgarten angelegt, vermutlich um Grabräuber abzuschrecken. Die Reliquien wurden häufig von Wächterfiguren (Dvarapalas) bewacht. War das Gebäude fertig gestellt, wurde es mit einer dicken Schicht Putz abgedeckt, die aus Sand, Kalkstein und weißer Farbe, der Farbe der Reinheit und Verwandlung, hergestellt wurde. Der Putz wurde anschließend mit bun-

ten Motiven bemalt, mit Lotusblüten oder grotesken Masken, dem Symbol der alles verzehrenden, alles verändernden Zeit.
Das Amalaka, ein lotusblütenförmiges Kissen, stellte die Basis dar, auf der die Spitze des Tempels stand. Diese bestand aus sieben Scheiben, einer veränderten Ausführung der früheren Sonnenschirme. Vermutlich wurde die Spitze, auf der früher Fahnenangebracht waren, aus Kupfer gefertigt. Später wurde diese jedoch durch eine aus Anhängern und kleinen Glocken bestehende Krone ersetzt.
Das andere häufig errichtete Bauwerk ist der Grottentempel (Gu), der sich sehr gut für religiöse Zeremonien eignete. Er ist ein idealer Ort der Meditation und der Verehrung. Durch die geschickte Lichtführung wird der Eindruck einer sanften Bewegung innerhalb des Baus vermittelt. Der Kontrast zwischen der außen gleißenden Sonne und dem ersten

346 oben *In Minnanthu in der Ebene von Pagan steht der Tayok-pye-Tempel, der von Narathihapati, dem letzten Herrscher (1256–1287) erbaut wurde. Stark ausgebuchtete Stuckdekorationen, die wie flammende Bögen aussehen, umrahmen das Eingangsportal.*

346 unten *Der Tayok-pyeTempel war zwei Stockwerke hoch und schloss mit einem Shikhara ab, der nicht fertig gestellt wurde beziehungsweise zusammengefallen ist. Der Tempel war von Mauern mit gewaltigen Portalen mit hölzernen Gebäuden umgeben, die von Tempeldienern genutzt wurden.*

schattigen Raum, dessen Fenster so ausgerichtet sind,dass das Licht auf die Wandgemälde und die gebrochenen Strahlen auf das Gesicht des Buddhas in der dunklen Cella fallen, soll einen emotionalen Effekt bewirken.
Der Gu wurde meistens nach Norden oder Osten ausgerichtet. Er bestand normalerweise aus einem zentralen, nicht zugänglichen Block, in dem sich die heiligen Relikte oder Bilder und vier Nischen mit Buddhastatuen befanden, von denen jede in eine andere Himmelsrichtung blickte: Kakusandha nach Norden, Kongamanda nach Osten, Kassapa nach Süden und Gautama nach Westen. Die Bilder in diesen Nischen wurden normalerweise aus Ziegeln angefertigt, die mit Gips ummantelt und teilweise mit Holz verstärkt wurden. Buddha hat seine Hände immer in bestimmten Stellungen. Jede dieser Haltungen (Mudras) steht symbolisch für einen speziellen Augenblick während seiner spirituellen Erfahrungen.
An den zentralen Block schließt sich ein Vestibül mit einem Korridor an. Über dem Gebäude befindet sich ein Shikhara, über dem sich die Reproduktion eines Stupas erhebt.
Eines der schönsten Beispiele dieser Bauweise ist der Abeyadana-Tempel, der unter König Sithu I. (1113–1155) erbaut wurde. Der Hauptakzent wurde hier auf die Zeremonien zu Ehren des Buddha gesetzt, die denen zu Ehren des Königs ähnelten. Die Außenanlage des Tempels nahm einen größeren Stellenwert ein als bisher, vor allem das Dach des Tempels. Man baute die Gewölbe in einer speziellen Technik, indem man kleine Ziegelsteine sternförmig anordnete, um auf diese Weise miteinander verbundene flache Bögen zu erhalten, die man oben mit einer Sandsteinplatte abschloss. In einigen sehr massiven Anlagen baute man in die Mauern nicht sichtbare Gewölbegänge, um das Gewicht der schweren Materialien und die Last, die auf den Mauern lag, zu reduzieren.
Die Kombination des terrassenförmig angelegten Stupas und des Tempels mit einem Atrium führte zu einem weiteren architektonischen Typ. Eines der schönsten Beispiele dieses Bautyps ist der Thatbyinnyu-Tempel.

346–347 *Die Stupas spielten in der Frühzeit Pagans nicht nur eine wichtige religiöse Rolle, sondern hatten auch eine magische und beschützende Funktion. Sie lagen deshalb außerhalb der Mauern in den vier Himmelsrichtungen. Die Stupas, die die Grenzen der Hauptstadt von König Anawrahta bildeten, konnten lokalisiert werden. Als Pagan später immer größer wurde, verloren die Stupas diese Funktion.*

347 links *Der Mahabodi-Tempel, der „Tempel des Erleuchteten", ist eine Kopie des indischen Bodh-Gaya-Tempels. Er wurde unter Htilominlo erbaut, ist sehr steil und hat einen monumentalen Shikhara.*

347 rechts *Der Nagayon-Tempel ist mit einer Episode aus dem Leben König Kyanzittas verknüpft: Man sagt, er habe hier geschlafen, von einer Naga, einem Wesen, halb Mensch und halb Schlange, beschützt.*

348–349 *In der Blütezeit von Pagan sollen vier Millionen Tempel errichtet worden sein, von denen nur 2000 erhalten blieben.*

Man kann heute noch einige wunderschöne Wandmalereien in den Tempeln von Pagan bewundern. Man malte auf getrocknetem Gips, die Umrisse wurden in Rot oder Schwarz auf weißer Grundfarbe vorgezeichnet und anschließend ausgemalt.

Zu den bedeutendsten Stupas zählen der Dhammayazika-Tempel, der unter Sithu II. 1196 erbaut wurde, sowie die Shwezigon-Pagode. Sie wurde von Anawrahta begonnen und von Kyanzitta fertig gestellt. Der Dritte ist die Mingalazedi-Pagode, die 1274 errichtet wurde. Im Dhammayazika-Tempel wird der kosmische Symbolismus der fünf Buddha interpretiert, daher hat er einen fünfeckigen Grundriss sowie fünf Vorkammern. Er wurde von einem kleinen Shikhara gekrönt. Drei Terrassen liegen

350 oben links *Sechs Terrassen erheben sich über dem Ananda-Tempel, gekrönt von einem Shikhara. Einschließlich des vergoldeten Hti erreicht der Tempel eine Höhe von 55 m. Den vier Zugangskorridoren zu den beiden inneren Korridoren sind zwei gewaltige Eingangsportale vorgelagert, die auf der ersten und zweiten Terrasse wiederholt werden.*

vor dem Anda, der einen neuneckigen Grundriss hat und von kleinen Stupas eingerahmt wird. Der Anda liegt auf einem oktogonalen Sockel über drei Stufenterrassen, auf die von jeder Seite her Treppen führen; an vier Ecken stehen Pavillons mit Shikharas.

Auch die Mingalazedi-Pagode hat eine dreistufige Terrassenanlage, die man über Treppen erreicht. Sie erhebt sich über einem runden Grundriss, der Stupa hat die Form einer Glocke und endet in einer Turmspitze. An den Ecken der Terrassen standen Kalashas, die später auf der obersten Stufe durch kleine Stupas ersetzt wurden.

Zu den bedeutendsten Tempeln zählen: der am meisten verehrte Ananda, der Myinkaba, der elegante Nagayon, der Abeyadana, der wegen seiner Malereien berühmt ist, der Pathothamaya mit seinem 12-seitigen Stupa, der Thatbyinnyu, der eine Kombination aus einer Pagode und einem Stupa ist, der Shwegugyi, der wunderschön dekorierte Sulamani, der Nandamannya und der Htilominlo, der letzte große Tempel von Pagan.

Der berühmteste Tempel ist der Ananda, der unter Kyanzitta erbaut wurde. Sein Grundriss hat die Form eines griechischen Kreuzes und über dem Mittelbau erheben sich sechs

350 unten links *Dieser stehende Buddha, die Arme nach unten gerichtet und den Mantel geöffnet, ist eine typische Figur für Birma. Der Erleuchtete ist in klassischer Schönheit dargestellt. Diese entfaltet sich an Hals und Ohrläppchen, die durch den schweren Schmuck, den er als Prinz getragen hatte, länger geworden sind. Die übergroßen Ohren werden als Zeichen für seine Fähigkeit, gut zuzuhören, interpretiert.*

350 oben *Der Ananda-Tempel, vermutlich um das Jahr 1775 erbaut, ist mit wunderschönen, gut erhaltenen Fresken verziert.*

Terrassen. Auf der obersten Terrasse steht ein Shikhara, der von einem Stupa und einem vergoldeten Hti abgeschlossen wird. Im Norden, Süden, Osten und Westen befinden sich die vorgelagerten Eingangshallen, in deren Innerenräumen sich ein zentraler Pfeiler mit vier Nischen mit je einer kolossalen Buddhastatue befindet. Um diese Nischen herum führen zwei Gänge, die mit Statuen und kostbaren Dekorationen geschmückt sind.

350-351 *Blick auf Pagan von den Terrassen des Ananda-Tempels. Er wurde auf Anforderung indischer Mönche erbaut und sollte die Höhle im Himalaya darstellen, aus der die Mönche kamen. Der Plan des Gu mit einem, zentralen Pfeiler und einem Außenkorridor wurde jedoch durch einen zweiten Korridor und vier Außenflügel erweitert.*

351 oben *Anawrahta (1044–1077) ordnete im Jahr 1057 den Bau des massiven Shwesandaw-Stupa an, um dort eine wertvolle Reliquie unterzubringen, ein Haar Buddhas, das er sich bei der Übernahme der Herrschaft von Thaton angeeignet hatte. Der Stupa ist auf einer fünfstöckigen Pyramide errichtet.*

351 Mitte *Die Mingalazedi-Pagode, die 1277 unter König Narathihapati errichtet wurde, wirkt sehr harmonisch.*

351 unten *Im Manuha-Tempel, der 1059 auf Befehl des Mon-Königs von Thaton erbaut wurde, liegen gewaltige Buddhastatuen.*

BOROBUDUR

Tempelberg des Mahayana-buddhismus

352 *Viele der Buddhastatuen, die in die Ferne blicken, wurden im Lauf der Zeit beschädigt oder gingen verloren. Ursprünglich standen 104 auf der ersten Stufe, 104 auf der zweiten, 88 auf der dritten, 72 auf der vierten und 54 auf den oberen runden Terrassen.*

Im Herzen der Insel Java liegt Borobudur, der größte buddhistische Tempel der Welt. Er wurde während der Shailendra-Dynastie um 800 erbaut und liegt in einer Ebene, eingerahmt von Bergen und Vulkanen, nicht weit von der Küste des Indischen Ozeans entfernt. Die Tempelanlage ist ein bedeutendes Wahrzeichen der Königreiche Zentral-Javas, über die es keine schriftlichen Dokumente oder andere hilfreiche Materialien gibt, die zur Rekonstruktion dieser Zeit hilfreich wären. Die Existenz solcher religiöser Stätten auf Java dokumentiert in jedem Fall, dass der Staat sehr gut organisiert gewesen sein muss, um ein solches Großprojekt anzugehen.

In dieser Zeit wetteiferten einige Dynastien um die Vorherrschaft auf Zentral-Java. Diese seit Jahrhunderten bestehenden, dicht besiedelten Gebiete, in denen die Menschen sich wegen des Reisanbaus im Schwemmland (Sawahs) angesiedelt hatten, wurden von Regierungen organisiert, die oft miteinander in Konflikt gerieten. In den ersten Jahrhunderten n. Chr. kamen indische Kaufleute im Gefolge von Personen höherer Kasten, zu denen auch Brahmanen zählten, über die Seehandelsrouten an die indonesischen Königshöfe wie z.B. in Srivijaya, Sumatra und Zentral-Java. Über diese Königshöfe begannen sich die indischen Religionen – Buddhismus und Hinduismus – zu verbreiten.

Zwischen der Mitte des 8. Jahrhunderts bis um 856 herrschte die buddhistische Shailendra-Dynastie („Herren der Berge“) auf Zentral-Java. In dieser Zeit begann man mit dem Bau von Borobudur, der nicht nur religiöses Zentrum des Mahayana-Buddhismus werden sollte, sondern auch die Macht der Herrscher, die zu dieser Zeit ihren Höhepunkt erreicht hatte, demonstrierte. Die Bauarbeiten waren eine unglaubliche Leistung für die damalige Zeit, bedenkt man, welch primitive Techniken den Arbeitern damals zur Verfügung standen. Die Anlage wurde auf einem kleinen Hügel errichtet und besteht aus etwa 2 Millionen Steinquadern, von denen jeder mehr als 100 kg wiegt. Die Steinblöcke wurden von dem nahe gelegenen Flussbett an die Baustelle transportiert und dort geschnitten, bearbeitet und verziert.

Wenige Jahre nach Beendigung der Bauarbeiten geriet Borobudur in Vergessenheit und das Zentrum der Zivilisation auf Java wurde in den östlichen Teil der Insel verlegt. Bis heute weiß man nicht, warum Borobudur verlassen wurde, es gibt nur verschiedene Theorien darüber. Vielleicht hat ein Erdbeben, ein Vulkanausbruch oder eine Hungersnot dies verursacht, vielleicht spielten aber auch mehrere Faktoren zusammen eine Rolle. Borobudur geriet bis ins

A Rechtwinklige Terrassen
B Kreisförmige Terrassen
C Oberste Stupa

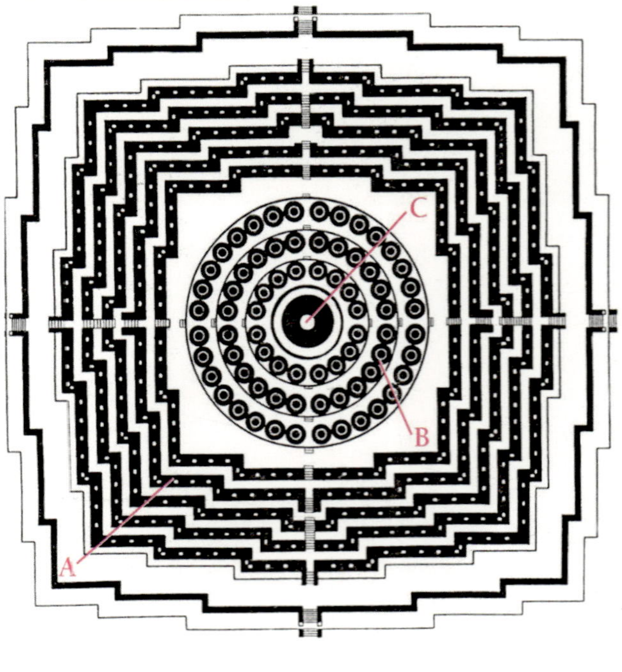

18. Jahrhundert in Vergessenheit. Die Wiederentdeckung und Freilegung des Tempels war ein Werk des britischen Vizegouverneurs, Sir Thomas Stamford Raffles, der Anfang des 19. Jahrhunderts auf dem eigentlich von den Niederländern kontrollierten Java lebte. Die Niederländer waren zu diesem Zeitpunkt jedoch in die Napoleonischen Kriege verwickelt und mussten die Kontrolle über Java vorübergehend (1811–1816) den Briten überlassen.
Raffles war ein guter Verwaltungsbeamter und war sehr daran interessiert, die Kultur des Landes, in dem er arbeitete, kennen zu lernen. Er beauftragte den im Dienst des Militärs stehenden Forscher Colin MacKenzie, der viele Jahre in Indien gelebt und buddhistische Kunst und hinduistische Lebensweise kennen gelernt hatte, ein Forschungsteam ins Leben zu rufen, das die Relikte vergangener Kulturen der Insel untersuchen sollte. Der zu diesem Team gehörende niederländische Ingenieur H.C. Cornelius fand im Jahr 1814, von den Einheimischen an diese Stelle geführt, die Ruinen von Borobudur.
Es dauerte sechs Wochen, um den Tempel von der Vegetation zu befreien, und 200 Mann waren dazu nötig. Die ersten Freilegungs- und Vermessungsarbeiten waren 1870 abgeschlossen.
Mit dem Ende der Arbeiten begann eine verhängnisvolle Zeit für Borobudur: Asche und Vegetation hatten das Monument bisher versteckt, aber auch geschützt. Nun war der Komplex Sonne, Wind, Regen und Temperaturschwankungen ausgesetzt, die schon bald dem Gebäude zusetzten. Vor allem starke Regenfälle während der Regenzeit schadeten dem Tempel, der nur ein sehr schlechtes Drainagesystem hatte. Es dauerte trotzdem sehr lange, bis sich die Niederländer zu einer planmäßigen Restaurierung entschlossen. Diese setzte 1907 unter Leitung von Van Erp ein, dem es jedoch nicht gelang, das Drainagepro-

352-353 *Borobudur hat einen quadratischen Grundriss mit je ca. 120 m Seitenlänge. Der Komplex war ursprünglich 45 m hoch und hatte fünf Stockwerke, in denen sich ein 5 km langer Wandelgang nach oben befand. Auf diesem Foto sind schön die beiden Formen der Anlage zu sehen: Stupa und Mandala.*

353 *Der religiöse Architekt Gunadharma soll Borobudur entworfen haben. Sein Profil soll in den Formen der Menorehhügel auszumachen sein, die sich südlich des Tempels erheben. Die magische Atmosphäre, die das Gebiet umgibt, ist auch auf die Landschaft zurückzuführen, mit der der Tempel zu verschmelzen scheint.*

blem zu lösen und so konnte er die Erosion nicht zum Stillstand bringen. Endlich erkannte auch die Regierung des indonesischen Staates die Dringlichkeit der Situation. 1971 entschloss man sich, ein Restaurierungsprogramm unter Mithilfe der UNESCO in Angriff zu nehmen, das 1983 beendet werden konnte.
Das Bauwerk wurde abgetragen, die einzelnen Steinblöcke katalogisiert, konserviert und wieder zusammengesetzt. Darüber hinaus erhielt Borobudur ein kompliziertes Drainagesystem.

himmel, der dem Individuum sehr offen gegenüberstand. Der Gläubige konnte bei dieser Anschauung auch im Verlauf eines einzigen Lebens das Nirwana erreichen, die Unterbrechung des Rades der Wiedergeburten. In diesem Kontext muss Borobudur gesehen werden, dem diese Form des Buddhismus zu Grunde liegt. Der Tempel besteht aus vier quadratischen und drei runden Terrassen. Während der Paradakshina, der rituellen Umwandlung im Uhrzeigersinn, wanderten die Pilger durch die Gänge der ersten vier Terrassen. Diese

354 *Borobudur wird heute noch als religiöse Stätte zumindest ein Mal im Jahr besucht. Dann findet dort für die gläubigen Buddhisten während des Vollmondes im April oder Mai ein wichtiges Fest statt: die Geburt Buddhas und sein Eintritt ins Nirwana.*

355 oben *Buddha ist in Borobudur je nach Himmelsrichtung und Terrasse in verschiedenen Haltungen (Mudras), dargestellt, die unterschiedliche Bedeutungen haben. Im Norden nimmt Buddha die Abhaya-Mudra, Symbol der Furchtlosigkeit, ein, im Osten die Bhumisparca-Mudra (Zeugnisanrufung), Symbol der Beweisführung, im Süden die Wara-Mudra, Symbol des Mitleids, und im Westen die Dhyana-Mudra, Symbol der Meditation. Entlang der vier Seiten über der ersten Balustrade ist Buddha in der Vitarka-Mudra, der argumentierenden Haltung, dargestellt und auf den runden Terrassen in der Dharmacakra-Mudra, in Predigthaltung, das Rad der Lehre drehend.*

Rund 1 Million Besucher kommen jedes Jahr, um den Tempel zu bewundern, aber nur wenige sind buddhistische Pilger.
Das einzige Gebäude, das man mit Borobudur vergleichen kann und das die Architekten bis zu einem gewissen Grad inspiriert hat, ist der Tempel von Nandangarh im Nordosten Indiens. Beide Tempelanlagen können als plastische Gestaltung eines Mandalas, eines Zentrums, um das sich die Welt dreht, betrachtet werden, ähnlich dem assyrisch-babylonischen Zikkurat und der Anlage des Herrschersitzes der iranischen Könige. Der wichtigste Bestandteil des Mandala liegt im Zentrum.
Die am weitesten verbreitete Form des Buddhismus auf Java war das Mahayana, das „Große Fahrzeug" mit dem Gnaden-

sind innen und auf der Balustrade reich mit Reliefs verziert. Die erste Galerie ist mit vier Bilderzyklen dekoriert, wohingegen die folgenden nur mit zwei Bilderzyklen geschmückt sind. Der Pilger musste insgesamt neun Mal durch die Galerien wandeln und dabei die Reliefs betrachten und von diesen lernen. Erst dann war es ihm erlaubt die darüber liegenden runden Terrassen zu betreten. Der kosmische Symbolismus des Mahayana-Buddhismus besagt, dass im Zentrum der Erde der heilige Berg Meru, steht, um den die Planeten, der Himmel und die Meere rotieren. Den Weg der Erleuchtung ersteigt man bildlich gesehen, indem man den Berg, hier Borobudur, besteigt. Die Grundmauern des Tempels stehen symbolisch für die menschliche Existenz, für alle menschlichen Lüste und

355 unten *Die Buddhastatuen stehen in Nischen und haben den Blick nach außen gerichtet. Diese Buddhas befinden sich an der Ostseite, der heiligsten Seite des Gebäudes. Buddha ist dabei in Bhumisparca-Mudra, Symbol der Beweisführung, dargestellt.*

Leiden – Kamadhatu. Diese Mauern messen an jeder Seite ca. 120 m. 160 Reliefs bedecken die Wände der untersten Terrasse, die jedoch von einer Wand verdeckt waren und erst 1885 entdeckt wurden. Entweder musste man aus statischen Gründen noch eine weitere Wand einziehen oder man wollte diese Szenen von menschlichen Lüsten und Leiden vor den Pilgern verbergen. Nachdem der gesamte Tempelkomplex abgetragen und die Dekorationen fotografiert worden waren, setzte man alles wieder

356 oben und unten *Das Relief (oben) zeigt einen auf einem Pferd reitenden Vornehmen, der mit seinen Begleitern auf die Jagd geht. Es befindet sich in der ersten Galerie. Auf dem Detail (unten) feiern Musikanten die Geburt Buddhas.*

356–357 *Der junge Sudhana umringt von Weisen. Dieses Flachrelief ist Teil einer ganzen Sequenz an den oberen Terrassen, das Gandaviuha ist. In diesem wird der Aufbau der Welt mit einer Blase verglichen.*

357 unten *Dieses Segelschiff ist eines der wichtigsten Zeugnisse über die Form und das Aussehen der Schiffe, die zu jener Zeit in Südostasien gebaut wurden. Das Relief ist Teil einer Darstellung der Avadanas in der ersten Galerie.*

358–359 *In diesem Detail, das den verzierten Paneels eines Basreliefs aus Borobudur entnommen ist, erkennt man zwei mit Schwertern bewaffnete Krieger.*

360–361 *Auf diesem Basrelief läuft ein Elefant vor dem jungen Prinz Siddharta. Den Prinz schützt ein Sonnenschirm.*

zusammen und ließ nur vier Reliefs verdeckt, auf denen Szenen aus dem buddhistischen Text „Mahakarmavibbangga“ zu sehen sind: Himmel und Hölle, Sünde und Bestrafung, gute Taten und Belohnung. Von der Mitte jeder Grundmauer führt eine Treppe auf die darüber liegende Terrasse. Folgt man dem Weg in korrekter Richtung sollte man die Terrassen von Osten, der heiligsten Seite, her betreten. Betrachtet man den Tempel von außen, kann man keine Flachreliefs, aber eine Vielzahl von Buddhastatuen sehen. Auf den Terrassen befinden sich Stupas, die ursprünglich die Überreste von Buddha oder anderer Heiliger enthielten. Der Zentralstupa, der in der Mitte der obersten Terrasse steht, symbolisiert den Höhepunkt der buddhistischen Erleuchtung. Will man die Lehren auf den Flachreliefs kennen lernen, muss man zu den oberen Galerien aufsteigen.

Die erste Galerie hat einen kürzeren Umfang als die Grundmauer, sie ist pro Seite 88 m lang. Nach oben zu werden die Terrassen immer kleiner. Die vier quadratischen Terrassen stehen für Rupadhatu, die Sphäre der physischen Form des Buddha. Wandert der Pilger durch diese, hat er sich auf den Weg in das Nirwana begeben, in die Phase des eigenen inneren Wachsens, womit er in der Lage ist, von den lehrenden Reliefs zu lernen. Gleichzeitig hat er damit auch den Prozess der Loslösung vom stofflichen Leben begonnen, das an den Grundmauern dargestellt ist.

Erst nach Durchschreiten der vier Galerien kann man in die letzte Sphäre auf dem obersten Niveau von Borobudur, in das Arupadhatu, die „Sphäre der Formlosigkeit“, gelangen. Jetzt befindet man sich auf den drei kreisförmigen Terrassen, mit Stupas, die gitterartig durchlöchert sind. In diesen Stupas stehen Buddhastatuen, die man durch die kleinen geometrischen Öffnungen erkennen kann. Es gibt keine Ikonen, die Phase des Lernens ist beendet. Jetzt kommt man zum großen Zentralstupa, der jedoch nicht zugänglich ist. Die Besteigung des heiligen Berges Meru ist beendet, man befindet sich in der Sphäre der Formlosigkeit.

Die Anlage von Borobudur ist äußerst komplex, ebenso wie die mit diesem Bauwerk verbundene religiöse Bedeutung. Man kann sie aus vielerlei Hinsicht betrachten, aus künstlerischer und kunsthistorischer Sicht, als Zeugnis einer ruhmreichen Vergangenheit, deren Spuren nahezu alle verloren gegangen sind.

Die eigentliche Bedeutung von Borobudur liegt jedoch in der Interpretation des symbolischen Charakters des Komplexes als heiliger Berg Meru.

ANGKOR

Götterpaläste im Dschungel

A Angkor Vat
B Phnom Bakheng
C Angkor Thom
D Bayon
E Preah Khan
F Neak Pean
G Östlicher Baray
H Ta Prohm
I Banteay Kdei
J Srah Srang
K Ta Som
L Östlicher Mébon
M Pre Rup

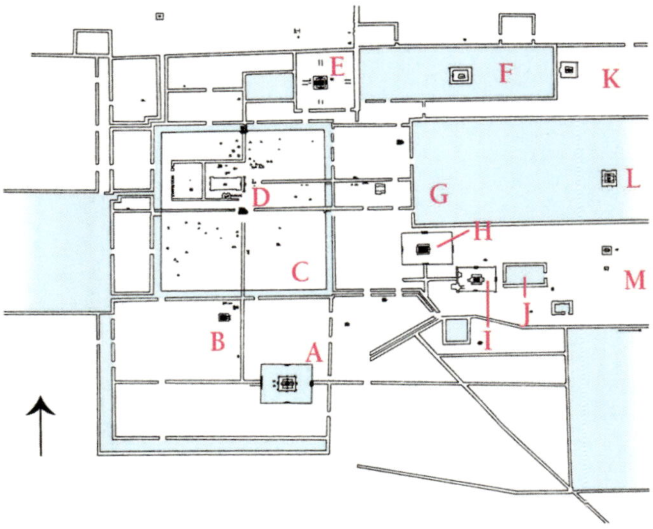

Der erste starke, aber friedliche indische Einfluss auf Indochina fand in den ersten Jahrhunderten n. Chr. statt. Dies war vor allem ein Werk der Brahmanen, der indischen Priesterkaste, denen später buddhistische Missionare folgten. Dies erklärt, warum die großen Tempel von Angkor ein faszinierendes Zeugnis einer Mischung aus einheimischen und fremden Kulturelementen sind. Die Verehrung alter Götter und des heiligen Berges durch die Khmer vermischt sich mit dem hinduistischen Glauben an einen Herrscher des Weltalls und dem Mythos des kosmischen Berges, dem Dreh- und Angelpunkt des Universums.

Im 9. Jahrhundert wurde unter dem König Jayavarman erstmals ein grandioser Ritus der Brahmanen, der Gottkönigkult (Devaraja), am heiligen Berg Phnom Kulen gefeiert. Der Mythos sagt, dass der Gott Shiva, einer der wichtigsten Götter des Hinduismus, dem König den Lingam, den phallischen Stein aushändigte, der den göttlichen Status symbolisierte. Von diesem Augenblick an wurde der König zum Gottkönig erhoben, zum Beschützer des Universums, dessen Wohnsitz nur auf dem Tempelberg sein konnte. Daher erbaute jeder König einen Tempel, in dem der Lingam aufbewahrt wurde. Nach dem Tod des Königs wurde der Tempel dessen Mausoleum. Die mächtigsten Devarajas ließen auch heilige Stätten für ihre Verwandten errichten. Der Bau eines Tempels drückte die Hoffnung nach einem Leben im Jenseits aus, war aber auch das Symbol einer Brücke zwischen Vorfahren und Nachfahren.

Das Khmerreich existierte seit dem 9. Jahrhundert und ging 1431 mit der Eroberung Angkors durch die Könige von Thai unter. Danach geriet Angkor nahezu vollständig in Vergessenheit. Erst im 19. Jahrhundert lenkte der französische Naturforscher Henri Mouhot, der Angkor erstmals in seiner „Reise um die Welt“ beschrieb, die Aufmerksamkeit der westlichen Welt auf die Kultur und Bevölkerung der Khmer. Während des französischen Protektorats über Kambodscha wurde 1900 die *Ecole Française d'Extrême Orient* gegründet. Man begann kurz darauf mit der Freilegung Angkors und der Restauration der Gebäude. Im Jahr 1908 wurde die Gesellschaft *Conservation des Monuments d'Angkor* gegründet, deren Direktoren berühmte Persönlichkeiten wie Henri Marchal waren. Als die Niederländer 1929 die Anastylos-Methode einführten – die im Abtragen, Konservieren und anschließenden Rekonstruieren der einzelnen Bauelemente besteht –, wandte man diese mit großem Erfolg auch in Angkor an.

Allen Bauwerken der Khmerarchitektur ist der kosmische Berg als Grundelement gemein. Die älteste Lösung dieser Grundidee lag in der Errichtung eines Turmheiligtums in Form einer Stufenpyramide über quadratischem Grundriss. Diese Bauten bestanden entweder aus Ziegel, Sandstein oder Laterit. Die Türme (Prasat), standen ursprünglich isoliert, wurden später jedoch in Gruppen zu je drei oder fünf auf einer einzigen Basis errichtet und noch später in den Komplex des Tempelberges eingegliedert, der damit zu einer fünftürmigen Anlage wurde, wobei an jeder Ecke und in der Mitte ein Turm stand, durch Säulengalerien mit den anderen Türmen verbunden. Die hinduistische Vorstellung

__362 oben__ Nicht nur wegen des künstlerischen Wertes sind die Bauwerke der Khmer faszinierend, sondern auch wegen ihrer Lage im Gewirr des Dschungels.

__362 unten__ Angkor Vat, der schönste Tempelkomplex im klassischen Stil der Khmer, wurde 1113–1150 unter Suryavarman II. erbaut. Die Devatas, Götter mit komplizierten Frisuren und auffallendem Schmuck, lächeln von den Wänden des Tempels.

__363__ Zwischen dem 9. und 15. Jahrhundert wurden in Angkor verschiedene Hauptstädte errichtet. In der letzten, Angkor Thom, ist das Motiv des Bodhisattva Lokeshvara, einer zentralen Figur des Mahayana-Buddhismus, häufig zu finden.

__364–365__ Die Türme des Bayon, des zentralen Tempels in Angkor Thom, schmücken Bildnisse des berühmten Herrschers Jayavarmann VII., der letzte und größte Bauherr der Khmer.

366–367 *Banteay Srei, ein kleiner Tempelkomplex 20 km nordöstlich von Angkor wurde 967 von dem Brahmanen Yajnavaraha, einem Ratgeber von Rajendravarman II. und Jayavarman V., sowie dessen Bruder Vishnukumaru erbaut. Die Reliefs gehören zu den Erlesensten der Khmerkunst. Dieses Bild zeigt ein Detail der Ostseite der Nordbibliothek. Die Szenen stellen vor allem Episoden aus dem „Mahabarata" und dem „Ramayana" dar.*

366 unten *Der Hauptcharakter an der Ostwand der Südbibliothek von Banteay Srei ist der tausendköpfige Dämon Ravana, der versucht, den Berg Kailas Sitz des Gottes Shiva, zu entwurzeln. Dieser ist darüber mit seiner Gattin Parvati zu sehen, die sich erschreckt an ihm festklammert. Alle Bewohner des heiligen Berges – Tiere, Asketen und ihre Begleiter – sind in Angst und Schrecken. Aber der unerschütterliche Shiva presst seinen Fuß auf den Boden, der Berg fällt und zerdrückt den Dämon in der Erde.*

der Welt lag dem Bau dieser Tempel zugrunde: Der Tempelberg erhebt sich aus einem Becken, das den Urozean symbolisiert, das ursprüngliche Wasser, in dessen Gebärmutter das Leben lag, das darauf wartete sich zu zeigen. Der Bau der Barays, der Wasserreservoirs, war ein fundamentales Element der religiösen Gebäude und damit der königlichen Macht. Dies jedoch nicht nur, weil Wasser ein religiöses Grundelement war, sondern auch, weil die Barays für den Reisanbau genutzt wurden.
Auf diese Weise verband der König den Mythos mit dem alltäglichen Leben, der dadurch zur Quelle und Grundlage des Lebens wurde. Die Hauptanlage des Tempels mit den fünf Türmen entspricht dem heiligen Berg Meru, der sich nach der Vorstellung der Hindu in der Mitte des Universums befindet und das Urchaos in die Weltordnung umformt. Die Tore nach außen sind Pavillons, die sich an den vier Eckpunkten der zentralen, in der Mitte kreuzenden Achse befinden und die königliche Macht zelebrieren, die sich auf das gesamte Universum erstreckt. Die Brücke mit der Balustrade, die aus Nagas, fünf- beziehungsweise siebenköpfigen Schlangen geformt ist, symbolisiert den Regenbogen, der die Erde mit dem Himmel verbindet. Die Schlangen bringen den Regen.
Jeder Herrscher hatte drei elementare Aufgaben zu erfüllen: den Bau von Wasserreservoirs und das Anlegen neuer Bewässerungssysteme, den Bau eines Tempels, um der Vorfahren zu gedenken und das Errichten eines Bergheiligtums, um seinen Status als Gottkönig (Devaraja) zu manifestieren.

367 Mitte rechts *Neben den Bergtempeln gab es in der Khmerarchitektur auch niedrige Gebäude, bei denen die Hauptsakristei von anderen Räumen umgeben und von Wänden eingefasst war. Beide Gebäudetypen beinhalten die Symbolik des inneren Wandelgangs. Beim Bergtempel schreitet man während eines Pilgergangs den Berg nach oben, bei den niedrigen Gebäuden wandelt man von außen nach innen.*

367 unten rechts *Die Dämonen (Asuras) kann man an den Reliefs leicht erkennen, da sie charakteristische Merkmale haben. Im Gegensatz zu den Göttern (Devas), die ein vornehmes Aussehen und blütenblattförmige Augen haben, sind die Augen der Dämonen rund. Dieses Relief befindet sich an den Stufen von Bakong, dem Haupttheiligtum (881 geweiht) der ehemaligen Hauptstadt der Khmer, Roluos.*

367 unten links *Yashovarman I. ließ 893 Phnom Bakheng als Bergtempel und Zentrum seiner Hauptstadt Yashodharapura errichten.*

367 oben rechts *Der östliche Mebon, der 952 von Rajendravarman erbaute Bergtempel, beschwört den Symbolismus des kosmischen Berges, Sitz des Devaraja, des göttlich-königlichen Wächters der Weltordnung.*

368–369 *Angkor Vat wird als Meisterstück der klassischen Khmerkunst angesehen. Der Komplex ist von einem 200 m breiten Wassergraben umgeben. Die Steine symbolisieren den Berg Meru, der aus dem Wasser des Urozeans emporsteigt. Der Bau von künstlichen Seen, Dämmen und Gräben, eine der Hauptaufgaben der Herrscher, erfüllte zwei Funktionen: Zum einen sicherte er die konstante Bewässerung der Reisfelder, zum anderen hob er die Rolle des Gottkönigs, des Herrn über das Wasser hervor.*

368 unten *Angkor Vat ist von einer doppelten Mauer umgeben, die als Pyramide, bestehend aus drei Terrassen, angelegt ist. Auf der letzten erheben sich fünf Türme in Kreuzformation wie die fünf Gipfel des kosmischen Berges. Es ist möglich, dass die Baumeister der Khmer Kenntnisse in Stereometrie hatten und deshalb einen Weg anlegten, der doppelt so lang war wie die Seitenlänge der Fassade, um ein szenisches Relief zu erhalten.*

Die erste Hauptstadt der Dynastie von Angkor war Roluos. Das Hauptheiligtum Bakong wurde 881 unter Indravarman geweiht. Der Nachfolger Indravarmans, Yashovarman (889–900), verließ die Stadt, um sich seine Hauptstadt Yashodharapura zu errichten. Dort ließ er einen gewaltigen Stausee anlegen, den „östlichen Baray". Religiöses Zentrum bildete der Phnom Bakheng (893), in dem der königliche Lingam aufbewahrt wurde. Die Geschichte Angkors beginnt mit Yashodharapura. Die Stadt war jahrhundertelang das Zentrum des Khmerreiches mit nur einer kurzen Unterbrechung von 921–941. In dieser Zeit verlegte Jayavarman IV. die Hauptstadt des Reiches nach Koh Ker.

Eines der Meisterstücke der Khmerkunst, das Banteay Srei, wurde 967 von zwei Brahmanen, Yajnavaraha und seinem Bruder Vishnukumara, 20 km nordöstlich von Angkor, errichtet. Es hat einen rechteckigen Grundriss, Gebäude zwischen der ersten und zweiten Mauer und einen kreuzförmigen Turm (Gopuram). Die massiven Wände an den Eingängen zum dritten und vierten Viertel werden durch blinde Fenster und kleine runde Säulen aufgelockert.

369 links *Obwohl die Thai 1431 Angkor zerstörten, wurde Angkor Vat nie vollständig verlassen. Der Tempelkomplex wurde auf Anordnung des hinduistischen Königs Suryavarman II. (1113–1150) erbaut. Diesen Herrscher hielt man nach seinem Tod für eine Form des Vishnu. Angkor Vat wurde zu einer buddhistischen Pilgerstätte, wie man an den vielen Statuen in den Galerien erkennen kann.*

369 oben rechts *Die Wände von Angkor Vat zieren Reliefs mit Devatas, Göttinnen, die wirbelnde Röcke aus edlen Stoffen tragen. Ihr mysteriöses Lächeln ist typisch für die Darstellung göttlicher Wesen in der Kunst. Ihr heiterer aber abwesender Ausdruck kennzeichnet die große Kluft, die diese himmlischen Wesen von den Sterblichen trennt.*

369 Mitte rechts *Nur die Tempel haben die vergangenen Zeiten überstanden, da nur sie aus haltbaren Materialien errichtet wurden. Diese Wohnsitze der vergöttlichten Herrscher sollten den göttlichen Wohnungen in nichts nachstehen. Die Monarchen wurden entweder mit offenen, visionären Augen oder mit geschlossenen Augen wie in Meditation dargestellt. Die Devatas von Angkor beschworen die Erleuchtung im Paradies herauf, die sie nach ihrer Umwandlung erfahren würden.*

369 unten rechts *Der kreuzförmige Grundriss steht symbolisch für die Expansion vom Einen zum Vielen und die Verbreitung der königlichen Macht in allen Himmelsrichtungen. Daher ist diese Form das fundamentale Element, das in Angkor Wat verwendet wurde – sowohl beim Bau der Türme (Prasats) als auch der Portale (Gopurams), wie dieses hier abgebildete.*

370–371 *Auf dieser Luftaufnahme sieht man den Tempel Angkor Vat, der zwischen 1113 und 1150 von Suryavarman II. erreicht wurde.*

Der Weg zum Eingang wird von Säulenhallen flankiert, und der Tempel selbst ist in drei kleine Prasats geteilt, die auf einem dekorierten Sockel stehen und an drei Seiten falsche Türen haben. Daneben befinden sich einige Stockwerke, die die Anlage im Kleinen fortsetzen, jedoch zugedeckt sind. Am interessantesten sind in Banteay Srei die Prasats, die viele Ausbuchtungen, jedoch einen geraden Giebel haben. An den so genannten „Bibliotheken“ verlaufen geschwungene Profile und eine hölzerne Imitation der Gopurams, die häufig über drei Stockwerke gebaut wurden, um einen Teleskopeffekt zu erzielen, der für Angkor Vat typisch werden sollte. Die Tempeldekoration gehört zum Schönsten der Khmerkunst und ist von einer unvorstellbaren Vielfalt und Frische.

Das berühmteste Bauwerk Angkors, Angkor Vat, wurde unter Suryavarman II. (1113–1150) errichtet. Es wird derzeit von der UNESCO restauriert. Der Name Angkor Vat bedeutet „königliche Residenz, die auch ein Kloster ist“.
Es herrscht noch immer Unklarheit über die exakte Verwendung des Gebäudes, wobei die Mehrheit der Wissenschaftler davon ausgeht, dass Suryavarman sich Angkor Vat als Mausoleum errichten ließ. Das Gebäude ist von einem 200 m breiten Wassergraben umgeben.
Treppen führen zum Wasser hinab. Der Komplex ist nach Westen ausgerichtet, was dafür spricht, dass die Anlage als Grab gedacht war. Über einen axial angelegten Weg, der von einer Balustrade mit Nagas (Schlangen) flankiert wird, gelangt man an

372 links *König Suryavarman II. war ein Anhänger Vishnus. Die Flachreliefs an der äußeren Galerie von Angkor Vat sind von den Taten dieses Gottes und seinen Inkarnationen, Rama wird Krishna, inspiriert. Rama wird im „Ramayana“ gefeiert, Krishna im „Mahabharata“. Schlachtszenen aus diesen Epen sind auf dem oberen und unteren Relief dargestellt. Auf dem mittleren Relief ist das jüngste Gericht zu sehen: Die Toten werden von den teuflischen Helfern gezerrt und geschlagen, während ein Elefant einige mit seinem Rüssel zerdrückt. Die Funktion des Yama, des Gottes des Jenseits und obersten Richters wird von Suryavarman II. übernommen, der nach seinem Tod göttlichen Status erhielt.*

372 rechts *Mit Personen überladene Szenen sollen häufig bestimmte Personen hervorheben, wie hier diesen siegreichen Krieger, der soeben einen Feind getötet hat, der jetzt zu seinen Füßen liegt. Die Bearbeitung eines Flachreliefs begann mit einer ersten Skizze, danach wurde ein grober Entwurf angefertigt und schließlich wurden die Details angebracht. Diese Vorgehensweise wandte man auch bei Wandmalereien an, von denen heute jedoch nahezu nichts mehr erhalten ist.*

373 *Die zahlreichen Kriegsszenen lassen sich dadurch erklären, dass Suryavarman II. ein Soldatenkönig war. Das Herabsteigen Vishnus zur Erde ist meistens mit Kämpfen gegen die Dämonen dargestellt und sollte auch teilweise als Überlappen königlicher und göttlicher Taten verstanden werden*

374–375 *Diese beiden* devata, *weibliche Gottheiten, erscheinen auf einem Basrelief an den Wänden des Angkor Vat. Ihre Haare schmücken Blumengirlanden, Krönchen, Anhänger und Zöpfe.*

376 und 376–377 Die ungeheure Bautätigkeit unter Jayavarman VII., dessen Gesicht sich dominierend über Angkor Thom erhebt, hatte ein Nachlassen der Qualität der Bauwerke zur Folge, da man nur über wenig Sandstein verfügte. Als Ersatz versuchte man ausgehöhlte Steine mit Hölzern zu stützen, was die Brüchigkeit der Monumente erklärt.

die erste Umfassungsmauer. Durch einen dreitürmigen Gopuram mit zwei Eingängen gelangt man in Galerien, die miteinander verbunden sind, und von dort aus über einen asphaltierten Weg, flankiert von Bibliotheken und künstlichen Seen, unterbrochen von einer kreuzförmigen Plattform, an den eigentlichen Tempel.
Angkor Vat wurde auf einer dreiterrassigen Pyramide errichtet, auf der sich eines der faszinierendsten Gebäude, das kreuzförmige Kloster, erhebt. Drei parallel verlaufende Galerien führen zu den drei Stufen der oberen Terrasse. Eine vierte Galerie mit drei Schiffen im rechten Winkel zu den anderen bewirkt die Teilung des Raumes in vier zeremonielle Bereiche. Die zweite Terrasse nimmt die Motive der ersten auf, mit einem Gopuram und einer umlaufenden Galerie im Zentrum sowie kreuzförmigen Pavillons an den Ecken. Auch zwei Bibliotheken sind durch eine erhöhte Plattform mit angebunden. Sehr steile Stufen führen zur dritten Terrasse, die einen quadratischen Grundriss im Gegensatz zu den rechteckigen ersten beiden Terrassen hat. Um diese Terrasse läuft eine Galerie mit Säulenfenstern herum, an den Ecken stehen Pavillons und die Gopurams über den Eingängen sind wieder nach den vier Himmelsrichtungen ausgerichtet. Der zentrale Prasat ist mit dem Gopuram durch vier Galerien verbunden. Die wundervollen Dekorationen runden den prächtigen Gesamteindruck ab. Die acht- beziehungsweise 16seitigen Säulen sind in zehn oder 12 Ringe geteilt, um sie leichter und dynamischer wirken zu lassen. Verschlungene Blätter, zwischen denen himmlische Nymphen (Apsaras), agieren, lassen einen Tapeteneffekt entstehen.
In den Giebeln bilden Makaras und Nagas den Rahmen zu den mythologischen Szenen, die sich in den Flachreliefs der Galerien wiederholen und an den Wänden wie Manuskripte aus Stein entlangziehen.
Die Figuren aus der Vishnumythologie, die Suryavarman II. bevorzugte, beziehen sich auf die zwei großen indischen Epen „Mahabharata“ und “Ramayana“ und den Mythos vom „Aufwühlen des Milchmeers“, bei dem Götter und Dämonen das Milchmeer aufpeitschen, um an Ambrosia, das Lebenselixier zu kommen, das ihnen Un-

sterblichkeit und ein höchstes Maß an Weisheit verleihen sollte. Der letzte und größte Bauherr von Angkor war zweifelsohne Jayavarman VII. (1181–1219) der Angkor Thom ein neues Aussehen gab. Die Eile und der Mangel an gutem Sandstein, der vom Abbau der besten Steinbrüche herrührte, führte zu einer Minderung der Qualität. Der König, ein Buddhist aus Überzeugung, fühlte sich vor allem zu Lokeshvara, dem Bodhisattva des Erbarmens hingezogen. Bodhisattvas waren hoch verehrte buddhistische Figuren, die erleuchtet waren und deshalb eine Reise ins Nirwana verdienten, es aber vorzogen in der realen Welt zu bleiben und dort leidenden Menschen zu

377 unten *An der ersten Galerie der südlichen Fassade an der Ostseite befindet sich im oberen Bereich jene Szene, auf der ein Krokodil in das Bein eines Soldaten beißt, der in den Fluss gefallen ist, an dem der Kampf gegen die Cham stattfand. Unter den Bäumen am Ufer sieht man parallel dazu das normal weitergehende Leben. Der Pavillon zeigt die zivile Architektur der damaligen Zeit. Die abgebildeten Gebrauchsgegenstände gleichen denen der heutigen Zeit.*

377 oben *Fast 1200 m Flachrelief zieren die Wände der Galerien von Bayon. Szenen aus dem Alltagsleben, vom königlichen Hof und von Schlachten geben einen vielfältigen Einblick in das Leben der damaligen Zeit. Die Bilder haben eine ungeheure Bandbreite, am bedeutendsten ist jedoch jene Darstellung vom Sieg Jayavarmans VII. im Jahr 1190 über die Cham, deren Staat dann an das Reich der Khmer angegliedert wurde – als Rache für die Niederwerfung Angkors im Jahr 1177.*

377 Mitte *In Reih und Glied ist die Armee gegen den Feind aufgestellt: Die Infanterie marschiert in zwei Reihen, gefolgt von Kriegswagen, Elefanten mit ihren Führern, Musikern und Tänzern. Der Armee folgen Zivilisten, die für die Verpflegung verantwortlich waren, und die Angehörigen der Soldaten. Mimik, Waffen, Kleidung und andere Details sind mit großer Sorgfalt und Dynamik dargestellt.*

378–379 *Der Bayon, zu Beginn des 13. Jahrhunderts erbaut, ist das komplexeste und mysteriöseste Gebäude der Khmerarchitektur. Trotz vieler Umbauten und Veränderungen ist eine Struktur zu erkennen. Der Tempel ist Ausdruck der komplexen und widersprüchlichen Persönlichkeit Jayavarmans VII. und feiert seine Vergöttlichung, in der er sich mit Bodhisattva Lokeshvara identifiziert, dessen Gesicht an allen Türmen des Bayon zu sehen ist.*

378 unten *Gigantische Statuen der Devas sind am Eingang von Angkor Thom aufgereiht. Die Mauern der Stadt symbolisieren die Bergketten, die das Universum umgeben, und der Wassergraben den Urozean. Der Tempel von Bayon, Zentrum von Angkor Thom, steht symbolisch für den kosmischen Berg. Unter der Herrschaft von Jayavarman VII. erreichte die symbolische Bedeutung der Monumente ihren Höhepunkt.*

379 oben rechts *Der gewaltige zentrale Turm von Bayon, der von den Gesichtern des Lokeshvara beherrscht wird, hat im Gegensatz zu den anderen Bergtempeln einen runden Grundriss, der auf die buddhistische Symbolik zurückgeht. Jayavarman, Anhänger des Mahayana Buddhismus, beendete die hinduistische Periode.*

helfen. Das Lokeshvaramotiv erscheint in Bayon, dem Bergtempel im Zentrum von Angkor Thom. Fünf Tore führen in die Stadt. Vier sind an den Himmelsrichtungen ausgerichtet, das fünfte liegt nördlich des Osttors. An diesem befinden sich auf einer Höhe von 20 m vier Lokeshvaragesichter, die eindeutig mit Jayavarman zu identifizieren sind.
Die Brücken, die über die Gräben führen, werden von je 54 Devas und 54 Asuras flankiert, die eine Naga tragen. Diese Szene soll sich auf das „Aufwühlen des Milchmeers" beziehen.
Bayon wurde im Lauf der Jahre stark verändert. Wenn man diese Veränderungen nicht berücksichtigt, kann man als zentrales Element von Bayon den massiven Turmkomplex ausmachen mit den berühmten Lokeshvaragesichtern, die in die vier Himmelsrichtungen blicken. Unzählige Flachreliefs an den Wänden erzählen die Taten von Jayavarman VII. Daneben sind aber auch Szenen aus dem alltäglichen Leben der Khmer zu sehen. Diese Darstellungen sind wegen ihrer Lebhaftigkeit und Direktheit bemerkenswert. Sie veranschaulichen wie die Künstler Charakter und Ausdruck veränderten, je nachdem ob sie mächtige Götter und Könige oder bescheidene Menschen darstellten.

379 unten *Angkor Thom war vom hinduistischen Mythos von der Entstehung der Welt durch das „Aufwühlen des Milchmeers" inspiriert. Dabei werden der kosmische Berg als Einpeitscher und Vasuki, die Schlange, als Schnur verwendet. Den Toren der Stadt sind je 54 Götter und Dämonen vorgelagert, die eine Schlange in der Hand halten.*

XI'AN

Die Terrakottaarmee des Qin Shi Huangdi

Im Jahr 1974 entdeckten einige Bauern bei Lintong, unweit der Stadt Xi'an, im Norden der Provinz Shaanxi, etwa 1 km östlich der Außenmauern des Mausoleums des Qin Shi Huangdi, einen riesigen Graben, in dem sich Terrakottasoldaten befanden, die aus der Zeit der Qinherrschaft (221–206 v. Chr.) stammten. Während der Ausgrabungsarbeiten fand man weitere Gräben. Der gesamte Komplex des Mausoleums, das bis zum Tod des Herrschers im Jahr 210 v. Chr. nicht fertig gestellt werden konnte, erstreckt sich über ca. 30 km². Der Kern des Komplexes besteht aus einem Grabhügel, neben dem sich das Grab des Kaisers befand, das jedoch noch nicht freigelegt ist. Im Umkreis liegen die Opfergräben. Westlich des Grabhügels wurde 1980 ein Graben mit zwei bronzenen Kutschen entdeckt, die ungefähr halb so groß wie echte sind. Nicht weit von dieser Stelle entfernt fand man 18 Gräben, in denen Wildvögel und Tiere lagen und 13 weitere Gräben mit Statuen von Sklaven und Dienern.

Außerhalb des Grabkomplexes, etwas weiter im Osten tauchten 93 weitere Gräben auf. Darin waren Töpferarbeiten, eiserne Werkzeuge, Statuen der Wagenlenker und Pferdeskelette aufgebahrt. Es handelte sich hierbei um die kaiserlichen Stallungen. Etwas weiter im Osten des Grabhügels wurden vier voneinander getrennte Gräben mit der Grabwächterarmee des Kaisers freigelegt. Von der architektonischen Struktur dieser Gräben sind heute jedoch nur noch Relikte vorhanden. Hier lagerten 130 hölzerne Kriegswagen, über 600 Terrakottapferde, mehr als 8000 Terrakottasoldaten und eine enorme Menge echter Bronzewaffen. In Graben 1 befinden sich über 6000 Statuen von Soldaten und Pferden, die in rechtwinkligem Muster aus Infanteristen und schwerem Kriegsgefährt aufgestellt sind. In den ersten drei Reihen stehen 210 Soldaten, die alle nach Osten blicken, gewöhnliche Kleidung tragen sowie mit Bögen, Armbrust und Köcher ausgestattet sind. An den Enden und in der Mitte der Reihen stehen je drei gepanzerte Krieger, die wahrscheinlich Offiziere waren. Hinter diesen drei Reihen stehen weitere 38 Reihen Soldaten, die in Elferreihen aufgeteilt sind. Sechs von diesen enthalten einen Kriegswagen, auf dem zwei Soldaten stehen. Vor jedem Wagen stehen drei Reihen Soldaten, wobei jede dieser Reihen aus vier mit Bronzelanzen bewaffneten Männern besteht.

Auf beiden Flügeln der 38 Reihen steht eine Reihe Soldaten, die nach außen blicken. Viele dieser Soldaten sind mit Bogen und Armbrust bewaffnet. Am Ende der Formation befinden sich noch drei Reihen Soldaten, wobei die letzte Reihe nach hinten, in Richtung Westen blickt, während die anderen nach vorne in Richtung Osten blicken.

In Graben 2 wurden ungefähr 1000 Terrakottasoldaten, 400 Pferde und 89 Kriegswagen gefunden, die so angeordnet waren, dass Kavallerie, Infanterie und Wagen unter einer bewaffneten Vorhut zusammenkamen. In Graben 3 war offensichtlich das

380–381 *Die Armee des Qin Shi Huangdi befand sich in den zentralen Korridoren von Graben 1. In der ersten Reihe stehen die unbewaffneten Stalljungen, dahinter die Offiziere und die leichte Infanterie; diese werden von Kriegswagen begleitet, die von Pferden gezogen werden. An den trennenden Erdwällen kann man noch die Markierungen der darüber gelegten Querbalken erkennen. Die Köpfe der Soldaten, die lebensgroß sind, erheben sich zwischen den Trennwänden als Zeichen der großen Macht der kaiserlichen Armee.*

A Äußere Mauer
B Innere Mauer
C Graben, in dem die bronzenen Wagen gefunden wurden
D Grabhügel
E Graben 1
F Graben 2

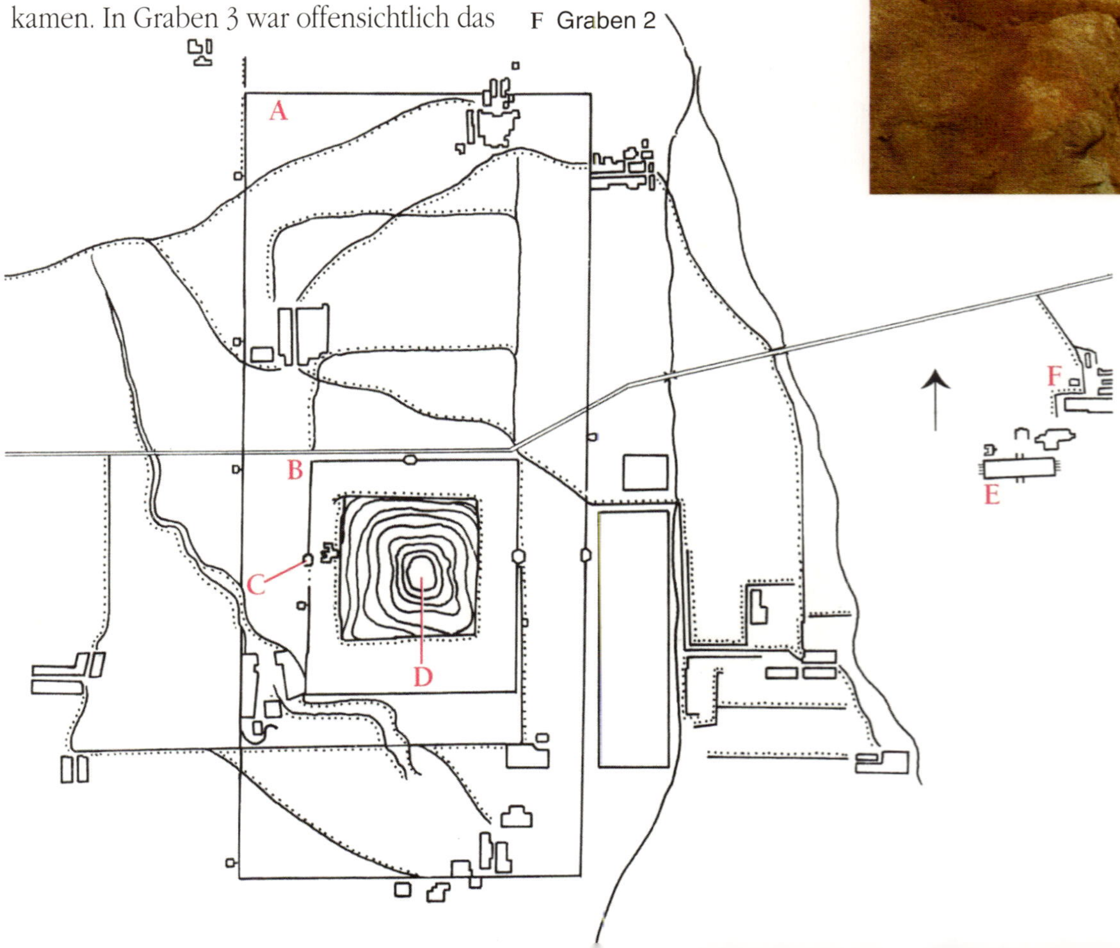

381 unten und 382–383 *Blick auf die Offiziers-, Infanterie- und Wagenreihen mit Pferden in den Gängen von Graben 1. Die Anordnung der Soldaten legt Zeugnis über die Geschlossenheit und Standfestigkeit der Armee des ersten chinesischen Kaisers ab.*

militärische Oberkommando der Armee untergebracht, nur ein einziger Wagen und 68 speziell ausgewählte Soldaten, die mit bronzenen Speeren bewaffnet waren, wurden dort gefunden.
Die Figuren haben unterschiedliche Größen: Die Krieger sind zwischen 1,75 und 1,79 m groß. Die Pferde sind ungefähr 1,5 m groß und 2 m lang. Die Soldaten und Offiziere tragen volle militärische Ausrüstung, die auch in einer echten Schlacht verwendet worden wäre. Waffen, Lanzen, Speere, Äxte, Haken, Schwerter und Armbrüste wurden aus den besten Materialien hergestellt. Auch die hölzernen Wagen und das Zaumzeug für die Pferde hätten in Wirklichkeit verwendet werden können. Einige Soldaten und Pferde tragen Symbole auf Köpfen und Körpern, Kennzeichnungen der Handwerker, die sie modelliert haben. 85 Namen von Meistern konnten ausgemacht werden, äußerst kunstfertige Handwerker, die Lehrlinge und Angestellte beschäftigten. Anhand von Berechnungen geht man heute davon aus, dass jeder Meister 18 Helfer hatte. Neben den Namen der Handwerker findet man häufig die Namen der unteren Funktionäre und die Inventarnummer der Soldaten und Pferde.
Bemerkenswert sind vor allem der extreme Realismus und die präzise Detailarbeit der Handwerker des Qin-Reiches. Oberfläche und Form der Kutschen spiegeln die Bräuche dieser Zeit wider, und die Pferde mit Scheuklappen, Zaumzeug, Gebissstange und Sattel sind ein getreues Abbild der Wirklichkeit.
Dieselbe Präzision findet man bei den Kriegern, die sich durch Statur, Haltung, Kleidung und Frisur, vor allem aber in ihren Gesichtszügen unterscheiden, sodass man sogar ethnische Unterschiede,

384 Die Stellung dieses jungen, rangniedrigen Offiziers kann man an seinem einfachen Helm und der Uniform ablesen, die aus einem Panzer mit quadratischen Platten besteht. Sein Gesichtsausdruck trägt strenge und mutige Züge.

384–385 Die Infanterie spiegelt die reale Situation der Armee im Staat des Qin Shi Huangdi wider. Die Offiziere unterscheiden sich von den Infanteristen durch kunstvollere Frisuren und durch Tressen auf den Schultern.
Die Infanteristen tragen eine Kappe. Jedes Gesicht hat einen anderen Gesichtsausdruck und stellt somit eine eigenständige Persönlichkeit dar.

385 unten *Auf diesem Bild sind Stalljungen aus der ersten Reihe abgebildet. Der ernste und vornehme Gesichtsausdruck steht in Kontrast zu ihrer untergeordneten Stellung, die auch durch Kleidung und Frisur zum Ausdruck kommt.*

die von der Rekrutierung der Soldaten aus den verschiedenen Gebieten des Reiches kamen, ausmachen kann. Die Gesichter mancher Soldaten haben ein längliches Profil, einen großen Mund, fleischige Lippen, eine hohe Stirn und breite Backenknochen, die für die Bevölkerung des zentralen Wei-Tals typisch waren. Andere wiederum haben runde oder ovale Gesichter und ein vorstehendes Kinn wie die Bevölkerung des heutigen Szechuan.
Modellierung und Haltung der Körper sind relativ einfach, die Gesichtszüge dagegen detailliert ausgeführt. Insbesondere die Augenbrauen wurden mit großer Sorgfalt behandelt. Das Haar, das normalerweise neben dem Helm oder einer einfachen Kappe zu einem Knoten gebunden wurde, wirkt sehr realistisch, ebenso wie die Schnurrbärte der Soldaten. Die Körper der Statuen weisen eine gewisse Uniformität auf; im Gegensatz zu den Köpfen wurden sie an Ort und Stelle geformt, während die Köpfe vormodelliert und persönliche Gesichtszüge später angebracht wurden. Die Figuren repräsentieren unterschiedliche Menschen. Einige wirken würdig und elegant, andere zuversichtlich und wieder andere resolut. Spuren von Farben an verschiedenen Statuen zeigen, dass diese nach dem Brennen (bei etwa 1000 °C) bemalt wurden. Größtenteils ist die Bemalung jedoch verloren gegangen.
Die Statuen der Soldaten bezeugen nicht nur den hohen künstlerischen Standard, den die chinesische Plastik der Qin-Zeit erreicht hatte, sie zeigen auch die Entwicklung eines eigenen Stils, der die Plastik der damaligen Zeit veränderte und zur typisch chinesischen Plastik der späteren Zeit führte. Krieger, Pferde, Wagen und Waffen in den Gräbern stellen eine komplette Armee dar, ein bemerkenswertes Zeichen der Macht des Qin Shi Huangdi, dem mit dieser Armee die Einigung des Reiches gelang. Im Jahr 221 v. Chr. nahm König Zheng im Staat Qin den neuen Titel „Göttlich Erhabener“ („Huangdi“) an. König Zheng wollte mit diesem Titel auch den Beginn einer neuen Ära dokumentieren, daher stellte er vor seinen eigentlichen Titel Huangdi das Wort „Shi“, was soviel wie „Erster“ bedeutet.
Er sah sich als ersten Huangdi, einer Dynastie, die „zehntausend Generationen“ halten sollte. Die Qin-Dynastie existierte nicht einmal 20 Jahre, doch die Reformen, die Qin Shi Huangdi während seiner Regierungszeit durchführte, hinterließen ihre Spuren mehr als 2000 Jahre in der chinesischen Geschichte.
Die fundamentale Neuerung des Kaisers war die politische und militärische Vereinigung Chinas und die Zentralisation der Macht. Nach der Vorstellung des ersten Kaisers sollte das Fundament des vereinigten Staates das „fa“, das Gesetz bilden, das von der „fa-Schule“ gelehrt werden und als Grundlage des politischen Denkens des Qin-Staates dienen sollte.
Strenge Gesetze sollten das Fundament des Staates bilden und die Regierung des Herrschers leiten. Dies war ein außerordentlich modernes Konzept für China.
Für die Konfuzianer war der ideale Herrscher ein Mann mit allen Tugenden, wohingegen für die Taoisten der ideale Regent

386 und 387 rechts *Ein Armbrustschütze zum Schuss bereit. Da sein Körper den Attacken der Feinde ausgesetzt war, trug er einen schweren Panzer, Beinlinge und Schuhe mit breiter Kappe. Die Stellung seiner Hände zeigt, dass er ursprünglich eine richtige Armbrust in Händen hielt.*

387 links *Pferd und Reiter. Das gescheitelte, mit einer Kappe bedeckte Haar, der einfache Panzer und die einfache Kleidung demonstrieren, dass dieser Krieger einen untergeordneten Rang hatte. Gebissstange und Zaumzeug der Pferde wurden aus Kupfer angefertigt.*

jemand war, der nicht regierte. Die fa-Schule erlaubte nicht einmal dem König, eigene Ziele zu verfolgen.
Die eigentliche Aufgabe dieser Schule bestand in der Kontrolle der korrekten und fairen Anwendung der Gesetze, die vorsahen, dass der Herrscher für die Gemeinschaft verantwortlich war. Ziel war es, Grundlagen zu schaffen, an denen auch die nachfolgenden Herrscher

Die Regierung setzte eine Schriftreform im Reich durch und begründete die so genannte „Kleine Siegelschrift“, indem sie die Schriftzeichen vereinfachte und rationalisierte. Die einheitlichen Schriftzeichen bilden bis heute den entscheidenden Faktor für die kulturelle Einheit Chinas.
Eine weitere tiefgreifende Änderung war die Einführung einer einheitlichen

388 unten links *Dieser Wagenlenker der Armee, wie es auf dem Helm geschrieben steht, trägt einen Brustharnisch über seiner Kriegsuniform sowie Beinlinge und Schuhe mit breiter Kappe. Die Haltung der rechten Hand zeigt, dass er ursprünglich eine echte Waffe, möglicherweise ein Schwert, in der Hand hielt.*

festhalten würden. Die Gesetze sollten die Untertanen vor den Exzessen und dem Ehrgeiz der Regierungen schützen. Die Vereinigung des Reiches untermauerte Qin Shi Huangdi durch allgemein verbindliche Maße von Gewichten, Umfängen und Längen im gesamten Reich und durch die Prägung von Münzen, die zum einzigen gesetzlichen Zahlungsmittel wurden.
Eine weitere bedeutende Entwicklung in der chinesischen Geschichte war die Vereinheitlichung des Schriftsystems. Die Schriftzeichen, die „Große Siegelschrift“, die in der Zeit der Zhou (um 1050–221 v. Chr.) verwendet wurden, hatten sich im Lauf der Zeit in den verschiedenen Gebieten stark verändert und auseinander entwickelt.

Achsenbreite für Wagen, die infolge der Vereinheitlichung der Maße eingeführt wurde. Diese Vereinheitlichungen bewirkten eine bessere Kommunikation zwischen den einzelnen Teilen des Landes, aber auch eine einfachere Kontrolle durch die Körperschaften des Staates. Trotz der gravierenden Veränderungen, die Qin Shi Huangdi in die Wege geleitet hatte, gelang es seinem Nachfolger nicht, die Ausbreitung eines Volksaufstandes in Ost-China auf das gesamte Reich zu verhindern. Damit war das Schicksal der Qin-Dynastie besiegelt – im Jahr 206 wurde mit der Eroberung und Plünderung der Hauptstadt Xianyang das Herrschergeschlecht der Qin ausgelöscht.

388 rechts *Ein Pferd, das vor einen Wagen gespannt war, mit gestutzter Mähne und zusammengebundenem Schwanz. Die Pferde in den Gräben der Grabanlage waren zu Vierergruppen gebündelt.*

389 *Die Züge des Gesichts drücken die Würde des Offiziers aus, Bemerkenswert ist auch die Kopfbedeckung. Panzertyp und Bänder Brustharnisch (siehe auch Detail S. 388 oben links) sind Zeichen seiner hohen Stellung.*

390–391 und 392–393 *Die beiden perfekt ausgerüsteten Bronzekampfwagen fand man in bestem Zistand vor.*

LUOYANG,

Die Höhlen von Longmen

395 oben rechts *Wanddetail der Fengxian-Höhle: himmlische Wächter mit Buddhagesichtern. Die Figuren haben einen einheitlichen Kleidungs- und Haarstil, ihre Handhaltungen, Mudras, sind jedoch unterschiedlich.*

394-395 *Blick auf einen Teil der Höhle von Longmen. Links ist der Fengxiantempel mit einer gewaltigen Statue des Buddha Amithaba im Zentrum, begleitet von einem Bodhisattva, zu sehen. An den Wänden der großen Halle, die aus dem Fels geschlagen wurde und den zentralen Komplex des Tempels bildet, stehen zwei himmlische Wächter. Über eine Rampe, an der sich kleine Nischen befinden, kann man die Höhle erreichen. Im gesamten Longmenkomplex befinden sich in der Nähe der Haupttempel kleine Heiligtümer, die im Auftrag verschiedener Sponsoren errichtet wurden.*

14 km südlich der Stadt Luoyang in der Provinz Henan liegen die Grottentempel von Longmen. Die Arbeiten an dieser Anlage, in die die ursprünglichen Felsklüfte mit einbezogen wurden, begannen im Jahr 494 unter der nördlichen Wei-Dynastie (386–534) und wurden bis Mitte des 8. Jahrhunderts unter verschiedenen Dynastien fortgesetzt. Der Komplex erstreckt sich 1 km lang an den Felsen über dem Ufer des Flusses Yi. Über 97 000 Buddha- und Bodhisattvastatuen – von einer von 2 cm bis zu 17 m – wurden aus den Wänden geschlagen, darüber hinaus 1325 Hohlräume, 750 Nischen und 40 Pagoden, die eine bemerkenswerte Anhängerschaft des Buddhismus bekunden.

Der Buddhismus kam in China im 3. Jahrhundert v. Chr. auf; es ist unwahrscheinlich, dass vor dieser Zeit buddhistische Abbildungen entstanden sind. Eingehende Untersuchungen haben ergeben, dass es im 2. Jahrhundert in Luoyang eine blühende buddhistische Gemeinde gegeben hat, die später zum Zentrum der buddhistischen Aktivitäten im Land wurde. Diese Gemeinde stellte die ersten klösterlichen Regeln auf; der Bau des Longmenkomplexes kann daher auch als ein Zeichen dafür gesehen werden, welche Bedeutung das buddhistische Priestertum erreicht hatte.

Der Bau der Grotten wird in zwei Phasen unterteilt: Die erste dauerte vom Beginn der nördlichen Wei-Dynastie bis zur Sui-Dynastie (581–618). An den Skulpturen aus dieser Zeit sind noch einige archaische Elemente zu finden, z.B. gelang es noch nicht, dreidimensionale Skulpturen herzustellen, die Figuren stehen alle vor einem Hintergrund, sodass man sie nur von vorne betrachten kann.

Die Innenwände der Grotten zieren Bilder vor einem dekorativen Hintergrund. Diese Ausschmückung ist so üppig, dass kein einziger Zentimeter unberührt geblieben ist. Es gibt unendlich viele Figurenreihen, wobei die Figuren alle mit einem gewissen Realismus dargestellt sind: Sie haben lange, knochige Körper, dünne Taillen, hängende Schultern, über-

395 oben links *Rechts im Bild steht einer der himmlischen Wächter mit dem wilden Gesichtsausdruck. Die Statue ist 9,75 m hoch. Man findet diese Wächter in vielen buddhistischen Tempeln. Sie hatten die Aufgabe, Buddha vor bösen Geistern zu schützen. Neben dieser Statue befindet sich die des Königs der Wächter, der über einem Zwerg steht und einen Stupa in seiner rechten Hand hält. Es war ein weit verbreiteter Brauch, ähnliche Figuren als Türwächter an die Seiten der Eingangstür zu stellen.*

395 unten links *Hier ist die zentrale Buddhastatue in der Fengxian-Höhle zu sehen. Die gewaltigen Ausmaße der Statue von 17,14 m Höhe werden durch die Andeutung eines kleinen Lächelns etwas gemindert, eine Anspielung darauf, dass Buddha den Gläubigen wohlgesinnt ist. Buddha sitzt in der traditionellen Lotusblütenhaltung, die mit den Abbildungen der Bodhisattvas, wahrscheinlich Avalokitehsvara und Makasthamaprapta, harmoniert. Diese Skulpturen zählen zu den schönsten der Tangzeit.*

396–397 *Zwei riesige, himmlische Wächter bewachen den Eingang der Tempelgrotte von Fengxian.*

398 oben links *Ein Bodhisattva in der linken Wand der Fengxian-Höhle. Die 10,5 m hohe Statue zeigt den indischen Einfluss auf die buddhistische Kunst von Longmen, der sich in üppigen Gewändern und wertvollen Anhängern manifestiert. Die starre Haltung wird durch die abgewinkelte Haltung des rechten Armes und die Mudrageste gemildert.*

trieben lange Hälse und schmale Köpfe. Die Gesichter haben dünne Lippen, Augen, die nur noch schmale Schlitze sind, und hohe, geschwungene, vorstehende Augenbrauen. Die Ohrläppchen sind zum Kinn hingestreckt wie es damals Sitte war. Der Gesamteindruck der Skulpturen vermittelt den Typ der leichtgewichtigen, vergänglichen Schönheit, die einen Hauch Unschuld und kindlicher Reinheit an sich hat.

Typisch für die erste Phase ist der große Heiligenschein oder Nimbus in Form eines Blattes, das den Hintergrund des sitzenden oder stehenden Buddhas beziehungsweise Bodhisattvas gestaltet. Am häufigsten wird der historische Buddha, Shakyamuni, abgebildet, infolge der starken Ausbreitung der Lehre des Mahayana-Buddhismus, laut der jeder in den Stand eines Buddhas gelangen könne.

Dabei dienlich sind vor allem die Bodhisattvas, die auf ihrem Weg zur Erleuchtung halten, um den Sterblichen zu helfen. Tausende Botthisattvas zieren die Wände der Grotten und begleiten die Buddhas, die in verschiedenen Episoden und Szenen aus den heiligen Schriften dargestellt sind.

Die Figur des Bodhisattva Avalokiteshvara ist in Longmen häufig zu sehen. Dieser wird in einer Sonderform Guanyin, „die Töne der Welt Hörender", genannt und ist oft mit tausend Augen oder Armen dargestellt. Darüber hinaus gibt es noch viele Abbildungen des Buddha Amithaba, des Erlöserbuddhas, der in China seit dem Jahr 386 verehrt wurde. In Longmen ist dieser vornehmlich in Form des Lotus Amithaba zu finden.

In der zweiten Phase, die mit der Sui-Dynastie begann, wurde die Technik der Herstellung von Plastiken entscheidend weiterentwickelt. Jetzt kann man isoliert stehende Statuen sehen, die einen individuellen Stil haben und feiner gestaltet sind. Buddha, nackt unter einem leichten Umhang, blieb unverziert mit Ausnahme des Heiligenscheins, in den ein feines Blattmotiv gemeißelt wurde.

Die Bodhisattvas, um die ein runder Blütenkranz gelegt war, weisen Einflüsse der indischen Plastik auf. Sie sind reich verziert und tragen schweren Schmuck wie z.B. Diademe, Ketten, Anhänger, die die Geschenke reicher Gläubiger symbolisieren sollen. In der Qian Xi-Grotte ist der Buddha Amithaba mit zwei Anhängern, zwei Bodhisattvas und Wächtern abgebildet. Dahinter folgt die aus drei Grotten bestehende Pinyang-Höhle, die wahrschein-

398 unten links *Detail des Königs der himmlischen Wächter an der rechten Wand der Fengxian-Höhle. Der König ist sich seiner Funktion als Verteidiger Buddhas voll bewusst, was durch seine strengen, aber freundlichen Gesichtszüge zum Ausdruck kommt. Seinen hohen Rang drückt der Stupa in seiner rechten Hand aus.*

398 rechts *Der indische Einfluss weist auch einen Hauch griechischen Stils auf, der in dem wertvollen Diadem und der raffinierten Frisur zum Ausdruck kommt und dem Gesicht des Bodhisattva einen ruhigen Rahmen verleiht.*

399 *Das Gesicht des Helfers des Königs der himmlischen Wächter an der Wand der Fengxian-Höhle ist beeindruckend. Die Augen haben einen wilden Ausdruck. Ohne Pupillen verleihen sie dem Gesicht, das Furcht vermitteln sollte, heute auch etwas Groteskes. Unterstützt wird der Gesichtsausdruck durch die Geste der Hand, die drohend erhoben ist.*

400 oben *In der Guyang-Höhle, die unter der Herrschaft des Kaisers Xiaoming (488–528) entstand, wurden verschiedene Nischen in den Fels getrieben. Hier sind Szenen aus dem alltäglichen Leben Buddhas sowie Bodhisattvas, deren Hände in Mudrahaltung sind, abgebildet. Die Skulpturen sind der ersten Phase chinesischer Bildhauerei zuzuordnen, da sie archaisch und naiv wirken.*

400 unten links *Detail der Nordwand der Guyang-Höhle. Die Aneinanderreihung von Buddhas in verschiedenen sitzenden Positionen entlang des Deckengewölbes vermittelt eine intensiv andächtige Stimmung.*

400-401 *In diesen kleinen Nischen in der Südwand der Guyang-Höhle, die in eine architektonische Anlage aus der Han-Zeit eingebettet ist, sind Szenen aus dem täglichen Leben Buddhas zu sehen, die mit Girlanden ausgeschmückt sind. Alle Motive sind voneinander getrennt. Auf dem Deckengewölbe sind Gläubige bei der Verehrung Buddhas abgebildet.*

401 oben rechts *An der Nordwand der Lianhua-Höhle sind Buddhastatuen in verschiedenen Haltungen abgebildet. Diese Statuen werden manchmal von zwei sitzenden Bodhisattvas flankiert. Die zerstörten Gesichter der Statuen legen Zeugnis über die Feindseligkeit ab, die der Buddhismus in vielen Phasen der Geschichte in China erfuhr.*

401 unten rechts *Diese von zwei Bodhisattvas flankierte Buddhastatue steht auf einem lotusförmigen Sockel an der Südwand der zentralen Höhle der Pinyang-Gruppe. Die zentrale Buddhafigur, mit vergrößerten Händen in Mudrageste, zeigt die Synthese der fast groben Ungezwungenheit des chinesischen Longmenstils mit dem raffinierten indischen Stil.*

lich 523 fertig gestellt wurde. Hier befinden sich die bedeutendsten Skulpturen. Der Schrein ist 8 m breit und 6 m lang.

Aus der 4 m breiten Rückwand wurde die Hauptstatue Buddhas aus dem Fels gemeißelt. Mit überkreuzten Beinen sitzt er mit seinen Jüngern auf einer fast 6 m breiten Stufe, abwechselnd flankiert von zwei gewaltigen, stehenden Bodhisattvas.

An den Seitenwänden steht jeweils ein Buddha mit Bodhisattvas. Der Raum zwischen den Mandelmotiven und Heiligenscheinen ist mit betenden Figuren ausgeschmückt.

An beiden Seiten der Tür befindet sich ein fast lebensgroßes Bild des Kaisers (links) und der Kaiserin (rechts) – die Stifter des Höhlentempels –, die von Kurtisanen begleitet werden.

Die Lotus-Grotte (Lianhuadong) trägt diesen Namen wegen ihrer lotusblütenförmigen Decke.

Die Guyang-Höhle entstand 495. An den Seitenwänden, die von Nischen unterbrochen werden, kann man Szenen aus dem täglichen Leben Buddhas und der verschiedenen Bodhisattvas an ihren Handstellungen, Mudras, erkennen. Die auffälligste Statue in dieser Höhle ist die des Buddha Maitreya, die vermutlich im 17. Jahrhundert verändert worden ist, um die Gestalt des Laotse, des Begründers des Taoismus, anzunehmen.

Die Fengxian-Höhle war in den Fels getrieben worden, in dem sich einst ein hölzerner Tempel befunden hatte, von dem heute keine Spuren mehr vorhanden sind. Darin steht ein großer Buddha und an den Seiten Bodhisattvas. An den Wänden sind zwei himmlische Wächter abgebildet, die das Böse von Buddha abhalten sollten.

Die Wanfodong-Grotte wurde in der Tang-Zeit (618–907) unter Kaiserin Wu Tsetian angelegt. Sie wird auch als „Höhle der 10 000 Buddhas" bezeichnet, da unzählige Buddhastatuetten aus dem Fels gemeißelt worden sind. Auf einem lotusförmigen Sockel steht eine Statue des Amithaba, unterstützt von vier Giganten, Beschützern des Buddhismus.

AMERIKA UND OZEANIEN

Einleitung

Erst sehr spät entdeckten die Europäer Amerika. Bis vor etwa 500 Jahren wussten unsere Vorfahren weder von der Existenz dieses Kontinents noch kannten sie dort wachsende Nutzpflanzen wie Mais, Kakao, Kartoffeln und Tomaten, die später als Nahrungsmittel nach Europa importiert werden sollten. Auch heute noch sind grundlegende Fragen über die Ureinwohner Amerikas nicht restlos geklärt, obwohl seit vielen Jahren darüber Forschungen angestellt werden. Um diesen Fragen auf den Grund zu gehen, arbeiten Archäologen mit Anthropologen, Genwissenschaftler und Linguisten zusammen. Als wissenschaftlich gesichert gilt, dass die in Amerika angesiedelten Ureinwohner nicht ursprünglich auf diesem Kontinent gelebt haben, sondern ihr Ursprung in Asien lag.

Niemand kann jedoch exakt angeben, wann und wie viele Menschen einwanderten und unter welchen Bedingungen sie Asien verließen. Nach heutigen Erkenntnissen kamen die Indianer während der letzten Eiszeit über einen eisfreien Landstrich, das Beringland – die heutige Beringstraße, die Sibirien von Alaska trennt. Dieses Stückchen Land, das damals noch beide Kontinente miteinander verband, besaß eine reiche Vegetation und war von vielen Tieren bevölkert.

Die meisten Wissenschaftler halten an der Theorie fest, dass die ersten drei Immigrationswellen um das Jahr 10 000 v. Chr. stattfanden, als die Gletscher zu schmelzen begannen und das Beringland versinken ließen.

Infolgedessen begaben sich die Menschen auf die Suche nach neuem Land, in dem sie leben und jagen konnten. Sie wanderten über einen natürlichen Durchgang, der frei von Gletschern war und sich aufgrund von geologischen Veränderungen geformt hatte, bis sie die Hochebenen von Nordamerika erreichten.

Diese Theorie, die auf archäologischen und linguistischen Studien basiert, wird von anderen Wissenschaftlern jedoch nicht akzeptiert, die sehr detaillierte genetische Vergleiche der mitochondrialen DNS angestellt haben.

Diese Wissenschaftler gehen davon aus, dass die ersten Menschen sehr viel früher nach Amerika kamen, und zwar schon um 25 000 v. Chr. Erst kürzlich in Südamerika gefundene Überreste von Menschen wurden mit der C-14-Methode analysiert und diese Untersuchungen ergaben, dass die Knochen aus einer Zeit weit vor 10 000 v. Chr. stammen. Anhand dieser Forschungen kann man vermuten, dass einige Einwanderungen über den Seeweg in einer Zeit erfolgten, die sich nicht wirklich präzise bestimmen lässt.

Unsere Route durch Amerika führt zu markanten Punkten in der präkolumbianischen Geschichte und folgt den Spuren, die die bedeutendsten Kulturen auf dem amerikanischen Kontinent lange vor dem Eintreffen der Europäer hinterlassen haben. Es werden nicht nur die archäologischen Stätten, deren Architektur und die dort gefundenen Schätze beschrieben, sondern auch ihre Entdeckung durch Forschungsreisende.

Unsere Reise beginnt in Nordamerika, mit den Anasazi. Dieser Name bezeichnet eine ethnische Gruppe, deren Ursprung sehr weit zurückgeht (um 200 v. Chr.). Ihre Blütezeit lag zwischen 1100 und 1300. Die Anasazi erbauten in dieser Zeit große Dörfer, Städte und sagenhafte Paläste in der Mesa Verde und im Chaco Canyon.

Weiter südlich erreicht sie Orte, die Archäologen zum geografischen und kulturellen Gebiet von Mittelamerika zählen. Hier, in Mexiko, Guatemala, Belize und Honduras wurden zahlreiche Relikte von den Azteken und Mayas hinterlassen, aber auch von anderen Völkern, die weniger bekannt sind, und deren Geschichte heute noch viele Rätsel aufgibt. Von Monte Albán in Mittelamerika nimmt man an, dass es die älteste Ansiedlung im präkolumbianischen Mexiko ist. Teotihuacán, auf der mexikanischen Hochebene von Menschen unbekannter Herkunft erbaut, war die größte und blühendste Stadt mit einer modernen Stadtanlage. Die Azteken hielten sie für die Stadt der Götter. Und auch die heutigen Touristen sind noch immer beeindruckt von den gigantischen Pyramiden, den langen Straßen und den Palästen mit den freskenbemalten Wänden, die voller religiöser und kosmischer Symbole sind, was in der indisch-amerikanischen Welt weit verbreitet war.

Dank der den Wissenschaftlern erst kürzlich gelungenen Entzifferung der Schrift der Maya, konnten viele Rätsel gelöst werden. Tikal und Palenque, die wie viele andere Städte von der üppigen Vegetation des Urwaldes befreit wurden, gebührt eine Sonderstellung. Tikal ist wegen seiner turmförmigen Pyramiden, Hieroglypheninschriften auf Altären und Stelen mit Reliefs berühmt. Die Entzifferung dieser Schriftzeichen brachte Licht in die Geschichte und die Ereignisse der verschiedenen Dynastien in der klassischen Zeit. In Palenque wiederum fand man erst in den 1950er Jahren unter der steinernen Platte des Tempels der Inschriften das Grab des berühmten Königs Pacal, das einen wertvollen Grabschmuck enthielt.

Als die Kultur der Maya verfiel, entstanden neue Städte auf der Halbinsel Yucatán, die sich deutlich von denen der vorherigen Jahrhunderte unterschieden. Von diesen Städten ist Uxmál die berühmteste wegen ihrer edlen Friese, die die Paläste schmücken, unter denen sich besonders viele Darstellungen des Regengottes finden. Dieser Kult ist auch

402–403 *Die gewaltige „Pyramide des Wahrsagers", die die Mayastadt Uxmál beherrscht, ist eines der berühmtesten Beispiele der Mayaarchitektur. Untypisch ist der elliptische Grundriss dieses Monuments.*

402 unten *Wissenschaftler aus aller Welt studieren noch immer die Moai auf der Osterinsel. Viele der aufgeworfenen Fragen sind noch immer ungeklärt.*

402–403 Mitte *Die Friese, die man am „Tempel der Krieger" in Chichén Itzá bewundern kann, huldigen vor allem militärischen Idealen. Dies wiederum ist typisch für viele präkolumbianische Völker.*

403 unten *Die liegende Figur des Chac-Mool findet man häufig in der toltekischen Kunst, wie z.B. hier in Chichén Itzá. Auf diesen Altar wurden die noch schlagenden Herzen der Opfer zu Ehren des Gottes Quetzalcóatl gelegt.*

406–407 *Auf diesem Panoramafoto der Akropolis von Tikal erkennt man rechts den beeindruckenden Tempel.*

408–409 *Das Ballspielfeld von Chichén Itzá ist vielleicht das größte in ganz Mesoamerika.*

in Chichèn Itzá anzutreffen, das um das Jahr 600 erbaut wurde. Hier wurde die Kultur der Maya mit der Kultur der eindringenden Tolteken vermischt. Damit endet unsere Reise durch Mittelamerika.

In Peru führt unsere archäologische Reise zu einer der fundamentalen Zivilisationen, zu einer Stadt an der Nordküste, nach Chan Chan, der Hauptstadt der Chimú, deren Gebäude mit bemerkenswerten Hochreliefs verziert waren.

Chan Chan ist heute einer der bedeutendsten archäologischen Komplexe, die in Peru gefunden wurden. In Bolivien, 20 km südlich vom Titicacasee, findet man die Reste einer weiteren kultischen Stätte: Tiahuanaco, die Kultstätte, an der den Sternen gehuldigt wurde und deren Megalithe Erinnerungen an die prähistorische Kultur in Europa wachrufen. Tiahuanaco ist ein „Muss" für den Reisenden durch die präkolumbianischen Stätten der Anden.

Nur wenige Spuren der einst prächtigen Hauptstadt der Inka, Cuzco, sind heute

noch erhalten, da die spanischen Konquistadoren diese zerstörten und durch die Ermordung ihres Herrscher Atahualpa im Jahr 1533 die Unabhängigkeit der Bevölkerung der Anden beendeten. Heute stehen in Cuzco Gebäude aus der Kolonial- und Nachkolonialzeit über den Tempeln, Palästen und Häusern der ursprünglichen Bevölkerung.

Andere Städte und Bauten wie Ollantaytambo, Sacsayhuamán und Machu Picchu, deren Mauern und Treppen von einer wilden Gebirgslandschaft umgeben sind, bezeugen die Macht der Inka und ihre Fähigkeit, Bauwerke aus Stein zu errichten. Chronisten berichten, dass es einen Herrscher in Cuzco gegeben hat, Inca Topa, der selbst einige Forschungsreisen auf dem Seeweg unternahm. Mit Booten aus Balsaholz soll er bis an den Archipel von Polnesien gekommen sein.

Diese mit der Geschichte der Inka verbundene Legende wirft einige interessante Fragen über die vielen Inseln auf, die Ozeanien geformt haben. Wieder einmal gibt die Geschichte viele Rätsel auf und die Theorien der Wissenschaftler kontrastieren einmal mehr.

Auf archäologischen und anthropologischen Forschungen basierende Untersuchungen haben ergeben, dass die polynesischen Inseln seit ungefähr 4000 v. Chr. besiedelt wurden, im Zuge der letzten Einwanderungswelle aus Südostasien. Man nimmt jedoch an, dass Menschen aus diesem Raum bereits früher mit Booten, nämlich dem so genannten „Kattumaram", dem Vorläufer des Katamaran, das pazifische Festland angesteuert haben.

Einige Wissenschaftler, einschließlich des Norwegers Thor Heyerdahl, gehen anhand von botanischen und anderen Studien davon aus, dass es bereits zu dieser Zeit Kontakte zwischen Polynesien und Südamerika gegeben hat. Laut dieser Theorie durchquerten bereits die Vorfahren der Inka auf Balsaholzflößen den Pazifik und verbreiteten auf diesen Inseln Pflanzen, Religion und Kulturgut. Heyerdahls Fahrt auf der Kon-Tiki im Jahr 1947 bewies, dass es möglich war, eine solch lange Strecke wie die von der Pazifikküste Südamerikas nach Tahiti, auf einem fragilen Balsaholzboot zu segeln, das dem der antiken peruanischen Boote nachgebaut worden war.

Eines der größten Rätsel gibt uns die Osterinsel auf. Diesen Namen erhielt die 3600 km westlich von der chilenischen Festlandküste liegende Insel von dem Niederländer Jacob Roggeveen, der diese Insel am Ostersonntag des Jahres 1722 entdeckte. Später suchten auch andere Seefahrer, darunter James Cook, die Osterinsel auf. Am meisten faszinierten alle die gigantischen Statuen, die Moai, die überall verstreut herumstanden. Wer waren diese Menschen, die hier früher gelebt hatten, und warum hatten sie diese Statuen aus dem Gestein des Vulkans Rano Raraku errichtet?

Über die erste Besiedlung der Osterinsel gibt es unterschiedliche Theorien. Thor Heyerdahl beispielsweise lässt seine Theorie auf der mündlichen Überlieferung sowie ikonographischen Motiven fußen und ist überzeugt, dass die Besiedlung der Osterinsel durch Menschen aus der peruanischen Küstenregion erfolgte, möglicherweise sogar durch die Inka selbst, die den Kult des Gottes Viracocha auf die Insel brachten. Eine andere, weitgehend anerkannte Theorie besagt, dass die ersten Bewohner von Rapa Nui (so lautet der polynesische Name der Osterinsel) im 5. Jahrhundert von den Marquesasinseln kamen.

Mithilfe der Archäologie konnten einige Rätsel der versunkenen Kulturen Amerikas und Ozeaniens gelöst werden, doch es gibt noch viele offene Fragen, die zu klären sind. Dies ist einer der Gründe, warum Archäologie auch weiterhin so faszinierend bleiben wird.

Maria Longhena

AMERIKA

CHRONOLOGIE

Wahrscheinlich erste Besiedlungen Amerikas (um 25 000 v. Chr.)

Erste Ansiedlungen in Mittelamerika (2000–1500 v. Chr.)

Entstehen der Mayakultur; Mittelamerika (um 1500 v. Chr.)

Entwicklung des zeremoniellen Zentrums der Olmeken in San Lorenzo; Mittelamerika (um 1200 v. Chr.)

Entstehung erster Andenzivilisationen; Südamerika (um 1200 v. Chr.)

Zerstörung von San Lorenzo und Gründung des Zentrums La Venta; Mittelamerika (um 900 v. Chr.)

Blütezeit der Chavínkultur; Südamerika (700–300 v. Chr.)

Vermutete Gründung von Monte Albán; Mittelamerika (600 v. Chr.)

Älteste Steininschriften; Mittelamerika (um 600 v. Chr.)

Entstehen der San-Agustín-Kultur; Südamerika (um 500 v. Chr.)

Blütezeit der Olmekenkultur; Mittelamerika (um 400 v. Chr.)

Entstehen der Anasazikultur; Nordamerika (um 200 v. Chr.)

Blütezeit Teotihuacáns; Mittelamerika (um Christi Geburt–650)

Ausbreitung der Mochekultur; Südamerika (200–800)

Ältestes Datum, das man auf einer Inschrift der Maya auf einem Stein in Tikal gefunden hat (292)

Höhepunkt der Macht der Maya; Mittelamerika (um 300–900)

Blütezeit von Monte Albán; Mittelamerika (um 300–900)

Wahrscheinliche Ankunft der ersten Siedler auf der Osterinsel (um 500)

Höhepunkt der Macht von El Tajín; Mittelamerika (600–800)

Blütezeit der Tiahuanacokultur; Südamerika (um 600–1000)

Gewaltsame Zerstörung von Teotihuacán; Mittelamerika (um 650)

Blütezeit des Puucstils der Maya auf Yucatán; Mittelamerika (800–1000)

Verfall der Mayastädte in den Ebenen von Mittelamerika (um 800)

Eroberung der Mayastädte von Yucatán durch die Tolteken (um 900)

Gründung von Mitla, Kulturzentrum der Zapoteken; Mittelamerika (um 900)

Gründung des Chimúreiches; Südamerika (um 1000)

Entstehung des Inkareiches; Südamerika (um 1200)

Höhepunkt der Macht der Tairona; Südamerika (um 1200)

Entstehung der Aztekenkultur; Mittelamerika (um 1200)

Chichén Itzá in Mittelamerika wird verlassen (ca. 1200)

Die Mochekultur in Südamerika wird von der Kultur des Chimúreiches aufgesogen (um 1250)

Niedergang der Anasazikultur, verbunden mit einem Wegzug aus den Pueblos; Nordamerika (um 1300)

Gründung von Tenochtitlán, Hauptstadt des Aztekenreiches; Mittelamerika (1325)

Übernahme von Mitla durch die Mixteken (1400–1521)

Gründung von Machu Picchu; Südamerika (um 1450)

Das Chimureich unterwirft sich dem Inkareich; Südamerika (um 1470)

Christoph Kolumbus entdeckt Amerika (1492)

Hernán Cortés erobert Tenochtitlán (1519)

Ermordung Moctezumas II.; Mexiko wird vom spanischen Königreich annektiert (1527)

Die Quiché (Hochland-Maya) werden in der Schlacht von Utatlan vernichtend von den Spaniern geschlagen; Mittelamerika (1524)

Das Inkareich erreicht seine maximale Ausdehnung unter Huayna Capac; Südamerika (1493–1527)

Franzisco Pizarro kommt in Peru an (1532)

Atahualpa, Herrscher der Inka, wird auf Befehl Pizarros ermordet (29. August 1533)

Tupac Amaru I., letzter Herrscher der Inka, wird von den Spaniern gefangen genommen und hingerichtet; Ende des Widerstandes der Inka (1572)

OSTERINSEL

Chan Chan
Ollantaytambo
Machu
Picchu
Cuzco
Tiahuanaco

MESA VERDE

Die Felsenpaläste

Die Spanier nannten das Hochplateau in Südwest-Colorado „Mesa Verde", grüner Tisch. Dieses waldige Gebiet war viele Jahrhunderte lang die Heimat der Anasazi. Als Mesa Verde um 1300 verlassen wurde, geriet die Stadt nicht vollkommen in Vergessenheit, sondern lebte noch lange durch mündliche Überlieferungen in der Erinnerung der Menschen weiter.
Die Brüder Richard und Alfred Wetherhill und ihr Schwager Charlie Mason, Rinderzüchter und Landbesitzer im östlich von Mesa Verde gelegenen Tal, waren die Ersten, die diese Gegend erkundeten. Gegen Ende des Jahres 1888 entdeckten sie die Ruinen von Gebäuden und großen Siedlungen. In den darauf folgenden Jahren untersuchte der schwedische Forscher Gustav Nordenskiöld die Stätte, die die Siedler entdeckt hatten.
Am höchsten Punkt dieses Gebiets, in Wetherhill Mesa und Chapin Mesa, grub er zahlreiche Relikte von Siedlungen aus. Mesa Verde wurde im Jahr 1906 zum Nationalpark erklärt. Seit dieser Zeit wurden systematische archäologische Studien durchgeführt. Heute kann man die zum Teil restaurierten Ruinen der Anasazi besichtigen, die vom National Park Service erhalten werden. Jahrhundertelang lebten die Anasazi auf dem Coloradoplateau im Südwesten der Vereinigten Staaten. Relikte ihrer Städte und ihrer Kultur wurden überall in Mesa Verde gefunden. Die Geschichte der Anasazi wird in mehrere Stufen mit verschiedenen Phasen gegliedert. Die ältere Stufe umfasst die Phasen „Basketmaker II" und „Basketmaker III", während die jüngere Stufe, die als Ergebnis einer Einwanderung aus Mexiko betrachtet wird, die Phasen „Pueblo I–IV" beinhaltet.
Die ersten Menschen, die in dieses Gebiet kamen, waren Jäger und Viehzüchter, die ihr nomadisches Leben aufgegeben hatten, da sie einen geeigneten Platz zum Leben gefunden hatten. Nun begannen sie Mais und Kürbisse zu züchten.
Sie hatten keine Kenntnisse über die Herstellung von Töpferwaren, wussten jedoch wie man aus Pflanzenfasern Behälter herstellen konnte. Wegen dieser Fähigkeit erhielten die Menschen die Bezeichnung „Basketmakers". Ihre Hütten waren zunächst einfache Gräben, die sie in den Boden gruben und die von hölzernen Stangen, Jacals, unterstützt wurden. Schon kurze Zeit darauf entstanden kleine Dörfer, zunächst am Fuß der Felserhebungen, später jedoch auf der Hochebene in der Nähe ihrer Felder. Um 500 entwickelten die Anasazi Techniken zum Herstellen von Töpferwaren, sie begannen Pfeil und Bogen zu verwenden und Truthähne zu züchten.
An verschiedenen Stellen im Mesa Verde National Park, vor allem an der „Ruins Road" und am „Step House", kann man die Anlage dieser Häuser bewundern. Eines der am besten erhaltenen Häuser ist Nummer 17, das aus einem großen Raum mit einem zentralen Herd und einer Vorkammer für Zustieg und Ventilation bestand. Das Lehm- und Strohdach wurde von vier robusten Balken unterstützt und war durchlöchert, damit der Rauch ab-

410 unten links *Neben den Felsenwohnungen, Türmen und Kivas hinterließen die Anasazi auch viele Felsinschriften. Diese hier entstanden zwischen 900 und 1200. Dargestellt sind Tänzer und Rituale, die mit Jagd und Religion zusammenhängen.*

410 Mitte unten *An der „Ruins Road" von Mesa Verde liegen einige Dörfer mit Felsenhäusern und Kivas. Die Ausgrabungen vermitteln dem Besucher einen Eindruck der architektonischen Leistungen der Zeit zwischen 200 v. Chr. und 1300 n. Chr.*

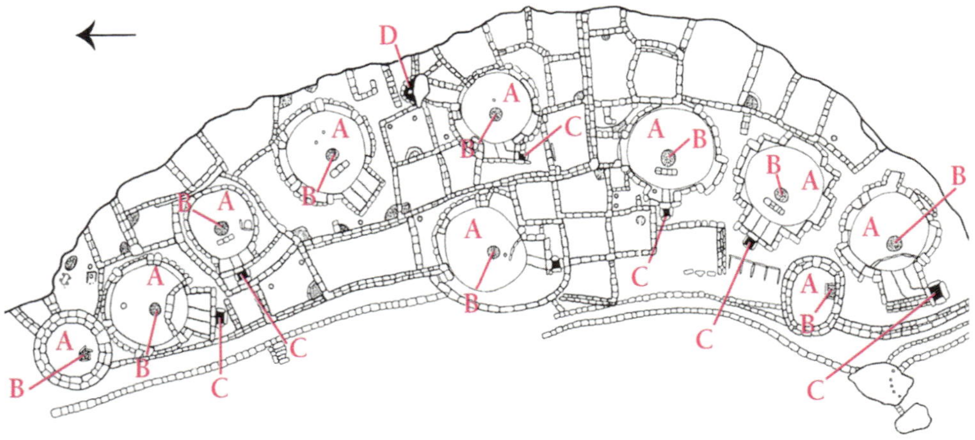

410 unten rechts *Der so genannte „Sonnentempel" mit dem eigentümlichen D-förmigen Grundriss und einer hervorragenden Mauer diente wahrscheinlich als Kultzentrum, möglicherweise jedoch auch als Grabstätte.*

410–411 *Die Farmer, die im 19. Jahrhundert die Ruinen von Mesa Verde entdeckten, waren erstaunt über das märchenhafte Aussehen der in den Fels gebauten Anlage „Cliff Palace" mit über 200 Räumen, darunter 23 Kivas.*

411 unten *Im nördlichen Teil von Chapin Mesa liegt das „Far View House", das nach 1100 erbaut worden war. Auf dem Bild ist eines der fünf großen Kivas zu sehen, die auf einer Terrasse, unterstützt von einer niedrigen Mauer, errichtet worden waren.*

A Runde Räume oder Kivas
B Feuerstellen
C Öffnungen zur Zirkulation von Luft
D Öffnung eines Tunnels

Grundriss eines Wohnkomplexes im National Park von Mesa Verda

ziehen konnte. Ab der Phase „Pueblo I", veränderten die Anasazi ihre Lebensgewohnheiten. Sie begannen Häuser zu bauen, die über dem Erdboden lagen. Diese neuen Häuser hatten einen quadratischen Grundriss und wurden ursprünglich aus getrocknetem Lehm und Stroh gebaut, später jedoch aus regelmäßig geformten, gebrannten Ziegelsteinen. Im Lauf der Zeit wurde die Anzahl der Räume erhöht, die Häuser nahmen immer komplexere Strukturen an und entwickelten sich schließlich zu Dörfern, die von den Spaniern „Pueblos" genannt wurden.

Durch den aufkommenden Handel verbesserten sich Wirtschaft und technische Fähigkeiten der Einwohner von Mesa Verde, deren ursprüngliche Lebensgrundlage der Ackerbau gewesen war. Die Herstellung von Töpferwaren erreichte ein sehr hohes Niveau.

worden. Einige Experten sind der Meinung, dass der Mummy Lake kein See im eigentlichen Sinn gewesen sei, sondern als großes Kiva für Tanz- und kulturelle Zeremonien genutzt wurde.

In vielen Fällen waren diese Kivas an eine Art Turm angeschlossen, dessen eigentliche Bedeutung man auch heute noch nicht kennt. Zu diesen Türmen zählen der „Cedar Tree Tower" und ein monumentaler Komplex mit einer doppelt umlaufenden Mauer, der vielleicht einmal als Tempel oder Mausoleum gedient haben könnte. Er wird „Sonnentempel" genannt.

Das beeindruckendste Monument von Mesa Verde ist sicherlich „Cliff Palace", ein gewaltiger Gebäudekomplex, der um das Jahr 1200 in einer Ausbuchtung eines steil abbrechenden Felsens errichtet wurde. Diese Anlage besteht aus 200 Räumen,

__412__ Auf diesem Bild ist „Cliff Palace", eines der größten Pueblos von Mesa Verde abgebildet. Die Wohnungen sind auf verschiedenen Stockwerken direkt an die Felswände gebaut. In vielen Räumen befinden sich Wandmalereien.

__412 links__ Hier ist das Felsendorf „Spruce Tree House" abgebildet. Die ideale Lage des Komplexes verschaffte den Bewohnern viel Sonne und Licht im Winter und viel Schatten während des Sommers.

Im Mesa Verde National Park sind die meisten Stätten über zwei Hochebenen verteilt, die durch zwei steile Canyons voneinander getrennt werden: Chapin Mesa und Wetherhill Mesa. Chapin Mesa war eine ländliche Gemeinde, zu der ursprünglich etwa 20 Dörfer gehörten. Die Häuser dieser Dörfer bestanden aus mehreren Stockwerken und vielen Räumen.

Trotz der Veränderung ihrer Wohnkultur gaben die Indianer ihre Erdhäuser auf der Hochebene niemals vollständig auf. Im Gegenteil, sie bauten sie zu Kivas um, runden, unter der Erde liegenden Räumen, die für Zeremonien und religiöse Feiern gedacht waren. Fünf Kivas konnten in Chapin Mesa rekonstruiert werden. Nicht weit von diesen Kivas war der künstliche Mummy Lake als Wasserreservoir angelegt

darunter 23 Kivas und konnte mehrere hundert Menschen beherbergen.

Paläste, Häuser, Türme und Kivas, die auf Felsvorsprüngen und in Felsnischen errichtet worden waren, wurden ab dem Jahr 1300 wieder verlassen. Man nimmt an, dass eine lang anhaltende Dürreperiode und eine damit einhergehende Hungersnot für den Wegzug der Bewohner verantwortlich zu machen ist.

Glaubt man den heute noch lebenden Indianern, kann man immer noch das Echo der Tänze und Gebete der Anasazi hören.

__413 oben rechts__ Diese Vase mit der wunderschönen Bemalung stammt von 1100 und legt Zeugnis über das kulturelle Erbe der Anasazi als Korbflechter ab.

__413 unten rechts__ „Spruce Tree House" entstand in der Phase „Pueblo III" und war zwischen 1200 und 1300 bewohnt. Es ist vermutlich das am besten erhaltene Dorf von Mesa Verde und besteht aus 114 Räumen und acht Kivas. Viele Dächer und Terrassen sind noch erhalten. Die Wände sind mit bemalten Stuckarbeiten dekoriert.

__414–415__ Dieses Panoramafoto zeigt das Felsendorf von Mesa Verde.

TEOTIHUACÁN

Großstadt zu Ehren der Götter

416–417 Mit diesem Bild gewinnt man einen Überblick über die riesige, dicht bevölkerte Stadt Teotihuacán, die die Hochebene von Mexiko und die benachbarten Gebiete beherrschte. Man weiß bis heute nicht, welche Menschen die Stadt erbauten und wie sich diese Kultur entwickelte. Beeindruckende Gebäude, Paläste und Plattformen liegen flankierend an der Hauptstraße der Stadt, die man auch „Straße der Toten" nennt.

416 Die „Mondpyramide" befindet sich am Nordende der „Straße der Toten". Davor liegt der „Mondplatz". Diese Namen haben die Azteken den Gebäuden gegeben. Man weiß jedoch nicht, welchen Göttern die Einwohner von Teotihuacán diese Tempel geweiht hatten.

Nachdem die europäischen Eroberer im 16. Jahrhundert die Kontrolle über das Aztekenreich und damit auch über seine die Hauptstadt Tenochtitlán übernommen hatten, lernten sie die mysteriöse antike Stadt kennen, die die Einheimischen Teotihuacán nannten, was soviel wie „Stadt, die die Wahl der Götter ist" bedeutet. Zunächst besuchten einige spanische Forscher die Ruinen der Stadt, die gegen 750 verlassen worden war.

Die Azteken selbst hielten Teotihuacán für eine mythische Stelle, die in Verbindung zu alten Kulten stand. Pater Bernardino Shagún schreibt in seiner Chronik, dass nach der Zeitrechnung der Menschen auf der mexikanischen Hochebene, die fünfte Ära in Teotihuacán angebrochen sei und dass aus diesem Grund viele Menschen die Pyramiden besichtigten, die der Sonne und dem Mond geweiht waren, und dass sie an Zeremonien und Opferhandlungen teilnahmen. Später besuchten auch andere Chronisten die antike Stadt.

Die ersten Ausgrabungen nahm der mexikanische Wissenschaftler Carlos Siguenza y Góngora im Jahr 1617 vor. 1865 führte Don Antonio Garcia Cubas die ersten

topographischen Vermessungen des Gebiets von Teotihuacán durch, und gegen Ende des 19. Jahrhunderts verfasste der Archäologe Eduard Seler eine eingehende Studie über Kunst und Architektur dieser Stadt.

Seit 1917 finden systematische Ausgrabungen in Teotihuacán statt, die Gebäude von einer enormen architektonischen Vielfalt ans Licht brachten, jedoch die fundamentalen Rätsel nicht lösen konnten. Bis heute weiß man nicht, wie die Menschen hießen, die diese Stadt errichteten, zu wessen Ehre die Pyramiden erbaut wurden und welches gesellschaftliche System die Grundlage für die Entwicklung vom kleinen zeremoniellen Zentrum zur Großstadt war, die jahrhundertelang

417 oben *Auf diesem Bild ist eine typische, pyramidenförmige Anlage in Teotihuacán zu sehen. Die Technik, in der diese Bauten errichtet wurden nennt man Talud-Tablero. Dabei hat jede Stufe eine Stufenebene, die schräg abfällt (Talud) und darüber eine vertikale Wand (Tablero). So entstand ein funktionales, aber gleichzeitig auch dekoratives Bauwerk.*

417 Mitte *Der Tempel des Quetzalcóatl, der älteste Tempel in Mittelamerika, war ein kultischer Ort, der der Federschlange geweiht war. Quetzalcóatl wurde nach dem Fall von Teotihuacán, gegen Ende der Klassischen Zeit, von den Tolteken verehrt.*

über andere Ansiedlungen auf der mexikanischen Hochebene herrschte und einen weit reichenden Einfluss auf die Kulturen in Mittelamerika hatte.

Die ältesten archäologischen Funde in Teotihuacán datieren aus der Zeit um das Jahr 500 v. Chr. und dokumentieren die Existenz eines einfachen Handelszentrums und eines Dorfes, das in extrem günstiger geografischer Position lag. Das Tal, das von Gebirgsketten und weiten Ebenen eingerahmt wird, ist sehr fruchtbar,hat einen hohen Tierbestand und verfügt über zahlreiche Seen und Wasserwege. Neben dem Haupttempel von Teotihuacán, dem Sonnentempel, wurde eine unterirdische Quelle entdeckt.

417 unten *Zu den interessantesten Kunstgegenständen in Teotihuacán gehören steinerne Totenmasken. Augen und Zähne wurden aus Knochen angefertigt und lassen die Maske realistisch erscheinen.*

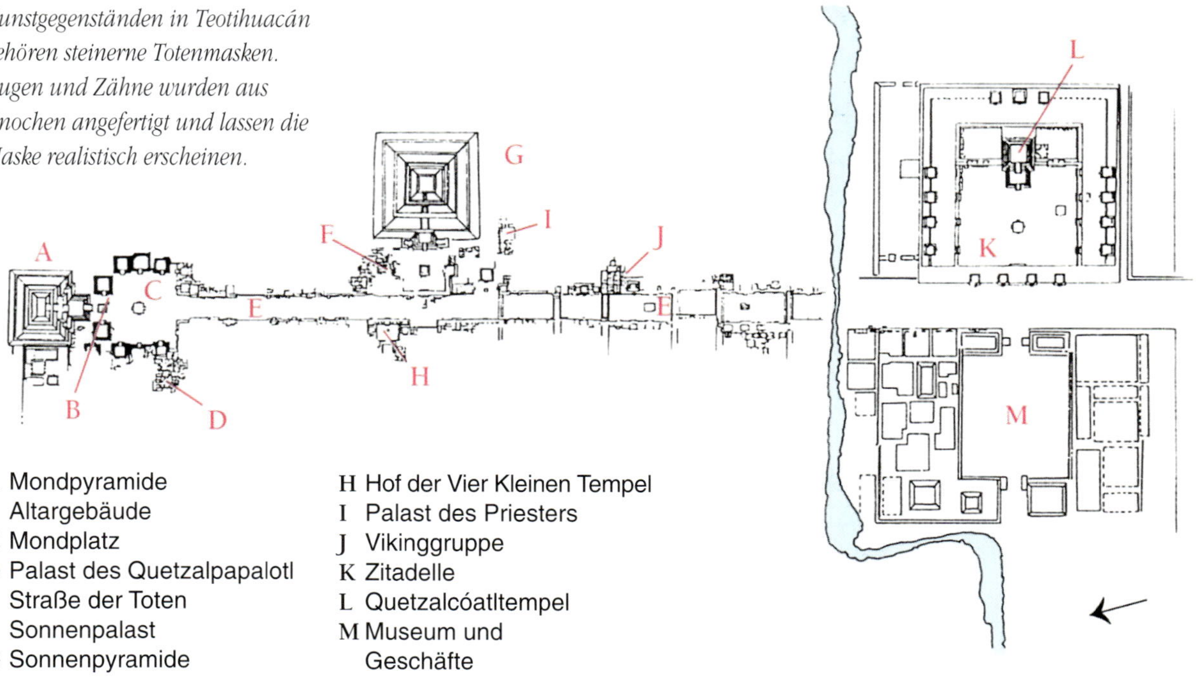

A Mondpyramide
B Altargebäude
C Mondplatz
D Palast des Quetzalpapalotl
E Straße der Toten
F Sonnenpalast
G Sonnenpyramide
H Hof der Vier Kleinen Tempel
I Palast des Priesters
J Vikinggruppe
K Zitadelle
L Quetzalcóatltempel
M Museum und Geschäfte

418 oben links *Innenhof eines der bemerkenswertesten Gebäude von Teotihuacán, des Palastes des Quetzalpapalotl. Der Name bedeutet wörtlich „Quetzal-Schmetterling“ und bezieht sich auf einen Gott, dessen Bildnis man auf Flachreliefs an den Pfeilern des Hofes erkennen kann.*

418 unten links *An den massiven quaderförmigen Pfeilern, die die zentrale Säulenhalle stützen, kann man noch Reste der originalen Bemalung erkennen. Die Flachreliefs auf den Steinplatten, die die Säulen abdecken, enthalten geometrische Muster, die mit dem mysteriösen Gott Quetzalpapalotl in Verbindung gebracht werden.*

Dies ließ einen Kult zu Ehren von Wasser und Höhlen aufkommen, der mehrere Jahrhunderte zelebriert wurde. Um das Jahr 100 v. Chr. zerstörte ein gewaltiger Vulkanausbruch das Dorf Cuicuilco, das einige hundert Kilometer entfernt lag. Man nimmt an, dass die Überlebenden in Teotihuacán Zuflucht suchten. Dieser neue ethnische und kulturelle Einfluss versetzte dem kleinen ländlichen Zentrum entscheidende Impulse und bewirkte das Anwachsen zur Stadt. Ab 100 v. Chr. wurden zahlreiche Monumente errichtet und Teotihuacán übernahm eine wichtige Stellung auf der mexikanischen Hochebene und in den umliegenden Gebieten.

Besucher, die heute die Ausgrabungen besichtigen, die 540 km nördlich von Mexiko Stadt liegen, sind beeindruckt von der Größe umd dem imposanten urbanen Gebiet, das Teotihuacán den Titel „Stadt der Götter“ eingebracht hat.

Die heute zu besichtigende Anlage erhielt ihr Aussehen zwischen 22 und 650, den Jahrhunderten, in denen sie eine großartige Blütezeit erlebte. Zu diesem Zeitpunkt erreichte die Stadt eine Ausdehnung von 22 km² und hatte 125 000 Einwohner. Anhand der beeindruckenden Steinmonumente und der terrassenförmigen Plattformen, auf denen einst Tempel standen, kann man erkennen wie man in Teotihuacán versuchte, den Bedürfnissen der herrschenden Klasse, aber auch denen der einfachen Bürger zu entsprechen, indem man religiöse Gebäude Seite an Seite mit Gebäuden für staatliche und private Zwecke errichtete.

Die Stadt wurde in vier quadratisch angelegte Bezirke unterteilt, durch die zwei Hauptstraßen führten. Eine dieser Straßen, die „Straße der Toten“, verlief von Norden nach Süden. Sie begann an der Mondpyramide und führte an der Sonnenpyramide und der QuetzalcóatlPyramide vorbei. Die Straße der Toten wird von der Ost-West-Achse gekreuzt, an der die Zitadelle liegt. Zu dieser gehören einige interessante Bauten, von denen besonders der Quetzalcóatltempel zu erwähnen ist.

Ein rechtwinklig angelegtes Straßen- und Alleennetz unterteilt die Stadt in Bezirke, in denen ursprünglich Gebäude standen, die mehrere Stockwerke hoch waren. Die Einwohner hatten, dank eines effizienten Wasserleitungssystems, fließendes Wasser.

Die Außenwände des Quetzalcóatltempels sind mit Skulpturen geschmückt; hierbei wechseln sich monströse Kreaturen wie beispielsweise Federschlangen mit Tlaloc-Masken mit einer langen, rüsselähnlichen Nase, Symbol des Wasser- und Fruchtbarkeitsgottes, ab. Die Ab-

418 oben rechts *Eine weitere steinerne Totenmaske aus Teotihuacán. Die Gesichtszüge ähneln interessanterweise denen der olmekischen Masken. Die Masken wurden auf das Gesicht einer hoch gestellten Person gelegt, um sie auf ihrer letzten Reise zu schützen.*

418 unten rechts *An diesem Detail einer dekorativen Platte, die sich im Hof des Quetzalpapalotlpalastes befindet, erkennt man das bizarre Aussehen des in Teotihuacán verehrten Gottes. Darüber hinaus wurden noch andere mythologische Figuren an den Wänden entdeckt, die mit einem Meer- und Fruchtbarkeitskult in Verbindung gebracht werden.*

419 *Ein weiteres Detail vom Palast des Quetzalpapaloti. Hier ist eine der Almenas, eine Art Zinne zu sehen, die auf den Mauern angebracht waren und in die das Symbol für das Kalenderjahr eingemeißelt war.*

420 oben *Das gewaltige Profil der Sonnenpyramide. Sie ist – vom Volumen ausgehend – die zweitgrößte Pyramide in Mittelamerika, nach der in Cholula. Die Pyramide wurde an der Stelle eines älteren Heiligtums errichtet, das dem Kult des Quellwassers geweiht war.*

420 Mitte *Diese katzenköpfigen Federschlangen aus Stein befinden sich entlang der zentralen Treppe zur Spitze des Tempels des Quetzalcóatl. Sie gelten als Symbole des Regengottes.*

bildung der Federschlangen vermittelt eine Vorstellung vom Alter des Kultes des Quetzalcóatl, den die Tolteken später übernahmen und in ihren Helden Ce Acatl Topilzin integrierten. Die Abbildung Tlalocs ruft Erinnerungen an die Ursprünge der ersten Heiligtümer wach, die in der Nähe von Grotten und unterirdischen Quellen errichtet worden waren. Die Bedeutung der Gottheiten wird beispielsweise durch Wandgemälde unterstrichen. Auf einem ist Tlaloc in einer Art Wasserparadies zu sehen, in das nur privilegierte Tote geangen konnten.
Weitere bedeutende Gebäude in der Stadt Teotihuacán sind der Tempel des Ackerbaus und der Quetzalpapalotlpalast. Letzterer liegt ganz in der Nähe des Mondplatzes und hat verschiedene Stockwerke, die im Lauf der Jahrhunderte Etage für Etage angebaut wurden. Das jüngste, zu diesem Komplex gehörende Gebäude hat einen weitläufigen Innenhof, den eine Säulenhalle umschließt. Die Säulen haben einen quadratischen Grundriss und sind mit Platten abgedeckt, die mit Flachreliefs verziert sind. Auf einem dieser Reliefs ist das Bild des Gottes Quetzalpapaloll dargestellt.
Die neben die Fresken gemalten Symbole in Teotihuacán konnten jedoch bisher noch nicht entziffert werden. Anhand der Bilder, der Anlage der Stadt und des architektonischen Stils kann man jedoch Rückschlüsse auf die gesellschaftliche Struktur und das religiöse Leben der Einwohner von Teotihuacán ziehen.
Die Bevölkerung war vermutlich streng hierarchisch gegliedert. Es gab eine bäuerliche Klasse, die für die Bewirtschaftung des fruchtbaren Landes um die Stadt zuständig war, sowie eine Klasse der Handwerker, die einen hohen technischen Stand erreicht hatten. Außerdem gab es Kaufleute, die die in der Stadt erstellten Produkte in das Umland und in entfernter gelegene Gebiete exportierten.
Die Raffinesse der Fresken- und Stuckarbeiten, die ursprünglich alle Gebäude der Stadt schmückten, die Keramiken, Jadearbeiten, Alabastermasken und der Schmuck bezeugen Pracht und Extravaganz der Kultur in Teotihuacán.

420 unten Der Quetzalpapalotl-palast liegt im Nordwesten der Stadt, in der Nähe der Mondpyramide. Mit dem Puucstil in der Spätklassik wurden wieder zunehmend Säulenhallen gebaut – wie hier im Bild zu sehen ist.

420–421 und 422–423 *An der Straße der Toten liegt die Sonnenpyramide, eines der größten Monumente im präkolumbianischen Mittelamerika. Unter den Fundamenten dieses Tempels wurde eine Wasser führende Schicht gefunden, die Ursache für einen sehr alten Kult war. Die Sonnenpyramide hat heute eine Höhe von 65 m, war jedoch früher noch höher, da auf der Pyramide ein heute verschwundenes Heiligtum stand.*

421 unten *Der Kopf der Federschlange ragt aus der Mauer des Quetzalcóatltempels. Er scheint aus einer elfblättrigen Blüte herauszuspringen. Die mit Obsidian besetzten Augen verleihen ihm einen bedrohlichen Ausdruck.*

Wissenschaftler gehen davon aus, dass sich über die Jahrhunderte in Teotihuacán eine herrschende Klasse formte, die aus Mitgliedern des Klerus, der Armee, Verwaltungsbeamten und Repräsentanten der mächtigen Handelsklasse bestand. Es ist sehr wahrscheinlich, dass diese Herrscher im Lauf der Zeit verschiedene Rollen übernahmen und dass jedes Mitglied der herrschenden Klasse einmal Priester, Kaufmann und Offizier war.
Um 650 wurde Teotihuacán teilweise zerstört. Feuer, Verwüstung und Abwanderungen konnten von Archäologen nachgewiesen werden und werden auf einen Bürgerkrieg oder noch wahrscheinlicher auf eine Invasion aus dem Norden zurückgeführt. Es gibt aber keine letzte Antwort, wie das Ende Teotihuacáns aussah. Um 750 war die Stadt vollkommen verlassen.

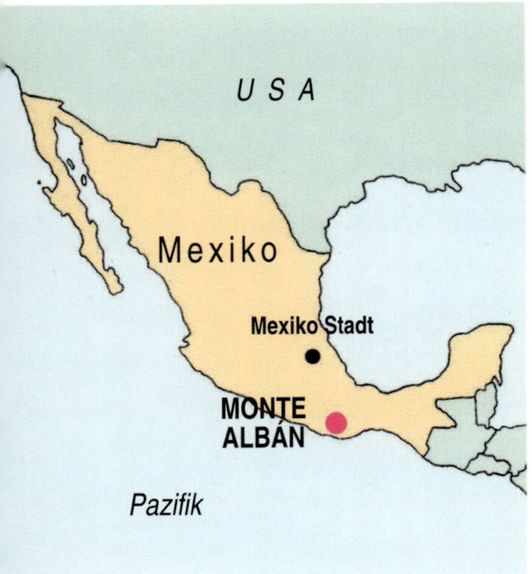

MONTE ALBÁN

Hauptstadt der Zapoteken

425 oben links *Dieses tönerne Objekt ist eine Urne und wurde in einem Grab bei Monte Albán gefunden. Die bunt bemalte Figur stellt einen zapotekischen Gott dar. Die Urnen enthielten keine Asche des Verstorbenen und dienten vermutlich als Behälter für Opfergaben (Speisen und Getränke) oder als Räuchergefäße.*

425 oben rechts *Dieses massige Gebäude bezeugt das städtische Aussehen Monte Albáns, von dem man annimmt, dass es die älteste mittelamerikanische Stadt ist. Monte Albán wurde im 1. Jahrtausend v. Chr. gegründet und war bis 700 kulturelles, politisches und religiöses Zentrum der Zapoteken.*

424–425 *Auf diesem Bild ist das Observatorium von Monte Albán zu sehen, das eine äußerst charakteristische Form hat. So weit man heute weiß, waren die Zapoteken das erste Volk, das Himmelskörper beobachtete und den Gebrauch des Kalenders in Mittelamerika einführte.*

424 *Die Nordplattform grenzt im Norden an den Zentralplatz an. Dieser Komplex ist eine riesige abgestufte Plattform, auf der einige Tempel stehen.*

A Nordplattform
B Gebäude B
C Ballspielplatz
D Komplex IV
E Östliche Plattform
F Gebäude P
G Gebäude G
H Zentrale Pyramide
I Gebäude I
J Gebäude der Tänzer
K Palast
L Observatorium
M Gebäude Q
N Komplex M
O Südplattform

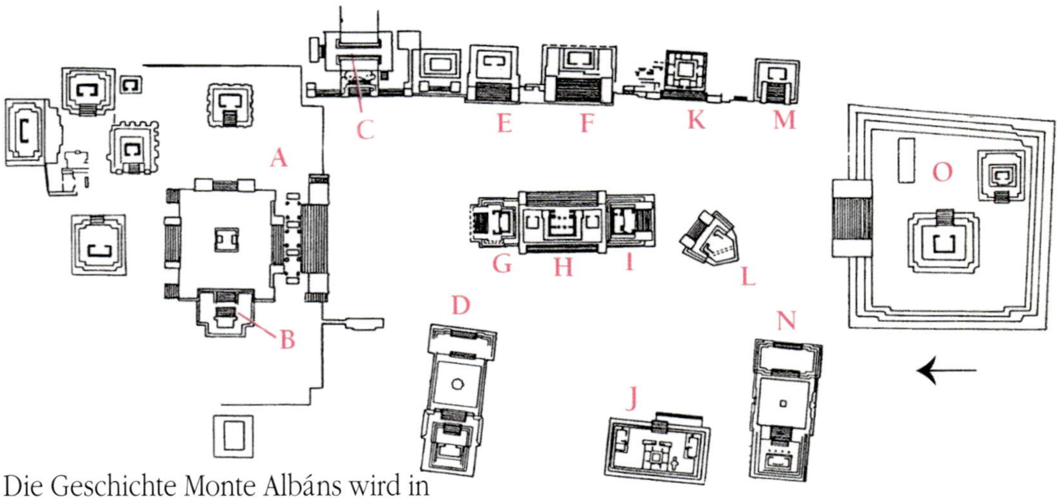

In der Nähe von Oaxaca, Mexiko, liegen die interessanten Relikte des kultischen Zentrums Monte Albán, das um das Jahr 700 v. Chr. entstand und sich im Lauf der Jahrhunderte zu einer Stadt entwickelte. Dieser Ort gibt uns heute noch Rätsel auf. Sicher ist lediglich, dass Monte Albán eine der ältesten städtischen Siedlungen in Mittelamerika ist.
Die Stadt war bis ins Jahr 700 Hauptstadt der Zapoteken. Man nimmt an, dass die Einwohner von Oaxaca, die Zapoteken, während der mittleren vorklassischen Epoche ein zeremonielles Zentrum gründeten, das stark von der Kultur der Olmeken beeinflusst war, was man an den Figuren der Flachreliefs erkennen kann. In Monte Albán wurden graphische Symbole gefunden, die man für die ältesten Schriftzeugnisse in Mittelamerika hält. Sie stammen aus der Zeit um 500–200 v. Chr. Nur einige dieser Schriftzeichen – Zahlen und Zeichen, die mit dem Kalender in Verbindung stehen – konnten bis heute entziffert werden.
Diese Zeichen wurden später auch von den Maya verwendet, von denen man annimmt, dass sie die eigentlichen Erben der Kultur der Zapoteken sind. Der Komplex von Monte Albán liegt auf einer künstlichen Terrasse im Oaxaca-Tal, 1850 m über dem Meeresspiegel.

Die Geschichte Monte Albáns wird in fünf Phasen unterteilt. Die heute sichtbare Anlage der Stadt stammt aus der klassischen Zeit (300–900) als Stadt und Kultur der Zapoteken ihren Höhepunkt erreichten. Einige pyramidenförmige Plattformen wurden gebaut, die die Tempelanlagen (die heute verschwunden sind) unterstützen sollten. Darüber hinaus entstanden Privathäuser, Höfe, Paläste und der Ballspielplatz, die um einen großen, rechteckigen Hof angelegt wurden, der in Nord-Süd-Richtung ausgerichtet war. Diese Gebäude stellten das Zentrum von Monte Albán

425 unten rechts *Der Ballspielplatz von Monte Albán: Solche Plätze fand man auch in allen anderen Städten Mittelamerikas aus präkolumbianischer Zeit. Hier wurde ein rituelles Spiel ausgetragen, das wahrscheinlich ursprünglich bei den Olmeken und später intensiv bei den Maya in Veracruz gespielt wurde. Bei den Azteken spielte man dieses noch während der Zeit der Eroberung durch die Spanier.*

426 oben Diese sitzende Figur mit überkreuzten Beinen und Armen, in feierlicher Pose, mit Ohrschmuck und aufwändiger Frisur ist eine Urne.

426 Mitte Dieser Monolith steht auf der gewaltigen Plattform von Komplex IV. Darauf sind in Flachrelieftechnik Bilder und graphische Symbole abgebildet.

dar, das von den eleganten Anlagen der südlichen und nördlichen Akropolis begrenzt wird. Obwohl die Stadtanlage von Monte Albán sich in mehreren Phasen entwickelte, wirkt der Gesamteindruck doch harmonisch und gut proportioniert. Die pyramidenförmigen Anlagen aus der klassischen Zeit lassen den Einfluss Teotihuacáns beispielsweise in der Verwendung des Talud-Tablero-Stils erkennen.

Einige Gebäude haben eigenwillige Anlagen und wurden dadurch zum Symbol der Kultur und Architektur Oaxacas. Zu diesen Gebäuden gehörten beispielsweise Gebäude J und das Gebäude der Tänzer. Gebäude J liegt südlich des großen Platzes und hat eine ungewöhnliche Pfeilform und einen fünfeckigen Grundriss.

Einige Experten sind der Ansicht, dass es sich hierbei um eine Art Kalender des Sonnenjahres handelt. Eigenartigkeit und Ausrichtung des Gebäudes veranlassten viele Wissenschaftler anzunehmen, dass es sich hierbei um das älteste mittelamerikanische Observatorium handelt. Vermessungen haben bestätigt, dass eines der Fenster des Gebäudes so ausgerichtet ist, dass man durch dieses die Bewegung eines speziellen Sterns verfolgen konnte, der Capella im Sternbild Auriga.

Die Außenwände des Gebäudes sind mit Flachrelieffiguren und graphischen Symbolen dekoriert. Man geht davon aus, dass dieses Gebäude darüber hinaus dazu diente, die Macht der herrschenden Schicht oder die Auflistung von Eroberungen darzustellen.

Südwestlich des Zentralplatzes liegt das Gebäude der Tänzer, eine der ältesten Anlagen im zeremoniellen Zentrum. Die Südostfassade der Plattform ist mit großen Platten bedeckt, die mit Flachreliefs verziert sind, auf denen 140 Männer dargestellt sind. Alle Figuren sind nackt und in eigenartig verdrehten Positionen abgebildet. Es kann sich bei diesen Männern um rituelle Opfer oder um Tote handeln, da sie geköpft, mit verdrehten Gliedmaßen und mit geschlossenen Augen dargestellt sind. Diese Theorie wird dadurch untermauert, dass der verdrehte Körperteil durch das Symbol für Blut ersetzt wurde, die

426 unten Komplex IV ist eine der Tempelgruppierungen, die zum Zentralplatz von Monte Albán hin ausgerichtet sind. Ursprünglich befanden sich Heiligtümer an den terrassenförmig angelegten Plattformen.

426–427 Zwei der bedeutendsten Bauten im Zeremonialbereich, der westlich des Zentralplatzes liegt: im Vordergrund Komplex IV, im Hintergrund das Gebäude der Tänzer, eines der ältesten Gebäude Monte Albáns.

427 oben und Mitte Das Gebäude der Tänzer erhielt seinen Namen wegen der Friese an der Südostfassade. Die auf dem Foto abgebildeten Figuren sind Männer, deren Posen denen von Tänzern ähneln. Doch die geschlossenen Augen, die schmerzverzerrten Gesichter und das Symbol für Blut deutet darauf hin, dass diese Figuren nicht Tänzer, sondern rituelle Opfer darstellen.

427 unten Dieses Foto zeigt Komplex IV.

Substanz, die das wertvollste Geschenk an die Götter und die Nahrung der Erde in Mittelamerika symbolisierte.
Die Abbildungen der „Tänzer“, vor allem der Gesichter, stellen eine starke Anlehnung an die Kunst der Olmeken dar. Neben diesen Flachreliefs befinden sich Inschriften, die die Bedeutung des Geschehens erklären und Namen und Datum angeben.
Neben den Bauten des alltäglichen und religiösen Lebens wurden in Monte Albán Gräber gefunden, die die Bedeutung des Totenkults noch mehr als in anderen Teilen Mittelamerikas unterstreichen. Die

428 oben links *Diese Flachrelief-stele steht in der Nähe der großen Treppe im Norden Monte Albáns. Die Figur trägt Symbole, die sie als Mitglied der herrschenden Klasse, als Würdenträger, Priester oder Kriegerkönig ausweisen.*

Gräber stammen aus unterschiedlichen Zeiten und wurden entweder aus einem Hügel gegraben oder unter Tempeln und Häusern angelegt. Die spektakulärsten Gräber stammen aus der klassischen Zeit. Sie bestehen aus mehreren Kammern, über denen sich falsche Gewölbe erheben, und einigen Nischen für Votivgaben. Interessant sind teilweise auch die vielfarbigen Wandfresken, auf denen mythologische Szenen zu sehen sind, die stark an die in Teotihuacán erinnern. Diese Malereien ermöglichen einen Einblick in die Religion der Zapoteken, da man Bilder

__428 oben rechts__ Die Nordplattform befindet sich im äußersten Norden des Zentralplatzes von Monte Albán. Hier kann man deutlich die Einflüsse von Teotihuacán erkennen, die sich z.B. im Talud-Tablero-Stil manifestieren.

__428 Mitte__ Die pyramidenförmigen Plattformen haben eine stufige Anlage und einen monumentalen, nach oben führenden Treppenaufgang. Auf der Plattform erhob sich früher ein Tempel.

__428 unten__ Auf der Nordplattform stehen Relikte von Gebäuden, deren Funktion unbekannt ist. Möglicherweise waren dies tragende Säulen für den ehemals vorhandenen Tempel.

__428–429__ Blick auf die nördliche Akropolis. Diese war eine Art halbunterirdischer Hof, der in der Nähe einiger Grabhügel lag. Kurze Treppen führten zu dem Hof, dem möglicherweise auch eine zeremonielle Funktion zukam.

bestimmten Göttern zuordnen konnte, die auch bei anderen mittelamerikanischen Völkern verehrt wurden. Zu diesen Göttern zählen beispielsweise der Regen- und Fruchtbarkeitsgott Cocijo, der Gott des Getreides und der Gott des Windes, der später auch immer wieder als Federschlange dargestellt wurde.

Um das Jahr 1200 übernahmen die Mixteken durch militärische Gewalt und Heiratsallianzen das Zentrum der Zapoteken. Sie verlegten die Hauptstadt nach Mitla, Monte Albán wurde jedoch nicht vollkommen verlassen. Man verwendete die Gräber weiterhin, und die antike Stadt wurde zu einem gewaltigen Friedhof. Herrscher und Würdenträger der Zapoteken wurden durch die herrschende Schicht der Mixteken ersetzt.

Die Grabbeigaben der Mixteken in nachklassischer Zeit sind wesentlich üppiger als die der Zapoteken. Jetzt legte man auch Gold, Silber, türkisfarbene Masken und Schmuck in die Gräber. Die Bearbeitung von Edelmetallen war in vorklassischer Zeit in Mittelamerika unbekannt und wurde erst durch die Mixteken als ein Resultat des Handels mit Panama und Costa Rica, möglicherweise sogar mit Ecuador eingeführt.

Auch heute gibt es noch viele Dinge, die es zu erforschen gilt, obwohl Wissenschaftler bereits die wichtigsten Grundlagen dieser Zivilisation vermitteln konnten, die zwischen den Jahren 700 v. Chr. und 900 n. Chr. so bemerkenswerte Bauten in Monte Albán errichtete.

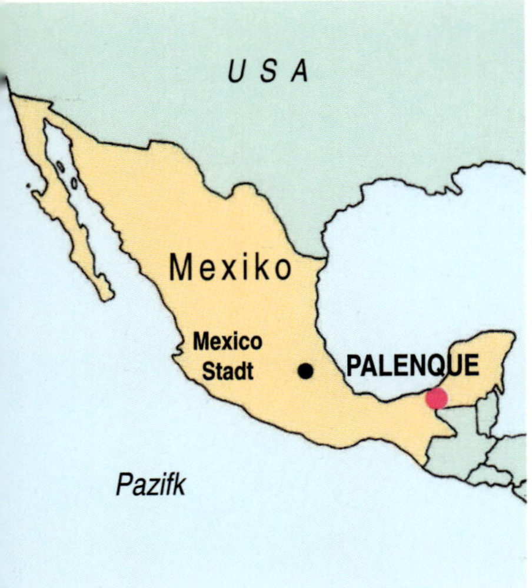

PALENQUE

Ein Meisterstück der Mayakultur

A Nordtempel
B Tempel des Grafen
C Ballspielplatz
D Großer Tempel
E Palast
F Tempel der Inschriften
G Tempel des Kreuzes
H Tempel der Sonne
I Tempel des Blätterkreuzes

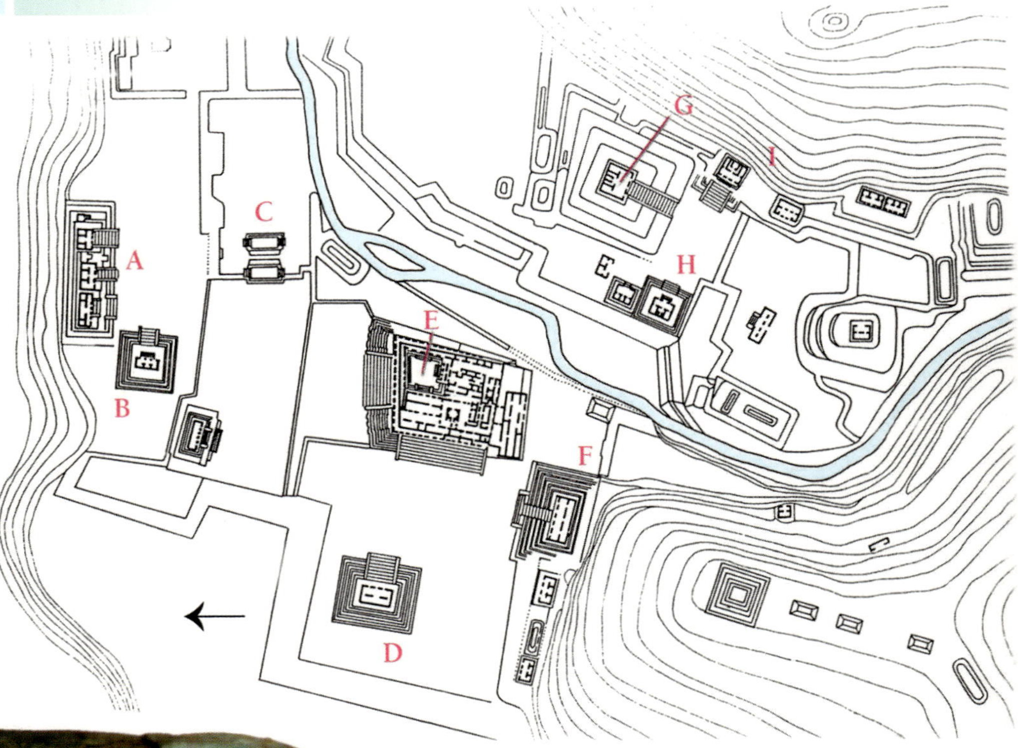

Palenque liegt am Fuß des Hochlandes von Chiapas, 50 km südlich des Tals von Usumacinta, und ist eine der bekanntesten Ruinenstätten der Maya. Nur der zentrale Teil von Palenque konnte bislang untersucht und von den Fängen des tropischen Urwaldes befreit werden. Im Vergleich zu anderen Städten der klassischen Epoche wurde Palenque schon relativ früh entdeckt. Im Jahr 1746 wurde der spanische Priester Padre Solis vom darmaligen Bischof in die ländliche Siedlung Santo Domingo de Palenque in Chiapas gesandt. Als er das Gebiet schließlich erreichte, traf er auf merkwürdige „Steinbauten", von deren Existenz bislang niemand wusste.

Die Nachricht von diesem unerwarteten Fund breitete sich schnell aus und infolgedessen begann eine Heerschar Reisender, Abenteurer und Politiker diesen Fund genauer zu untersuchen. Im Jahr 1785 sandte Don José Estacheria, der Gouverneur von Chiapas, zunächst Landvermesser an diese Stelle, die den Umfang der Gesamtanlage untersuchen sollten. Anschließend beauftragte er den italienischen Architekten Antonio Bernasconi, die Bauten zu zeichnen und deren Maße

430 *König Pacal, der von 615–683 über Palenque regierte, wurde in einem prächtigen Sarkophag beigesetzt, der in der Krypta des Inschriftentempels verborgen war. Diese wundervolle Jademaske mit Perlmutt- und Obsidianaugen wurde über das Gesicht des Toten gelegt und war Teil eines Grabschatzes, der Pacal die Reise ins Jenseits angenehmer gestalten sollte.*

430–431 *Auf dieser Luftaufnahme ist der Große Palast zu sehen. Rechts im Bild liegt der Tempel der Inschriften, im Hintergrund sind der Tempel des Kreuzes, der Tempel der Sonne und der Tempel des Blätterkreuzes zu sehen.*

431 oben links *Hier sind drei Gebäude abgebildet, denen eine wichtige zeremonielle Bedeutung in Palenque zukam: links der Tempel des Kreuzes, rechts der Tempel der Sonne und im Hintergrund der Tempel des Blätterkreuzes.*

431 oben rechts *Der Tempel des Kreuzes vom Turm des Großen Palastes ausgesehen. An dem von einem Kamm gekrönten Tempel befindet sich ein Flachrelief mit einem Kreuz, dem Symbol der Sonne.*

432-433 *Im Vordergrund erkennt man den Tempel des Grafen, im Hintergrund den Palast (links) und den Inschriftentempel.*

434 oben *Detail aus dem Komplex des Großen Palastes. Bis heute weiß man nicht, welche Funktion dieses Gebäude ursprünglich erfüllte. Dieser Komplex ist um einen Innenhof angelegt, den man über vier kurze Treppen erreicht.*

abzuschätzen. Bernasconi fand heraus, dass diese antike Stätte weder durch einen Großbrand noch durch ein Erdbeben zerstört, sondern von den Einwohnern verlassen und später vom Urwald überwuchert worden war. Im Jahr 1786 beauftragte der spanische König Karl III. den jungen Söldner Antonio del Rio, die mysteriösen Ruinen im Urwald von Chiapas zu untersuchen. Diese Expedition wird als Beginn der archäologischen Erforschung der präkolumbianischen Welt gesehen.
Später sandte der spanische Thronfolger Karl IV. Colonel Dupaix und den Mexikaner Luciano Castaneda nach Palenque, um weitere Forschungen anzustellen. Diese beiden zeichneten 1805 und 1806 die Hauptgebäude des Komplexes, die später in Paris unter dem Titel „Antiquiteés Américaines" veröffentlicht wurden. Auch in den USA und in Europa wurde durch die Reiseberichte von Count, Waldeck, Stephens und Catherwood das Interesse an den Ruinen von Palenque geweckt.

Palenque ist vor allem wegen seiner Inschriften berühmt, die erst kürzlich entziffert werden konnten. Sie lieferten umfangreiche Informationen über die Geschichte der Maya und deren Herrscher. Palenque war seit etwa 400 v. Chr. bewohnt. Die Maya besiedelten es um 300–830, und die Blütezeit der Stadt lag zwischen 600 und 750. Während dieser Zeit wurden die meisten bedeutenden Gebäude errichtet und es entstanden die historisch wertvollen Texte, die erläutern, wer wann in Palenque geherrscht hat.
Wer Palenque heute besucht, kommt in der Regel über eine Straße in den Nordteil der Stadt und von dort auf den zentralen Platz, der Mittelpunkt des kultischen Lebens war. Im Osten steht dominierend der Große Palast, ein riesiger Gebäudekomplex.
Man vermutet, dass diese Gebäude vom Regenten bewohnt wurden. Der Palast ruht auf einer mächtigen Plattform (85 m lang und 60 m breit) und besteht aus Säulengalerien, die um die drei großen Innenhöfe errichtet worden sind. An den rechteckigen Säulen und am Dachkamm kann man Relikte der ursprünglichen Flachreliefdekoration erkennen, die von bunten Stuckreliefs überdeckt waren. Dominierend erhebt sich über dem gesamten Komplex ein dreigeschossiger Turm, bei dem es sich vermutlich um eine Sternwarte handelte.
Südlich des Palastkomplexes, am Fuß eines Hügels liegt mitten im Urwald der Inschriftentempel, das beeindruckendste sakrale Gebäude Palenques. Es hat eine

434 unten *Der Palast von Palenque besteht überwiegend aus Galerien, die an den Außenwänden mit Flachreliefs verziert sind. Auf diesem Bild ist eine Galerie mit falschem Gewölbe abgebildet. Diese Anlage wurde wahrscheinlich für religiöse Zeremonien genutzt.*

434–435 *Blick auf die Gesamtanlage des Großen Palastes in Palenque, der im zeremoniellen Zentrum der Stadt liegt, heute umgeben von der üppigen Vegetation des Dschungels. Der Zweck dieser Anlage bleibt ein Geheimnis, man vermutet jedoch, dass sie die Wohnstätte des Residenten war.*

435 links *Detail einer Tafel, die im zentralen Hof des Palastes gefunden wurde. Abgebildet ist ein Symbol in der Schrift der Maya in Form eines menschlichen Kopfes.*

435 rechts *Diese Tafel, die im Hof des Palastes gefunden wurde, zeigt vier Zeichen in Mayaschrift, die in klassischer Zeit verwendet wurden.*

__436 oben__ Überblick über die so genannte „Nordgruppe", die sich am nördlichen Ende des zeremoniellen Zentrums von Palenque befindet. Diese Gruppe ist eine terrassenförmig abgestufte Plattform, auf der drei Heiligtümer stehen.

__436 unten__ Hier ist das Dach des wichtigsten religiösen Gebäudes in Palenque – des Tempels der Sonne – zu sehen. Dieser Tempel wurde von Chan Bahlum, Sohn des Pacal, 690 errichtet. Man kann noch Spuren des Stuckflachreliefs erkennen, welches das Dach und den Kamm des Tempels geschmückt hat.

Höhe von 36 m und wird aus neun übereinander gebauten Plattformen gebildet. Seinen Namen hat das Gebäude aufgrund der drei Steinplatten erhalten, die im Inneren des oberen Tempels lagen und mit Hieroglyphen beschrieben waren, der umfangreichsten Mayainschrift, die man bis heute gefunden hat. Über eine schmale Treppe gelangt man in den Tempel, der auf einer Pyramide liegt.
Dieser Tempel wird von einer Haube gekrönt, einem typischen Stilelement der klassischen Zeit im Usumacintatal. Erst 1952 entdeckte der mexikanische Archäologe Alberto Ruz Lhuillier einen langen Geheimgang, der von einem falschen Deckengewölbe verdeckt wurde und von der Cella des Tempels in eine Krypta führt, die unter dem Platz vor der Pyramide liegt. In dieser Geheimkammer fanden Lhuillier und seine Assistenten überraschenderweise den Sarkophag eines bedeutenden Herrschers.
Jahre später, nachdem die Schrift der Maya entziffert werden konnte, stellte man fest, dass im Sarkophag die sterblichen Überreste von König Pacal lagen, der Palenque von 615–683 regiert hatte. Der Sarkophag war mit einer fünfeinhalb Tonnen schweren Platte verschlossen und mit einem Flachrelief verziert. Im Zentrum des Geschehens ist der tote Herrscher beim Fall in den Xibalbà, das Reich der Toten, das durch ein Monster symbolisiert wird, zu sehen. Hinter ihm befindet sich der kosmische Baum oder Lebens-

__436–437__ Der Tempel der Sonne steht auf einer stufenförmigen Plattform. Der Dachkamm und die Flachreliefs am Dach haben durch die Vegetation, die sich nach dem Verlassen Palenques überall ausbreitete, Schaden genommen. Das Tempelinnere ist in zwei längliche Räume unterteilt, über denen sich falsche Gewölbe erheben.

437 Eine für Palenque typische terrassenförmige Anlage hat auch Tempel 18. Bis heute ist erst ein Teil der Stadt von den Fängen des tropischen Regenwaldes befreit worden.

438–439 Die drei Heiligtümer der so genannten „Nordgruppe" ragen aus der üppigen Vegetation von Palenque auf.

440 links *Verschiedene Ansichten des Inschriftentempels. Eine steile Treppe führt zum eigentlichen Heiligtum, das man durch eine Säulenvorhalle betritt. Über die Portikus erreicht man Vestibül und Cella. Am Fuß der Treppe befindet sich eine steinerne Scheibe, die von vier zylindrischen Stützen getragen wurde; sie wurde als Altar verwendet.*

440 oben rechts *Der bedeutendste König der Stadt, König Pacal, wurde in einer Krypta im Inneren des Inschriftentempels begraben. Erst 1952 entdeckte der mexikanische Archäologe Alberto Ruz Lhuillier den Schacht, der zu dieser Krypta führt. Der Steinsarkophag des Königs war mit einer fünfeinhalb Tonnen schweren Platte abgedeckt.*

440 unten rechts *Dies ist die enge Treppe im Inschriftentempel, die zur Krypta führt, in der der Sarkophag König Pacals lag, der dort im Jahr 683 begraben worden war. Die Decke besteht aus einem typischen falschen Gewölbe.*

441 *Dieser wunderschöne Stuckkopf wurde in der Grabkammer König Pacals gefunden. Es ist sehr wahrscheinlich, dass es sich dabei um ein Porträt des jungen Königs handelt. Auf den dort gefunden Inschriften war zu lesen, dass Pacal fast 70 Jahre regiert hatte und ein „erleuchteter Herrscher" war.*

baum, dessen Extremitäten die Form von Schlangenköpfen haben. Um den Baum ist eine doppelköpfige Schlange mit weit geöffnetem Kiefer gewickelt. Im Wipfel des Baums sitzt ein fantastischer Vogel mit Reptilienmerkmalen. Dem König wurden zahlreiche Grabbeigaben mitgegeben wie z.B. Schmuck. Über dem Gesicht des Königs lag eine Jademaske, die erst über dem Gesicht zusammengesetzt worden war. Darüber hinaus fand man in der Grabkammer zwei Stuckköpfe, die äußerst fein und realistisch in der Darstellung sind. Sie stellen vermutlich König Pacal dar.

Neben dem Tempel der Inschriften und dem Palast gibt es in Palenque noch andere bedeutende Bauten, z.B. in der nördlichen Gruppe den Tempel des Grafen und das Stadion, das für rituelle Ballspiele verwendet wurde. Eine fundamentale Bedeutung kommt auch der Gruppe der Kreuze zu, die aus drei Tempeln besteht. Diese Tempel – der Tempel des Kreuzes, der Tempel des Blätterkreuzes und der Tempel der Sonne – sind kleiner als der Tempel der Inschriften. Sie wurden auf Anordnung Chan Bahlums, Sohn und Nachfolger von Pacal errichtet und liegen östlich des Palastkomplexes. Alle drei haben eine Pyramidenstruktur und als Abschluss des Dachs eine Dachkrone, die ursprünglich mit modelliertem, bunt bemaltem Stuck verziert war.

Die Gebäude erhielten ihre heutigen Namen aufgrund der ikonographischen Zeichen, die man an den Wandfriesen gefunden hat und die in Verbindung mit den kosmischen Themen der Maya standen, die jedoch von den Entdeckern Palenques zunächst völlig missverstanden worden waren. Am Tempel der Sonne und am Tempel des Blätterkreuzes wurden zahlreiche interessante Inschriften gefunden, die sich auf die Weihe-Riten Chan Bahiums beziehen, der ein ungewöhnliches astronomisches Phänomen dazu nutzte, die Tempel weihen zu lassen. Während des ersten Tages der Feierlichkeiten standen Mond, Mars, Jupiter und Saturn in Konjunktion und zugleich in ungewöhnlicher Position in Bezug auf die Konstellation des Skorpions.

Palenque ist zwar eine der Hauptattraktionen Mexikos, doch ein großer Teil des archäologischen Gebietes ist noch nicht freigelegt.

Vermutlich werden daher im Verlauf der nächsten Jahre noch einige außergewöhnliche Entdeckungen gemacht, die wiederum neue Fragen aufwerfen, die die Wissenschaftler klären müssen, um ein tieferes Verständnis der Kultur der Maya zu erreichen.

TIKAL

Pyramiden im Urwald

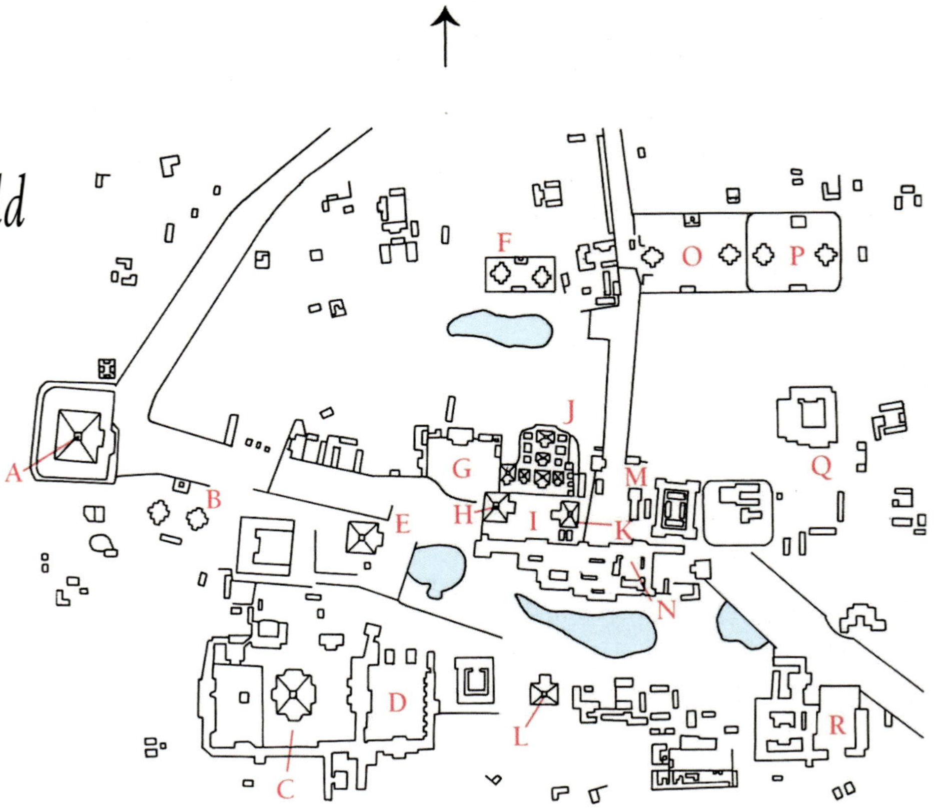

A Tempel IV
B Komplex N
C Gruppe C
D Platz der Sieben Tempel
E Tempel III
F Komplex O
G Westlicher Platz
H Tempel II
I Hauptplatz
J Nördliche Akropolis
K Tempel I
L Tempel V
M Östlicher Platz
N Zentrale Akropolis
O Komplex R
P Komplex Q
Q Gruppe F
R Gruppe G

Ende des 19. Jahrhunderts fotografierten Alfred Maudslay und Teodor Maler die wichtigsten Monumente einer Mayastadt, die sie in den tropischen Regenwäldern von Petén im heutigen Guatemala entdeckt hatten. Diese Stadt war Tikal.
Anfang des 20. Jahrhunderts begann man, den Grundriss der Stadt aufzuzeichnen und die mysteriösen Inschriften zu untersuchen. In den 1950er Jahren unternahm die University of Pensylvania die ersten Ausgrabungen. Auch heute sind noch nicht alle Bauten freigelegt, doch die bisher ausgegrabenen Monumente, vor allem die gewaltigen Pyramiden sind ein beeindruckendes Zeugnis der Mayakultur in diesem Gebiet.
Als Vorbilder für diese Bauten dienten die Pyramiden in Uaxactún, die ältesten Pyramiden der Maya, die in der späten vorklassischen Epoche errichtet worden waren.
Erst kürzlich gelang die Entzifferung der Inschriften an den vielen Steinsäulen von Tikal. Sie ermöglichen einen Einblick in Geschichte und Dynastien der Stadt, die in strategisch besonders günstiger Position an

442 oben links *Die Pyramide der Verlorenen Welt ist ein beeindruckender Bau.*

442 unten links *Dieser Tempel liegt zwischen der Pyramide der Verlorenen Welt und der Gruppe der Sieben Tempel. Er hat einen gewaltigen Dachkamm, der typisch für die Architektur Tikals ist.*

442 oben rechts *Dieser grimmig blickende Träger hält einen Schädel in Händen. Die Figur, die einen Priester oder Gott darstellt, wurde in einem Grab gefunden.*

442 unten rechts *Vier Treppenaufgänge führen auf die Pyramide der Verlorenen Welt, die am südlichen Ende des Zeremonialzentrums von Tikal liegt.*

443 *Zwischen den endlos scheinenden tropischen Wäldern erheben sich die Pyramide der Verlorenen Welt und Tempel IV.*

444 oben Der Hauptplatz im zeremoniellen Zentrum von Tikal wird von Tempel I dominiert. Auf dem Platz liegen Steine verstreut, auf denen Inschriften und Schriftzeichen eingraviert sind. Viele davon konnten mittlerweile entziffert werden.

444 Mitte Blick auf das zeremonielle Zentrum von Tikal. Im Vordergrund befindet sich der Komplex der Akropolis, im Hintergrund sind Tempel I. und der Hauptplatz zu sehen. Im Gebiet von Tikal befinden sich etwa 3000 Monumente. Dadurch zählt die Stadt zu einer der größten archäologischen Stätten Mittelamerikas.

wichtigen Handels- und Wasserstraßen lag. Die älteste Stele in Tikal, Nummer 29, soll die älteste Stele im gesamten Gebiet der Maya sein. Sie stammt aus dem Jahr 292, während die jüngste Stele, Stele 11, aus dem Jahr 869 datiert. Die Zeit, die zwischen den Daten dieser Stelen liegt, war Tikals politische und kulturelle Blütezeit. Jüngste Studien deutscher Archäologen haben darüber hinaus ergeben, dass Tikal und Calakmul über andere Mayastädte regierten.

Die Säulen, die in dem zeremoniellen Zentrum von Tikal verstreut sind, wurden etwa alle 20 Jahre errichtet. Sie überliefern Namen und Porträts (auf Flachreliefs) der Herrscher, die zur politischen, wirtschaftlichen und kulturellen Blüte Tikals beigetragen haben.

Die Inschriften erzählen z.B von den Taten von „Jaguarpfote", „Sturmhimmel" und „Mr. Cocoa", die viele Feinde besiegten, die Nachbarstaaten unterwarfen und diplomatische Allianzen gründeten, die auf der Zahlung von Tributen und dem Arrangieren von Ehen basierten. Auf „Leidas Teller" steht z.B. eine Inschrift, die sich auf einen Herrscher bezieht, dessen Bild auf der Rückseite eingeritzt ist. Wie auch in Palenque dienten die Pyramiden in Tikal als Unter-

444 unten Die zentrale Akropolis besteht aus terrassenförmig angelegten Plattformen, auf denen einst religiöse Bauten standen. Sie liegt gegenüber der nördlichen Akropolis und wird von der Zwillingspyramide flankiert.

444–445 Tempel I in der Nähe der zentralen Akropolis erreicht eine Höhe von 50 m. Eine steile Treppe führt zu dem Heiligtum, dessen Cella aus drei Räumen besteht, die mit falschen Gewölben abgedeckt sind. Nur Königen und Priestern war es erlaubt, den heiligen Schrein zu betreten, in dem rituelle Handlungen und Opferungen stattfanden.

446–447 Auf dieser Panoramaaufnahme erscheint die zentrale Akropolis von Tilal in ihrer ganzen Großartigkeit.

mauerung der Tempelbauten und als Gräber für die Herrschenden. Wie im Grab des Pacal hat man auch in Tikal wertvolle Grabbeigaben gefunden, beispielsweise bemalte Keramiken, Masken und Jadeschmuck. Diese Funde belegen das Ansehen, das die oberste Schicht genoss und das Geschick der Handwerker, die am Hof arbeiteten.
Das heute freigelegte zeremonielle Zentrum enthält ca. 3000 Bauten. In der Stadt gab es mindestens zwei Wasserreservoirs. Eines der ältesten Gebäude liegt im Süden der Stadt. Sein massiver Aufbau erinnert an andere aus der späten Frühklassik. Die meisten Bauten stammen jedoch aus der Zeit zwischen den Jahren 682–800, der Blütezeit Tikals.
Am beeindruckendsten sind allerdings die Pyramiden. Tempel IV hat eine Höhe von 68 m und ragt von weitem sichtbar aus dem Dschungel. Mit den Pyramiden in Tikal, den „künstlichen Bergen" wollten die Maya mehr als irgendwo anders den Göttern näher kommen. Auf den Fotografien, die Ende des 19. Jahrhunderts von Tikal gemacht wurden, sind die Pyramiden vollkommen mit Erde, Pflanzen und Geröll bedeckt. Tempel IV ähnelt in der Anlage den Zwillingstempeln I und II, die einander am Hauptplatz gegenüberstehen. Diese Tempel sind Stufenpyramiden, an deren Fassaden lange, steile Treppen verlaufen, die direkt in das Heiligtum führen. Dieses Heiligtum besteht aus einer einfachen Cella mit einem falschen Gewölbe, über dem sich ein imposanter Dachkamm erhebt. Die Bauten sind sicherlich stark von der Architektur Teotihuacáns beeinflusst, sind die Pyramiden doch im Talud-Tablero-Stil errichtet.
Man nimmt an, dass der Hauptplatz das Zentrum des kulturellen Lebens war, da dieser Platz von zahlreichen Monumenten abgeschlossen wurde, zu denen auch terrassenförmig angelegte Plattformen gehörten, auf denen sich einst religiöse Bauten, weiträumige Höfe und Paläste befanden, die als Wohnungen, aber auch als religiöse Zentren der herrschenden Klasse dienten. Darüber hinaus standen auf diesen Plattformen auch die Häuser der einfachen Leute. Zu den berühmtesten Plattformen in Tikal zählen sicherlich die zentrale Akropolis und die nördliche Akropolis. Als Tikal um das Jahr 930 endgültig von seinen Bewohnern verlassen wurde, standen auf dieser 100 m langen und 80 m breiten Plattform nicht we-

448 oben Die Szene auf dieser bunten Vase zeigt eine hoch gestellte Persönlichkeit mit aufwändigem Federkopfschmuck auf einer Art Sofa sitzend.

448 unten Auf dieser bemalten Vase ist eine Szene am Hof dargestellt. Eine Figur kniet vor einem Würdenträger, möglicherweise einem König, der auf seinem Thron sitzt. Die Kleidung ist um ein Vielfaches einfacher als der aufwändige Federkopfschmuck. Links oben befinden sich einige graphische Symbole.

niger als acht Tempel- beziehungsweise Grabbauten. Unter der Pflasterung entdeckte man Reste sehr alter Anlagen, die aus dem 3. Jahrhundert stammen.
An den Grenzen des Hauptplatzes und in der ganzen Stadt verstreut fand man viele Inschriftenstelen, die häufig neben Altären aufgestellt waren, die eine zylindrische Form mit einer flachen Oberfläche hatten.
Das Straßennetz, das die Maya *sacbeob* nannten und das zu den Monumenten am Stadtrand, den Wasserreservoirs und den umliegenden Dörfern führte, ist auch heute noch erhalten. Eine der Hauptstraßen, der „Zeremonienweg", führte vom zeremoniellen Zentrum zum Tempelkomplex G.
In der Blütezeit wohnten in Tikal wahrscheinlich 10 000 Menschen, somit war Tikal die größte Mayastadt, die zudem über andere städtische Zentren regierte, die weniger groß und wohlhabend waren. Flachreliefporträts, die meistens Profildarstellungen waren, Inschriften und Grabschätze vermitteln einen Eindruck von diesen mächtigen, aggressiven Menschen. Die Inschriften berichten über Opferungen von Feinden, die sie in der Schlacht besiegt hatten und von Selbstverstümmelungen der Herrscher und Priester, die halluzinierende Mittel einnahmen und sich damit in einen Trancezustand versetzten, um sich dann in verschiedene Körperteile zu stechen und das Blut fließen zu lassen. Damit wollten die Herrscher in Kontakt mit den Göttern kommen und mit dem Opfern von Blut, der Lebensader der Menschen, wollten sie diese gnädig stim-

448–449 Tempel II, der seinem Zwillingstempel, Tempel I, gegenüberliegt, hat einen charakteristischen dreistufigen Pyramidenaufbau. Das Dach krönt – wie bei den anderen Tempeln auch – ein hoher Dachkamm.

449 oben Einer von vielen Steinen auf dem Platz von Tikal. Die hoch gestellte Persönlichkeit ist im Flachrelief dargestellt, im Gegensatz zu den Figuren in Copán, die dreidimensional dargestellt sind.

men. Die Bilder geben Aufschluss über Kleidung, Schmuck, Waffen und Frisuren von Königen und Kriegern. Selten sind Darstellungen von Frauen. Diese werden nur in Verbindung mit Eheverträgen gezeigt.
Man weiß auch heute noch nicht, warum es keine Stelen aus der Zeit nach 869 gibt. Außerdem weiß man bis heute nicht genau, weshalb diese florierende Metropole im fruchtbaren Tiefland von Petén verlassen wurde. Da man keine Spuren einer gewaltsamen Zerstörung fand, nimmt man an, dass entweder der Handel entscheidend geschwächt worden war oder – was wahrscheinlicher ist – dass die absolute Macht der Monarchen über die Einwohner durch einen Aufstand oder einen Militärputsch beendet wurde. Damit verschwand Tikal wie viele andere Städte der Maya aus der Geschichte, bis die Pyramiden unter einer Geröll- und Vegetationsschicht wieder entdeckt wurden.

449 Mitte *Pyramide Q ist eine von vielen stufenförmigen Anlagen, die in Tikal die Funktion eines Tempels hatten. Im Vordergrund sind einige Gedenksteine zu sehen.*

449 unten *Auf der nördlichen Akropolis stehen Bauten, die zu unterschiedlichen Zeiten, teilweise über älteren Anlagen errichtet wurden.*

UXMÁL

Zentrum des Puucstils

Ab dem 9. Jahrhundert, in der spätklassischen Periode, setzte für viele Mayastädte, die eine herausragende politische und wirtschaftliche Vormachtstellung in der mittelamerikanischen Tiefebene erreicht hatten, eine Periode des Verfalls aus heute unbekannten Gründen ein. Nahezu alle Städte wurden verlassen und gerieten bis ins 18. Jahrhundert in Vergessenheit, als die ersten Entdecker deren Relikte unter einer Stein- und Vegetationsschicht entdeckten.

Auf Yucatán sah die Situation jedoch völlig anders aus. Hier wurden zwischen den Jahren 800 und 900 einige Städte, die bis dahin nur eine untergeordnete Rolle gespielt hatten, infolge einer starken wirtschaftlichen Entwicklung zu kulturellen

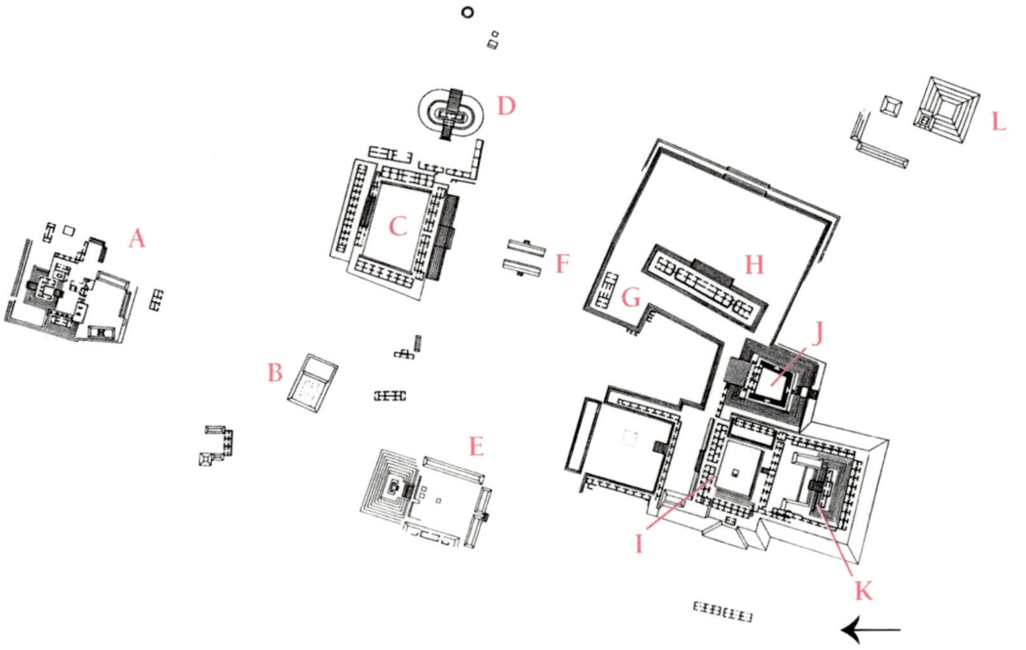

A Nördliche Gruppe
B Plattform der Stelen
C Nonnenviereck
D Pyramide des Wahrsagers
E Friedhofsgruppe
F Ballspielplatz
G Haus der Schildkröten
H Palast des Gouverneurs
I Haus der Tauben
J Große Pyramide
K Südliche Gruppe
L Haus der alten Frau

450 oben rechts *Detail von einem der beeindruckendsten Monumente in Uxmál, der Pyramide des Wahrsagers. Hier ist der auf der Westseite liegende Eingang zu sehen, der elegant im Chenesstil verziert ist.*

450 Mitte rechts *Das Haus der Schildkröten, ein Haus mit einem äußerst präzisen rechtwinkligen Grundriss, ist mit Schildkrötenskulpturen (die dem Haus seinen Namen verliehen haben) und einem Fries aus kleinen Säulen dekoriert. Die Funktion, die dieses Gebäude hatte, ist nicht bekannt.*

450 unten links *Das Haus der Schildkröten.*

450–451 *Die Pyramide des Wahrsagers weist einen ovalen Grundriss auf, was in der Architektur der Maya einmalig ist.*

451 *Drei der charakteristischsten Gebäude Uxmâls im Panorama: im Hintergrund das Nonnenviereck, im Vordergrund das Haus der Schildkröten und rechts im Bild die Pyramide des Wahrsagers.*

452–453 *Das Charakteristikum der Pyramide des Wahrsagers, auch Zauberer genannt, ist die einzigartige elliptische Basis.*

Hochburgen. Wahrscheinlich hängt dies mit der Ankunft der Chontal aus dem Norden zusammen, die von der Kultur des mexikanischen Hochplateaus stark beeinflusst waren. In dieser Phase entwickelten sich Uxmál, Sayil, Labná, Kabah, Rio Bec und andere Städte allmählich zu blühenden Zentren, deren Ruinen auch heute noch überall auf Yucatán zu finden sind.

Obwohl jede dieser Städte ihre eigenen Charakteristika hatte, verbindet sie doch alle ein einheitlicher Stil, der so genannte „Puucstil". Die Bezeichnung bezieht sich auf das Gebiet der niedrigen Puuc-Hügelkette.

Hier wird der Stil durch zahlreiche Ruinen repräsentiert. Typische Elemente dieses Stils sind Steinmosaiken an den Friesen mit Mustern, die sich ständig wiederholen. Meist handelt es sich bei den Abbildungen um die Maske des Regengottes Chac.

Die beeindruckendsten Zeugnisse der spätklassischen Phase sind sicher in Uxmál zu finden. Da diese Stadt riesig gewesen sein muss, gehen Archäologen heute davon aus, dass sie einst die Hauptstadt Yucatáns war. Typisch für Uxmál sind insbesondere die viereckige Anlage und die Gruppierung der Bauten um einen Innenhof. Die meisten Gebäude sind auf einer niedrigen Plattform errichtet. Aufgrund ihrer Größe und Eleganz geht man heute davon aus, dass es sich bei diesen Monumenten um ehemalige Paläste handelt.

Die bekannteste Anlage ist das Nonnenviereck: Um einen viereckigen Hof sind

455 oben Die gefiederte Schlange Quetzalcóatl ziert die Wand der Fassade am Westteil des Nonnenviertels. Dieses Detail vermittelt einen Eindruck von der Raffinesse des Puucstils, der typisch für die Mayastädte auf Yucatán ist.

456–457 Der Palast des Gouverneurs wird von einer Reihe paraller Tore entlang der gesamten Fassade charakterisiert.

454–455 Der Palast des Gouverneurs mit dem Altar der Jaguare. Eine breite Treppe führt zum Palast, über dessen ursprüngliche Funktion man nichts weiß.

455 Mitte Der Altar der Jaguare – eine Raubkatze mit zwei Köpfen – ist ein monolithisches Monument, das vermutlich als Opfertisch diente. Es befindet sich auf einer schmalen Plattform vor dem Palast des Gouverneurs.

455 unten Treppenaufgang zum Palast des Gouverneurs. Eine Reihe parallel verlaufender Türen sind in die Fassade eingelassen. Über den Türen verläuft ein eleganter Fries im Puccstil. Im Hintergrund ist die Pyramide des Wahrsagers zu erkennen.

vier Gebäude mit kammerartigen Räumen angelegt, deren Verwendungszweck man nicht kennt, die aber den Zellen eines spanischen Nonnenklosters ähneln – daher auch der Name. Die Fassade des Nonnenviertels ist mit geometrischen Mustern, Säulenmotiven und Chac-Masken mit Rüsselnasen dekoriert. Treppenaufgänge und um den Innenhof angelegte Säulenhallen verleihen dem Gebäude eine außergewöhnliche Eleganz. Auf den Flachreliefs sind Jaguar und Federschlange dargestellt, die an die religiösen Themen der Maya und der mexikanischen Bevölkerung erinnern.

Die Bögeneingänge sind in der Technik des falschen Gewölbes erbaut – die Errichtung eines echten Gewölbes blieb in Mexiko bis zur Ankunft der Europäer noch unbekannt.

Das Haus der Tauben hat eine ähnliche, wenngleich eine etwas kleinere Anlage. Das Gebäude erhielt diesen Namen, weil es an der Fassade pyramidenförmige Aufbauten hat, die an Taubenschläge erinnern.

Im Südwesten Uxmáls liegt das imposanteste Bauwerk der Stadt, der Palast des Gouverneurs. Diesen Namen erhielt das Monument von dem spanischen Geistlichen Friar Lopez de Cogolludo, der es besichtigte und in seinen im Jahr 1688 veröffentlichten Memoiren beschrieb. Als er dieses Gebäude zum ersten Mal erblickte war er davon überzeugt, dass es sich um den Palast des Herrschers von Uxmál handelte.

Der Bau steht auf einer gewaltigen aus drei Terassen bestehenden Plattform, die man über einen breiten Treppenaufgang erreicht. Der Palast besteht aus einem zentralen rechteckigen, 55 m langen Block und zwei kleineren, 15 m langen Blöcken. Wie bei den anderen Monumenten in Uxmál, ist das Innere in kleine, zellenartige Räume unterteilt. Typisches Charakteristikum des spätklassischen Puucstils an diesem Palast ist wiederum die Verzierung des oberen Teils der Fassade mit Mosaiken. Obwohl viele Wissenschaftler der Ansicht sind, dass dieser Palast das Zentrum der königlichen Macht und der religiösen Zeremonien darstellte, konnte dies noch nicht eindeutig belegt werden.

Neueste Forschungen haben ergeben, dass dieser Palast nach einem präzisen Entwurf errichtet wurde und eine offenbar gewollte Ausrichtung hatte: Vom zentralen Tor aus konnten die Astronomen Venus am Horizont aufgehen und bis über den höchsten Punkt der Pyramide steigen sehen.

Weitere interessante Monumente in der Stadt Uxmál sind die Große Pyramide, die nördliche Akropolis im Stil eines Tempels errichtet, das Haus der Schildkröten, die Nekropole und der Ballspielplatz. Leider weiß man weder über die Herrscher noch über die Bevölkerung oder Geschichte von Uxmál etwas, da man keine Inschriften gefunden hat.

458–459 Das Nonnenviertel besteht aus vier rechteckigen Gebäuden. Den Namen erhielt der Komplex wegen der vielen kleinen Innenräume, die den Zellen eines spanischen Nonnenklosters ähneln.

458 Dieser stilisierte Kopf befindet sich an der Außenfassade des Nonnenviertels. Wahrscheinlich handelt es sich dabei um den Kopf eines Königs, was man anhand der reichen Ornamentik annehmen könnte. Man weiß auch heute nahezu nichts über die herrschenden Dynastien von Uxmál.

Faszination und Geheimnis der Stadt vereint jedoch ein Gebäude in besonderem Maße in sich: die Pyramide des Wahrsagers beziehungsweise Pyramide des Zauberers. Die Legende erzählt, dass ein Zauberer eine Wette gegen einen König gewann, weil er diese Pyramide in einer Nacht errichtete.
Das Monument ist pyramidenförmig angelegt, hat einen ovalen Grundriss und endet in einer Plattform, auf der sich Tempel erheben. Die Pyramide wurde im Verlauf von mehreren Jahrhunderten einige Male erweitert. Über steile Treppen gelangt man zu den Tempeln. Die Fassade des auf der Westseite liegenden Eingangs ist im Chenesstil verziert, das heißt viele aus einzelnen Elementen zusammengesetzte steinerne Monstermasken schmücken die zentralen Eingänge. Bei jüngsten Ausgrabungen am Fuß der Treppen entdeckte man Relikte eines Heiligtums, das aus dem Jahr 569 stammt. Vielleicht ist dies der Kern dieser mysteriösen Tempelanlage, die über die umliegende Landschaft hinausragt und die Ruinen von Uxmál beherrscht.

459 oben *Diesen beeindruckenden Komplex nennt man das Nonnenviereck. Es besteht aus vier lang gezogenen Gebäuden, die um einen großen Platz auf einer niedrigen Plattform angeordnet sind.*

459 Mitte *An den Wohngebäuden von Yucatán findet man Masken des Gottes Chac, der mit einer vorstehenden, rüsselähnlichen Nase dargestellt ist. Diesem Regen- und Wassergott kam fundamentale Bedeutung bei den Maya der Nachklassik zu.*

459 unten *Hier sind die Wände des Hauses der Tauben, eines bizarren Gebäudes, abgebildet. Die rechteckigen Öffnungen am Dachkamm ähneln denen eines Taubenschlags.*

CHICHÉN ITZÁ

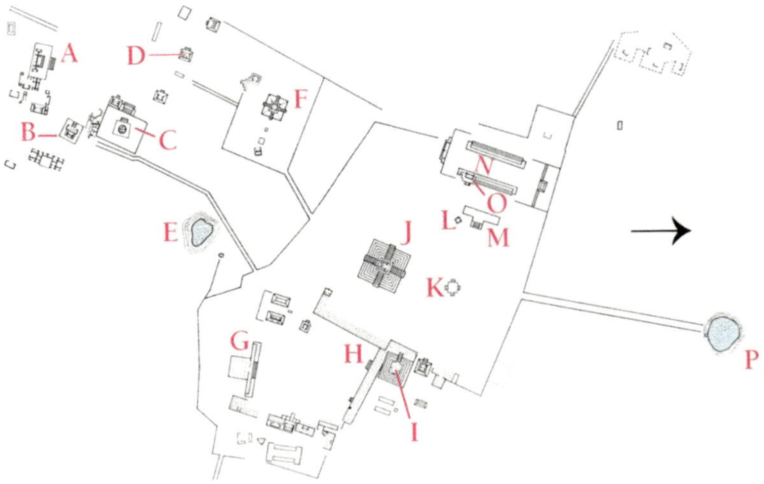

A Nonnenhaus
B Haus der bemalten Reliefs
C Observatorium
D Bemaltes Haus
E Cenote
F Grab des Hohenpriesters
G Markt
H Säulenhalle
I Kriegertempel
J Castillo (Tempel des Kukulcan)
K Venusplattform
L Adlerplattform
M Tzompantli
N Ballspielplatz
O Jaguartempel
P Heiliger Cenote

Im 16. Jahrhundert bemerkte der spanische Bischof Diego de Landa, der beauftragt worden war, die Maya von Yucatán zum christlichen Glauben zu bekehren, dass diese Menschen regelmäßig zu einem heiligen Ort pilgerten. Hier, nicht weit von den Ruinen einer antiken Stadt entfernt, gab es einen Brunnen, der von den Einheimischen schon seit undenklichen Zeiten verehrt wurde.
In seinem „Bericht über Yucatán" schreibt de Landa entsetzt, dass Männer und Frauen lebendig in das dunkle Wasser des Brunnens geworfen wurden. Diesen Brunnen nannten die Spanier „Cenote", eine Abänderung des Mayawortes *dzonot*. Der Bischof stellte fest, dass diese Menschenopfer Teil eines sehr alten Kultes waren, der dem Wasser und der Fruchtbarkeit huldigte. Die umliegenden Gebäude gehörten zu einer prächtigen Mayastadt, die niemals vollkommen vergessen worden war: Chichén Itzá – „Stadt der Itza am Rande des Teichs".
Im Jahr 1841 besuchten John Stephens und Frederick Catherwood diese Stätte, zeichneten die prächtigsten Bauten und stellten erste archäologische Untersuchungen an. Diese wurden später von den amerikanischen Wissenschaftlern Maler und Holmes fortgesetzt. Im Jahr 1885 schließlich kaufte der berühmte Archäologe Edward Thompson das Gebiet von Chichén Itzá auf, um es untersuchen zu können. Reguläre Ausgra-

460–461 *Der Jaguartempel (links) und das Castillo (rechts), das sich über einer Stufenpyramide erhebt. Im Vordergrund liegt ein großer steinerner Schlangenkopf.*

461 ganz oben *Diese Steinscheibe befindet sich in der Wand des Ballspielplatzes. Der Schädel bringt die Darreichung von heiligen Opfern in Verbindung mit den Ballspielen zum Ausdruck.*

461 oben *In der Säulenhalle des Jaguartempels stehen Jaguarskulpturen. Der Jaguar galt bei den Maya als heiliges Tier.*

461 Mitte *Im Inneren der Pyramide des Kukulcan befinden sich zwei Steinmonumente, die typisch für die Nachklassik sind: Ein Chac-Mool, hier im Vordergrund, der als Altar diente und ein Jaguarthron an der Rückwand des Gebäudes.*

461 unten *Der Ballspielplatz in Chichén Itzá ist der größte in Mittelamerika. Über diesem erhebt sich an der Ostseite der Jaguartempel.*

462–463 *Das Castillo ist eine der berühmteseten Pyramiden Mesoameikas.*

bungen begannen in den 20er Jahren des 20. Jahrhunderts unter der Leitung von Sylvanus Morley. Hierbei kam eine Reihe von Prachtbauten ans Licht. Heute ist Chichén Itzá die berühmteste und meist besuchte Mayastadt auf der Halbinsel Yucatán.
In Chichén Itzá findet man sowohl Relikte aus der klassischen Zeit (600–900) als auch aus der nachklassischen Epoche (900–1200), die bereits von den Tolteken beeinflusst wurde. Im 10. Jahrhundert wanderten die Tolteken in Chichén Itzá ein. Sie kamen aus der Stadt Tula, die jahrhundertelang Hauptstadt des mexikanischen Hochplateaus nach dem Fall Teotihuacáns gewesen war. Toltekische Quellen berichten, dass um das Jahr 987 unter Führung ihres Herrschers Ce Acatl Topilzin, der von seinem grausamen Bruder Tezcatlipoca entmachtet worden war, viele Einwohner Tula verließen. Nach einer langen Reise durch Mexiko kamen sie schließlich nach Yucatán.

464 unten Hunderte von Säulen mit einem vierseitigen Abakus stützten einst das Dach der großen Säulenhalle, die dem Kriegertempel vorgelagert ist.

464–465 Auf dem Kriegertempel kann man einen Chac-Mool, einen Altar in Menschenform, den die Tolteken in Chichén Itzá einführten, bewundern. Im Hintergrund sind zwei schlangenförmige Säulen zu sehen, die das Dach des Heiligtums stützten.

Sie siedelten sich in Chichén Itzá an, das daraufhin zur neuen Hauptstadt aufstieg und eine Reihe prächtiger Bauten erhielt. Quellen bringen Ce Acatl Topilzin mit Quetzalcóatl in Verbindung, der mythischen Federschlange, die in Chichén Itzá verehrt wurde und deren Abbildungen die Stadt prägen.
Die Maya auf Yucatán wurden nun gezwungen, die neue, von den Tolteken eingeführte Gottheit zu verehren und deren Namen Kukulcán zu übernehmen. Die Legende von der Flucht Ce Acatl Topilzins aus Tula findet in den archäologischen Funden ihre Bestätigung. Um 1000 wuchs Chichén Itzá zu einem sehr großen städtischen Zentrum an. In dieser Zeit fand eine Verschmelzung der Mayakultur der Spätklassik mit der der Tolteken statt, was durch viele Monumente zum Ausdruck kommt. Im künstlerischen Schaffen zeigt sich die jetzt herrschende, weit militärischer orientierte Regierung.
In Chichén Itzá kann man die Präsenz einer kriegerischen Kultur, die typisch für viele mittelamerikanische Völker der Nachklassik war, beobachten. Dadurch unterscheiden die Tolteken sich deutlich von den Maya. Der Einfluss des Puucstils aus der späten Klassik ist nur noch an wenigen Gebäuden der Südgruppe zu erkennen, die eine letzte Erinnerung an Kunst und Kultur der Maya darstellen. Die beeindruckendsten Monumente dieses Stils sind „Das bemalte Haus" („La Casa Colorada") und das Nonnenhaus. Das bemalte Haus ist ein im typischen Mayastil errichtetes Gebäude. Es hat streng symmetrische Formen, und die Eleganz des Puucstils kommt hauptsächlich am Dachfries mit

464 oben *Detail des Opferaltars auf dem Kriegertempel. Die Steinstatue des Mannes diente als Stützpfeiler für den Steintisch, auf dem Opfergaben dargereicht wurden. Diese Rituale, die es schon immer in Mittelamerika gegeben hat, wurden in nachklassischer Zeit extrem häufig zelebriert.*

464 Mitte *Gewaltige Steinsäulen, an deren Sockel Schlangenköpfe mit geöffnetem Kiefer liegen, stützten das Dach des Jaguartempels. Die gefiederte Schlange mit Katzenfängen entstand in Chichén Itzá und steht mit dem Mythos des Gottes Quetzalcóatl in Verbindung.*

465 *Dieses Bild vermittelt eine Vorstellung von den gewaltigen Ausmaßen des Kriegertempels in Chichén Itzá. Eine imposante Säulenhalle ist der Treppe vorgelagert.*

der Chacmaske und dem Dachkamm zum Ausdruck. Das Nonnenhaus dagegen sieht etwas barocker aus, die gesamte Fassade ist mit Steinmosaiken, Chac-Masken und Monstern bedeckt. Am meisten erinnern die Bauten stilistisch jedoch an die in Uxmál. Über dem Eingangstor befindet sich eine Nische, und darum wiederum eine Flachreliefskulptur, eine sitzende Figur. Möglicherweise handelt es sich bei dieser Figur um einen der Herrscher der Stadt, was aber nicht belegt ist.

Im Nordwesten der Stadt liegt der Ballspielplatz. Er ist der größte dieser Art, der bis heute in Mittelamerika gefunden wurde. Die imposante Anlage ist 168 x 70 m lang und lässt die Bedeutung dieses Spiels erahnen. An der Ostseite erstreckt sich dominierend der Jaguartempel.

Verlässt man den Ballspielplatz und geht in den Nordosten der Stadt, kann man die Bauten bewundern, die von der Kultur der Tolteken beeinflusst wurden. Dazu gehört beispielsweise die Tzompantli, die „Mauer der Totenköpfe“. Hierbei handelt es sich um einen Flachbau, um den ein kontinuierlicher Fries herumläuft; von den Flachreliefs starren den Betrachter Totenschädel an. Die Mauer ist eine Reproduktion der ursprünglichen Tzompantli, eines Schädelgerüstes aus Holz, auf dem die Schädel von Geopferten zur Schau gestellt wurden. Man

nimmt an, dass auf diesem Gerüst die Schädel der in der Schlacht besiegten Feinde und die Schädel der im Ballspiel unterlegenen Mannschaft ausgestellt wurden.

Ähnliche Bauten gibt es auch in Tula, der Hauptstadt der Tolteken und in Tenochtitlán, der Hauptstadt der Azteken, die Bräuche und Kultur der Tolteken annahmen. Östlich der Mauer der Totenköpfe befindet sich der imposante Kriegertempel mit der vorgelagerten Säulenhalle. Ursprünglich stützten die Säulen das inzwischen eingestürtzte Dach der Kolonnade. Die rechteckigen Säulen tragen normalerweise Flachreliefdekorationen. In den Städten der Maya gibt es keine vergleichbaren Hallen aus klassischer Zeit und so geht man davon aus, dass architektonische und städteplanerische Elemente vom mexikanischen Hochplateau nach Yucatán eingeführt wurden.

Der Kriegertempel ist eine große Stufenpyramide und wurde wahrscheinlich im 12. Jahrhundert in der Absicht erbaut, einen mit dem Tlahuizcalpantecuhtli-Tempel in Tula identischen Tempel zu errichten, der dem Morgenstern Venus gewidmet war.
Über eine zentrale Treppe gelangt man auf die oberste Plattform, auf der sich die Cella des Heiligtums befand. Mit historischen Friesen dekorierte Pfeiler unterstützten das – in heutiger Zeit fehlende – Dach. Zwei gewaltige Säulen in Form von Schlangen flankierten den Eingang des Heiligtums.
Im Zentrum von Chichén Itzá liegt der Tempel des Kukulcán. Hier findet man wieder das Monster mit dem weit aufgerissenen Rachen und dem gefiederten Körper, das die mythologische Federschlange darstellt. Im Inneren befindet sich ein Thron in Form eines Jaguars und ein Chac-Mool, der wie die Tzompantli eine kulturelle Neuheit in Chichén Itzá darstellte, die von den Tolteken eingeführt wurde. Der Chac-Mool ist ein monolithischer Altar, auf den die Herzen der Geopferten oder andere Gaben gelegt wurden.
Die vier Seiten der Pyramiden dieses Tempels wurden im Talud-Tablero-Stil, der von Teotihuacán übernommen wurde, errichtet. Die Seiten sind mit Friesen bedeckt, auf denen die Symbole der Macht der Tolteken, Adler und Jaguar, aber auch Opferszenen dargestellt sind.
Das Hauptgebäude von Chichén Itzá ist jedoch mit Sicherheit das von den Spaniern aufgrund seiner gewaltigen Ausmaße „El Castillo“ genannte Gebäude, das inmitten eines riesigen Platzes zwischen dem Ballspielplatz und dem Kriegertempel steht.

466 oben links *Diese wundervolle Scheibe aus dem Jahr 1000 ist ein Mosaik aus türkisfarbenen Muscheln und Korallen. Vier schlangenförmige Symbole gruppieren sich um das Zentrum, in dem sich vermutlich früher ein Eisenspiegel befunden hat, der während religiöser Rituale zu Ehren des Sonnengottes verwendet wurde.*

466 oben rechts *Die Tzompantli, ein makaberes Steinmonument, kopiert die Form eines hölzernen Zauns, auf den die Köpfe der Feinde oder heiliger Menschenopfer gespießt und in der Öffentlichkeit ausgestellt wurden.*

466 Mitte rechts *Detailaufnahme der Adlerplattform in Chichén Itzá.*

466 unten rechts *Diese Relikte gehören zum bemalten Haus, einem Gebäude in schlichter Eleganz. Das Relief auf dem Dachkamm besteht aus einem griechischen Lattenmotiv.*

466–467 *Dieses Gebäude grenzt an das Nonnenhaus an und ist eindeutig im Puucstil erbaut, was man an den Ornamenten an der Fassade erkennen kann. An dieser ist auch die Maske des Gottes Chac zu sehen.*

468 *Das Grab des Hohepriesters hat wie der Tempel des Kukulcán eine stufenförmige Anlage und schlangenköpfige Skulpturen. Auch hier ist die gefiederte Schlange mit dem Kult des Quetzalcóatl in Verbindung zu setzen, der von den Tolteken eingeführt wurde.*

Die Pyramide besteht aus neun großen Stufen und umschließt ein älteres Gebäude aus dem 10. Jahrhundert. Dieses hat eine ähnliche Anlage, ist jedoch kleiner. Auf der Pyramide befindet sich ein Heiligtum mit Säulen in typischer Schlangenform. In das Heiligtum, das im klassischen Stil der Maya angelegt ist, gelangt man von jeder Himmelsrichtung her über Treppen. Diese sind ein Meisterstück der damaligen Zeit und ein Zeichen der Kalenderkenntnis:
Je 91 Stufen führen die Pyramide hinauf, das ergibt zusammen 364 Stufen; das Heiligtum selbst stellt ebenfalls eine Stufe dar; so ergeben sich 365 Stufen, das heißt ein Kalenderjahr. Die 300 m lange Zeremonialstraße, von den Maya *sacbe* genannt, führt vom Zentrum der Anlage zum heiligen Cenote (Brunnen), in dem reiche Opfergaben entdeckt wurden.
Die beeindruckendsten Gebäude im älteren Bereich von Chichén Itzá sind das Observatorium und das Nonnenhaus, dessen Baudekoration eine Mischung aus Puuc- und Chenesstil aufweist. Im Observatorium ging man dem alten Mayabrauch der Sternbeobachtung nach, einem Fachgebiet, auf dem die Maya erfahrener waren als andere Völker. Dieses markante Gebäude wurde von den spanischen Eroberern „Caracol" („Schnecke") genannt, weil man über eine steile Wendeltreppe in den Turm gelangte.
Das Gebäude selbst ist zylindrisch angelegt und war ursprünglich mit einer falschen Kuppel abgedeckt. Über die Treppe gelangte man in einen Raum dessen Fenster so ausgerichtet waren, dass man durch sie Sterne und astronomische Phänomene – wie Tag- und Nachtgleiche – beobachten konnte.
Leider zerstörten die europäischen Eindringlinge viele Relikte, die von der Kultur der Maya noch erhalten waren, da sie die Einheimischen für unzivilisierte Wilde hielten. Als die Ankömmlinge Gebäude und heilige Texte vernichteten, war ihnen nicht bewusst, dass sie damit wissenschaftliche und astronomische Kenntnisse von höchstem Wert zerstörten.

468–469 *Das Observatorium (Caracol) wurde auf einer niedrigen Plattform errichtet und mit Fenstern versehen. Der Bau gilt als das Wahrzeichen von Chichén Itzá.*

469 oben links *Dieses Gebäude mit zwei runden Säulen liegt am Nordende von Chichén Itzá. Es handelt sich hierbei vermutlich um einen Pavillon, von dem aus die herrschende Schicht die Ballspiele beobachtete.*

469 oben rechts *Auch an der Venusplattform findet man das Federschlangenmotiv. Diese mythologische Figur war eines der Merkmale des Morgensterns, dessen Lauf am Himmel seit undenklichen Zeiten von den Maya beobachtet worden war.*

469 unten *Hier ist der heilige Cenote abgebildet, ein natürlicher Brunnen, dem viele Opfergaben zu Ehren des Gottes Chac dargebracht wurden, darunter auch Menschen.*

CHAN CHAN

Die mysteriösen Zitadellen

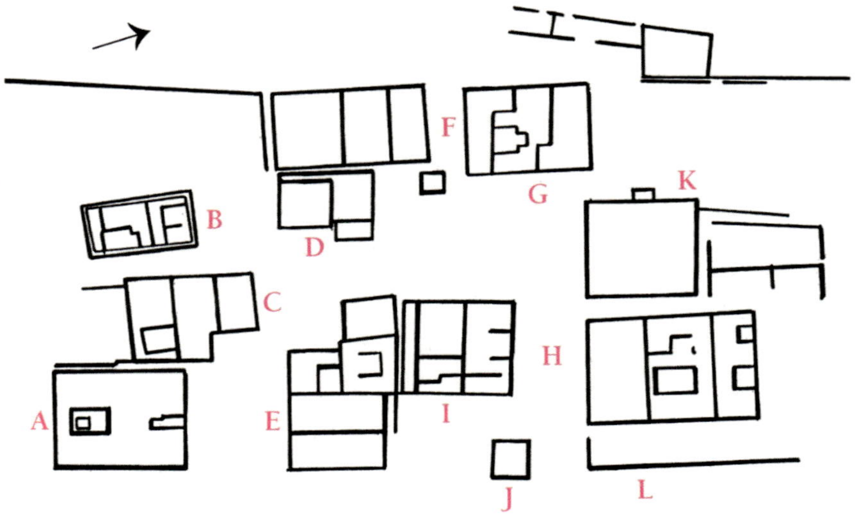

A Chayuac
B Rivero
C Tschudi
D Tello
E Uhle
F Laberinto
G Velarde
H Huaca El Olvido
I Bandelier
J Huaca
K Squier
L Gran Chimù

Zwischen 900 und 1000 brach die kulturelle Einheit des Huarireiches im vorkolumbianischen Peru auseinander. Dies führte zum Entstehen einiger bedeutender Königreiche, die ab dem Jahr 1438 gewaltsam in das Inkareich eingegliedert wurden. Zu diesen Königreichen zählte auch das an der Nordküste Perus liegende Chimúreich, das von 1000–1470 bestand. Es wurde von dem Inkaherrscher Tupac Yupanqui erobert, der die Städte plündern ließ und die Herrscher des Reiches zu seinen Vasallen machte.
Die Legende über die Gründung des Chimúreiches erzählt, dass einst Nylamp, ein mutiger und kluger Mann in einem großen Schiff von Ferne über das Meer kam. Sein prächtiges Federkleid führte beim Volk zu der Annahme, dass er fliegen könne. Nylamp hatte viele Helfer mitgebracht, die ihn dabei unterstützten, Städte zu bauen und die unfruchtbare Wüste zu bewässern und zu kultivieren.
Die Chimú hinterließen eine Kultur, die auf einen außergewöhnlichen kulturellen Reichtum schließen lässt. Dies manifestiert sich vor allem in der Kunst der Metallbearbeitung, in Keramiken und in der Kunst des Federschmuckes.
Mit Sicherheit konnte diese Kultur nur entstehen, weil das gesellschaftliche System stark hierarchisch organisiert war. Die Chimú im Gebiet von Moche herrschten über die Menschen der umliegenden Täler, sie gründeten jedoch eine Art Bundesgenossen-Königreich, innerhalb dessen jedes Volk seine eigene kulturelle Identität behalten konnte. Anhand archäologischer Untersuchungen weiß man, dass die Herrscher der Chimú den verschiedenen Städten eine gewisse wirtschaftliche Unabhängigkeit gestatteten, obwohl die Ver-

470–471 *Imposanter Eingang einer der Zitadellen von Chan Chan. Diese nennt man „Tahudi" oder „Erster Palast". Interessant ist das Treppenmotiv an den Wänden.*

471 *Eine Luftaufnahme von Chan Chan. Klar kann man die rechtwinklige Anlage der Stadt erkennen, die in verschiedene Sektoren unterteilt ist. Die Stadt erstreckte sich über 18 km².*

471 oben rechts *Haupteingang an der Südseite des Hauptplatzes der Tahudizitadelle. Der Eingang wird von Adobemauern flankiert, die mit eleganten Lehm- und Stuckmotiven verziert sind.*

471 Mitte rechts *Durch die Zitadellen von Chan Chan verliefen gerade Straßen wie diese durch den Tahudikomplex. Jede Zitadelle war eine separate architektonische Einheit, die durch bis zu 7 m hohe Mauern von den anderen getrennt war.*

471 unten rechts *Die Stuckfriese an den Mauern sind brillante Beispiele des künstlerischen Ausdrucks. An der Zitadelle von Tahudi findet man neben dem typischen Treppenmotiv auch stilisierte Fische.*

waltung zentralisiert war. Ziel dieses Herrschaftssystems war es vermutlich, die Verteilung des Wassers und die Landwirtschaft zu kontrollieren, die neben der Fischerei und dem Kunsthandwerk die ertragreichste wirtschaftliche Quelle darstellte.
Chan Chan war die Hauptstadt des Chimúreiches. Vermutlich geht die planmäßige Anlage auf die Tiahuanaco-Huari-Kultur zurück. Die Stadt besteht aus zehn architektonischen Komplexen, die ummauert und nur durch einen einzigen Eingang zugänglich waren. Manche Wissenschaftler sind der Meinung, dass es sich bei den bis zu 7 m hohen und annähernd einen Kilometer langen Mauern um Zitadellen gehandelt haben muss. Andere Experten wiederum verwenden den Begriff „Paläste" im Sinne von mittelalterlichen Höfen, wenn sie von diesen Anlagen sprechen. Zu diesen befestigten Anlagen gehörten Straßen, Wohnviertel, bewässerte Gärten, Friedhöfe, Wasserreservoirs, Tempel und kleine Zellen, deren Bestimmung man nicht kennt.
Die Ruinen der Stadt erstrecken sich über eine Fläche von 18 km², was beweist, dass Chan Chan eine der größten präkolumbianischen Städte gewesen ist. Die bedeutendsten staatlichen oder zeremoniellen Gebäude kann man an der raffinierten Architektur und an den Adobemauern (Mauern aus getrockneten Ziegeln) erkennen, die durch Nischen und Stuckfriese aufgelockert und teilweise mit Fresken bemalt sind. Die Malereien zeigen Fische, Vögel, Figuren halb Mensch und halb Tier, geometrische Motive und religiöse Symbole.
Obwohl das archäologische Gebiet von Chan Chan in einem erbärmlichen Zustand ist, weil es über die Jahrhunderte hinweg viele Male ausgeraubt wurde, ist man doch als Besucher beeindruckt von der originellen Architektur und den eleganten, arabeskenhaften Dekorationen, einem einzigartigen Element in der präkolumbianischen Welt.
Wie auch in Nazca, Tiahuanaco und in anderen Städten wurden die verschiedensten Theorien über diese Relikte aufgestellt, besonders was die Funktion der Zitadellen betrifft, die gigantisch und isoliert voneinander stehen. Möglicherweise herrschte über jede dieser Zitadellen ein Würdenträger, ein so genannter „Curaca" (in der Sprache der Einheimischen).
Eine andere Theorie besagt, dass jede Zitadelle Sitz einer speziellen Klasse war, deren Mitglieder nicht das Recht hatten, sich mit den anderen zu vermischen. Deshalb lebten sie ihr Leben separat von den anderen sozialen Schichten innerhalb ihrer Mauern.
In der Nähe von Chan Chan wurden noch weitere bedeutende Anlagen entdeckt, die Chan Chan ähneln. Dort fand man Plattformen, so genannte „Huacas" (was dem spanischen Wort für „heilig" entspricht), die wahrscheinlich Kultstätten darstellten. Die berühmtesten dieser Plattformen sind die Huaca Esmeralda und die Huaca del Dragon, die in den 60er Jahren des 20. Jahrhunderts restauriert wurden. Diese Anlagen bestehen aus einer Mauer, innerhalb der sich zwei übereinander gelagerte Plattformen befinden, von denen die eine 4 und die andere 3 m hoch ist.
In der Mitte des Komplexes sieht man eine zweiköpfige Schlange, möglicherweise ein Wasser- und Fruchtbarkeitssymbol, die in Verbindung mit anderen schlangenförmigen Kreaturen steht, deren Interpretation jedoch schwierig ist.
Stilistisch erinnern die Stuckfriese an die der Zitadellen in Chan Chan und auch die Symbole ähneln denen, die man auf Stoffen, einfachen Keramiken sowie Gold- und Silbergefäßen gefunden hat.
Die Handwerker der Chimú beherrschten die Kunst der Metallbearbeitung so perfekt, dass sie nach der Zerstörung Chan Chans durch die Inkas von den Herrschern Cuzcos gezwungen wurden, an deren Hof bis zur Eroberung durch die Spanier weiter zu arbeiten.

472 Nicht weit von Chan Chan liegen die beeindruckenden Ruinen der Huaca del Dragon. Auf den umfangreichen Dekorationen findet man Krieger und mythische Figuren. Die Anlage wurde wahrscheinlich als Tempel verwendet.

472–473 und 473 links *Die dicken Adobemauern der Tshudizitadelle haben Flachreliefdekorationen, auf denen kleine, stilisierte Krieger, halb Mensch, halb Tier, um einen Drachen dargestellt sind.*

473 rechts *Auf dieser prächtigen goldenen Maske ist der wichtigste Gott in der Zweiten Zwischenzeit im nördlichen Küstengebiet Perus dargestellt: Nylamp der vergöttlichte Held aus dem Meer mit den Augen eines Vogels. Es gibt viele solcher Masken, die meisten wurden im zeremoniellen Zentrum von Batan Grande gefunden.*

474–475 *Diese Fotografie zeigt detailliert die einzigartigen anthropomorphen Dekorationen eines tönernen Basreliefs in der „Huaca del Dragon."*

CUZCO

Der Nabel der Welt

476 oben *Blick in das Kloster Santo Domingo in Cuzco. Auch heute noch kann man die Fundamente der Mauern aus der Inkazeit erkennen, die einst Basis des Coricancha, des Sonnentempels waren, der von den Spaniern wegen seiner fabelhaften Pracht gerühmt wurde.*

Viele Legenden ranken sich um die Herkunft der Inka, der Menschen, die das letzte Großreich der vorkolumbianischen Ära schufen. Laut einer dieser Legenden war der Schöpfergott Huiracocha traurig, dass die Menschen so kulturlos lebten wie die Tiere. Deshalb gab er seinem Sohn Manco Capác und seiner Tochter Mama Ocllo einen goldenen Stab und befahl ihnen: „Geht auf die Erde und lasst euch dort nieder, wo der Stab am tiefsten in die Erde einsinkt. Gründet mir zu Ehren ein großes Reich und lehrt die Menschen wie sie sich vor Hunger und Not schützen können." Die beiden traten aus dem Titicacasee auf die Erde, wanderten umher und prüften mit ihrem Stab die Erde, bis sie sich schließlich in Cuzco niederließen. Tatsächlich bleibt die Geschichte der Inka ein Rätsel. Auch Wissenschaftler konnten bislang nicht klären, woher dieses Volk kam. Als sich die Inka im Cuzcotal niederließen, trafen sie auf ein mächtiges, kriegerisches Volk, das dort schon seit Jahrhunderten lebte. Zwischen den Neuankömmlingen, die die Sprache der Ortsansässigen – Ketschua – annahmen, und den Einheimischen wurden Bündnisse geschlossen. Im Lauf der Zeit erlegten die Inka dem Gebiet ihr Herrschaftssystem auf und schufen das Fundament für das spätere Königreich, dessen Hauptstadt Cuzco wurde, die Siedlung, in der sie sich ursprünglich niedergelassen hatten.

Das erste gesicherte historische Datum stammt aus dem Jahr 1438, dem Jahr der Thronbesteigung Pachacútecs („Verwandler der Erde").

Unter Pachacútec entwickelte sich Cuzco von einem kleinen Dorf zu einer Stadt mit Steingebäuden, gepflasterten Straßen und einem Wasserverteilungssystem, die schließlich sogar zur Hauptstadt des Reiches (1440–1532) wurde.

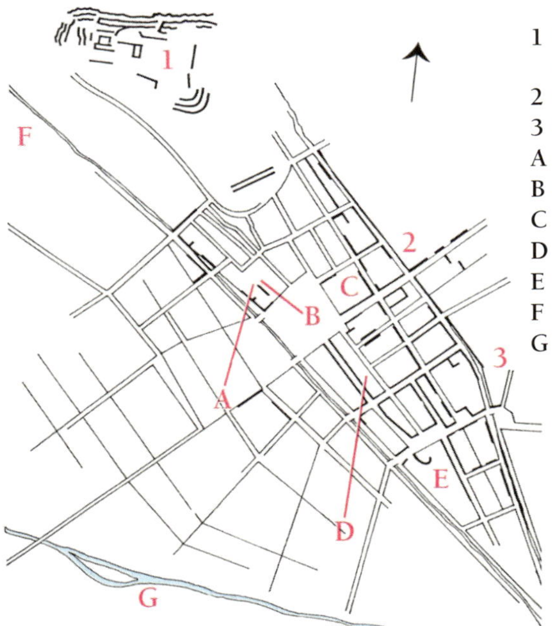

1 Festungsanlage (Sacsayhuaman)
2 Hanan Cuzco
3 Hurin Cuzco
A Palast de Pachacútec
B Palast des Inca Roca
C Tempel des Huiracocha
D Accla Huaso
E Coricancha
F Huatanay (Fluss)
G Tullumayo (Fluss)

476 unten *Der so genannte „Zwölfeckige Stein" ist ein typisches Beispiel der Bauweise der Inka, die gewaltige Megalithe zu einem Gebäude zusammenfügten.*

476–477 *Der Coricancha (Sonnentempel) lag im unteren Teil der Stadt, den man „Hurin Cuzco" nannte. Er war das berühmteste Bauwerk der Inka und wurde wahrscheinlich von Pizarro wegen seiner Verschalung aus Goldplatten und wegen der goldenen Statuen in den Gärten abgebaut.*

477 unten links Die trapezförmige Tür ist typisch für die Bauweise der Inka. Diese hier gehört zu den heute noch erhaltenen Bauten des Coricancha.

477 unten rechts In einigen Straßen kann man heute noch die Spuren der Inkamauern sehen, auf denen in der Kolonial- und Nachkolonialzeit Gebäude errichtet wurden. Hier ist das Kloster Santa Catalina abgebildet, das auf den Mauern des Aclla Huasi, „Haus der erwählten Frauen", errichtet wurde.

Pachacútec und seine Nachfolger entwarfen eine Stadt, deren Vorbilder die Andenstädte Huari, Tiahuanaco und Chan Chan waren, die Hauptstädte der von ihnen eroberten Völker.
Cuzco liegt zwischen den Flüssen Huatanay und Tullumayo und hat die Form eines Pumas, eines der heiligen Tiere der Andenvölker. Die Stadt war in zwei große Bereiche unterteilt, den oberen Bereich Hanan Cuzco und den unteren Hurin Cuzco. Sie bestand aus einer Gruppe Kanchas, geschlossenen Bezirken, in denen sich mehrere Gebäude um einen zentralen Hof gruppierten. Zur Blütezeit Cuzcos lebten vermutlich 300 000 Menschen in der Stadt.
Der zentrale und älteste Teil Cuzcos bestand aus Palästen der Inka, die mit den Tempeln und anderen für die Oberschicht reservierten Gebäuden um den Hauptplatz herum lagen. Von hier aus nahmen die vier großen Straßen des Reiches ihren Anfang.
Chronisten berichten, dass jeder Herrscher sich nach der Thronbesteigung einen Palast für sich, seine Familie, seine Konkubinen und für die Priester errichten ließ und darüber hinaus noch Räumlichkeiten, in denen Zeremonien stattfanden.
Vom prächtigen Palast des Pachacútec sind heute nur noch wenige Fragmente erhalten. In der Nähe des Palastes befanden sich verschiedene öffentliche Gebäude, z.B. das Accla Huasi, was in Ketschua „Haus der erwählten Frauen" bedeutet, der Tempel des Viracocha, der Palast des Inca Roca und das „Haus des Wissens", in dem die Elite unterrichtet wurde. Aus jedem Teil des Reiches wurden alljährlich Hunderte von Mädchen gebracht, die Sklavinnen der Inka und des Sonnengottes wurden. Sie mussten in Cuzco bleiben, da sie dem Herrscher zur Verfügung stehen sollten. Ein Teil der alten Gebäude wurde während der Kolonialzeit wieder verwendet. An der Stelle des Accla Huasi steht das Kloster Santa Catalina, das im 17. Jahrhundert erbaut wurde. Viele der Inkabauten wurden im Lauf der folgenden Jahrhunderte in das übrige Stadtbild eingepasst. Die massiven Fun-

478–479 *Sacsayhuamán liegt nicht weit von Cuzco entfernt. Es handelte sich bei dieser Anlage wahrscheinlich um einen großen religiösen Komplex, der dem Sonnenkult geweiht war. Hier sind die massiven Steinmauern abgebildet, die mit äußerster Geschicklichkeit zusammengefügt worden sind.*

damente und Steingebäude, die unter Pachacútec und seinen Nachfolgern errichtet wurden, stehen auch heute noch. Fast alle Paläste und Wohnhäuser hatten eine rechtwinklige oder polygonale Anlage und wurden mit großen Steinblöcken erbaut, die so geschnitten wurden, dass sie perfekt ineinander passten und kein Zement benötigt wurde. Chronisten haben eine Beschreibung des prächtigsten Palastes im Zentrum Cuzcos, des Coricancha (Sonnentempel) überliefert, eines Tempels, der dem Sonnen-, Mond- und Sternenkult gewidmet war. Die Wände dieses Palastes waren mit Blattgold überzogen und im Garten standen Tier- und Menschenstatuen aus Gold und wertvollen Steinen. Cuzco sah im Gegensatz zu anderen peruanischen Städten nicht wie eine befestigte Stadt aus. Keine Wehranlagen waren errichtet worden, um die Stadt vom Umland abzuschirmen.
Nördlich von Cuzco, 200 m über dem Stadtzentrum, wurde eine große Megalithanlage gefunden, die bis vor kurzem für eine Festung gehalten worden war: Sacsayhuamán. Auf drei übereinander geschichteten Plattformen, die eine Höhe von 18 m haben, befindet sich ein dreifacher Gürtel gezackter Mauern, die aus gewaltigen, zum Teil 5 m hohen polygonalen Steinblöcken geformt worden waren.
Diesen Komplex betritt man durch eine Reihe von Toren, die im Zick-Zack-Muster erbaut sind und über denen gewaltige, monolithische Querbalken liegen. Mit diesen Mauern waren drei mysteriöse Gebäude verbunden, die noch heute Rätsel aufgeben. Chronisten berichten, dass es sich bei dieser Megalithanlage um einen Tempelkomplex handelte, der dem Inti, dem Sonnengott, geweiht war. Es ist erwiesen, dass die Steinblöcke für diese gewaltige Anlage vom Huacay-Pata-Steinbruch kamen, der nur wenige hundert Meter entfernt von dieser Stelle liegt.
Ein großer Zwischenraum liegt zwischen der Festung und einem weiteren äußerst interessanten Monument, dem „Inka-Thron". Dabei handelt es sich um Stufen, die in einen Vulkanfelsen geschlagen wurden. Glaubt man spanischen Berichten, handelt es sich hierbei um einen „heiligen Ort", einen Ushnu. Dieses Ketschua-Wort wurde zur Bezeichnung sehr spezieller Felsformen und -größen verwendet, die über die Landschaft verstreut waren und die bearbeitet wurden, um Nischen, Treppen, Altäre und Throne daraus zu machen.

479 oben *Eine der drei Megalithtüren, die die Plattformen des riesigen Sacsayhuamánkomplexes miteinander verbanden.*

479 Mitte *Sacsayhuamán ist wie die Anlagen in Pisac und Ollantaytambo ein typisches Beispiel der Inkaarchitektur.*

479 unten *Dieses elegante silberne weibliche Götzenbild wurde im Komplex von Sacsayhuamán gefunden. Es deutet daraufhin, dass dieser Ort eine religiöse Stätte war. Die Bearbeitung von Silber hatten die Inka von den Handwerkern der Chimú gelernt.*

480–481 *Diese Luftaufnahme zeigt den gesamten Komplex von Sacsahuaman.*

OLLANTAYTAMBO

Stützpunkt der Inka

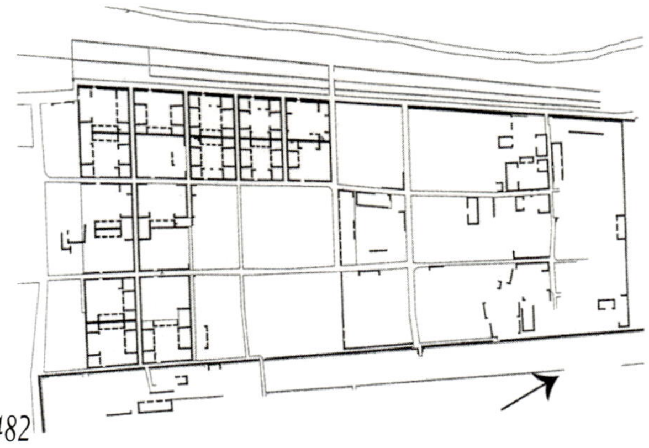

Plan des Straßennetzes der Stadt. Die Reste der Häuser sind schwarz.

482–483 Die in 3000 m Höhe errichteten massiven Mauern und Tempelanlagen von Ollantaytambo bilden – wie auch in Sacsayhuamán und Pisac – einen eindrucksvollen architektonischen Komplex, der das unter ihm liegende Tal beherrscht.

482 Dieses Foto zeigt eine Wand des Haupttempels. Sie wurde aus großen Steinquadern, die perfekt ineinander gepasst sind, errichtet. Das Tor in der Mitte besteht aus doppelten Säulen, es ist jedoch unvollendet.

483 ganz oben *An der Rückwand dieses Raums wurden große Ausbuchtungen in den Fels geschlagen, die einst die Dachbalken trugen.*

483 oben *Diese imposanten rosafarbenen Mauern sind die Relikte des Haupttempels, eines der religiösen Gebäude von Ollantaytambo.*

483 Mitte *Hier ist eines der Charakteristika von Ollantaytambo zu sehen: Eine Gruppe aus sechs rechteckigen Monolithen aus rosafarbenem Porphyr wurde durch steinerne Keile präzise miteinander verbunden und zu einer gewaltigen Mauer aufgestellt. An den Wänden kann man Treppendekorationen ausmachen, ähnlich wie in Tiahuanaco.*

483 unten *Dieses ungewöhnliche Gebäude befindet sich in der Nähe der Festung von Ollantaytambo. Man nennt es das „Prinzessinnenbad". Dabei handelt es sich um eine Quelle, die vermutlich für rituelle Waschungen verwendet wurde. Das Gebäude wurde aus einem 1,2 m hohen und 2,5 m breiten Stein geschnitten. Bemerkenswert ist auch das als Treppenmotiv gestaltete Gesims.*

Sacsayhuamán ist nicht der einzige geheimnisvolle Komplex in der Gegend von Cuzco, es gibt noch andere sagenumwobene Anlagen. Eine davon ist Ollantaytambo, das auf einem Hügel am Eingang zum heiligen Tal, wenige Kilometer von der Hauptstadt des Inkareiches entfernt liegt. Die Spanier schrieben, dass Ollantaytambo und Pisac an strategisch wichtigen Punkten lagen, da man von diesen beiden Stellen aus die Hauptstraße nach Cuzco kontrollieren konnte. Auch hier beeindruckt die gewaltige und gleichzeitig rätselhafte Anlage den Betrachter. Im untersten Teil des Komplexes befanden sich einst Siedlungen, im typischen Inkastil, ähnlich wie in Cuzco. Kanchas waren auf einem gewaltigen Platz im Schwemmland des Flusses angelegt worden. Darüber liegen auf einem schmalen Felsvorsprung die Reste einer Festungsmauer, deren Fertigstellung womöglich durch die Ankunft der Europäer unterbrochen wurde. Diese Mauer besteht aus sechs roten Porphyrblöcken, die bis zu 4 m hoch sind und miteinander durch sehr dünne Platten und Zapfen kunstvoll verbunden wurden. An der Fassade sind seltsam vorstehende Ausbuchtungen zu erkennen, deren Bedeutung ungewiss ist. Am zentralen Stein ist ein Flachrelief angebracht, auf dem ein Treppenmotiv zu sehen ist, das dem an den Steinen von Tiahuanaco ähnelt.

Auch von Ollantaytambo kann man nicht mit Sicherheit sagen, ob es sich um eine Festung handelt. Wie in Sacsayhuamán vermutet man, dass an dieser Stelle ein Tempel stand, der dem Sonnengott geweiht und von Mauern umgeben war.

Die Relikte von Ollantaytambo wie auch viele andere aus der Zeit der Inka bezeugen eine hohe kulturelle Entwicklung, einen ungeheuren Wissensstand und eine religiöse Überzeugung, die plötzlich unterbrochen wurden. Garcilazo de la Vega, einer der bedeutendsten Zeitzeugen am Hof der letzten Inka, beschrieb einige

484–485 *Eines der Merkmale von Ollantaytambo sind die Terrassen und Treppen, die sich an die steilen Hänge schmiegen. Auf diesem Foto sind die Reste eines Hauses zu erkennen, das ursprünglich mit einem geneigten Dach gedeckt war.*

484 *In Ketschua bedeutet Ollantaytambo „Ort der Ruhe". Wie auch in Sacsayhuamán handelt es sich bei dieser Anlage vermutlich nicht um einen militärischen Komplex, sondern um ein befestigtes religiöses Zentrum.*

485 links *Typisch für die Architektur der Inka sind trapezförmige Türen wie diese hier. Viele der Gebäude in Ollantaytambo sind nicht fertig gestellt und wurden mit der Ankunft der Spanier im 16. Jahrhundert verlassen.*

485 rechts *Die gewaltigen Mauern des Haupttempels.*

486–487 *Die riesige Stadtmauer, deren Steine perfekt behauen und ineinandergepasst wurden, beweist das hohe Niveau der Bautechnik, das die Inka erreicht hatten. Auch in anderen Städten, die Ollantaytambo ähneln, kann man das feststellen, beispielsweise in Pisac und Sacsahuaman.*

Riten, die es in Ollantaytambo gab: Hier wurden z.B. die inneren Organe der toten Herrscher begraben, nachdem sie dem Körper vor der Einbalsamierung entnommen worden waren. Anschließed wurde gemäß der Tradition eine goldene Statue für den Herrscher errichtet.

In die Festung gelangt man über eine steile Treppe, die in den Berg eingepasst wurde. Rechter Hand kann man 16 Terrassen bewundern, wohingegen auf der anderen Seite drei gewaltige Mauern liegen, die äußerst ungewöhnliche Anlagen umschließen. Einige davon beschreiben Wissenschaftler als „Terrassen-Observatorien“.

Im höchstgelegenen Abschnitt der Alacenas liegt der so genannte „Chincana“, eine Art Umfassungsmauer, die aus Steinblöcken errichtet wurde und wahrscheinlich zu unterirdischen Galerien führte. Heute vermuten Archäologen, die versuchen, die Bautechniken dieser bemerkenswerten Anlage zu ergründen, dass diese Steine von einem Steinbruch am gegenüberliegenden Ufer des Vilcanota, 7 km von dem Dorf Cachiquata entfernt, stammen.

Diese Theorie setzt voraus, dass die Inka Techniken und Kenntnisse zum Transport von gewaltigen Steinblöcken gehabt haben müssen, sodass sie die Blöcke bergauf und -ab sowie durch Flüsse transportieren konnten, die sie vielleicht umgeleitet haben, um sich die Arbeit zu erleichtern.

MACHU PICCHU

Die Inkastadt im Urwald

Die überraschendsten Ruinen, die von der Macht der letzten Andenzivilisation zeugen, befinden sich in Machu Picchu, in einem sehr schwer zugänglichen Gelände. Die Stadt wurde um das Jahr 1450 erbaut. Jahrhundertelang war sie in Vergessenheit geraten, bis sie 1911 durch den amerikanischen Archäologen Hiram Bingham wieder entdeckt wurde.

Die Ruinen von Machu Picchu liegen 112 km nordwestlich von Cuzco, 2450 m über dem Meeresspiegel, zwischen zwei Bergen: dem Huayna Picchu („Junger Gipfel") und dem Machu Picchu („Alter Gipfel"). Besucht man Machu Picchu, wird man sofort den imperialistischen Stil wie in anderen Inkastädten erkennen, wobei die Umgebung der Stadt völlig anders ist.

Die Stadt liegt inmitten einer üppigen Vegetationszone, die durch den im Tal fließenden Urubamba genährt wird. Wissenschaftler fragen sich jedoch immer noch, warum die Inka in dieser heißen, feuchten Gegend, am Rande des Amazonas-Regenwaldes solch eine gewaltige Anlage errichtet haben. Möglicherweise wurde der Komplex gebaut, um Cuzco vor den kriegerischen Stämmen in dieser unzugänglichen Gegend zu schützen. In diesem Fall wäre Machu Picchu eine Festung mit wahrlich exzentrischer Struktur gewesen. Eine andere Theorie besagt, dass Machu Picchu als gigantisches Kloster geplant war, in dem die Sonnen-Jungfrauen, junge fremde Frauen, die dem Inkaherrscher zu Diensten sein sollten, untergebracht waren. Andere wiederum glauben, dass der Komplex gebaut worden war, um König Manco Capac II. zu verstecken, der von den Spaniern nach dem Tod Atahualpas als Marionette auf den Thron gesetzt worden war. Im Jahr 1536 lehnte sich dieser König gegen die Konquistadoren auf und wurde gezwungen zu fliehen. Viele Legenden ranken sich um die „letzte Stadt

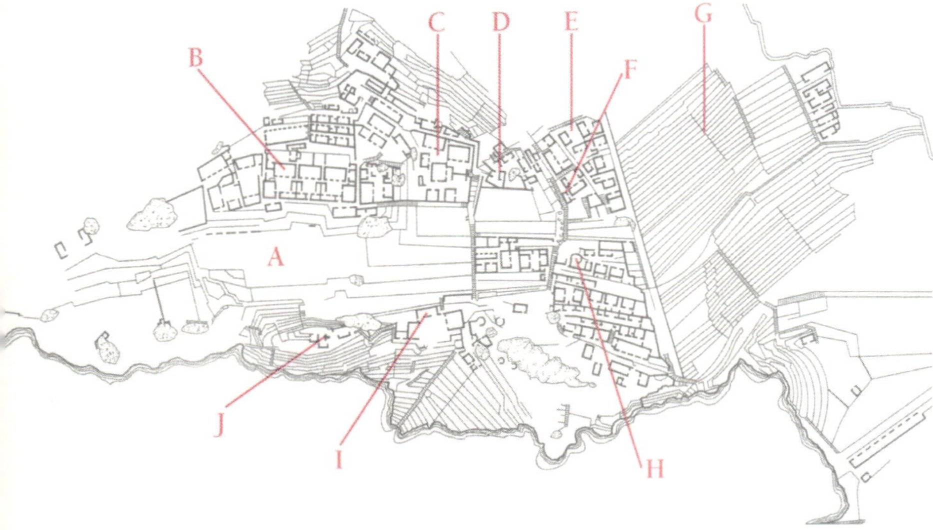

A Hauptplatz
B Sektor der drei Türen
C Viertel der Steinmetze
D Gefängnisviertel
E Wohnviertel
F Straße der Brunnen
G Terrassen
H Rundturm (El Torreón)
I Tempel der drei Fenster
J Intihuatana

der Inkas". Neueste Studien haben ergeben, dass es sich bei Machu Picchu auch um einen kultischen Ort gehandelt haben könnte, der mit der Beobachtung der Sterne in Verbindung stand. Historisch gesichert konnte noch keine dieser Thesen werden, aber die Forschungen dauern weiterhin an.

488 links *Dies ist ein typischer Altar, der die Fertigkeiten der Inka als Steinmetze bezeugt.*

488 rechts *Mauern, Häuser und Treppen, die von Terrasse zu Terrasse führen, sind typisch für Machu Picchu. Ungeklärt ist jedoch die Funktion dieses Komplexes.*

488–489 *Machu Picchu erstreckt sich entlang eines Grates zwischen dem „Alten Gipfel" (Machu Picchu) und dem „Jungen Gipfel" (Huayna Picchu). Die außergewöhnliche Architektur passt sich wunderbar an die Landschaft an und lässt Machu Picchu zur faszinierendsten archäologischen Stätte in Peru werden.*

489 unten *Die vielen Terrassen im Außenbereich von Machu Picchu wurden wahrscheinlich für landwirtschaftliche Zwecke genutzt.*

490–491 *Die Luftaufnahme zeigt einen ungewöhnlichen Beobachtungsstandort der Ausgrabungsstätte vom Macchu Picchu.*

492 oben *Einer der Außenbereiche der Anlage von Machu Picchu; diese wurden wahrscheinlich für landwirtschaftliche Zwecke verwendet.*

492 unten *Im zeremoniellen Bereich von Machu Picchu befinden sich kultische Bauten wie z.B. der Tempel der drei Fenster der Haupttempel und das Intihuatana (hier im Bild).*

Die Architektur Machu Picchus zeigt, wie genial es gelungen ist, eine Siedlung an die natürlichen Gegebenheiten eines Ortes anzupassen. Ungefähr 200 Gebäude wurden in Machu Picchu auf weitläufigen, parallel verlaufenden Terrassen um einen großen zentralen Platz angelegt.

Die Stadt liegt auf verschiedenen Ebenen, ist in Ost-West-Richtung angelegt und in zwei Sektoren unterteilt, wobei jeder auf einem natürlichen Gipfel liegt. Die Viertel (in Ketschua „Kanchas") sind schmal, länglich und so eingeteilt, dass die Terrassen in bestmöglicher Weise ausgenutzt werden konnten.

Die außerhalb der Wohnviertel gelegenen Terrassen wurden vermutlich für landwirtschaftliche Zwecke genutzt, und man nimmt an, dass es bäuerliche Hütten und Ansiedlungen gab, die aus vergänglichen Materialien hergestellt wurden und heute verschwunden sind. Ausgeklügelte Kanalsysteme bewässerten die Felder, und über Steintreppen gelangte man auf die verschiedenen Ebenen.

Die beiden Sektoren in Machu Picchu hatten wahrscheinlich zwei verschiedene Funktionen: Zum einen dienten sie als Wohnungen und zum anderen für zeremonielle und religiöse Zwecke. Im zeremoniellen Westsektor fällt vor allem „El Torreón" („Der Rundturm") auf, ein massiger, halbkreisförmiger Turm mit Fenstern, die den Gucklöchern europäischer Festungen ähneln.

Der Fels, auf dem El Torreón steht, hat die Form einer Grabkammer. Deshalb wurde diese Stelle „königliches Mausoleum" genannt, obwohl es keinerlei Anhaltspunkte dafür gibt, dass eine solch hoch gestellte Persönlichkeit hier begraben wurde. Ein weiteres zeremonielles Gebäude war vermutlich der „Tempel der drei Fenster", der wegen seiner drei trapezförmigen Nischen so genannt wird. Ein noch größerer heiliger Komplex war das Intihuatana, wahrscheinlich ein Sonnenobservatorium, was sich auch in der Bezeichnung ausdrückt: „Inti" bedeutet Sonne, „Huatana" Beobachtung und „Huata" Jahr. Die in der Mitte stehende, aus dem Fels geschlagene Säule diente wahrscheinlich der Vermessung der Sonnenlaufbahn. Andere Thesen behaupten, dass es sich bei diesem Steinpfeiler um einen Ushnu handelte, einen heiligen Altar, den es in allen Zentren der Inka gab. Wenn man über den Hauptplatz geht und den zeremoniellen Teil der Stadt hinter sich lässt, kommt man in die nordöstliche Zone, in der sich die Wohnungen befunden haben. Jedes Viertel bekam einen eigenen Namen, der in Zusammenhang mit der Tätigkeit der Menschen oder mit Funden stand. Es gibt z.B. das „Viertel der Steinmetze" und das „Gefängnisviertel". Die meisten Häuser hatten nur ein Stock-

werk, geneigte Dächer und Fenster sowie Türen, die nach oben hin schmaler wurden. Diese einfachen Häuser bestanden aus rohen Granitblöcken, die mit einem Zement auf Lehmbasis miteinander verbunden wurden. Das für Touristen und Experten erstaunlichste Phänomen in Machu Picchu wie auch in Cuzco, Pisac, Ollantaytambo und anderen Städten sind in jedem Fall die gewaltigen Mauern, die aus gigantischen Steinblöcken errichtet wurden. Dies ist deshalb bemerkenswert, weil die Inka weder das Rad noch eiserne Werkzeuge

492–493 *Dieses imposante halbrunde Gebäude El Torreón („Der Rundturm") war vielleicht eine Art Observatorium oder ein Tempel, der dem Sonnenkult geweiht war.*

493 *Das „Viertel der Steinmetze" ist eine Gruppierung kleiner, bescheidener Häuser mit Fenstern. Man nimmt an, dass es sich hier um das Zentrum der Handwerker gehandelt hat.*

494 oben links Im östlichen Viertel von Machu Picchu in der Nähe eines eigenartigen Gebäudes auf einem Felssporn liegt ein kleiner Brunnen, der aus dem Fels geschlagen wurde. Es könnte sich dabei allerdings auch um einen Altar handeln, auf den ein stilisierter Kondorkopf (hier im Bild) gemeißelt wurde.

496-497 Diese Aufnahme zeigt die Stützmauern entlang des Hügels von Macchu Picchu.

kannten, sodass die Leistung, gewaltige mehrere Tonnen wiegende Steinblöcke zu transportieren und aufzustellen, schier unglaublich erscheint. Forschungen haben ergeben, das die Blöcke in den Steinbrüchen geschnitten wurden, dass der letzte Schliff dann an Ort und Stelle vorgenommen wurde und dass die Steinblöcke mithilfe von Baumstämmen transportiert wurden.

Die Mauern, die die Inka errichteten, waren jedoch keine reinen Trockenmauern wie weithin angenommen wird, sondern wurden präzise zugeschnitten und anschließend mit einer Art Mörtel, der heute jedoch nicht mehr sichtbar ist, miteinander verbunden. Darüber hinaus diskutierten Archäologen, ob die Inka diese Bautechnik erfanden oder ob sie diese von einem anderen Volk kopierten. Obwohl viele die erste Hypothese vertreten, ist es doch sehr wahrscheinlich, dass die Inka von den Megalithanlagen von Tiahuanaco inspiriert wurden, die aus einer viel früheren Zeit stammen.

Den Anbau von Nahrungsmitteln auf Terrassen brachten die Inka in Machu Picchu mithilfe eines ausgeklügelten Bewässerungssystems zu einer noch nie da gewesenen Perfektion. Diese Bewässerungstechnik war zwar nicht neu, aber eine Fort- und Weiterentwicklung der in den Anden angewandten Technik aus der Zwischenzeit. Es ist erwiesen, dass die Moche an der Nordküste Perus mehrere Jahrhunderte v. Chr. Aquädukte und Bewässerungskanäle entwickelten, mit denen sie in der Lage waren, hervorragende Ernteergebnisse auf künstlich angelegten Terrassen zu erzielen. Die geschickten und findigen Inka übernahmen diese Kenntnisse, modernisierten sie, passten sie ihren architektonischen und städteplanerischen Erfordernissen an und ließen damit eine der einzigartigsten Zivilisationen des amerikanischen Kontinents entstehen.

494 Mitte links Niemand kann heute mehr genau sagen, welche Funktionen die einzelnen Viertel in Machu Picchu hatten. Archäologen haben den Vierteln Namen gegeben, die sich entweder auf Fundgegenstände oder architektonische Charakteristika beziehen. Hier ist der Kondortempel zu sehen, der im Gefängnisviertel liegt.

494 unten links Dieses Foto zeigt einen Teil des Hauptplatzes und im Hintergrund das auf dem höchsten Punkt des Zentrums gelegene Intihuatana.

494 oben rechts Im Herzen der Stadt, in der Nähe des Rundturms und des königlichen Friedhofs, befand sich die Straße der Brunnen (hier im Bild). Diese Straße und die zentrale Treppe verbanden verschiedene Wohnkomplexe miteinander.

495 In Machu Picchu gibt es neben den städtischen Vierteln auch ein Viertel, das religiösen Zwecken diente. Vom Tempel der drei Fenster und dem Haupttempel führt eine Treppe zur Spitze eines Felspfeilers, auf dem sich das Intihuatana befindet.

TIAHUANACO

Geheimnisvolle Monolithe

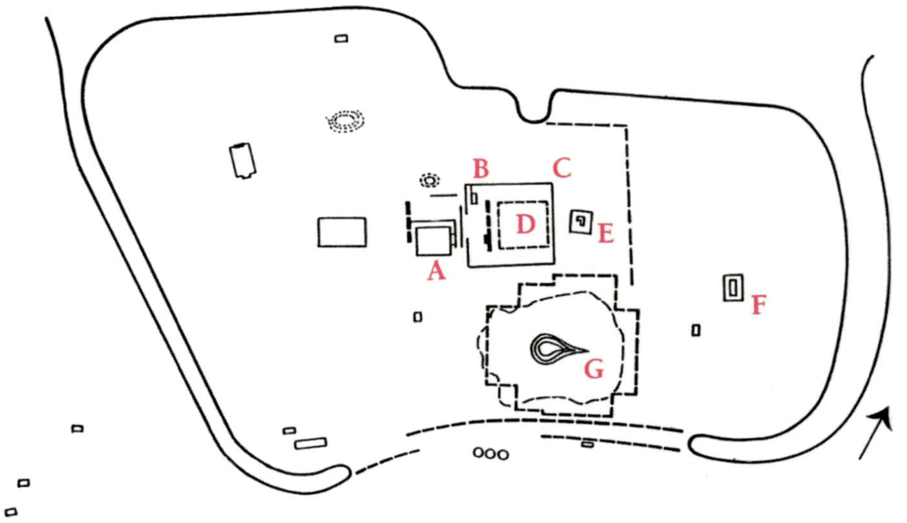

20 km südlich des Titicacasees im Hochland von Bolivien liegen die monumentalen Überreste einer antiken Zivilisation, die zweifellos mit den Andenkulturen des präkolumbianischen Perus in Verbindung stand, aber dennoch vielfältige eigene stilistische Ausdrucksmöglichkeiten hatte. Archäologen nannten sie die „Zivilisation von Tiahuanaco". Es handelte sich dabei um die erste Zivilisation der Anden vor den Inka, die die Europäer entdeckten. Im 16. Jahrhundert erfuhren die Konquistadoren von Legenden der Einheimischen, dass der eigentliche Ursprung der Inka in der Gegend um den Titicacasee lag, und so machten sich etliche auf, um die längst verlassenen Ruinen dieser Siedlungen zu besichtigen. Der spanische Schriftsteller Pedro Cieza de León schrieb über die Ruinen Tiahuanacos: „Sie sind wahrlich der Bewunderung wert". Er nahm an, dass sie Atigualla, die „älteste Stadt Perus" darstellten. Einige Wissenschaftler wie z.B. Arthur Posnanski gingen davon aus, dass der Ursprung dieser Stadt sehr weit zurücklag, möglicherweise 10 000 Jahre. Diese These gilt jedoch heute als widerlegt. Die meisten Archäologen sind mittlerweile davon überzeugt, dass der größte Teil der heute noch sichtbaren Ruinen aus einer Zeit zwischen 100 v. Chr. und 1000 n. Chr. stammt, was vor allem anhand der Keramiken nachweisbar ist. Entlang der Flüsse, die in den Titicacasee fließen, fand man jedoch auch Spuren, die auf eine noch ältere Zivilisation schließen lassen als die in Tiahuanaco: die Pucarákultur. Diese erreichte zwischen 300 und 200 v. Chr. ihre Blütezeit und stellt die älteste Kultur im Hochland der Anden dar.

Tiahuanaco übernahm viel von der Pucarákultur, z.B. Architektur, Keramik und monumentale Skulpturen. Die archäologischen Ausgrabungen in Tiahuanaco erstrecken sich über ein Gebiet von mehreren km² und liegen auf einer Höhe von 4000 m über dem Meeresspiegel. Die verschiedenen Komplexe wurden zu unterschiedlichen Zeiten erbaut. Da einige Bauten unvollendet verlassen wurden, nimmt man an, dass die Bevölkerung die Stadt plötzlich verlassen hat.

Die Stadt selbst war ein großes, prächtiges Handels- und Zeremonialzentrum, in dem man verschiedenen Gottheiten und den Sternen huldigte. Man nimmt an, dass Tiahuanaco viele Jahrhunderte lang ein Wallfahrtsort für die Andenbevölkerung darstellte.

Für den Bau der Monumente verwendete man große Blöcke und Platten aus Basalt und Sandstein, die man rechtwinklig abschnitt und schliff. Dann wurden die Blöcke aneinander angepasst und mit T-förmigen Kupfer- und Bronzeverbindungsstücken aneinander befestigt. Zu

498 links *Die rätselhaften geometrischen Treppenmotive, die dieses Bauwerk in Tiahuanaco zieren, findet man an vielen Bildwerken der peruanischen Kulturen.*

498 rechts *Nördlich der Kalasasaya liegt der Pumapuncukomplex. Dort formen exakt zugeschnittene Sandsteinblöcke eine Art Plattform, an deren Ostseite eine Reihe Sitze aus dem Fels gehauen wurde. Einige Wissenschaftler behaupten, dies seien die Reste einer antiken Pyramide.*

498–499 *Das Sonnentor befand sich früher an einer anderen Stelle der Kalasasaya. Man hat ausgerechnet, dass das Gewicht der gesamten Anlage ca. 12 Tonnen beträgt. Der gewaltige Türsturz ist mit einem Fries dekoriert, auf dem drei Reihen geflügelter Figuren abgebildet sind. In der Mitte dieser Figuren befindet sich der Gott des Bogens, ein mysteriöses Wesen, das auch als mythischer Wirs Cocha identifiziert wurde.*

499 *Hier sind die Reste der Kalasasaya, des bemerkenswertesten Monuments in Tiahuanaco, zu sehen. Die Monolithe, die dieses umgeben, erinnern an die Megalithkulturen in Europa.*

den wichtigsten Komplexen in Tiahuanaco zählt der „Akapanahügel“. Er ist der Rest einer ehemals dreistufigen, oben flachen Pyramide, hat einen quadratischen Grundriss und ist ungefähr 15 m hoch. Der Name dieses Bauwerks, das möglicherweise das älteste in diesem zeremoniellen Zentrum ist, bedeutet „künstlicher Hügel“. Es ist heute jedoch umstritten, ob sich auf der Pyramide ein Tempel befunden hat. Nördlich des Akapana liegt der ungewöhnlichste Komplex der Stadt, der an die Megalithen von Stonehenge erinnert: die Kalasasaya, was soviel wie „stehende Steine“ bedeutet. Dabei handelt es sich um eine Reihe hintereinander aufgestellter monolithischer Pfeiler. Rekonstruktionen haben ergeben, dass es sich bei diesen Monolithen um eine Mauer gehandelt haben muss, die eine erhöhte, fast quadratische Plattform umfasste. In daher auf eine Verbindung des Sonnenkultes in Tiahuanaco und dem noch älteren Kult der katzen- und schlangenförmigen Wesen schließen, die in Chavín verehrt wurden und von denen man annimmt, dass sie die Mutter der später entstehenden Kulturen des präkolumbianischen Peru waren. Ebenfalls rätselhaft sind die anderen beiden menschenähnlichen Monolithe der Kalasasaya, der Fraile- (die Übersetzung des spanischen „friar“) und der Poncemonolith, der nach seinem Entdecker benannt wurde. Dabei handelt es sich um gewaltige monolithische Pfeiler, in die Figuren als Flachreliefs gemeißelt wurden.

Zwei weitere Tempel liegen östlich und westlich der Kalasasaya, ein halb unterirdischer Tempel und der große Tempelkomplex Puma Punku, die Relikte einer Sandsteinpyramide. Nur unweit von die-

500 Mitte *Die Monolithe im Zentrum des heiligen Bezirks des Zeremonialbereichs. Im Hintergrund ist der Zugang zur Kalasasaya und in der Mitte des Portals der Poncemonolith zu erkennen.*

500 unten *Eine der Kopfskulpturen in der Mauer des zeremoniellen Zentrums. Das quadratische, stilisierte Gesicht ist in die Mauer eingelassen, die die Kalasasaya umgibt. Die Darstellung dieser Köpfe ähnelt denen auf den Monolithen, z.B. am Ponce- und Frailemonolithen.*

500 oben *Diese elegante Silberstatuette stammt aus Tiahuanaco. Sie war eine Votivgabe, die in einem Tempel gefunden wurde. Die Bearbeitung von Silber war eine seit langem überlieferte Technik.*

der Kalasasaya befinden sich Stelen, die nach den Restaurationsarbeiten nicht mehr an ihrem ursprünglichen Platz stehen.

An der Nordwestecke der Plattform ist das berühmteste Bauwerk Tiahuanacos zu bewundern, das Sonnentor. Es wurde aus einem einzigen 4 m breiten und 3 m hohen Andesitblock herausgeschlagen. Berühmt wurde es wegen des Reliefbandes über dem Durchgang. Darauf sind geflügelte Wesen abgebildet, die sich der zentralen Figur zuwenden. Diese zentrale Figur mit dem Federkranz und den schlangenförmigen Stöcken in jeder Hand wird für den Schöpfergott oder Sonnengott gehalten. Aber auch hier weichen die Interpretationen der Wissenschaftler von einander ab. Eindeutig ist nur, dass man die gleiche Figur in Chavín de Huantar findet. Man kann ser Pyramide entfernt liegen das Mondtor und die Relikte des Palastes.

Neben den Bauwerken hat man in Tiahuanaco auch eine ganze Menge Keramiken gefunden, die verschiedene dekorative Bemalungen aufweisen, mit deren Zuordnung heute noch Spezialisten beschäftigt sind. Die Arbeit an der Lösung dieser Rätsel soll helfen, weitere Fragen nach dem Ursprung dieses Volkes zu klären und der Frage auf den Grund zu gehen, weshalb es in der Nähe des Titicacasees, in der Kälte des andischen Hochplateaus solch gewaltige Monumente erbaute.

500–501 *Der halbunterirdische Tempel ist ein kleines Gebäude an der Ostwand der Kalasasaya. Hier sind die Kopfskulpturen abgebildet, die in die Mauer eingelassen waren.*

501 links *Dieser große menschliche Monolith, der Poncemonolith, ist 2,8 m hoch. Wie die anderen Skulpturen in Tiahuanaco ist er sehr stark stilisiert und hat ein quadratisches Gesicht. Manche Wissenschaftler halten diese Monolithen für Skulpturen von Priestern.*

501 rechts *Der Frailemonolith, eine der bedeutendsten monolithischen Skulpturen von Tiahuanaco. Auch diese Figur ist sehr stark stilisiert. Sie hat die Arme über der Brust und hält Gegenstände in den Händen. Die Spanier hielten diesen Monolithen für die Abbildung eines Priesters, was jedoch nicht bewiesen ist.*

DIE OSTERINSEL

Land der Moai

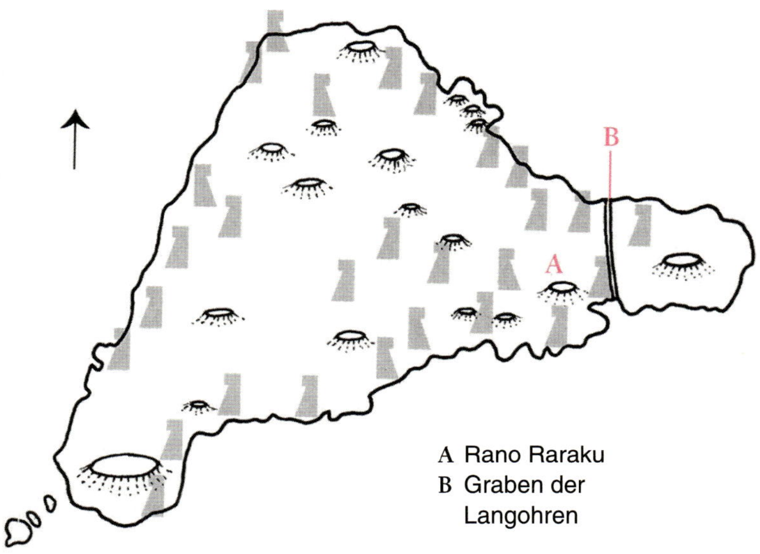

502 *Die Moai wurden hauptsächlich aus dem Fels des Vulkans Rano Raraku geschlagen; sie wurden auf Steinplattformen (Abu) errichtet. Die Anzahl der aufgestellten Moai variierte mit der Bedeutung und dem Wohlstand, den die Familie hatte, die das Monument in Auftrag gab. Vermutlich wurden die Moai zu Ehren herausragender Vorfahren errichtet. Sie wurden entlang der Küste aufgestellt und blickten vom Meer abgewandt auf die Ebenen, vielleicht um über die Plätze, auf denen man sich traf und feierte, zu wachen.*

503 *Erst kürzlich stellte man fest, dass die Moai nach einem astronomischen Muster aufgestellt wurden. Dies wiederum erschwert die Suche nach der wirklichen Bedeutung dieser rätselhaften Figuren. Für die Menschen auf der Osterinsel war das Aufstellen dieser Steinfiguren mit Sicherheit ein unglaublich anstrengender Akt, da sie über keine metallenen Werkzeuge verfügten. Alle Arbeiten wurden mithilfe von steinernen Picken und Meißeln aus hartem Vulkangestein verrichtet.*

Die Osterinsel liegt im Süd-Pazifik, rund 3600 km westlich der chilenischen Festlandküste und 1800 km östlich von der nächsten bewohnten Insel enfernt. Der niederländische Seefahrer Jacob Roggeveen entdeckte diese Insel am Sonntag, dem 5. April 1722. Da an diesem Tag Ostersonntag war, gab er der Insel den Namen „Osterinsel“.

Der Kapitän notierte in seinem Logbuch, dass die Einheimischen weniger erstaunt waren als seine Crew und dass sie ein so großes Interesse an den Schiffen bekundeten, als ob sie noch nie zuvor welche gesehen hätten. Noch überraschter waren die Niederländer, als sie die gewaltigen Monolithe sahen, die überall auf der Insel aufgestellt waren und vor denen die Einheimischen sich bei Sonnenaufgang zu Boden warfen.

Aber Roggeveen hatte keine Zeit sich näher mit den Steinen zu beschäftigen, da sich die Beziehungen zu den Einheimischen schnell verschlechterten und es zu Schusswechseln kam. Am 10. April setzten die Schiffe ihre Reise fort.

Erst 1770 kamen wieder Europäer auf die Osterinsel. Zwei spanische Schiffe unter dem Kommando von Don Felipe Gonzáles de Haedo legten auf der Insel an, blieben sechs Tage, zeichneten eine Landkarte und nahmen die Insel im Namen des spanischen Königs in Besitz. Auch die Spanier waren von den gewaltigen Statuen beeindruckt.

Der Kapitän berichtete, dass sie mehrere Meter hoch seien und dass viele rote, zylindrische Steine auf ihren Köpfen hätten. Am 11. März 1774 landete schließlich der berühmte britische Seefahrer James Cook auf der Insel, weil er wissen wollte, ob die Berichte, die er über die isolierte Insel gehört hatte, der Wahrheit entsprachen. Er bestätigte die Aussagen seiner Vorgänger und schrieb, dass es sich bei der Osterinsel um eine völlig baumlose Insel vulkanischen Ursprungs handle, die von anspruchslosen Menschen bewohnt werde, die nichts Wildes an sich hätten. Die Einheimischen seien vermutlich Polynesier, lebten in großen Hütten aus Schilf und Flechtwerk und ernährten sich von landwirtschaftlichen Produkten und Fischfang. Cook beschrieb auch die riesigen Statuen auf der Insel. Er bemerkte außerdem, dass viele Statuen auf dem Boden lagen. Es sähe so aus, als ob sie in den Boden gepflanzt oder absichtlich umgelegt worden seien, damit sie nicht durch Wind oder Erdbeben umfielen. Aber warum? Noch schwieriger zu klären, erschien ihm die Frage, wie die Inselbewohner in der Lage gewesen waren, diese Statuen überhaupt zu errichten.

Auch der Franzose Jean-François de la Pérouse, der 1786 auf der Insel landete und einige dieser steinernen Giganten zeichnete, konnte dieses Rätsel nicht lösen. Er stellte fest, dass die Inselbewohner selbst den Ursprung dieser Monolithe ebenfalls nicht erklären konnten. Darüber hinaus konnte Pérouse sich auch nicht erklären, warum die Statuen alle landeinwärts blickten.

Kapitän Lisjanski, Kommandant eines russischen Schiffes, das die Insel im Jahr 1804 erreichte, schrieb, dass viele der Statuen, die bei James Cooks Besuch noch standen, mittlerweile auf dem Boden lägen. Zwölf Jahre später bemerkte der Kapitän eines anderen russischen Schiffes, der *Kotzebue,* dass nur noch zwei Statuen stünden.

Im Jahr 1862 wurden die Bewohner der Osterinsel von Peruanern verschleppt und gezwungen, vor der peruanischen Küste Guano abzubauen. Dadurch wurde die Bevölkerung der Insel weitgehend vernichtet. Auf Druck ausländischer Regierungen wurde es etwa hundert Überlebenden gestattet, in ihre Heimat zurück zukehren. Aber auch diesen spielte das Schicksal übel mit: Bis auf 15 Personen starben alle an Pocken und diese schleppten die Krankheit auf der Insel ein. Infolgedessen breiteten sich die Pocken auf der

Insel aus und rafften im Jahr 1870 bis auf etwa hundert Bewohner alle hinweg. Prediger verschlechterten diese Situation noch weiter, indem sie versuchten, den Lebensstil der Einheimischen zu ändern, ihre Traditionen und Bräuche auszurotten und indem sie parallel dazu Alkohol und Geschlechtskrankheiten mitbrachten.
Durch die kulturelle Krise, die dem Versuch der Europäer folgte, die Inselbewohner zu „zivilisieren", ging die eigentliche Geschichte der Insel auch den Einheimischen verloren, die seitdem nur noch Legenden und äußerst unwahrscheinliche Geschichten kannten.
Die Osterinsel besteht aus vulkanischem Gestein und hat eine Fläche von ca. 166 km^2. Die Ureinwohner, die nichts von der Existenz weiterer Länder wussten, nannten ihr Land „Rapa Nui", was soviel wie „Nabel der Welt" bedeutet. Eine Hypothese besagt, dass die ersten Siedler um das Jahr 500 von Zentralpolynesien auf die Insel kamen und dass sie nach ihrer Ansiedlung eine vollkommen selbständige Kultur auf der Basis ihrer polynesischen Wurzeln entwickelten. Um 1350 erfolgte eine weitere Besiedelung durch Auswanderer von den Marquesasinseln unter der Herrschaft von König Hotu Matua.
Eine Legende erzählt, dass einst König Hotu Matua von der polynesischen Insel Maori Nuinui die schwer wiegende Entscheidung treffen musste, seine Heimat zu verlassen, da die Insel langsam im Ozean versank und somit der Lebensraum der Inselbewohner gefährdet war. Hotu Matua entsandte sieben Untertanen, die eine geeignete Heimat für sein Volk suchen sollten. Nachdem die Männer 30 Tage umhergesegelt waren, entdeckten sie Rapa Nui, die Osterinsel. Sie erkundeten das Eiland, hielten es für geeignet und kehrten nach Maori Nuinui zurück, um ihrem König Bericht zu erstatten. Hotu Matua entschied, das Wagnis auf sich zu nehmen und verließ mit mehreren Hundert seiner Untertanen die Heimat. Nach 42 Tagen erreichten sie die Osterinsel, gingen in der Bucht von Anakena an Land, zerlegten ihre Schiffe und begannen, aus dem Holz Häuser zu bauen. Jede Familie erhielt ein Stück Land sowie einige der mitgebrachten Pflanzen und Tiere. Die ersten Jahre waren sehr hart für die Einwanderer, doch nach und nach warfen die Felder genug Ertrag ab, und als König

***504** und **505** In den letzten Jahren wurden viele Moai restauriert, so wie diese hier in Tahai (links) oder Anakena (rechts). Sie wurden an ihrem ursprünglichen Platz wieder aufgestellt und die Köpfe bekamen erneut ihre Zylinder, Pukao, aus rotem Vulkanstein. Durch die Entdeckung eines Korallenauges in der Nähe einer Kultplattform (Ahu) nimmt man an, dass die Augenhöhlen der Statuen mit diesem Material ausgefüllt worden waren. Heute hat man diese jedoch durch weißen Gips ersetzt.*

Hotu Matua starb, wusste er, dass er die richtige Entscheidung getroffen hatte, als er seine Heimat Maori Nuinui verlassen hatte, um sein Volk vor dem Untergang zu bewahren.

Eine andere Theorie stellte der Norweger Thor Heyerdahl auf. Seiner Überzeugung nach wurde die Osterinsel erstmals von Auswanderern aus Südamerika besiedelt. Diesen schrieb er auch die hier vorgefundenen Bauwerke aus großformatigen Steinquadern sowie die ersten Steinskulpturen zu. Laut Heyerdahl folgten im 11. beziehungsweise 12. Jahrhundert weitere Einwanderer, die ebenfalls aus Südamerika kamen. Gemeinsam mit den ersten Siedlern sollen diese die Moai, die Petroglyphen (Felsbilder) und die Höhlenmalereien geschaffen haben. Um 1350 soll schließlich das polynesische Volk von der Insel Maori Nuinui unter dem Herrscher Hotu Matua auf die Osterinsel gekommen sein. Im Lauf der Jahrhunderte gewann diese Volksgruppe gegenüber den Ureinwohnern immer mehr Einfluss und ergriff letztendlich die Vorherrschaft auf der Osterinsel. Dies führte zum Krieg zwischen Ureinwohnern und Polynesiern, der in der Schlacht von Poike um das Jahr 1680 mit der Vernichtung der ursprünglichen Bewohner Rapa Nuis endete.

Es gibt noch einige andere Theorien über die Erstbesiedlung der Osterinsel. Doch bis heute lässt sich keine von ihnen hundertprozentig beweisen, da es keine schriftlichen Überlieferungen gibt und die mündlichen Erzählungen im Lauf der Jahrhunderte immer wieder verändert wurden.

Unbestritten ist jedoch die Einzigartigkeit der Kunstwerke auf der Osterinsel: Riesige Statuen, die Moai, auf sorgfältig gearbeiteten Kultplattformen, Ahu; Petroglyphen, Zeichnungen, die die Felsen zieren; Höhlenmalereien; grottenähnliche Bauten und Holztafeln, die mit einer im pazifischen Raum einmaligen Bilderschrift bedeckt sind.
Die Entstehung der riesigen Steinfiguren, der Moai, wird von den Archäologen in drei Phasen unterteilt: Die Frühzeit, die vom Ende des 1. Jahrtausends bis ca. 1200 dauerte, die mittlere Periode, die um 1680 mit dem Krieg der verschiedenen Völker auf Rapa Nui um die Vorherrschaft auf der Insel endete, und die Spätphase. In dieser letzten Periode wurden die Großfiguren weitgehend zerstört.
Diese Zeit markiert das Ende der großen Skulpturen. Jetzt wurden nur noch kleine Steinfiguren, vor allem aber Schnitzarbeiten aus Holz angefertigt. Aus der Frühzeit sind lediglich einige wenige Moai erhalten, die oft zerbrochen sind. Diese ersten Werke zeichnen sich durch eine hervorragende künstlerische Gestaltung aus. Gefertigt wurden sie aus Vulkangestein wie schwarzem Basalt oder rotem Tuffstein. Die Statuen haben durchschnittlich eine Höhe von 2–3 m, tragen runde Köpfe und ebensolche Körper oder bestehen nur aus Köpfen. Die Augen sind sehr groß, die Nase ist lang gezogen, der Mund wenig betont und die Ohren fehlen hin und wieder ganz. Im Gegensatz zu diesen ersten Steinfiguren stehen die Moai der mittleren Phase. Diese Giganten, die im Durchschnitt eine Höhe von 5–6 m hatten, bestehen nur

506–507 *Nachdem die Steinmetze den Fels für die Moai ausgesucht hatten, meißelten sie zuerst den Kopf und dann den Körper aus dem Fels. Anschließend bearbeiteten sie die Seiten und unterhöhlten den Rücken, sodass die Figur nur noch durch einen schmalen Steg mit dem Fels verbunden war. Die Steinmetze lösten diese Verbindung, nachdem der Moai mit losen Steinen unterlegt worden war.*

noch aus Kopf und Oberkörper. Die Körper wurden aus dem graugelben Lavagestein vom Vulkan Rano Raraku gefertigt, während die zylinderförmigen, roten Aufsätze (Pukao) aus der Gesteinsschlacke des Kraters Puna Pau gemeißelt wurden.
Bei diesen Figuren sind die Augen weitgehend unbearbeitet, die Nase hat einen schmalen, oft gebogenen Rücken, der Mund besteht aus dünnen Lippen, die Ohren setzen oberhalb der Schläfen an und verlaufen in Form schmaler Lappen bis auf Höhe des Mundes. Die Skulpturen haben keinen Hinterkopf, Kopf und Oberkörper sind durch einen kurzen, dicken Hals verbunden. Die Arme sind angewinkelt, die Hände liegen auf dem Bauch und haben lange feingliedrige Finger. Bezeichnend für die Moai der mittleren Periode sind vor allem die Kultplattformen, Ahu, auf denen die riesigen Skulpturen errichtet wurden. Diese Plattformen wurden aus Basaltblöcken geformt. Sie sind zum Teil mit einer überwältigenden Präzision gemeißelt – eine bewundernswerte Leistung, wenn man bedenkt, dass den Steinmetzen, die diese Werke schufen, keine Maschinen, sondern lediglich Steinwerkzeuge zur Verfügung standen.
Nicht weniger beeindruckend ist die Herstellung eines Moai. Die Bewohner der Osterinsel kannten kein Metall, das heißt der Fels, aus dem die Steinskulptur gehauen wurde, wurde mit steinernen Picken bearbeitet.
Mithilfe von Wasser konnte der Tuffstein mit Meißeln aus hartem Vulkangestein bearbeitet werden. Man vermutet, dass 30 Steinmetze mit der Fertigung einer Figur von 5–6 m Höhe ein Jahr beschäftigt waren. Man kann sich vorstellen, wie viel Zeit die Handwerker benötigten, um den größten Moai, der je auf eine Ahu gestellt wurde, herzustellen: Er ist 9,8 m hoch, wobei noch einmal 2,4 m für den Pukao hinzukommen. Sein Gewicht beträgt 82 Tonnen. Bei solchen Dimensionen drängt sich zwangsläufig die Frage auf, wie diese riesigen Monument vom Rano Raraku zu ihrem Standplatz, der oft mehrere Kilometer entfernt lag, transportiert wurden. Auch diese Frage konnte bis heute nicht eindeutig geklärt werden.
Es gibt jedoch verschiedene Theorien. So könnte beispielsweise ein Schlitten, aus einem Y-förmig gegabelten Holz und mit einem Querholz versehen, zum Transport verwendet worden sein. Die Statuen wurden auf diesem Schlitten liegend festgebunden und an Seilen an den jeweiligen Standort gezogen. Eine andere glaubwürdige Theorie geht davon aus, dass am Kopf und am Rumpf einer stehenden Statue starke Seile befestigt wurden. Mehrere Männer, aufgeteilt in Gruppen, versetzten die Statue durch abwechselndes Ziehen

und Nachgeben in eine Schaukelbewegung. Durch gleichzeitiges schräg nach vorne Ziehen drehte sich der Koloss zusätzlich vorwärts. Somit konnte der Moai, wenn auch langsam, bewegt werden. Eine ganz andere Theorie hingegen vertreten die Einheimischen, die überzeugt sind, dass die Moai aus eigener Energie und aufrecht gehend zu der für sie bestimmten Ahu wanderten. Ob die Geheimnisse der Osterinsel jemals gelüftet werden können ist ungewiss, sicher ist jedoch, dass Rapa Nui auch heute noch von einem Hauch von Mystik umgeben ist.

507 *Die Moai, die man heute wieder in ihrer stehenden Position bewundern kann, wurden alle innerhalb der letzten Jahrzehnte von Archäologen oder Einheimischen aufgestellt. Während dieser Aktivitäten versuchte man Rückschlüsse auf die Transportmethoden der Inselbewohner zu ziehen. Dabei kam eine interessante Theorie auf. Die Moai wurden nach ihrer Fertigstellung auf einen hölzernen Schlitten verladen und anschließend über ein kompliziertes Flaschenzugsystem bis zu den Ahu transportiert. Dann wurde der Pukao (Zylinder) auf dem Kopf platziert und anschließend die Statue Stück für Stück aufgerichtet, bis sie sich schließlich in der gewünschten senkrechten Position befand.*

508–509 *Ein einsamer Mohai scheint dem Ozean den Rücken zu kehren.*

GLOSSAR

ABAKUS: Quadratische Abdeckplatte über Kapitellen.
AKROPOLIS: Höchstgelegener Teil einer Stadt, der häufig von Mauern umgeben ist und auf dem Tempel errichtet sind.
AMALAKA: Großer, kreisrunder Deckstein eines Shikhara.
ANDA: Massiver halbkugelförmiger Baukörper des Stupa; das Weltei der indischen Kosmogonie.
APSARAS Himmlische Nymphen, die teils den Luftraum, teils die Gewässer bewohnen.
ARCHITRAV: Balken, der von einer Säulen- oder Pfeilerreihe getragen wird und die Last der oberen Architekturglieder auf die Stützen verteilt.
ASURA: Dämonenklasse, die im ständigen Kampf mit den Göttern liegt.
AVATARA: Verkörperung eines Gottes auf der Erde, vor allem des Gottes Vishnu.
BARAY: Künstlicher See oder Wasserreservoir in den Städten der Khmer.
BODHISATTVA: In den Jataka (Geburtslegenden) des Buddha Götter, Menschen und Tiere, die frühere Daseinsformen des Buddha verkörpern. Im Mahayana-Buddhismus Wesen, die Erleuchtung erlangt haben, jedoch auf die Buddhaschaft verzichten, bis alle Menschen, die ihre Hilfe erbitten, das Heil erlangt haben.
CAITYA: Grabhügel eines Heiligen im Buddhismus; später überhaupt Heiligtum.
CHAC-MOOL: Bezeichnung für eine ursprünglich vermutlich toltekische Gottheit in Gestalt einer oft fast lebensgroßen, halb liegend zurückgelehnten Steinskulptur.
Ihre Hände halten eine Opferschale auf dem Leib, die Beine sind angewinkelt, der Kopf ist meist zur Seite gewandt. Der als Götterbote interpretierte Chac-Mool scheint als Mittler zwischen dem Menschen und dem Regengott Opfergaben in Empfang genommen zu haben. Chac-Mools wurden vor allem in Chichén Itzá, Tula und Tenochtitlán gefunden.
CHATTRI: Abschluss des Stupa in Form eines meist dreifachen Steinschirmes.
DEVA: Zunächst Bezeichnung für eine Götterklasse, später allgemeine Bezeichnung für Gott.
DEVARAYA: Herrscher der Khmer, der den Status eines Gottes hatte.
DHARMA: Buddhas Lehre; Weltengesetzlichkeit: Die kosmische Ordnung regelt das Universum und die moralischen Gesetze, denen die Menschheit unterworfen ist.
DIPTEROS: Griechischer Tempel mit doppeltem Säulenumgang.
DVARAPALA: Wächterfiguren, die an indischen Tempeln paarweise die Tore flankieren.
FALSCHES GEWÖLBE (KRAGGEWÖLBE): Durch Vorkragen der einzelnen Steinschichten entsteht ein Gewölbe mit horizontalen Fugen. Diese Gewölbeform wurde bei den Maya, aber auch in Mykene und in Knossos angewandt.
GANDHARVEN: Halbgötter, tiergestaltig mit Menschenkopf, die teils die Gewässer, teils den Luftraum bewohnen; Musikanten der Götter.
GIEBEL: Abschlusswand an der Stirnseite eines Satteldaches. Er hat in der Regel eine dreieckige Grundform.
GOPURAM: Turmartiger Torbau südindischer Tempelbezirke mit reichen Dekorationen.
GU: Grottentempel, in dessen Zentrum sich ein nicht zugänglicher Block befindet, in dem die Reliquien und Bilder von Heiligen aufbewahrt wurden.
GYMNASION: Griechisch-antiker Ausbildungsplatz, an dem Jungen in Sportarten vor allem Ringen, Faustkampf und Laufen ausgebildet wurden.
HARMIKA: Würfelförmiger Steinkasten auf der Halbkugel des Stupa, auf dem der Pfeiler mit den Steinschirmen steht.
HTI: gilt als Symbol des Himmels; je mehr Schirme übereinander angebracht sind, desto näher kommt man dem Himmel; die Schirme erheben sich mit kleinen Glöckchen über einer Zeidi.
HYPOSTYLOS: Gedeckter Säulengang; Tempel mit Säulengang.
KALASHA: Bezeichnung für Vase, Krug, Wassertopf; in der Architektur als Dachbekrönung oder als Kapitell, Spitze eines Tempels; soll die Entstehung der Erde aus dem Urozean sowie Fruchtbarkeit und Wohlstand symbolisieren.
KINNARA: Vogelmenschen, himmlische Musikanten.
KIRTIMUKHA: „Ruhmesgesicht", eine groteske Maske, die als ornamentaler Schmuck an Gebäuden in Indien angebracht wurde.
KIVA: Eingesenkte, meist runde Kultstätte der Puebloindianer im Südwesten der USA.
KUDU: Kleiner, hufeisenförmiger Bogen an indischen Bauten.
LINGAM: Phallussymbol für den Gott Shiva.
MAKARA: Krokodilgestaltiges Wesen mit Elefantenrüssel und Fischschwanz; Symboltier der Göttin Ganga.
MANDAPA: Säulenhalle.
MASTABA: Arabisches Wort für vierseitige Bank; bankförmiger, flacher Grabbau in Ägypten, der in der Frühzeit aus Ziegel und später aus Steinquadern gebaut wurde.
MEDHI: Zylinderförmige Basis des Stupa, über der sich die Halbkugel (Anda), erhebt.
MUDRA: Haltung der Hände und Finger, die bestimmte symbolische Bedeutungen haben.
NAGA: Schutzgottheiten die als Schlangen, halb Mensch, halb Schlange oder als Menschen dargestellt werden.
NIRWANA: Zustand jenseits von Sinneswahrnehmung und Erdbewusstsein: Wer das Nirwana erreicht, hat die Loslösung vom Rad der Wiedergeburten geschafft.
NYMPHÄUM: Den Nymphen geweihtes Brunnenhaus, in dessen Mitte ein Brunnen und um diesen herum Nischen und manchmal eine Apsis angelegt sind.
OPISTHODOMOS: Raum hinter der Cella eines griechischen Tempels; dem Opisthodomos entspricht auf der anderen Seite der Cella der Pronaos.
PERIPTEROS: Ringsum von Säulen umgebener Tempel.
PERISTASIS: Tempel, bei dem die Cella von einer Säulenhalle umgeben ist.
PERISTYL: In Heiligtümern, griechischen und später römischen Häusern ein von Säulen umgebener offener Raum.
PRADAKSHINA: „Umwandlungspfad"; Verehrungsform heiliger Stätten, bei der man das verehrte Objekt zu seiner Rechten (im Uhrzeigersinn) umwandelt.
PRONAOS: Vorhalle in griechischen und römischen Tempeln; Raum zwischen der Cella und den Kolonnaden an der Fassade.
PYLON: Gewaltiger turmartiger Torbau vor ägyptischen Tempeln.
RATHA: Hölzerner Prozessionswagen, in dem die Bilder der Götter während der Prozession gefahren werden; steinerne Nachbildung dieser Wagen als Tempel.
RYTHON: Trinkgefäß in Form eines Horns, dessen eines Ende oft die Gestalt eines Tieres hat.
SHALABHANJIKA: Baumnymphe
SHIKHARA: Tempelturm, der sich über der Cella des Tempels erhebt (in Nordindien). In Südindien kann damit auch eine bestimmte Hausform gemeint sein.
STUPA: Halbkugelförmiger Grabhügel, der im Buddhismus zum Heiligtum wurde, das durch Umwandlung zu verehren ist; Symbol des Kosmos.
STYLOBAT: Oberste Stufe des Stufenunterhaus griechischer Tempel.
TALTEMPEL: Gebäude, das mit dem an die Pyramide angeschlossenen Totentempel verbunden war; im Taltempel wurde die Leiche des Pharaos mumifiziert, und die Reinigungsriten wurden hier vollzogen. Eine Rampe führte von dort zum eigentlichen Grabkomplex. Vor dem Taltempel befand sich normalerweise eine Anlegestelle für Boote auf dem Nil.
TALUD-TABLERO-STIL: Konstruktionsstil der Stufenpyramide in Mittelamerika; Kombination von – im Winkel von 45° ansteigenden – Böschungen aus mit Mörtel verbundenen Bruchsteinen (Talud) und senkrecht darauf gesetzten Wänden (Tablero).
THOLOS: Rundbau, dessen Basis gewöhnlich eine Säulenreihe darstellte, über der sich eine Kuppel erhob.
TORANA: Tor, durch das man den Wandelgang des Stupa oder eines Tempels betritt.
TRIRATNA: Dreierjuwel; buddhistisches Symbol für die Dreiheit Buddha – Lehre – Gemeinde.
TYMPANON: Dreieckiger Giebel des antiken Tempels, der über dem Architraven auflag. Gewöhnlich zierten Skulpturen den Giebel.
TZOMPANTLI: Für Menschenopfer vorgesehener Altar; die Wände des steinernen Unterbaus waren mit Reihen von skulptierten Totenköpfen dekoriert. Die Schädel der Geopferten wurden auf Stangen dort aufgereiht und zur Schau gestellt. Dieses Bauwerk führten die Tolteken in Mittelamerika in der Nachklassik ein.
VARAHA: „Eber-Avatara" (Gestalt des Ebers), die Visnu annahm, um die Erdgöttin aus dem Urozean zu entlassen.
VEDIKA: Steinzaun; Begrenzung des heiligen Bezirks um Stupas oder Tempel.
VESTIBÜL: Vor- bzw. Eingangshalle z.B. von Tempeln.
VIHARA: Kloster
VIMANA: Hauptteil des indischen Tempels (Cella mit Umwandlung und Turmaufbau); in Südindien meist gesamter Tempelaufbau.

BIBLIOGRAFIE

Abu Simbel
-L. A. Christophe, *Abou-Simbel et l'épopée de sa découverte*, Brüssel 1965.
-Chr. Desroches-Noblecourt und Ch. Kuentz, *Le petit temple d'Abou Simbel: "Nofretari pour qui se lève le dieu- soleil"*, Kairo 1968.
-*The Salvage of the Abu Simbel Temples.* Abschlussbericht, Stockholm 1971.
-H. el-Achirie und J. Jacquet, *Grand temple d'Abou Simbel* Vol. I: Architecture, Kairo 1984.
Ajanta
-S.P.M. Mackenzie und M. Taeda, *Ajanta. I monasteri rupestri dell'India*, Mailand 1982.
-Philip Rawson, *La pittura indiana*, Mailand 1964.
-Debala Mitra, *Ajanta, Archaelogical Survey of India*, Neu Delhi 1983.
-Jayanta Chakrabarti, *Techniques in Indian mural painting*, Kalkutta 1980.
Angkor
-D. Mazzeo und C. Silvi Antonini, *Khmer Civilisations*, in *"Le grandi civiltà"*, Mailand 1972.
-B. Dagens, *Angkor, la foresta di pietra*, Triest 1995.
-J. Boisselier, Le Cambodge, in *"Manuel d'archéologie d'Extrême Orient, Asie du sud-est, Tome I"*, Paris 1966.
-G. Coedès, *Angkor, an introduction*, London 1963.
Athen
-C. Tiberi, *Mnesicle, l'architetto dei Propilei*, Rom 1964.
-A. Giuliano, *Urbanistica delle città greche*, Mailand 1966.
-H.A. Thompson und R.E. Wycherley, *The Agora of Athens*, Princeton 1972.
-E. La Rocca, *L'esperimento della perfezione. Arte e società nell'Atene di Pericle*, Mailand 1988.
Babylon
-H. Frankfort, *Arte e Architettura dell'antico Oriente*, Turin 1970.
-J. C. Margueron, *Mesopotamia*, in *Enciclopedia Archeologica*, Genf 1976.
-M. Liverani, *Antico Oriente, Storia Società Economia*, Rom-Bari 1988.
-N. Roaf, *Cultural Atlas of Mesopotamia und the Ancient Near East*, Oxford 1990.
Borobudur
- Lucilla Saccà, *Borobudur Mandala de Pierre*, Mailand 1983.
- John Miksic, *Borobudur - Golden Tales of the Buddhas*, Singapur 1990.
- Jacques Dumarcay, *The Temples of Java*, Singapur 1986.
- Pietro Scarduelli, *Lo specchio del cosmo*, Turin 1992.
Carnac
-Pierre-Roland Giot, *I menhir allineati di Carnac*, Rennes 1992.
Chan Chan
-A. Lapiner, *Pre-Columbian Art of South America*, New York 1976.
-D. Bonavia, Perù. *Hombre y Historia*, Lima 1991.
-Various authors, *Inca-Perù*, Rito, Magia, Mistero, Rom 1992.
Chichén Itzá
-M.E. Miller, *The Art of Mesoamerica*, New York 1986.
-M.E. Miller und K. Taube, *The Gods and Symbols of Ancient Mexico and the Maya*, London-New York 1992.
-S. Morley und G. Brainerd, *I Maya*, Rom 1984.
Cuzco, Sacsahuaman und Ollantaytambo
-H. Favre, *Les Incas*, Paris 1972.
-D. Lavallée und L.G. Lumbreras, *Les Andes. De la Prehistorie aux Incas*, Paris 1985.
-Inca. Peru, *3000 Ans d'Histoire*, Gent 1990.
-F. Kauffman Doig, *Perù*, Venedig 1995.
Ephesus
-W. Alzinger, *Alt Ephesos, Topographie und Architectur*, Berlin-Wien 1967.
-W. Alzinger, *Die Ruinen von Ephesos*, Berlin-Wien 1972.
-E. Akurgal, *Ancient Civilisations and Ruins of Turkey*, Istanbul 1983.
-H. Lauter, *Die Architektur des Hellenismus*, Darmstadt 1986.
Hadriansvilla
-S. Aurigemma, *Villa Adriana*, Rom 1962.
-F. Coarelli, *Lazio*, Bari 1982.
-H. Kähler, *Villa Adriana*, in *Enciclopedia dell'Arte Antica*, Rom 1961.
-F. Rakob, *Villa Adriana*, in *Enciclopedia dell'Arte Antica*, Rom 1994.
-H. Stierlin, *Roman Empire. From the Etruscans to the Decline of Roman Empire*, Köln 1996.
Herodion
-V. Corbo, *Herodium: gli edifici della reggia-*

fortezza, Jerusalem 1989.
-Y. Netzer, Herodium: an Archaeological Guide, Jerusalem 1997.

Karnak und Luxor
-P. Barguet, *Le Temple d'Amon-Rê à Karnak. Essai d'Exegese*, Kairo 1962.
-H. Brunner, *Die Südlichen Räume des Tempels von Luxor*, Mainz 1977.
-A Roccati, *Karnak e Luxor*, Novara 1981.

Knossos
-A. Evans, *The Palace of Minos at Knossos*, London 1921-1935.
-S. Hood, *The Mynoans*, London 1971.
-S. Hood und D. Smith, *Archaeological Survey of Knossos*, London 1981.

Lascaux
-A. Leroi-Gourhan und J. Allain, *Lascaux inconnu*, Paris 1979.
-L.R. Nougier, *La Preistoria*, Turin 1982.
-L.R. Nougier, *Lascaux*, in *Atlante di Archeologia*, Turin 1996.

Leptis Magna
-P. Romanelli, *Storia delle province romane dell'Africa*, Rom 1959.
-P. Romanelli, *Leptis Magna*, in *Enciclopedia dell'Arte Antica*, Rom 1961.
-J.B. Ward Perkins, *Leptis Magna* in *The Princeton Encyclopedia of Classical Sites*, Princeton 1976.

Luoyang
-L. Sickman und A. Soper, *L'arte e l'architettura cinesi*, Einaudi, Turin 1969.
-W. Willets, *L'arte cinese*, Sansoni, Florenz 1963.
-*Longmen Shiku*, Wenwu, Beijing 1980.
-*Luoyang Longmen Shuangku*, in Kaogu Xuebao no.1, Beijing 1988.

Macchu Picchu
-C. Bernand, *Gli Incas. Figli del Sole*, Mailand 1994.
-L.G. Lumbreras, *Arqueología de la América Andina*, Lima 1981.
-*I Regni Preincaici e il Mondo Inca*, Mailand 1992.

Mamallipuram
-Stella Kramrisch, *The Hindu Temple*, Delhi 1980.
-Christopher Tadgell, *The History of Architecture in India*, Hong Kong 1990.
-A Volwahsen, *Architettura indiana*, Mailand 1968.

Masada
-Y. Netzer, *The Buildings, Stratigraphy and Architecture (Masada III)*, Jerusalem 1991.
-Y. Yadin, *Masada*, London 1966.

Mesa Verde
-J.J. Brody, *Beauty from the Earth*, Philadelphia 1990.
-M.D. Coe, D. Snow und E. Benson (eds.), *Atlante dell'Antica America*, Novara 1987.

Monte Albân
-I. Bernal und M. Simoni Abbat, *Il Messico dalle Origini agli Aztechi*, Mailand 1992.
-A. Caso, *El tresoro de Monte Albân*, Mexico City 1969.
-R. Pina Chan, Olmechi. *La Cultura Madre*, Mailand 1989.

Mykene
-S.E. Iakovidis, *Late Helladic Citadels on Mainland Greece*, Leyden 1983.
-G.E. Mylonas, *Ancient Mycenae*, London 1957.
-W. Taylour, *The Mycenaeans*, London 1964.

Nemrut Dagh
-S. Sahin, *Watchful Stones*, in *Atlas Travel Magazine*, Ankara 1996.
-F.K. Dörner, *Nemrut Dagh*, in *Enciclopedia dell'Arte Antica*, Rom 1961.

Nubische Tempel
-J. Baines und J. Málek, *Atlante dell'Antico Egitto*, Novara 1985
-S. Curto, *Nubia*, Turin 1966.
-*Topographical Bibliography of Ancient Egyptian Hieroglyphic Texts, Reliefs and Paintings*, Vol.VII: *Nubia, the Desert and Outside Egypt*, Oxford 1952.

Osterinsel
-G. della Ragione, *L'Isola di Pasqua*, in *Atlante di archeologia*, Turin 1996.
-A.G. Drusini, Rapa Nui. *L'ultima terra*, Mailand 1991.
-T. Heyerdahl, *Archaeology of Easter Island*, Santa Fe 1961.
-M.C. Laroche, *Ile de Pâque*, Paris 1981.

Paestum
-E. Greco und D. Theodorescu, *Poseidonia - Paestum I*, Rom 1980.
-E. Greco und D. Theodorescu, *Poseidonia - Paestum II*, Rom 1983.
-D. Mertens, *Der alte Heratempel in Paestum und die archaische Baukunst in Unteritalien*, Mainz 1993.

Pagan
-Mario Bussagli, *Architettura orientale*, Venedig 1981.
-Thein Sein, *The Pagodas and Monuments of Pagan*, Rangoon 1995.
-Paul Strachan, *Pagan, Art and Architecture of Old Bhurma*, Singapur 1989.

Palenque
-C. Baudez und S. Picasso, *Les Cités perdues des Mayas*, Paris 1987.
-L. Shele und D. Friedel, *A Forest of Kings: the Untold Story of the Ancient Maya*, New York 1990.
-*Mondo Maya*, Mailand 1996.

Palmyra
-M. Harari, *Palmira*, in *Atlante di Archeologia*, Turin 1996.
-K. Michalowski, *Palmira*, in *Enciclopedia dell'Arte Antica*, Rom 1961.
-M. Rostovtzeff, *Città Carovaniere*, Bari 1971.

Persepolis
-M. Liverani, *Antico Oriente, Storia Società Economia*, Rom-Bari 1988.
-M. Roaf, *Cultural Atlas of Mesopotamia and the Ancient Near East*, Oxford 1990.

Petra
-M. Avi-Yonah, *Petra*, in *Enciclopedia dell'Arte Antica*, Rom 1961.
-F. Bourbon, *Yesterday and Today, The Holy Land, Lithographs and Diaries by David Roberts, R.A.*, Bnei-Brak 1994.
-H. Keiser, *Petra dei Nabatei*, Turin 1972.
-M. Rostovtzeff, *Città Carovaniere*, Bari 1971.

Pompeji
-A De Franciscis, *The Buried Cities: Pompeii and Herculaneum*, New York 1978.
-E. La Rocca, A. de Vos und M. de Vos, *Pompei*, Mailand 1994.
-A. Maiuri, *Pompei ed Ercolano fra case e abitanti*, Mailand 1959.
-P. Zanker, Pompei. *Società, immagini urbane e forme dell'abitare*, Turin 1993.

Philae
-G. Haeny, *A Short Architectural History of Philae*, BIFAO 85, 1985.
-E. Vassilika, *Ptolemaic Philae*, OLA 34, Leuven 1989.
-A. Roccati - A. Giammarusti, *File, storia e vita di un santuario egizio*, Novara 1980.

Rom
-J. P. Adam, *La construction romaine. Materiaux et techniques*, Paris 1984.
-M. Brizzi, *Roma, i monumenti antichi*, Rom 1973.
-F. Coarelli, *Roma*, Mailand 1971.
-A.M. Liberati und F.Bourbon, *Roma Antica, Storia di una civiltà che conquistò il mondo*, Vercelli 1996.
-U. E. Paoli, *Vita romana, usi, costumi, istituzioni, tradizioni*, Florenz 1962.
-*Vita quotidiana nell'Italia Antica*, Verona 1993.

Sanchi
-Michel Delahoutre, *Arte indiana*, Mailand 1996.
-Debala Mitra, *Sanchi*, Neu Delhi 1978.
-Calambur Sivaramamurti, *India, Ceylon, Nepal, Tibet*, Turin 1988.
-Maurizio Taddei, *India antica*, Mailand 1982.

Sakkâra und Giseh
-M.Z. Goneim, *Horus Sekhemkhet*, Kairo 1957.
-S. Hassan, *Excavations at Giza*, 10 Vols., Oxford 1932-1960.
-J.P. Lauer, *The Royal Cemetery of Memphis*, London 1979.
-E. Leospo, *Saqqara e Giza*, Novara 1982.
-C.M. Zivie, *Giza au deuxième Millénaire*, Kairo 1976.

Stonhenge
-R.J.C. Atkinson, *Stonehenge and Avebury*, Exeter 1974.
-J Dyer, *Southern England: an Archaeological Guide*, London 1973.
-W. Schreiber, *Stonehenge*, in *Atlante di Archeologia*, Turin 1996.

Tarquinia
-M. Torelli, *Elogia Tarquinensia*, Florenz 1975.
-*Gli Etruschi di Tarquinia, catalogo della mostra*, Modena 1986.
-*Studia Tarquinensia*, Rom 1988.

Teotihuacan
-I. Bernal und M. Simoni Abbat, *Il Messico dalle Origini agli Aztechi*, Mailand 1992.
-E. Matos Moctezuma, *Teotihuacan, La Metropoli degli Dèi*, Mailand 1990

West-Theben
-E. Edwards, *Tutankhamon, la tomba e i tesori*, Mailand 1980.
-B. Porter und R. Moss, *Topographical Bibliography*, Vol. I, *Theban Necropolis*, Oxford 1960.
-B. Porter und R. Moss, *Topographical Bibliography*, Vol. II, *Theban Temples*, Oxford 1972.
-N. Reeves und R. Wilkinson, *The Complete Valley of the Kings*, London 1996.

Tiahuanaco
-P. Cieza de Leon, *La Cronica del Perù* (1553), Lima 1973.
-F. Kauffman Doig, *Perù*, Venedig 1995.
-A. Posnanski, *Tihauanaco y la Civilización Prehistórica en el Altiplano Andino*, La Paz 1911.

Tikal
-M. Grulich, *L'Art Precolombien. La Mesoamerique*, Paris 1992.
-H. Stierlin, *The Maya Palaces and Pyramids in the Rainforest*, Köln 1997.

Ur
-H. Frankfort, *Arte e Architettura dell'antico Oriente*, Turin 1970.
-M. Liverani, *L'origine della città*, Rom 1986.
-M. Liverani, *Antico Oriente, Storia Società Economia*, Rom-Bari 1988.

Uxmal
-C. Baudez und P. Becquelin, *I Maya*, Mailand 1985.
-P. Gendrop und D. Heyden, *Architettura Mesoamericana*, Mailand 1980.
-Various authors, *Mondo Maya*, Mailand 1996.

Xi'An
-X. Nai, *Sanshi Nian Lai De Zhongguo Kaoguxue*, in *Kaogu*, Beijing 1979.
-W. Willets, *Origini dell'Arte Cinese*, Florenz 1965.
-*Settemila anni di Cina*, Mailand 1983.

FOTONACHWEIS

Einleitung
Antonio Attini/Archivio White Star: 12 oben rechts.
Marcello Bertinetti/Archivio White Star: 6–7, 9 unten, 12–13, 20–21.
Marcello Bertinetti/Archivio White Star: „Concessione S.M.A. N.325 del 01-09-1995“ 4–5.
Massimo Borchi/Archivio White Star: 10–11, 12 oben links, 16–17, 18–19.
Giulio Veggi/Archivio White Star: 2–3, 21 oben rechts.
Christophe Boisivieux: 14–15.
Giovanni Dagli Orti: 1, 10 top, 10 unten, 20 links.
Alison Wright: 8, 9.
Giancarlo Zuin: 12 unten.

EUROPA
Marcello Bertinetti/Archivio White Star: 24–25, 26–27.

Lascaux
Woodfin Camp: 30 oben. Chatellier/Sipa/Grazia Neri: 28 oben rechts.
François Ducasse/Ag. Oben: 28 links, 28 unten rechts, 28–29, 29 oben, 30–31.
Shelly Grossmann/Grazia Neri: 28 Mitte rechts, 30 unten.
Pierre Vauthey/Corbis Sygma/Contrasto: 32–33.

Karnac
Damien de Bronac/Ag. Top: 34 rechts.
Hervé Champollion/Ag. Top: 34 links, 35.

Stonehenge
David Parker/Science Photolibrary: 36–37.
Photobank: 36, 37 oben.

Knossos
Antonio Attini/Archivio White Star: 38 Mitte, 38 unten, 38–39, 40–41, 43 unten links.
Christophe Boisivieux: 43 oben links.
Giovanni Dagli Orti: 38 oben, 41 oben, 41 unten, 42 oben, 42 unten, 42–43, 44 unten, 44–45, 45 unten rechts, 46–47.

Mykene
Archivio Scala: 48 links.
Guido Alberto Rossi/The Image Bank: 48–49, 51.
Giulio Veggi/Archivio White Star: 49 oben, 49 unten, 50 oben links, 50 oben rechts, 50 unten, 52–53.
Giovanni Dagli Orti: 50 oben rechts, 54 links oben, 54 links unten, 54 rechts.
AKG: 55.

Athen
Antonio Attini/Archivio White Star: 59 unten.
Giulio Veggi/Archivio White Star: 57 oben links, 60 Mitte, 60 unten, 61 unten, 62–63.
Archivio Scala: 57 oben rechts, 60–61.
Marco Casiraghi: 57 unten.
Giovanni Dagli Orti: 56–57, 57 Mitte rechts, 58 oben, 58–59, 59 oben, 62 oben links, 62 unten links, 62 unten rechts, 63 unten links, 63 unten rechts.
Guido Alberto Rossi/The Image Bank: 62 Mitte links.

Paestum
Marcello Bertinetti/Archivio White Star: 70–71.
Livio Bourbon/Archivio White Star: 62 unten.
Giulio Veggi/Archivio White Star: 64–65, 65 unten rechts, 66–67, 68 oben, 69 Mitte.
Archivio Scala: 64 unten links, 64 unten Mitte, 72 oben rechts.
Giovanni Dagli Orti: 69 oben links, 72 oben links, 72–73, 72 unten, 73 oben.
Guido Alberto Rossi/The Image Bank: 64 unten rechts, 65 Mitte rechts.
Alberto Nardi/Modern Times:/The Image Bank: 68–69.
Luciano Pedicini/Archivio Dell'arte: 65 oben links, 69 oben rechts.

Tarquinia
Archivio Scala: 74 unten, 74–75, 75 oben, 76–77, 77 oben, 77 unten.
Giovanni Dagli Orti: 77 Mitte.
Marco Mairani: 75 unten.

Luciano Pedicini/Archivio Dell'Arte: 74 oben.
Pompeji
Antonio Attini/Archivio White Star: 80–81
Araldo De Luca/Archivio White Star: 90–91, 92–93.
Giulio Veggi/Archivio White Star: 78 oben, 78 Mitte, 82, 83, 84 Mitte, 84 unten, 85 unten, 88 oben.
Archivio Scala: 86, 87, 89 unten rechts, 94 unten, 94–95, 95 oben.
Giovanni Dagli Orti: 79, 84–85, 85 rechts.
Luciano Pedicini/Archivio Dell'Arte: 88 unten, 88-89, 89 unten links, 94 oben.
Guido Rossi/The Image Bank: "Concessione S.M.A N.01-337 del 03-09-1996" 78 unten, 84 oben.
Rom
Marcello Bertinetti/Archivio White Star: "Concessione S.M.A. N.325 del 01-09-1995" 96–97, 102 unten, 102–103, 104–105, 108 oben, 108 Mitte, 108–109, 109 unten, 110–111, 112–113, 113 oben, 113 unten rechts
"Concessione S.M.A. N.316 del 18-08-1995" 110 Mitte, 112 unten.
Giulio Veggi/Archivio White Star: 96, 97 rechts, 100, 101, 102 oben, 103 unten links, 103 unten rechts, 106–107, 108 unten links, 110 oben, 110 unten, 111 unten, 112 oben, 112 Mitte, 113 unten links.
Archivio Scala: 104 top, 104 unten, 105 oben, 105 unten.
Araldo De Luca: 97 unten, 98–99, 108 unten rechts.
Hadriansvilla
Marcello Bertinetti/Archivio White Star: "Concessione S.M.A. N.316 del 18-08-1995" 114 oben, 114–115, 116–117, 119.
Giulio Veggi/Archivio White Star: 114 Mitte, 114 unten, 117 unten, 118 oben.
Giovanni Dagli Orti: 117 oben.
Araldo De Luca: 118 unten.
Archivio Scala: 115 unten.
AFRIKA
Antonio Attini/Archivio White Star: 120–121.
Araldo De Luca/Archivio White Star: 124–125.
Alfio Garozzo/Archivio White Star: 126–127.
Giulio Veggi/Archivio White Star: 121 unten.
Alberto Novelli/The Image Bank: 120 unten links, 120 unten rechts.
Alberto Siliotti/Archivio Geodia: 120 oben.
Sakkâra
Antonio Attini/Archivio White Star: 137 oben.
Marcello Bertinetti/Archivio White Star: 128–129, 129, 130–131, 136 oben rechts, 136–137, 138–139, 141 oben rechts, 141 Mitte rechts.
Araldo De Luca/Archivio White Star: 134–135, 136 oben links, 140, 141 oben links, 141 unten.
Giulio Veggi/Archivio White Star: 132 oben, 132 oben rechts, 137 Mitte, 137 unten.
Giulio Andreini: 132 oben rechts.
AKG Photo: 142 unten.
Giovanni Dagli Orti: 128 oben.
Claudio Concina/Realy Easy Star: 132 unten rechts.
Werner Forman Archive: 133, 142 oben, 142–143, 143 unten.
Karnak
Antonio Attini/Archivio White Star: 144 rechts, 155 unten links, 155 unten rechts.
Marcello Bertinetti/Archivio White Star: 144 links, 146–147, 148–149, 150 oben, 150 unten links, 150 unten rechts, 150–151, 152–153, 154 oben links, 154 oben rechts, 154–155, 155 oben, 156–157, 157.
Giulio Veggi/Archivio White Star: 145 unten, 151 oben, 154 unten, 156.
Anne Conway: 144–145.
Luxor
Antonio Attini/Archivio White Star: 163 oben.
Marcello Bertinetti/Archivio White Star: 158–159, 159 unten, 160–161, 164–165.
Giulio Veggi/Archivio White Star: 158, 162, 162–163, 163 unten.
Tal der Könige
Antonio Attini/Archivio White Star: 166 oben, 168 Mitte oben, 168 Mitte unten, 173 Mitte, 180–181.
Marcello Bertinetti/Archivio White Star: 166 unten links, 166–167, 167 oben, 168 oben, 168–169, 170-171, 172–173, 172, 173 oben, 173 unten, 174–175.
Araldo De Luca/Archivio White Star: 178–179, 184–185, 188–189, 190–191.
Giulio Veggi/Archivio White Star: 166 Mitte, 169 unten, 176 oben links.
Hervé Champollion: 182 unten.
Christophe Boisivieux: 182 oben links, 182 oben rechts.
Giovanni Dagli Orti: 183 oben.
Archivio White Star: 183 Mitte, 183 unten.
Damm/Bildagentur Huber/Sime: 186–187, 186 unten rechts, 186 oben links.
Araldo De Luca/Archivio White Star: 166 unten rechts, 176 oben rechts, 176 unten links, 176 unten rechts, 177.
Bertrand Gardel/Ag. Hemispheres: 168 unten.
Andrea Iemolo: 182 Mitte, 182–182, 187 oben rechts, 187 unten links.
Charles Lenars: 186 unten links, 187 unten rechts.
Nubische Temple
Antonio Attini/Archivio White Star: 192, 193, 199 oben, 199 unten links.
Marcello Bertinetti/Archivio White Star: 194–195, 196–197.
Giulio Veggi/Archivio White Star: 198–199.
Hervé Champollion: 199 unten rechts.
Enrico Martino: 198 unten.
Sandro Vannini/Ag.Franca Speranza: 198 oben.
Abu Simbel
Antonio Attini/Archivio White Star: 200 oben, 200 unten, 200–201.
Marcello Bertinetti/Archivio White Star: 206–207.
Giulio Veggi/Archivio White Star: 200 Mitte rechts, 201 unten, 202–203, 203, 204, 205.
Enrico Martino: 200 Mitte links.
Philae
Antonio Attini/Archivio White Star: 208, 210–211, 212 unten.
Giulio Veggi/Archivio White Star: 209, 212–213, 212, 214–215.
Guido Rossi/The Image Bank: 208–209.
Leptis Magna
Marcello Bertinetti/Archivio White Star: 224–225.
Araldo De Luca/Archivio White Star: 222–223.
Cesare Galli: 216, 216–217, 218, 219, 220–221, 221 oben, 221 Mitte.
T. Mosconi/Panda Photo: 226–227.
Giancarlo Zuin: 221 unten.
ASIEN
Marco Casiraghi: 228–229.
Photobank: 228 oben rechts.
Alison Wright: 228 links.
Livio Bourbon/Archivio White Star: 232–233, 234–235.
Nemrut Dagh
Massimo Brochi/Archivio White Star: 236–237, 237, 238–239, 240, 241, 243, 243, 244–245.
Ephesus
Antonio Attini/Archivio White Star: 246, 247, 250, 251, 252, 253.
Livio Bourbon/Archivio White Star: 248–249, 254–255.
Herodion
Marcello Bertinetti/Archivio White Star: 256–257, 258–259.
Itamar Grinberg: 257 rechts.
Charles Lenars: 257 links.
Masada
Antonio Attini/Archivio White Star: 261 oben, 261 Mitte, 263 Mitte oben, 263 rechts oben.
Marcello Bertinetti/Archivio White Star: 260 oben, 260–261, 262–263, 263 links, 264–265.
Itamar Grinberg: 263 Mitte unten.
Petra
Antonio Attini/Archivio White Star: 267.
Massimo Borchi/Archivio White Star: 266, 268, 269, 272, 273, 274, 275, 276, 277.
Giulio Veggi/Archivio White Star: 270–271.
Palmyra
Felipe Alcoceba: 278 oben, 282 unten, 287 oben.
Giovanni Dagli Orti: 278 unten, 285 oben, 285 unten links.
Suzanne Held: 281 unten.
Franck Lechenet/Ag. Hemispères: 278–279, 282–283, 286–287.
Robert Tixador/Ag. Oben: 279 unten, 280–281, 282 oben, 282 Mitte, 287 unten.
Angelo Tondini/Focus Team: 281 oben, 284, 285 unten rechts.
Babylon
Bildarchiv Kulturbesitz: 290–291.
Giovanni Dagli Orti: 289 Mitte, 291 links oben, 291 rechts.
Charles Lenars: 289 unten rechts.
R.M.N.: 290 oben, 291 links unten.
Henri Stierlin: 289 oben.
Robert Tixador/Ag. Oben: 288 oben, 288–289, 289 unten links.
Ur
Giovanni Dagli Orti: 294 unten, 295 oben.
Henri Stierlin: 292 oben, 293.
The Ancient Art & Architecture Collection: 294-295, 295 unten.
Robert Tixador/Ag. Oben: 292–293.
Persepolis
Aisa: 306–307.
Christophe Boisivieux: 308 unten, 309 unten, 310–311, 311 oben.
E. Boubat/Ag. Oben: 303 oben.
Marco Casiraghi: 298 unten, 300 unten, 300–301, 302–303, 308–309.
Giovanni Dagli Orti: 305 rechts oben.
Duclos-Gaillarde/Ag. Gamma: 298 Mitte, 304, 305 Mitte.
Suzanne Held: 296 links, 296–297, 297 unten, 298 oben, 301 unten, 302 links, 303 unten, 305 links, 305 unten, 310 unten, 311 unten.
Henri Stierlin: 296 unten, 300 oben, 301 oben, 308 oben.
Minnella/Overseas: 298–299.
Sanchi
Marcello Bertinetti/Archivio White Star: 312–313, 315.
Livio Bourbon/Archivio White Star: 316–317.
Suzanne Held: 312 links, 313 unten.
Enrico Martino: 313 oben.
Photobank: 313 Mitte, 314, 318, 319.
Mamallipuram
Antonio Attini/Archivio White Star: 322–323, 328–329.
Photobank: 320, 321, 324 oben, 324 Mitte oben, 324 unten, 324–325, 325 unten, 326–327, 326 unten links, 327.
Robert Tixador/Ag. Top: 324 unten Mitte.
Cesare Galli: 326 unten rechts.
Ajanta
Massimo Borchi/Archivio White Star: 336–337, 338–339.
Charles Lenars: 332.
Photobank: 330, 330–331, 331 oben links, 331 oben rechts, 332–333, 333 unten, 334, 335.
The Ancient Art & Architecture Collection: 331 Mitte rechts, 331 unten rechts.
Pagan
Christophe Boisivieux: 340–341, 341 oben, 341 unten, 342, 343 unten, 344, 344–345, 345 links, 346, 346–347, 350 oben rechts, 350–351, 351 oben.
Francois Lochon/Corbis/Contrasto: 348-349
Photobank: 341 Mitte, 343 links, 343 Mitte, 347, 350 oben links, 350 unten links, 351 Mitte, 351 unten.
Alison Wright: 345 rechts.
Borobudur
Marcello Bertinetti/Archivio White Star: 353, 354, 355, 356, 357, 358–359, 360–361.
Charles Lenars: 352.
Photobank: 352–353.
Angkor
Livio Bourbon/Archivio White Star: 364–365, 370–371, 374–375.
Patrick Aventurier/Ag. Gamma: 366 unten.
Christophe Boisivieux: 362 oben, 367 unten rechts, 368–369, 368 unten, 369 Mitte links, 372 Mitte oben links, 377, 378 unten, 379 oben, 379 unten rechts.
Marco Casiraghi: 363, 372 oben links, 372 Mitte unten links, 376–377, 379 unten links.
B. Harsford/Fotograff: 369 Mitte rechts, 372 unten rechts.
A. Lanzellotto/The Image Bank: 366–367.
Photobank: 362 unten, 369 oben, 372 unten links, 378–379.
Ben Simmons/The Stock House: page 373.
Alison Wright: 367 oben, 367 Mitte, 367 unten links, 369 unten, 376.
Xi'an
Araldo De Luca/Archivio White Star: 382–383, 390–391, 392–393.
Brissaud/Ag. Gamma: 381 unten.
Giovanni Dagli Orti: 384–385, 386, 387, 388, 389.
Nigel Hicks/Woodfall Wild Images: 385 unten.
H.LLoyd/SIE: 380–381.
Angelo Tondini/Focus Team: 384.
Luoyang
Suzanne Held: 400 unten, 401 oben.
Brian A. Vikander/Corbis/Contrasto: 396–397.
Christian Viojard/Ag. Gamma: 398, 399, 400–401, 401 unten.
Werner Forman Archive: 400 oben.
AMERIKA UND OZEANIEN
Angelo Tondini/Focus Team: 402 links.
Massimo Borchi/Archivio White Star: 402–403 Hintergrund, 402–403 Mitte, 403 rechts, 406–407, 408–409.
Mesa Verde
Antonio Attini/Archivio White Star: 414–415.
Christophe Boisivieux: 410 unten Mitte, 413 links, 413 unten rechts.
Jerry Jacka: 413 oben rechts.
Guido Rossi/The Image Bank: 410 unten rechts, 411 unten, 412.
Simon Wilkinson/The Image Bank: 410–411.
Teotihuacan
Antonio Attini/Archivio White Star: 416, 417, 418, 419, 420, 421, 422–423.
Monte Alban
Antonio Attini/Archivio White Star: 424, 425, 426, 427, 428, 429.
Palenque
Antonio Attini/Archivio White Star: 441.
Massimo Borchi/Archivio White Star: 430, 431, 432–433, 434, 435, 436, 437, 438–439, 440.
Giovanni Dagli Orti: 430.
Tikal
Massimo Borchi/Archivio White Star: 442, 443, 444, 445, 446–447, 448, 449.
Uxmal
Massimo Borchi/Archivio White Star: 450, 451, 452–453, 454, 455 links oben, 455 oben rechts, 455 Mitte, 455 unten, 456–457, 458-459, 458 unten, 459 oben, 459 unten.
Chichén Itzá
Massimo Borchi/Archivio White Star: 460, 461, 462–463, 464, 465, 466 Mitte, 466 unten, 466–467, 468, 469.
Giovanni Dagli Orti: 466 oben links.
Chan Chan
Massimo Borchi/Archivio White Star: 470–471, 471 oben rechts, 471 Mitte rechts, 471 unten rechts, 474–475.
Giovanni Dagli Orti: 472, 472-473, 473 oben links.
Charles Lenars: 471 oben links, 473 oben rechts.
Cuzco
Antonio Attini/Archivio White Star: 476, 477, 478–479, 479 oben, 479 Mitte.
Yann Arthus Bertrand/Corbis/Contrasto: 480–481.
Giovanni Dagli Orti: 479 unten.
Ollantaitambo
Antonio Attini/Archivio White Star: 482, 483 oben, 484, 485, 486–487.
Macchu Picchu
Marcello Bertinetti/Archivio White Star: 493 unten, 494 oben links.
Antonio Attini/Archivio White Star: 488, 489, 492, 492–493, 494 Mitte links, 494 unten links, 494 oben links, 495, 496–497.
Massimo Borchi/Archivio White Star: 490–491.
Tiahuanaco
Antonio Attini/Archivio White Star: 498, 498–499, 500, 500–501, 501 oben links.
Massimo Borchi/Atlantide: 499 unten, 501 oben rechts.
Giovanni Dagli Orti: 501 oben.
Osterinsel
Bruno Barbier/Ag. Hemisperes: 505 Mitte.
Massimo Borchi/Atlantide: 504–505.
B.S.P.I./Corbis/Contrasto: 508–509
Guido Cozzi/Atlantide: 506 oben, 507 oben, 507 unten.
The Image Bank: 502 oben, 503.
Angelo Tondini/Focus Team: 505 oben.
Giancarlo Zuin: 502 unten.
A. Ponzio/Overseas: 505 unten.

Alle schwarz-weißen Karten wurden von Livio Bourbon erstellt.